思想的・睿智的・獨見的

# 經典名著文庫

## 學術評議

丘為君　吳惠林　宋鎮照　林玉体　邱燮友
洪漢鼎　孫效智　秦夢群　高明士　高宣揚
張光宇　張炳陽　陳秀蓉　陳思賢　陳清秀
陳鼓應　曾永義　黃光國　黃光雄　黃昆輝
黃政傑　楊維哲　葉海煙　葉國良　廖達琪
劉滄龍　黎建球　盧美貴　薛化元　謝宗林
簡成熙　顏厥安（以姓氏筆畫排序）

### 策劃　楊榮川

五南圖書出版公司 印行

# 經典名著文庫

## 學術評議者簡介 （依姓氏筆畫排序）

- 丘為君　美國俄亥俄州立大學歷史研究所博士
- 吳惠林　美國芝加哥大學經濟系訪問研究、臺灣大學經濟系博士
- 宋鎮照　美國佛羅里達大學社會學博士
- 林玉体　美國愛荷華大學哲學博士
- 邱燮友　國立臺灣師範大學國文研究所文學碩士
- 洪漢鼎　德國杜塞爾多夫大學榮譽博士
- 孫效智　德國慕尼黑哲學院哲學博士
- 秦夢群　美國麥迪遜威斯康辛大學博士
- 高明士　日本東京大學歷史學博士
- 高宣揚　巴黎第一大學哲學系博士
- 張光宇　美國加州大學柏克萊校區語言學博士
- 張炳陽　國立臺灣大學哲學研究所博士
- 陳秀蓉　國立臺灣大學理學院心理學研究所臨床心理學組博士
- 陳思賢　美國約翰霍普金斯大學政治學博士
- 陳清秀　美國喬治城大學訪問研究、臺灣大學法學博士
- 陳鼓應　國立臺灣大學哲學研究所
- 曾永義　國家文學博士、中央研究院院士
- 黃光國　美國夏威夷大學社會心理學博士
- 黃光雄　國家教育學博士
- 黃昆輝　美國北科羅拉多州立大學博士
- 黃政傑　美國麥迪遜威斯康辛大學博士
- 楊維哲　美國普林斯頓大學數學博士
- 葉海煙　私立輔仁大學哲學研究所博士
- 葉國良　國立臺灣大學中文所博士
- 廖達琪　美國密西根大學政治學博士
- 劉滄龍　德國柏林洪堡大學哲學博士
- 黎建球　私立輔仁大學哲學研究所博士
- 盧美貴　國立臺灣師範大學教育學博士
- 薛化元　國立臺灣大學歷史學系博士
- 謝宗林　美國聖路易華盛頓大學經濟研究所博士候選人
- 簡成熙　國立高雄師範大學教育研究所博士
- 顏厥安　德國慕尼黑大學法學博士

經典名著文庫166

# 意義與真理的探究
## An Inquiry into Meaning and Truth

伯特蘭·羅素 著
（Bertrand Russell）

賈可春 譯

# 經典永恆・名著常在

## 五十週年的獻禮・「經典名著文庫」出版緣起

　　五南，五十年了。半個世紀，人生旅程的一大半，我們走過來了。不敢說有多大成就，至少沒有凋零。

　　五南忝爲學術出版的一員，在大專教材、學術專著、知識讀本已出版逾七千種之後，面對著當今圖書界媚俗的追逐、淺碟化的內容以及碎片化的資訊圖景當中，我們思索著：邁向百年的未來歷程裡，我們能爲知識界、文化學術界作些什麼？在速食文化的生態下，有什麼值得讓人雋永品味的？

　　歷代經典・當今名著，經過時間的洗禮，千錘百鍊，流傳至今，光芒耀人；不僅使我們能領悟前人的智慧，同時也增深加廣我們思考的深度與視野。十九世紀唯意志論開創者叔本華，在其〈論閱讀和書籍〉文中指出：「對任何時代所謂的暢銷書要持謹慎的態度。」他覺得讀書應該精挑細選，把時間用來閱讀那些「古今中外的偉大人物的著作」，閱讀那些「站在人類之巔的著作及享受不朽聲譽的人們的作品」。閱讀就要「讀原著」，是他的體悟。他甚至認爲，閱讀經典原著，勝過於親炙教誨。他說：

> 「一個人的著作是這個人的思想菁華。所以，儘管
> 一個人具有偉大的思想能力，但閱讀這個人的著作
> 總會比與這個人的交往獲得更多的內容。就最重要

的方面而言，閱讀這些著作的確可以取代，甚至遠遠超過與這個人的近身交往。」

為什麼？原因正在於這些著作正是他思想的完整呈現，是他所有的思考、研究和學習的結果；而與這個人的交往卻是片斷的、支離的、隨機的。何況，想與之交談，如今時空，只能徒呼負負，空留神往而已。

三十歲就當芝加哥大學校長、四十六歲榮任名譽校長的赫欽斯（Robert M. Hutchins, 1899-1977），是力倡人文教育的大師。「教育要教真理」，是其名言，強調「經典就是人文教育最佳的方式」。他認為：

「西方學術思想傳遞下來的永恆學識，即那些不因時代變遷而有所減損其價值的古代經典及現代名著，乃是真正的文化菁華所在。」

這些經典在一定程度上代表西方文明發展的軌跡，故而他為大學擬訂了從柏拉圖的《理想國》，以至愛因斯坦的《相對論》，構成著名的「大學百本經典名著課程」。成為大學通識教育課程的典範。

歷代經典・當今名著，超越了時空，價值永恆。五南跟業界一樣，過去已偶有引進，但都未系統化的完整鋪陳。我們決心投入巨資，有計劃的系統梳選，成立「經典名著文庫」，希望收入古今中外思想性的、充滿睿智與獨見的經典、名著，包括：

- 歷經千百年的時間洗禮，依然耀明的著作。遠溯二千三百年前，亞里斯多德的《尼克瑪克倫理學》、柏拉圖的《理想國》，還有奧古斯丁的《懺悔錄》。
- 聲震寰宇、澤流遐裔的著作。西方哲學不用說，東方哲學中，我國的孔孟、老莊哲學，古印度毗耶娑（Vyāsa）的《薄伽梵歌》、日本鈴木大拙的《禪與心理分析》，都不缺漏。
- 成就一家之言，獨領風騷之名著。諸如伽森狄（Pierre Gassendi）與笛卡兒論戰的《對笛卡兒『沉思』的詰難》、達爾文（Darwin）的《物種起源》、米塞斯（Mises）的《人的行為》，以至當今印度獲得諾貝爾經濟學獎阿馬蒂亞・森（Amartya Sen）的《貧困與饑荒》，及法國當代的哲學家及漢學家余蓮（François Jullien）的《功效論》。

梳選的書目已超過七百種，初期計畫首為三百種。先從思想性的經典開始，漸次及於專業性的論著。「江山代有才人出，各領風騷數百年」，這是一項理想性的、永續性的巨大出版工程。不在意讀者的眾寡，只考慮它的學術價值，力求完整展現先哲思想的軌跡。雖然不符合商業經營模式的考量，但只要能為知識界開啟一片智慧之窗，營造一座百花綻放的世界文明公園，任君遨遊、取菁吸蜜、嘉惠學子，於願足矣！

最後，要感謝學界的支持與熱心參與。擔任「學術評議」的專家，義務的提供建言；各書「導讀」的撰寫者，不計代價地導引讀者進入堂奧；而著譯者日以繼夜，伏案疾書，更

是辛苦，感謝你們。也期待熱心文化傳承的智者參與耕耘，共同經營這座「世界文明公園」。如能得到廣大讀者的共鳴與滋潤，那麼經典永恆，名著常在。就不是夢想了！

總策劃　楊榮川

二○一七年八月一日

# 目　錄

# 導讀

## 一

　　伯特蘭・羅素（1872～1970），是世界現代思想史上最為獨特、最具魅力的人物。他是英國著名哲學家、文學家、數學家、邏輯學家、政治活動家、大英帝國勳爵、帝國功績勳章獲獎者，生前為皇家學會會員，曾於1950年被授予諾貝爾文學獎，以表彰其「多樣且重要的作品，以及對人道主義理想與思想自由的不懈追求」。

　　羅素出生在威爾士的一個貴族家庭，祖父約翰・羅素伯爵是輝格黨領袖，曾兩度出任英國首相，祖母是一位虔誠的基督教徒，精通數種語言,並有深厚的古典文學素養。羅素2歲喪母，4歲喪父，6歲時祖父去世，主要在祖母的撫育下長大。祖母對他的教育雖極為用心卻管教嚴格，加上家庭生活中充滿著一種清教徒式的虔誠與清苦，羅素感覺自己的童年生活很不愉快。11歲時羅素跟著哥哥學習歐氏幾何，這門學科令他「像初戀一樣陶醉」，成了他童年及成年後「幸福的主要源泉」。18歲時，羅素進入劍橋大學，學習數學和哲學。畢業後，羅素選擇了哲學作為自己的終身事業。

　　羅素活了98歲。在其近一個世紀的漫長生涯中，羅素經歷了大英帝國的輝煌與沒落；他出生時，英帝國正處於發

展巔峰期，而他去世時，因經歷了兩次世界大戰，英帝國已處於沒落期。羅素在晚年的《自傳》中總結自己的過往生涯時曾說，「三種純粹而極強烈的激情支配著我的一生，那就是對愛情的渴望、對知識的追求以及對人類苦難不可遏制的同情。」確實，正是這三種激情，使得羅素有著不同於尋常人的生命經歷和人生成就。

羅素說，他渴望愛情，是因為愛情能給他帶來狂喜、解除孤寂，能讓他從愛的結合中看到聖徒和詩人們所想像的天堂景象的神秘縮影。羅素一生有過四次婚姻。他最小的孩子是在他66歲時出生的，他第四次結婚時已年屆80，妻子比他小30幾歲。

羅素秉有和平主義理念，並熱衷於社會政治活動，正是這一點凸顯了他對人類苦難的深切同情。他反對英國參加第一次世界大戰並因此入獄，他參與過甘迺迪遇刺事件的調查，他曾與愛因斯坦一起參加反核運動，並發表了著名的《羅素──愛因斯坦宣言》。羅素在89歲高齡時還與法國著名哲學家薩特一起參加反對越戰的遊行，並成立了民間性質的羅素法庭。羅素還是一位女權主義者，為追求婦女權益做出過不少貢獻。此外，羅素還為廢除死刑、實施安樂死及性自由等問題進行過很多辯護。

就對知識的追求而言，羅素是當代少有的百科全書式的學者。他不僅是一流的哲學家、文學家、數學家、邏輯學家，而且在歷史學、教育學、社會學、政治學等方面也卓有建樹。羅素還精通物理學、化學及生物學等自然科

學，曾寫過得到愛因斯坦本人認可的通俗科學讀物《相對論ABC》。羅素自身著作，共寫過70餘部著作及難以計數的論文；僅就哲學方面而言，影響較大的有：《數學原則》（1903）、《數學原理》（1910～1913）、《哲學問題》（1912）、《我們關於外部世界的知識》（1914）、《邏輯原子論哲學》（1918）、《心的分析》（1921）、《物的分析》（1927）、《哲學大綱》（1927）、《意義與真理的探究》（1940）、《西方哲學史》（1945）及《人類的知識》（1948）等。

在哲學上，羅素是分析哲學的創始人、邏輯原子論的創始人及新實在論的主要代表。作為分析哲學的創始人，羅素與莫爾、弗雷格、維根斯坦及卡納普等人一起開創了二十世紀的分析哲學運動。羅素於1905年發表的《論指謂》一文標誌著當代分析哲學的誕生，該文闡述的摹狀詞理論被英國天才學者拉姆齊譽為「哲學的典範」。羅素提出邏輯是哲學的本質，他的一些基本觀點及所採用的形式分析方法，影響了整個二十世紀分析哲學的發展。作為新實在論的主要代表，羅素與莫爾一起推翻了以麥克塔加特及布拉德雷為代表的當年在英國占主導地位的新黑格爾主義哲學。作為邏輯原子論哲學的創始人之一，他主張建立一種能夠反映實在結構的理想語言；邏輯原子論哲學極大地影響了上個世紀初顯赫一時的維也納學派。

# 二

　　作為哲學家，羅素在形上學、認識論、邏輯學、倫理學、科學哲學、語言哲學及心靈哲學等諸多領域都有論述，但他最關心的還是認識論問題。在《我的哲學的發展》中，羅素這樣說過：「我的哲學的發展可以分為不同的階段。在這些階段中，只有一件事情引起了我持久的注意，那就是：我從始至終都急切地想發現我們能認識多少東西，以及我們的認識帶有多大程度的確定性或可疑性。」事實上，當羅素1919年從反戰事務中抽身並完成《數理哲學導論》一書的寫作後，其哲學興趣就永久性地轉向了認識論，特別是認識論中與語言及心理學相關的部分。本書即《意義與真理的探究》就是其興趣轉變所帶來的最重要成果，它是羅素的一部認識論專著，集中體現了羅素在認識論領域的一系列創新性思想。

　　認識論問題曾是近代西方哲學的中心問題；圍繞這個問題，出現過大陸唯理論與英國經驗論之爭。唯理論認為普遍必然的知識來自先天，而經驗論則堅持認識起源於經驗的經驗論原則。從培根開始，經過洛克和巴克萊，直到休謨，古典經驗論一步一步走完了其邏輯旅程。休謨把經驗論原則推到極致，認為認識來源於知覺（即觀念與印象），亦限於知覺，從而導致了哲學史上的所謂休謨問題。休謨問題的實質在於否認涉及未來的全稱陳述的真理性，實際上也就是否認科學命題的真理性。休謨問題給哲學帶來了巨大挑戰。美國

哲學家蒯因說，休謨問題是哲學和科學的共同恥辱，休謨的困境就是全人類的困境。包括康德及現代實證主義者在內的後世哲學家為解決這個問題都曾進行過不懈的努力。

作為現代經驗論哲學家，羅素繼承了古典經驗論的基本原則，仍然把感覺當作認識的可靠出發點。在這一基本前提下，羅素亦不得不嚴肅面對休謨問題。事實上，羅素畢生對認識論問題的思考，就在於持續不斷探索解決休謨問題的方案，而《意義與真理的探究》一書實質上就是要致力於探討和解決休謨問題。在本書的導論部分，羅素首先區分了兩種形式的認識論：第一種形式的認識論把我們的知識作為當然的東西接受下來，並把它構想為有機體的一種狀態，此種認識論著重研究作為有機體之一種特徵的認識現象，以及我們作為有機體是如何獲得可靠的信念的；第二種形式的認識論要求對我們的知識本身進行一番批評性的審查，這種審查主要在於確定知識的認識論的及事實的前提、構成知識的命題的邏輯順序、信念與命題的語言表達以及知識與經驗的關係等等。羅素在本書中所要探討的，主要是第二種形式的認識論，也即通常意義上的認識論；而他對這種形式的認識論的所有探討，實質地看，就是以解決休謨問題為指向的。在休謨那裡，經驗（知覺）並不蘊含科學命題的真理性即普遍必然性，或者說真正意義上的科學知識不來自經驗，而羅素則認為科學命題的真理性正是來自第一人稱的經驗，因此他在本書中著力去解釋或者說探討「使命題為真的經驗證據」究竟是什麼，換句話說，他要解釋或探討科學命題和經驗之間

的關係。在科學的命題體系中，基本命題（或曰觀察命題）是知覺經驗的直接報告，在命題的邏輯順序中處於首要的地位，其他命題則是基本命題的派生或是由基本命題透過邏輯聯結片語合而成的，因此本書的一切探討主要又是圍繞基本命題同經驗之間的關係問題而展開的。這個問題，更具體地說，是一個真理問題：經驗現象是如何使得基本命題為真的？羅素從上個世紀二十年代初開始，從新實在論轉向中立一元論，認為構成世界的終極材料是感覺，從而堅持一種比較徹底的經驗論。這種經驗論的哲學立場導致他認為：全部認識論都應該從「我知道什麼」開始，並且唯有經驗才能決定非重言式命題的真或假，而「當下的知覺對象」則是我們的經驗中最無可置疑的東西。因此對羅素來說，若要回答經驗現象是如何使得基本命題為真的，其實就是要回答如下問題：從第一人稱的知覺經驗出發，如何獲得合法的或者說不帶主觀性的科學知識？這本質上正是傳統經驗論所思考的一個核心問題。在解決這個問題時，羅素在本書中表現出了不同於傳統經驗論的兩個特點：首先，羅素在本書中更注重從語言的角度來探討這個問題。為了解決這個問題，羅素圍繞語言與非語言現象的關係，對語言問題進行了深入的探討。其次，羅素在本書中使用了數理邏輯作為工具。在解決休謨問題上，羅素擁有了休謨所無法比擬的優勢即數理邏輯的出現，而且羅素本人就是數理邏輯的開創者。數理邏輯使得羅素有可能以一種新的方式挽救經驗論，並為解決休謨問題提供新的思路。在本書中，羅素以嫻熟的手法，對語言及命題進行了邏輯分析，數理邏輯的基本思想和方法在這裡得到了

充分的體現和應用。由於羅素是在經驗論的一般原則的基礎上進行這種探討的,所以他在前言說,「本書是試圖把類似於休謨的一般觀點與從現代邏輯中成長起來的方法相結合的結果」。正是這兩個特點,使得本書成了分析哲學史上的一部經典之作,因為分析哲學的基本特徵正在於透過對語言的邏輯分析來解決傳統的哲學問題(在這種意義上,後來的日常語言學派實際上偏離了早期分析哲學及整個人工語言哲學的這一目標,因為它們在很大程度上是為了探討語言而探討語言,這一點曾遭到羅素的批評),而且本書所涉及的兩大主要問題即意義問題與真理問題也是整個分析哲學的核心問題。可以說,本書既體現了近代哲學的旨趣(認識論),也體現了當代分析哲學的特點(對語言的邏輯分析)。通常認為,哲學從近代到現代,實現了從認識論到語言的轉向。但這種提法極易使人誤解,因為至少在分析哲學創始人羅素這裡(其實包括在弗雷格及前期維根斯坦那裡),哲學的主旨仍然是認識論,只不過他更注重透過語言或命題的邏輯分析來解決問題。羅素的認識論其實是自笛卡兒以來的近代認識論的深化;所謂西方哲學的語言轉向,在羅素這裡只是表層的,而從深層看,羅素哲學與近代哲學之間存在明顯的連續性。本書典型地體現了這種連續性,我們從中可以看出分析哲學是如何從傳統哲學中逐步成長而來的。

　　羅素在本書中指出,經驗命題(或者說經驗陳述)之所以有可能是真的,是因為非語言現象的存在。所以,本書在研究真理問題時,實際關心的是語言與非語言現象之間的關

係。在本書中，羅素細緻入微地分析了對象詞、邏輯語詞、
自我中心詞、專名、通名等各類語詞的意義。在對語詞的意
義進行分析的同時，羅素指出，語言應區分為不同的階，初
階語言（對象語言）中的詞彙主要由對象詞構成；而所謂對
象詞就是那些可以孤立地具有意義且可以透過實指方式被學
會的詞，如「火」、「麵包」這樣的詞。從初階語言出發，
我們可以構造二階語言（屬於元語言的範疇），這只需要我
們在初階語言的詞彙中加上「真」、「假」、「或者」、
「並非」等邏輯語詞就可以了；二階語言是我們用來談論初
階語言的語言。由二階語言還可以再構造三階語言；語言的
階的構造是無窮的，但這並不會改變語言同非語言現象之間
的關係的本質。在對語詞的意義進行分析的基礎上，羅素又
分別探討了語句的意義與所指。他認為，語句的意義來自
語詞的意義及句法規則，語句的所指則是語句自身的真值條
件。而所謂真理，羅素認為，其實就是語句的意義與所指之
間的一種符合關係。與真理問題相關聯，羅素還分別探討了
信念、外延性原則、原子性原則、排中律、意義與證實、真
理與經驗、真理與知識等問題。一一論述了這些問題之後，
羅素在本書的末尾簡要探討了語言與世界之間的關係。這種
探討本質上是要回答：語言的邏輯範疇是否對應於語言所處
理的非語言世界的成分，或者說，邏輯能否為某種形上學提
供基礎？羅素的回答是肯定的：在語言的結構與世界的結構
之間存在一種可觀察的關係，語言的性質有助於我們理解世
界的結構，因為我們談論世界的方式往往取決於世界本身的
性質。

需要指出的是，羅素從第一人稱的知覺經驗出發來探討知識與真理問題，但他在本書中並沒有（當然也不可能）把經驗論原則貫徹到底。這表現在他承認有一些我們無法經驗的事實，或者說，他承認有些命題的證實者（verifier）是我們所無法經驗的；這類命題被稱他為存在命題，也是羅素在本書中重點討論的一類命題，因為它們與經驗證據之間的關係最複雜。在羅素看來，事實的範圍超過經驗，後者只是前者的一個子類，而他的真理論強調的是命題與事實的符合，而非命題與經驗的符合。羅素由此宣稱，在獲得真命題時，證實只起一種輔助性的作用。從這裡，我們可以看出羅素與邏輯實證主義哲學家在證實問題上的不同態度，因為後者主要宣導經驗證實原則或可證實性原則。羅素在本書中提到了維也納學派的紐拉特。紐拉特雖屬於邏輯實證主義陣營，但他把公共可觀察的報告作為認識論意義上的證據，從而在某種度上導致了羅素所批評過的融貫論。因此，羅素的「真」主要是一個語義概念，而紐拉特的「真」主要是一個句法概念。

三

羅素是1940年旅居美國期間寫成本書的。1938年，羅素應邀在牛津大學講學，並在那裡開設了一門叫「語言與事實」的課。這門課的講稿就是本書的初稿。1938年秋季學期，以及1939～1940學年（1939年秋季學期和1940年春季學期），羅素分別在美國芝加哥大學和加利福尼亞大學開設

研究班，講稿的內容又在這些研究班上得以討論，當時已經聲明顯赫的兩位學者卡納普和莫里斯曾參與研究班的討論。1940年秋季學期，羅素又應邀在哈佛大學主持威廉·詹姆士講座，講座的主要內容仍然是上述講稿所討論的「語言與事實」問題。但是在主持詹姆士講座之前，即在1940年夏季，羅素已經將講稿修訂成書稿。當時，羅素在結束了芝加哥大學1940年春季學期的講學後，旋即遷居位於內華達山區的落葉湖畔，並和家人居住在這裡的一個簡陋的居室中。在這個寧靜而美麗的山區，羅素努力擺脫當時歐洲戰事的影響，利用一個暑假的時間，集中精力、揮汗如雨，完成了本書的寫作，後在當年出版，並使用了現在的書名。

　　羅素完成此書殊為不易，他在準備課程講稿並寫作本書時正值歐洲社會動盪起伏之際，此時第二次世界大戰剛剛爆發，羅素和家人雖然都遠在美國，但仍不可避免地受到戰爭的困擾和影響，其個人及整個家庭生活都面臨極度困境。首先是他在這段時間無法為自己謀取一份相對長期而又穩定的工作，導致其個人經濟狀況處於十分困難的境地，不得不為生計問題發愁。其次是因戰爭爆發，他的子女們不能回到歐洲接受良好的教育。再次，羅素本人在這段時間面臨一樁令其極感煩惱的訴訟案件，耗費了其大量精力。當時紐約城市學院擬聘用他，但遭到了教會等保守勢力的極力反對，此事鬧上了法庭，法庭最終裁決紐約高等教育委員會不得聘任羅素到紐約城市學院任教。但羅素仍以堅韌不拔的毅力排除這些干擾，最終在1940年的那個炎炎夏季寫成了本書。

# 譯者序

　　《意義與眞理的探究》是英國哲學家伯特蘭・羅素（1872～1970）於1940年在美國寫就的一部著作。1938年，羅素應邀到牛津大學講學，並在那裡開設了一門叫「語言與事實」的課。這門課的講稿就是本書的初稿。1938～1939年和1939～1940年，羅素分別在芝加哥大學和加利福尼亞大學開設研究班，講稿的內容又在這些研究班上得以討論，並最終成為1940年秋季他在哈佛大學所主持的威廉・詹姆士講座的主要內容。

　　本書是一部探討知識論問題的著作。羅素在書中區分了兩種形式的知識論：第一種形式的知識論把我們的知識作為當然的東西接受下來，並把它構想為有機體的一種狀態，此種知識論著重研究作為有機體之一種特徵的認識現象，以及我們作為有機體是如何獲得可靠的信念的；第二種形式的知識論要求對我們的知識本身進行一種批評性的審查，這種審查主要在於確定知識的認識論的及事實的前提、構成知識的命題的邏輯順序、信念與命題的語言表達以及知識與經驗的關係等等。羅素在本書中所探討的，主要是第二種形式的知識論，也即通常所謂的認識論。但是，本書的所有探討，實質上都是圍繞基本命題（或曰觀察命題）同經驗之間的關係問題而展開的。這個問題，更具體地說，是一個眞理問題：

經驗現象是如何使得基本命題為真的？羅素從上個世紀二十年代前後開始，從新實在論轉向中立一元論，認為構成世界的終極材料是感覺，從而堅持一種比較澈底的經驗論。這種經驗論的哲學立場導致他認為：全部知識論都應該從「我知道什麼」開始，並且唯有經驗才能決定非重言式命題的真或假，而「當下的知覺對象」則是我們的經驗中最無可置疑的東西。因此對羅素來說，若要回答經驗現象是如何使得基本命題為真的，其實就是要回答，從第一人稱的知覺經驗出發，如何獲得合法的或者說不帶主觀性的科學知識。這本質上是傳統經驗論所思考的一個核心問題，但羅素在解決這個問題時，表現出了不同於傳統經驗論的兩個特點：首先，羅素在本書中更注重從語言的角度來探討這個問題。為了解決這個問題，羅素圍繞語言與非語言現象的關係，對語言問題進行了深入的探討；其次，羅素在本書中使用了數理邏輯作為工具。在本書中，羅素以嫻熟的手法，對語言和命題進行了邏輯分析，數理邏輯的基本思想和方法在這裡得到了充分的體現和應用。由於羅素是在經驗論的一般原則的基礎上進行這種探討的，所以他在前言中說，「本書就是試圖把類似於休謨的一般觀點與從現代邏輯中成長起來的方法結合起來的結果」。正是這兩個特點，使得該著成了分析哲學史上的一部經典之作，因為分析哲學的基本特徵正在於透過對語言的邏輯分析來解決傳統的哲學問題（在這種意義上，後來的日常語言學派實際上偏離了早期分析哲學及整個人工語言哲學的這一目標，因為它們在很大程度上是為了探討語言而探討語言，這一點曾遭到羅素的批評），而且本書所涉及的兩

大主要問題即意義問題與真理問題也是整個分析哲學的核心問題。可以說，本書既體現了近代哲學的旨趣（認識論），也體現了當代分析哲學的特點（對語言的邏輯分析）。通常認為，哲學從近代到現代，實現了從認識論到語言的轉向。但這種提法極易使人誤解，因為至少在分析哲學創始人羅素這裡（其實包括在弗雷格及前期維根斯坦那裡），哲學的主旨仍然是認識論，只不過他更注重透過語言或命題的邏輯分析來解決問題。羅素的認識論其實是自笛卡兒以來的近代認識論的深化；所謂哲學的語言轉向，在羅素這裡只是表層的，而從深層看，羅素哲學與近代哲學之間存在明顯的連續性。本書典型地體現了這種連續性，從中可以看出分析哲學是如何從傳統哲學中逐漸成長而來的。

羅素認為，經驗命題（或者說經驗陳述）之所以有可能是真的，是因為非語言現象的存在。所以，本書在研究真理問題時，實際關心的是語言與非語言現象之間的關係。在本書中，羅素細緻入微地分析了對象詞、邏輯語詞、自我中心詞、專名、通名等各類語詞的意義。在對語詞的意義進行分析的同時，羅素指出，語言應區分為不同的階，初階語言（對象語言）中的詞彙主要由對象詞構成。從初階語言出發，我們可以構造二階語言（屬於元語言的範疇），這只需要我們在初階語言的詞彙中加上「真」、「假」、「或者」、「並非」等邏輯語詞就可以了。語言的階的構造是無窮的，但這並不會改變語言與非語言現象之間的關係的本質。在對語詞的意義進行分析的基礎上，羅素又分別探討了

語句的意義與所指。他認為，語句的意義來自語詞的意義和句法規則，語句的所指則是語句自身的真值條件。而所謂真理，羅素認為，其實就是語句的意義與所指之間的一種符合關係。與真理問題相關聯，羅素還分別探討了信念、外延性原則、原子性原則、排中律、意義與證實、真理與經驗、真理與知識等問題。一一論述了這些問題之後，羅素在該著末尾簡要探討了語言與世界之間的關係。這種探討本質上是要回答：語言的邏輯範疇是否對應於語言所處理的非語言世界的成分，或者說，邏輯能否為某種形上學提供基礎？羅素的回答是肯定的：在語言的結構與世界的結構之間存在一種可觀察的關係，語言的性質有助於我們理解世界的結構。

需要指出的是，羅素從第一人稱的知覺經驗出發來探討知識與真理問題，但他在本書中並沒有（當然也不可能）把經驗論原則貫徹到底。這表現在他承認有一些我們無法經驗的事實，或者說，他承認有些命題的證實者（verifier）是我們所無法經驗的；這類命題被他稱為存在命題。所以羅素認為，事實的範圍超過經驗，後者只是前者的一個子類，而他的真理論強調的是命題與事實的符合，而非命題與經驗的符合。羅素由此宣稱，在獲得真命題時，證實只起一種輔助性的作用。從這裡，我們可以看出羅素與邏輯實證主義哲學家在證實問題上的不同態度，因為後者主要宣導經驗證實原則或可證實性原則。羅素在本書中提到了維也納學派的紐拉特。紐拉特雖屬於邏輯實證主義陣營，但他把公共可觀察的報告作為認識論意義上的證據，從而在某種程度上導致了羅

素所批評過的融貫論。因此，羅素的「眞」主要是一個語義概念，而紐拉特的「眞」主要是一個句法概念。

　　《意義與眞理的探究》是羅素晚年的一部重要著作，也是羅素爲數不多的未譯成中文的哲學著作之一。希望透過本書的翻譯，能引起人們對羅素哲學的進一步的興趣。譯文如有不妥之處，誠請讀者批評指正。

賈可春

前言

　　本書經歷了幾年時間的逐漸寫作，並在擔任一系列學術職務的過程中得以完成。1938年，在牛津大學所作的《語言與事實》的系列講座中，我探討了這個主題的一部分。這些講座形成了1938～1939年在芝加哥大學以及1939～1940年在加州大學洛杉磯分校所開設的研究班課程的基礎。在這兩次研究班上的討論大大拓寬了我對所涉及的這些問題的理解，並且減少了我原先對於這個主題的語言學方面的強調。我必須表達一種欠情，即欠那些教授和學生們的集體人情；他們透過細緻而又友好的批評使我避免了一些差錯和謬誤（我希望如此）。更特別的是，在芝加哥時，卡納普和莫里斯教授時常參加研究班，而且一些研究生表現出了很強的哲學研究能力，從而使這些討論成為富有成果的爭論性合作的典範。諾曼‧道爾凱先生參加了兩個研究班，後來閱讀了全書的手稿，我非常感激他謹慎而又令人興奮的批評。最後，在1940年夏季，我一方面從積累起來的材料中，另一方面從對這個整個主題的重新思考中，準備了這些威廉‧詹姆士講座。

　　就方法而言，我更贊同邏輯實證主義，而非任何其他現存的學派；對於讀者來說，這將會是顯而易見的。然而，我與他們是不同的。這種不同就在於我比他們更重視貝克萊和休謨的工作。本書就是試圖把類似於休謨的一般觀點與從現代邏輯中成長起來的方法結合起來的結果。

導論

　　眼下這部著作，意在對涉及經驗知識的某些問題作一考察。與傳統的知識論相比，本書所採納的方法是不同的。這種不同主要在於它重視從語言學方面來考慮問題。我打算結合兩個主要問題來考慮語言。這兩個問題可以用預備性的和不太精確的術語陳述如下：

　　(1)「一個命題為真的經驗證據」這一說法的含意是什麼？

　　(2) 從有時存在這樣的證據這一事實出發，可以推論出什麼？

　　這裡，與哲學中的通常情形一樣，首要的困難在於看清這個問題本身是困難的。如果你問一個未經哲學訓練的人：「你是怎麼知道我有雙眼的？」他或者她將會回答說：「多麼傻的一個問題！我可以看到你有雙眼啊。」不要期待我們的探究結束時，我們將會得到某種根本不同於這種非哲學立場的東西。將會出現的情形是：在我們原以為一切都簡單的地方，我們將會逐步看到一個複雜的結構；我們將會意識到不確定性的黑影正籠罩在沒有引起人們懷疑的地方；與我們原先的設想相比，我們將會更頻繁地發現對事物進行懷疑是正當的；而且，即使最貌似真實的前提，也將表明它們自身會產生不合理的結論。最終的結果將是用清楚的猶豫代替不清楚的確定性。至於這個結果是否有某種價值，我將不去考慮。

　　一旦我們認真地考慮上述兩個問題時，困難就出現

了。以「一個命題為眞的經驗證據」這個短語為例。除非我們在考察之後得出了這樣的結論，即我們的問題原來是用錯誤的語詞加以表達的，否則這個短語就會要求我們去定義「經驗的」、「證據」、「眞」、「命題」這些語詞。

12　　讓我們從「命題」開始。一個命題就是某種可以在任何一種語言中被說出的東西：「Socrates is mortal」和「Socrates est mortel」[1]表達了同一個命題。就是在一種特定的語言中，它也可以透過不同的方式被說出：在「凱撒於三月十五日被害」與「正是在三月十五日這一天，凱撒被害了」之間所存在的差別僅僅是修辭學上的。因而，兩種語詞形式「擁有同一種意義」是可能的。目前，我們至少可以將一個「命題」定義為「與某個特定的語句擁有同一種意義的所有語句」。

現在，我們必須定義「語句」和「擁有同一種意義」。暫且不管後者。什麼是語句呢？它可以是單個的詞，或者，更通常地，是根據句法規則被放到一起的許多詞。但是其特點在於，它表達了具有肯定、否定、命令、願望或者疑問等等性質的某種東西。從我們的觀點來看，一個句子更顯著的方面在於：假如我們知道了它所包含的幾個語詞的意義以及句法規則，那麼我們就能夠理解它所表達的東西。因此，我們的研究必須首先從對詞的考察開始，然後考察句法規則。

---

1　「Socrates is mortal」和「Socrates est mortel」分別是英語和法語的句子，意思都是「蘇格拉底是有死的」。——譯注

　　在進入任何細節性的研究之前，先對我們的問題的性質作些一般性的論述，可能有助於我們知道重要的東西是什麼。

　　我們的問題是知識論裡的一個問題。什麼是知識論呢？我們知道的或者我們認為我們知道的一切事物，都屬於某門特殊的科學。那麼，留給知識論的還有什麼東西呢？

　　有兩種不同的探究，它們都是重要的，並且每一種都有資格被稱為「知識論」。在任何特定的討論中，如果不能確定要將那種討論歸屬到這兩種探究中的哪一種，就容易出現混淆。因此，在這開始的時候，我將說幾句話，以對這兩種探究作出解釋。

　　在第一種形式的知識論中，我們接受從科學上對世界所作的描述。這並非是把這種描述作為確定無疑的真理來接受的，而是作為眼下最可用的東西來接受的。正如科學所描繪出來的那樣，世界包含著一種被稱為「認識」的現象；而第一種形式的知識論必須考慮這是一種什麼樣的現象。從外部來看，它首先是生命有機體的一個特徵；一般說來，隨著有機體變得更為複雜，這個特徵就會愈來愈多地展示出來。顯然，認識是有機體同別的某種事物或者同該有機體自身的一個部分之間的一種關係。如果仍然站在一個外部觀察者的角度來看的話，我們可以把知覺意識從習慣性知識中區分出來。知覺意識是一種「刺激感受性」，它並不限於生命有機體。科學儀器也具有這種特性，而且在某種程度上，一切事物都具有這種「刺激感受性」。刺激感受性是在某種刺激出

現時動物或事物所作出的反應；而當該刺激不出現時，它們不會作出那種反應。

當狗出現的時候，貓會表現出一種特定的反應。這使得我們說，貓「感知到」了狗的出現。但是在電流出現時，電流計也會表現出特定的反應，而我們卻並不說它「感知到」了電流。這兩種情況之間的差別與「習慣性知識」有關。

一個無生命的事物，只要它的物理構造沒有改變，總是會對同一種刺激作出同一種反應；相反，當動物重複面對它從第一次就對之作出某種反應的刺激時，就會逐漸改變反應的特徵，直至它達到——至少暫時地達到——一個穩定點為止。當達到這個穩定點時，該動物就獲得了一種「習慣」。每一種習慣都包含這樣的東西，即從行為主義的觀點來看可以算作對於一般法則的信念的東西，或者，假如這種信念碰巧是真的，甚至（在某種意義上）可以算作知道了這種法則。例如：行為主義者也許會說，一條學會直立起來去乞求食物的狗相信下述一般法則：「聞到了食物的味道，再做出乞求的動作，然後就會得到食物。僅有食物的味道而沒有乞求的動作，食物是不會出現的。」

所謂的「透過經驗而學習」，指的就是獲取習慣的行為；牠是生命有機體所特有的表現。狗透過經驗了解到，人 14 可以開門；因此，假如牠的主人在場，並且牠又想出去的時候，牠就會圍繞主人發出叫聲，而不再會往門上抓。通常，「符號」依賴於透過經驗而學來的習慣。對於一條狗來說，牠的主人的聲音就是主人的符號。我們可以說：假如 A 引

發了 B 將會引發的反應，而這種反應卻又並不適合於單獨存在著的 A，那麼 A 是 B 的一個「符號」。然而，必須承認，一些符號的有效性並不依賴於經驗：動物會對某些氣味作出反應，其作出反應的方式與發出這些氣味的對象相適合；而且，有時候，當牠們從未經驗過這些對象時，牠們甚至也能做到這一點。給「符號」下一個精確的定義是困難的，這既是因為剛剛所說的這種情況，即一些符號的有效性並不依賴於經驗，也是因為無法給「適當的」反應下一個令人滿意的定義。但是，我們所意指的東西的一般特徵是相當清楚的，而且人們將會發現語言就是一種「符號」。

　　一旦有機體的反應受到符號的影響，就有可能發現「主觀的」和「客觀的」之間的差別的起源，而且也可能發現「知識」和「錯誤」之間的差別的起源。從主觀上說，假如在 A 出現時，有機體 O 以一種適合於 B 的方式作出反應，那麼對 O 來說，A 就是 B 的一個符號。從客觀上來說，假如在事實上，A 為 B 所伴隨或跟隨，那麼 A 是 B 的一個符號。對有機體 O 來說，每當從主觀上看 A 是 B 的符號時，我們就可以說，從行為主義角度來看，O「相信」這樣的一般命題，即「A 總是為 B 所伴隨或跟隨」。但是，只有從客觀上看 A 是 B 的一個符號時，這個信念才是「真的」。動物會被鏡子或氣味所欺騙；而這樣的情況使得下述這點變得顯而易見：從我們目前的觀點來看，「主觀的─客觀的」之間的區分以及「知識─錯誤」之間的區分，在很早的階段就出現在動物的行為反應中了。在這個階段，知識和

錯誤都是在有機體的行為與關於環境的諸事實之間所出現的可觀察的關係。

　　在其自身的限度內，以上這種類型的知識論是合法的，也是重要的。但是還有另外一種知識論，它比前者更深入，而且我認為，比前者重要得多。

15　　當行為主義者觀察動物的行為，並且確定這些行為所展示的是知識還是謬誤時，他沒有把自己看作動物，而是看作一個對實際所發生的事情進行無誤──這種無誤至少是假設性的──記錄的人。他「知道」動物被鏡子所欺騙，卻又相信他自己「知道」他並未受到類似的欺騙。由於忽略了這個事實，即他正在觀察，而且他是一個像任何別的有機體一樣的有機體，所以他就賦予了他的觀察結果一種客觀性的假象。一旦我們記住該觀察者可能會犯的錯誤時，我們就已經把蛇帶進了行為主義者的伊甸園。蛇要求對觀察結果作出懷疑，並且為了這個目的，它可以毫無困難地引用科學經典。

　　科學經典最權威的形式，體現在物理學（包括心理學）中。物理學使我們確信，我們稱之為「感知著對象」的現象，處在一個以這些對象作為起點的長的因果鏈條的末端；而且，除了至多在某些非常抽象的方面，它們是不太可能類似於這些對象的。我們全都是從「天眞實在論」出發的。「天眞實在論」是這樣一種學說：事物就是它們所看起來的那樣。我們認為草是綠色的，石頭是僵硬的，雪是冰冷的。但是，物理學使我們確信，草的綠色、石頭的僵硬以及雪的冰冷，並不是我們在自己的經驗中所知道的那種綠色、

僵硬及冰冷，而是某種非常不同的東西。假如相信物理學的話，那麼當觀察者自己似乎在觀察一塊石頭時，他實際上正在觀察石頭在他身上所產生的效果。因而，科學似乎與自身相矛盾：當它最想具備客觀性時，它發現自己違背了自己的意志，陷入了主觀性之中。天真實在論導致物理學；而物理學，假如是真的，則表明天真實在論是假的。因此，天真實在論，如果是真的，那麼就是假的；所以，它是假的。當行為主義者認為他是在記錄關於外部世界的觀察結果時，他因此實際上是在記錄關於發生在他身上的事情的觀察結果。

這些思考帶來了懷疑，並因此導致我們對被認作知識的東西進行一種批評性的審查。這種批評性的審查就是上面所提到的第二種意義上的「知識論」，也就是人們所說的「認識論」。

這種審查的第一步，就是按照一定的順序，對我們認 16 為我們所知道的東西作出安排。在這種順序中，後出現的東西之所以被認識（假如它被人們認識了的話），是因為有了前面的東西。然而，這個概念並非像它表面看起來的那樣清晰。它和邏輯的順序不是一回事，和發現的順序也不是一回事，儘管它和這兩者都有關係。讓我們透過某些例子來說明。

在純數學中，從基礎原理之後，邏輯的順序和知識的順序是一回事。在一篇（比如說）論述函項理論的文章中，我們之所以相信作者所說的話，是因為他是從已被人們相信的那些較簡單的命題中演繹出這些話來的；也就是說，我們的

信念的原因也就是它們的邏輯根據。但是，在數學的開端之處，情況並不是這樣的。邏輯學家們已把必要的前提減少到為數很少的高度抽象的符號命題，並且這些命題很難理解，而邏輯學家們自己之所以相信這些符號命題，只不過因為人們發現它們在邏輯上等值於大量的更熟悉的命題。這個事實，即數學能夠從這些前提中演繹出來，顯然並不是我們相信數學真理的原因。

認識論所要求於數學的東西，雖然並不是我們的信念的邏輯順序，卻也並不是這些信念的心理學原因。為什麼你相信7×8=56？你曾經證實過這個命題嗎？我當然從來沒有證實過。我之所以相信它，是因為在兒童時期人們就這麼告訴我，也因為從那時起我發現它被一些受人尊重的作者重複過。但是，當我對數學知識進行認識論的考察時，我就不會去考慮我的這個信念即7×8=56的歷史原因。從認識論上來看，問題並不是「為什麼我確實相信了這個或那個？」而是「為什麼我應該相信這個或那個？」事實上，這整個主題就是一個笛卡兒式的懷疑的產物。我看到人們會犯錯誤，並且我問我自己必須做些什麼來避免錯誤。顯然，我必須做的一件事情就是正確地推理。但是，我必須有據以推理的前提。在一種完善的認識論中，我們將按一種邏輯的順序來安排諸命題，儘管這並不是邏輯學家們偏愛的那種邏輯順序。

舉天文學上的例子。在關於行星運動的數學理論中，邏輯上的順序是從萬有引力法則開始的，但是歷史的順序則是從第穀・布拉赫的觀察開始的。他的觀察導致克卜勒諸定律

的發現。認識論的順序類似於歷史的順序,但並不相同,因為我們不可能滿足於以往的觀察。如果我們要使用以往的觀察記錄的話,我們首先必須發現它們之值得信賴的證據,而我們只能透過使用我們自己的觀察結果來達到這一點。

或者,再以歷史為例。假如真的存在一門歷史科學的話,它的事實就可以從一般法則中演繹出來。在邏輯的順序中,這些法則是最先出現的。在認識論的順序中,我們當中的絕大多數人都願意相信我們在可靠的文獻中所發現的關於(比如說)尤利烏斯·凱撒的事情。但是,審慎的歷史學家必須深入到手稿及碑文中去;他的資料具有某些特定的形狀,對它們的解釋有時可能是非常困難的。比如,就楔形文字的碑文來說,對它們的解釋依賴於非常精細的歸納。闡述我們為什麼應該相信我們對漢穆拉比[2]所做的解釋,是一件複雜的事情。對於審慎的歷史學家來說,基本的前提是他在一定的簡札上看到一定的形狀。而對於我們來說,基本的前提是他說他這麼做了,以及我們可能擁有的相信他會說真話的任何原因;這些原因就在於對他的陳述與我們自己的經驗所作的一種比較。

認識論必須按照一定的順序安排我們的所有信念:這既包括那些我們對之感到確信的信念,也包括那些在我們看來只有或大或小的可能性的信念。這種安排必須從那些經過反思之後不需要任何支援論證就讓我們覺得可靠的那些信念開

---

2 漢穆拉比(?~西元前1750),古巴比倫王國國王(西元前1792~前1750)。──譯注

始，而且這種安排必須揭示這樣一種推論（主要不是嚴格的邏輯意義上的推論）的性質，而我們就是由之從這些信念獲得派生信念的。那些不需要任何支援論證就顯得可信的關於事實的陳述，可以稱作「基本命題」[3]。這些基本命題與某些可以稱之為「經驗」的非語詞現象相連繫。這種連繫的本質是認識論的基本問題之一。

18     認識論既包含邏輯學的也包含心理學的成分。從邏輯上來看，我們必須考慮在基本命題與那些由於有了基本命題而得到我們相信的命題之間的關係（這種關係通常並非是嚴格意義上的演繹關係）。我們也必須考慮時常存在於不同的基本命題之間的邏輯關係；如果我們接受了某些一般原理，這些邏輯關係就會使得基本命題構成一個體系，而這個體系，作為一個整體，增加了它自身的每一個構成成分的可能性。另外，我們還要考慮基本命題自身的邏輯特徵。從心理學上來說，我們必須考察基本命題與經驗之間的關係，以及我們對於任何基本命題所感覺到的可疑性或確定性的程度，還要考慮降低可疑性和提高確定性的方法。

    在全書中，我將試圖避免去考慮邏輯的及數學的知識，這種知識並不會引起我希望討論的問題。我的主要問題，自始至終將是基本命題與經驗之間的關係問題，也就是在認識論的順序中最先出現的命題與在某種意義上作為我們接受這些命題之根據的現象之間的關係問題。

---

3   這是艾耶爾先生使用的運算式。

我所關心的主題，不同於（比如說）卡納普的《語言的邏輯句法》一書所討論的主題，儘管在許多方面，該著作以及處理類似題目的某些其他著作所進行的那些討論是非常重要的。我所關心的是什麼東西使得經驗命題成為真的，以及應用到這些命題上的「真」的定義。除非它們的主題碰巧是語言學的，經驗命題是透過非語言的現象而成為真的。因此，在考慮經驗真理時，我們所關心的是語言事件與非語言事件之間的關係，或者毋寧說，我們所關心的是複雜性逐漸增長的一系列關係。當我們看到一顆流星並且說「瞧！」時，這種關係是簡單的；但是，萬有引力法則同該法則建立於其上的觀察之間的關係，則是極其複雜的。

與常識相一致，經驗論認為，一個語詞陳述可以被觀察所證實或駁倒，只要它是一個有意義的陳述，同時又非一個邏輯陳述的話。在這種情況下，「觀察」被設想為我們所 19 「經驗」到的某種非語詞的東西。但是，假如觀察要證實或反駁一個語詞陳述，那麼在某種意義上，它自身必須為一個或更多的語詞陳述提供根據。因而，一種非語詞的經驗與一種語詞陳述之間的關係——這種關係證明了該語詞陳述——是經驗論必然要去研究的事情。

我的論證的一般過程將如下所述。

在前三章中，我想對語詞、語句、經驗與（不完全地）描述了該經驗的語句之間的關係，進行一番非正式的初步的討論。這個題目的一個困難在於，我們不得不在精確的技術意義上使用普通語詞，而這些語詞通常又不具有這種

精確的技術意義。我在開始的這幾章中避免了這些技術性
定義，然而我透過表明它們對其來說是必要的那個問題的本
質，為它們奠定了基礎。因而，在這幾章中所說的話，並不
具有在以後諸章中可以尋找到的那種精確程度。

　　第四章至第七章所涉及的是語言分析中的一些問題。
從語言的邏輯研究中得出的一個最明顯的結論是：一定存在
著一個語言的等級體系，而且「真的」和「假的」這些詞當
應用於任何一種特定語言中的陳述時，自身則屬於一種更高
階的語言中的語詞。因而，這個結論意味著「真的」和「假
的」這些語詞在其中並不出現的一種最低階的語言的存在。
就邏輯的考慮而言，這種語言可以用多種方式構造出來。除
了它不應該允許有似是而非的變項[4]之外，即除了它不應該
包含「所有」和「有的」這些語詞之外，其句法和詞彙並
非由邏輯條件所決定。我從心理學出發構造了一種（而非這
種）滿足最低階語言之邏輯條件的語言；我稱之為「對象語
言」或「初階語言」。在此語言中，每個語詞都「指稱」或
「意指」一個可感對象，或者一個由諸多這類對象所構成的
類；而且在被單獨使用時，它們都斷言了自身所指稱或意指 20
的那個可感對象的出現，或者斷言了它們自身所指稱或意指

---

4　「似是而非的變項」在羅素著作的原文中是 apparent variable，是羅
　　素從皮亞諾那裡借用來的術語，指的是這種變項看起來像是變項，其
　　實並不是真正的變項（real variable）。因而，包含這類變項的運算
　　式只能算作命題（即本書第十三章中所說的透過概括而得到的那類命
　　題），而不能算作命題函項。──譯注

的那個對象的類中一個對象的出現。在定義這種語言時，有必要只把「指稱」或者「意指」應用於對象詞，即這種語言中的語詞。各種更高階的語言中的語詞，透過某些其他的以及比這複雜得多的方式擁有「意義」。

透過加上我所說的像「或者」、「並非」、「有的」、「所有」這樣的邏輯語詞，以及應用於對象語言中的句子的「真的」和「假的」這些詞，我們就從初階語言過渡到了二階語言。建立比第二階語言更高的語言是邏輯學家的事情，因為在語句和非語言現象之間的關係上，它不會產生新的問題。

第六章和第七章涉及的是句法問題，即「專名」與「自我中心殊相詞」。「自我中心殊相詞」指的是諸如「這」、「我」、「現在」等等語詞，它們擁有一種相對於說話者的意義。假如本書提出的專名理論是正確的，那麼它是重要的，尤其是在空間和時間方面。

緊接著的四章與感覺知識有關，更具體地是與「基本命題」有關。基本命題就是那些最直接地陳述了來自知覺的知識的命題。

我們說過，以某種邏輯順序對構成我們的知識的命題作出安排，是認識論的任務；並且在這種順序中，後出現的命題之所以被接受，是因為它們與先前出現的命題之間具有邏輯的關聯。後來的命題並非必須從先前的命題中邏輯地演繹出來。所必需的是，為了認為後出現的命題可能是真的，先前的命題要為此提供任何可能存在的根據。當我們考慮

經驗知識時，在這個等級系統中最早出現的命題為所有其他命題提供了根據，而這些命題並不是從別的命題中演繹出來的，也並非是純粹的任意的假定。它們也擁有根據，儘管它們的根據不是命題，而是被觀察到的現象。這樣的命題，就像上面所看到的那樣，被我稱為「基本」命題。它們履行了邏輯實證主義者賦予他們所謂的「記錄命題」的功能。在我看來，邏輯實證主義者的缺點之一在於，他們的語言學的偏見使得他們關於觀察命題的理論成為模糊的和不能令人滿意的。

21

接著，我們轉移到了對「命題態度」的分析。「命題態度」指的是相信某某事情是這樣的，渴望某某事情是這樣的，懷疑某某事情是這樣的……等等。不論對於邏輯學還是對於知識論來說，對這類現象的分析，尤其是關於信念的分析，都是重要的。我們發現，相信一個特定的命題並不必然涉及語詞，而只需要相信者處於許多可能的狀態之一，並且這些狀態主要地（假如不是全部地）是由因果特性所定義的。當語詞出現時，它們就「表達」了這個信念，而且假如該信念是真的，它們就「指示」了一個不同於該信念的事實。

關於真和假的理論自然地產生於我所提出的這些考慮。它是一種認識論的理論；那就是說，當存在著某種獲得將會決定自身之真或假的知識的方法時，它才提供一種關於「真的」和「假的」的定義。這種理論使人想起了布勞威爾以及他對排中律的否定。因而，必須考慮是否可能給「真

的」和「假的」一種非認識論的定義，並以此保護排中律。

最後，存在著這樣的問題：假如語言的邏輯範疇符合於語言所處理的非語言世界中的成分，那麼它們在多大程度上相符合？或者，換句話說：邏輯為某些形上學理論提供一種基礎了嗎？儘管有了邏輯實證主義者說過的所有那些話，我還是傾向於以肯定的方式回答這個問題。但是，它是一個困難的問題；對此，我並無勇氣妄下結論。

在本書以下的論述中，有三個論題我認為特別重要。

(1) 本書論證了這個觀點，即許多語詞陳述都可以在一次單獨經驗的基礎上得以證明。本書研究了這類陳述的特徵，並主張它們必須總是被限定於屬於觀察者的自身經歷（biography）的事情。它們可以是像「我看見了一塊犬科動物的色片」這樣的陳述，而不能是像「這裡有一條狗」這 22 樣的陳述。在證明它是真的時，這後一類陳述總是包含著一些推論的成分。

(2) 在每個斷言中，必須把兩個方面的問題分離開來。在主觀性一面，斷言「表達」了說話者的一種狀態。在客觀性一面，它企圖「指示」一個「事實」，而且當它是真的時，它的企圖就得到了實現。信念的心理學涉及的僅僅是主觀性一面，而關於真或假的問題，也涉及客觀性一面。我們發現，對語句所「表達」的東西的分析，使得關於「或者」、「並非」、「所有」及「有的」這類邏輯語詞的意義的心理學理論成為可能。

(3) 最後，存在著真理與知識之間的關係這個問題。人們多次嘗試著根據「知識」來定義「真」，或者根據像「可證實性」這類涉及「知識」的概念來定義「真」。假如從邏輯上貫徹到底的話，這類嘗試會導致一些我們沒有理由去接受的荒謬結論。我斷定，「真」是一個基本概念，並且「知識」必須以「真」來定義，而不是反過來以「知識」定義「真」。這蘊含著這樣的推論：即使我們不能發現任何方法去獲得或支持或反對一個命題的證據，該命題也可以是真的。它也意味著要部分地放棄得到邏輯實證主義者所支援的那種澈底的形上學不可知論。

我們對知識的分析表明，除非對知識作出比我們所設想的嚴格得多的限制，我們將勢必承認關於非證明性推論的原理，而且所說的這種推論也許難以和純粹經驗論相協調。這個問題在許多地方都出現了，但是我沒有去討論它。這部分是因為，要討論這個問題，就需要寫一本與本書一樣厚的著作；但主要是因為，在解決這個問題上所作的任何嘗試，都必須建立在對以下各章所考慮的事情作出分析的基礎上，而且這種分析的正當性可能會被對其結果所進行的草率的研究所損害。

# 1.

## 詞是什麼

現在，我來對「什麼是語詞」這個問題作一預備性的考慮。但是，我現在所必須說的話將會在以後的階段中透過細節性的討論得到補充。

從最早的我們對其擁有歷史記錄的時代起，語詞就已成為迷信恐懼的對象。知道敵人名字的人，透過這個名字，就可以獲得對付敵人的魔力。我們仍然使用「以天道的名義」這類短語。人們容易同意「太初有言」這個說法。這種觀點構成了柏拉圖、卡納普以及居於這兩人之間的絕大多數哲學家的哲學的基礎。

在我們能夠理解語言之前，我們必須剝去其神秘的及引起恐懼的屬性。本章的主要目的就在於做到這一點。

在考慮詞的意義之前，讓我們首先把它們作為可感世界中的現象來考察。從這個觀點來看，詞有四種類型：說出的、聽到的、寫下的，以及讀到的。設定一種關於物質對象的常識的觀點將是無害的，因為我們總是能夠在後來把用常識的詞項所說的話翻譯成我們可能更喜愛的任何一種哲學語言。因而，將寫下的詞和讀到的詞合併到一起是可能的，其方法就是用物質對象代替每一個詞。這種物質對象就是紐拉特所說的一團油墨；視具體情況不同，它是一個寫下的或印出的詞。寫和讀之間的區別當然是重要的，但是幾乎每一件關於這種區別所需要說的事情，都可以透過連繫說和聽之間的差別而得到表達。

一個特定的詞，比如說「狗」，可以被許多人在許多

場合說出、聽到、寫下或閱讀。我將把當人們說一個詞時所 24
發生的現象稱為「語詞的說出」，把當人們聽到一個詞時所
發生的現象稱為「語詞的聲音」，並將把那種構成了寫下的
或印出的詞的物理對象稱為「語詞的形狀」。當然，顯而易
見：由於其心理學的特徵，即由於其擁有「企圖」或者「意
義」，語詞的說出、聲音及形狀區別於其他東西的說出、
聲音及形狀。但是，目前我希望盡可能地把這些特徵放在一
邊，而只考慮作為感官世界之一部分的語詞的地位。

「狗」這個被說出的語詞，並非是單個的存在體：它是
發生在舌頭、喉頭以及喉道中的相似運動所組成的一個類。
就像跳躍是由身體的運動所組成的一個類並且走動是由身體
的運動所組成的另一個類一樣，「狗」這個被說出的語詞又
是一個由身體的運動所組成的類。「狗」這個詞是一個共
相，這恰如狗是一個共相一樣。在不嚴格的意義上，我們說
我們能夠在兩個場合說出同一個詞「狗」，但是事實上我們
所說出的是同一種類事物中的兩個實例，這恰如當我們看到
兩條狗時我們所看到的也是同類事物中的兩個實例一樣。因
而，在狗和「狗」這個詞之間，並不存在著邏輯地位上的差
別：每一個都是一般的，並且僅僅存在於實例之中。「狗」
這個詞是由語詞的說出所構成的某個類，這正如狗是由四足
動物所構成的某個類一樣。完全相似的論述也適用於聽到的
詞以及寫下的詞。

可能會有人認為，當我堅持語詞是一個共相時，我過
分地強調了一個非常明顯的事實。但是，每當我們不加小心

時，就會有一種幾乎是不可抑制的傾向把語詞看成是一個事物，並主張當存在著許多狗時，「狗」這一個詞就被應用於所有這些狗。因此，我們最終會認為，狗全都共同地具有某種狗類的本質，也就是「狗」這個詞實際上意指的東西。這樣，我們就回到了柏拉圖，而那條狗則躺在天國中。然而，我們實際所擁有的東西，卻是許多或多或少相似的聲音；這些聲音全都可以應用於許多或多或少相似的四足動物。

　　當我們試圖定義「狗」這個被說出的詞時，我們發現，如果我們不把意圖考慮在內，我們就無法做到這一點。有些人說「dawg」，但我們認識到他們意指「狗」（dog）[1]。一個德國人習慣於說「dok」[2]；假如我們聽到他說「De dok vaks hiss tail ven pleasst」[3]，我們就知道他已經說出了「狗」這個詞的一個實例，儘管一個說出同一種聲音的英國人此時說出了「碼頭」這個詞的一個實例[4]。就寫下的詞而言，類似的考慮也適應於那些書法不好的人。因此，

---

1　在英語中，「dawg」和「dog」指的都是狗，但前者是一種更為口語化的說法。羅素在這裡是說，有些英國人喜歡說「dawg」，而不說「dog」，但是他們所說的意思就是「dog」。——譯注。

2　這裡的意思是說，一個德國人在說英語「dog」時，會說成「dok」。——譯注

3　德國人在說英語「The dog wags his tail when pleased」（狗高興時就搖尾巴）這句話時，會說成「De dok vaks hiss tail ven pleasst」。——譯注

4　這裡的意思是說，有的英國人在說「The dog wags his tail when pleased」（狗高興時就搖尾巴）這句話時，也把「dog」說成「dock」（碼頭）。——譯注

儘管與一種標準的聲音或形狀 —— 即英國廣播公司播音員的聲音和字帖書寫者的字體 —— 相近似在界定一個詞的實例時是必要的，但它是不充分的，而且也無法精確界定與那種標準的聲音或形狀相近似的必要程度。正像狗是一個家族一樣，詞實際上也是一個家族[5]；而且，正像在進化過程中一定存在著某些居於狗與狼之間的過渡物種一樣，在詞與詞之間也存在著若干不容易確定其歸屬的居間的情形。

在這方面，詞的印刷體是最可取的。除非油墨褪色，對於一個視力正常的人來說，「狗」這個詞是否印在一個特定的位置，幾乎不會讓人感到難以確定。實際上，印刷體是一種人工製品。人們把它設計出來，是為了滿足我們分類的興趣。字母 A 的兩個實例是非常相似的，而且每一個都不同於字母 B 的實例。透過在白色的紙上使用黑色的印刷體，我們就在其背景之中十分鮮明地突出了每個字母。因此，一個印刷頁就是由一組分離的並且容易辨認的形狀構成的，從而它也就成了邏輯學家的天堂。但是，他一定不要自我欺騙地認為，書本外的世界同樣地令人迷戀。

由於擁有「意義」，聽到的、寫下的或說出的詞，不同於由別的身體的運動、聲音或形狀所組成的類。許多詞只是在適當的語境中才是有意義的，像「比」、「或者」、「然而」這類語詞都不能單獨出現。在對意義進行解釋時，我們不能從這類語詞開始，因為它們是以其他語詞的存在為前提

---

5  我借用了維根斯坦處理這個問題的方法。

的。然而，有一些詞，包括兒童最先學會的所有那些詞，是
可以單獨使用的；它們是專名、常見的動物的種類的名稱、
顏色的名稱⋯⋯等等。我稱這些詞為「對象詞」，它們構成
了對象語言。在以後的一章中，我對於這種語言將有很多話
要說。這些語詞具有多種特性：首先，它們的意義是透過直
接面對對象而學會的，或者說它們的意義能夠在直接面對對
象時被人學會。這些對象就是它們所意指的東西，或者它
們所意指的東西的實例。其次，它們不以其他語詞的存在為
前提。再次，它們當中的每一個詞都可以依靠自身去表達一
個完整的命題。你可以驚叫一聲「火！」，但是你大喊一聲
「比！」則是毫無意義的。顯然，對「意義」所作的任何
解釋都必須從這類語詞開始，因為像「眞」和「假」一樣，
「意義」也擁有一個意義的層次系統。該等級系統對應於語
言的層次系統。

　　語詞透過多種方式得到使用：敘述、請求、命令、想
像⋯⋯等等。但是，對象詞的最基本的用途在於它的指示性
功能；比如說，當一隻狐狸出現時，大喊一聲「狐狸」。
幾乎同樣基本的另一種用途是它的呼喚功能：使用一個專名
是為了表達一種願望，即希望被提到名字的那個人出現在眼
前。但是，這並不是對象詞眞正基本的用途，因為對象詞的
意義一定是在對象出現時才被學會的。（我排除了那些透過
文字的定義而被學會的詞，因為它們是以一種已經存在的語
言為前提的。）

　　顯然，知道一種語言就在於能夠適當地使用語詞，並

且在聽到這些詞時能做出適當的行為。正如一個板球手沒有
必要了解關於碰撞與投擲物的數學理論一樣，人們同樣沒
有必要能夠說出一個語詞所意指的東西是什麼。其實，就
許多對象詞而言，除非透過使用重言式，要說出它們所意指
的東西，嚴格地講，一定是不可能的，因為語言就是從它們
開始的。你只能透過指著某種紅色的事物來解釋（比如說）
「紅」這個詞。當在「紅」這個聽到的詞與紅這種顏色之間
的聯想被建立起來時，一個兒童就理解了這個聽到的詞。當
他注意到某種紅的事物時能夠說出「紅」，並且有一種要這
麼說的衝動，他就已經掌握了「紅」這個說出的詞。

　　對於對象詞的最初的學習是一回事；當言語這種工具
已被掌握時，對言語的使用又是另外一回事。在成年人的生
活中，所有言語，比如對某個名字的呼喚，從意圖上來說都
是祈使語氣，儘管這不是非常明顯的。當它似乎只是一個陳 27
述時，它就應該以「知道……」（know that）這些語詞作
為開始。我們知道許多事情，而我們只是斷言其中的一些。
我們斷言的那些事情就是我們希望我們的聽者知道的那些事
情。當我們看見一顆流星，並簡單地說一聲「瞧！」時，我
們希望這一個詞會讓旁觀者也能看到它。如果你有一位不受
歡迎的來訪者，你可能會把他踢下樓，或者你可能會說「滾
出去！」由於後一種包含較少的肌肉運動，所以如果它能和
前一種做法產生相同的效果，那麼它將是更可取的。

　　因此，在成年人的生活中，當你使用一個語詞時，你
之所以使用它，通常不僅是因為這個詞所「指稱」的東西出

現在感官之前或者出現於想像之中，而且也是因為你希望你的聽者做出一些與它有關的事情。但是，對於一個正在學習說話的兒童來說，情況卻並非如此；而且即使在後來的歲月中，情況也並非始終如此，因為在有趣的場合使用語詞成了一種自動的習慣。如果你突然看到了你誤以為已經死去的一個朋友，那麼你很可能會說出他的名字，即使他本人以及任何別的人都沒有聽到你的聲音。但是，這類情況屬於例外。

在語句的意義中，有三種心理學的成分：說出語句的外部原因、聽到語句時所產生的效果，以及說話者期待它在聽者身上所產生的效果。這第三種成分是導致語句被說出的原因的一部分。

一般說來，我們可以說：除了在某些例外情況下，言語就是由人們所發出的聲音構成的，而發出聲音的人指望別人做出他所期望的行為。然而，它的指示的及斷言的能力仍然是基本的，因為正是有了這兩種能力，當我們聽到言語時，它才能導致我們以一種與環境中的某種特徵相符合的方式去行動，而這種特徵被說話者而非聽者感知到了，或者由說話者從過去的知覺中所記起。當你在夜晚領著來訪者走出你的房屋時，你可能會說：「這裡有兩個向下的臺階。」你這麼一說，就使得他在做出反應時好像自己也看到了這些臺階一樣。然而，這意味著你對來訪者有某種程度的善意。陳述事實絕非總是言語的目的；透過說話來騙人同樣也是可能的。「語言被給予我們，是為了使我們能夠隱瞞我們的思想。」28 因此，當我們把語言看成陳述事實的工具時，我們就不言而

喻地假定了說話者身上的某些願望。有趣的是，語言是能夠陳述事實的；同樣有趣的是，它也能夠陳述謬誤。當它陳述事實或者謬誤時，其目的是希望在聽者身上引起某種行為。假如聽者是一個奴隸、一個兒童或者一條狗，那麼透過比較簡單地使用祈使語氣，就可以產生效果了。然而，在說謊的效果和真話的效果之間存在著差別：只要人們期待著真理，謊言就只能產生人們想要的結果。事實上，除非假定說真話是一種通常的情況，沒有人能夠學會說話：假如當你的孩子看到一條狗時，你很隨便地說出「貓」、「馬」或者「鱷魚」，那麼當牠不是一條狗時，你將不能透過說「狗」來欺騙他。因此，說謊是一種派生的行為，它預設了說真話是一種通常的規則。

因此，情況顯然是這樣的：雖然絕大多數的句子主要是祈使的，但是除非透過對象詞的指示性特徵，它們就無法履行自身的功能，即導致聽者做出某種行為。假設我說「跑！」，並且聽我說話的那個人因此也就跑了起來，那麼，這種情況之所以發生，僅僅是因為「跑」這個詞指示了某種類型的行為。這種情況的最簡單形式出現在軍事訓練中：由於建立了條件反射，以至於某種類型的聲音（即表示命令的語詞）產生某種類型的身體運動。我們可以說，既然如此，所說的這種聲音就是所說的這種運動的名稱。但是，那些並非身體運動的名稱的語詞，與身體的行為之間就較少具有一種直接的關聯。

只是在某些情況下，語詞的說出的「意義」才可能等

同於人們企盼它在聽者身上所產生的效果；表示命令的語詞以及「瞧！」這個詞就屬於這種情況。但是，假如我說：「瞧，有隻狐狸！」那麼我不僅尋求在聽者身上產生某種行為，而且透過描述環境中的一個特徵給了他一種行動的動力。就陳述性言語來說，「意義」和所企盼的效果之間的區別甚至是更明顯的。

只是語句才會擁有被期待的效果，但是意義卻並不僅僅
29 限於語句。對象詞擁有一種意義，這種意義並不依賴於對象詞是否出現在語句中。

在最低層次的言語中，語句和單個語詞之間並不存在差別。在這個層次上，單個的語詞被用來指示它們所稱呼的東西的那種可以被人感知到的出現。正是透過這種言語形式，對象詞才獲得了它們的意義，而且在這種言語形式中，每個詞都是一種斷言。在關於以可感方式出現的物體的斷言之外，甚至在某些沒有做到這一點的斷言之外，任何事物都只能透過句子來獲得。但是，假如語句包含著對象詞，那麼它們所斷言的東西依賴於對象詞的意義。有些語句並不包含對象詞，它們是邏輯的和數學的語句。但是，所有經驗陳述都包含對象詞，或者透過對象詞而得到定義的詞典詞。因此，在關於經驗知識的理論中，對象詞的意義是根本的，因為正是透過它們，語言和非語言現象才連繫了起來，其連繫的方式使得語言能夠表達經驗的眞理或謬誤。

# 2.

## 句子、句法和詞性

　　語句可以是疑問式的、希求式的、感嘆式的或祈使式的，也可以是陳述式的。在我們餘下的絕大部分的討論中，我們可以僅限於討論陳述句，因為這些語句單獨地是真的或假的。除了是真的或假的之外，陳述句還有另外兩種讓我們覺得有趣的特性，而且其他語句也擁有這兩種特性。這兩種特性中的第一種是：它們是由語詞構成的，並且擁有某種意義，而這種意義則來源於它們所包含的語詞的意義。第二種特性是：它們具有某種統一性；透過這種統一性，它們就可以具備一些作為其構成成分的語詞所不具備的特性。

　　對於這三種特性的每一種，我們都需要作些研究。讓我們從語句的統一性開始。

　　單一的語法句子從邏輯上看可能不是單一的。從邏輯上來看，「我走了出去，並且發現下雨了」這個語句，是無法同「我走了出去」和「我發現下雨了」這兩個語句相區分的。但是，「當我走出去時，我發現下雨了」卻是邏輯上單一的語句，它斷言了兩個現象是同時發生的。從邏輯上看，「凱撒和龐培是偉大的將軍」是兩個語句。但是，「在他們都是將軍這一點上，凱撒和龐培是相似的」從邏輯上看卻是單一語句。有的語句從邏輯上看並非是單一的，而是由兩個斷言組成的，並且這兩個斷言是透過「並且」或者「但是」或者「儘管」或者某個類似的連詞連接在一起的。為了我們的目的，把這類語句排除在外將是方便的。就我們的目的而言，單一語句一定是這樣的語句：它說出了某種事物，而這某種事物是無法透過兩個單獨的更簡單的語句來表達的。

　　接下來，考慮像「如果你將生病，我會難過的」這樣
的句子。這個語句無法分成「我會難過的」和「你將生病」
這兩個句子。它具有我們要求語句所具有的那種統一性。但 31
是，它具有某些語句所不具有的一種複雜性。如果不考慮時
態的話，那麼它陳述了在「我難過」和「你生病了」這兩
個句子之間的一種關係。我們可以把它解釋成斷言了下述情
況的語句：不管何時，只要這兩個句子中的第二個是真的，
那麼第一個也是真的。相對於作為它們構成成分的語句，這
樣的句子可以被稱為「分子式的」；根據同樣的對比關係，
這些作為它們構成成分的語句則可稱為「原子式的」。在一
種非相對的意義上，某些語句究竟是不是「原子式的」，在
眼下可以作為一個尚容爭論的問題。但是，當我們在考慮什
麼東西產生了語句的統一性時，只要發現一個語句是分子式
的，我們最好還是把注意力首先轉移到它的原子上。大致地
說，一個原子語句就是只包含一個動詞的語句。但是，這種
說法只是在一種嚴格的邏輯語言中才是精確的。

　　這個問題絕不簡單。假設我先說出「Ａ」，然後說出
「Ｂ」，你就可以作出這樣的判斷：「聲音『Ａ』先於聲音
『Ｂ』。」但是，這含有「聲音『Ａ』出現了」和「聲音
『Ｂ』出現了」這兩層意思，並補充進另外一層意思，即一
個現象在另外一個現象之前。因此，你的陳述實際上類似於
這樣的一個陳述：「在我出去之後，我把衣服弄溼了。」它
是一個分子陳述，其原子是「Ａ出現了」和「Ｂ出現了」。
那麼，當我們說「Ａ出現了」，我們的意思是什麼呢？我

們意味著：存在著一種屬於某個類的聲音，這個類被稱為
「A」。因此，當我們說「A 先於 B」時，我們的陳述就包
含了一種隱藏的邏輯形式。這種邏輯形式和以下這個陳述的
邏輯形式是相同的：「首先出現了狗吠的聲音，然後出現了
馬嘶的聲音。」

　　讓我們來對這個問題作一番稍微深入的探討。我先說
「A」，然後又說「我剛才說了什麼？」你接著回答說「你
說了『A』」。現在，當你在這個回答中說出「A」時你所
發出的聲音不同於我原先發出的聲音。因此，假如「A」就
是某一特定聲音的名稱，你的陳述就是錯誤的。僅僅是因為
「A」是一類聲音的名稱，你的陳述才是正確的。你的陳述
對我所發出的聲音進行了正確的歸類，這就好像你說「你發
出了狗吠般的聲音」一樣。這種情況表明了語言是如何把我
們逼進了一般性之中的——甚至當我們最想避免這種一般性
的時候。假如我們想要談論我所發出的那種特定的聲音，
我們就應該給它一個專名，比如說「湯姆」，並且當你說
「A」時，你所發出的聲音我們將稱之為「迪克」。然後我
們就可以說：「湯姆和迪克都屬於 A 類聲音。」我們可以
說「我說了湯姆」，但不可以說「我說了『湯姆』」。嚴格
地講，我們不應該說「我說了『A』」，而應該說「我說了
一個『A』」。所有這些都說明了一個一般原理：當我們使
用一個像「A」或「人」這樣的一般詞項時，我們想到的不
是共相而是一個實例，並且眼前出現的這個實例與想到的那
個實例相類似。當我們說「我說了『A』」時，實際上我們

的意思是「我發出了一種聲音，它非常類似於我即將就要發出的聲音『A』」。然而，這已經是題外話了。

我們將回到這個假定，即：我先說了「A」，然後說了「B」。我們將把我第一次發出的特定的聲音現象稱為「湯姆」，並把我第二次發出的特定的聲音現象稱為「哈利」。然後，我們就可以說「湯姆先於哈利」。這就是當我們說「聲音『A』先於聲音『B』」時實際上所要表達的意思。現在，我們似乎終於得到了一個並非僅僅對聲音現象進行歸類的原子語句。

可能有人會提出這樣的反對意見：當我說「湯姆先於哈利」時，這包含了「湯姆出現了」和「哈利出現了」這兩層意思，這正如當我說「聲音『A』先於聲音『B』」時，也包含著「『A』出現了」和「『B』出現了」這兩層意思一樣。我認為，這種看法是一種邏輯的錯誤。當我說一個類中的某個未經特別指明的分子出現時，只要我知道我所說的是哪一個類，我的陳述就是有意義的。但是，就一個真正的專名來說，除非它命名了某種事物，它是無意義的；而且，假如它命名了某種事物，那種事物就一定出現了。這似乎可以讓人聯想到本體論的證明，但是它確實僅僅是「名稱」的定義的一個部分。一個專名命名了某種事物，而且並不存在著關於這種事物的許多實例。它是透過一種特別的約定來命名這種事物的，而不是透過摹狀詞——摹狀詞是由先前已被賦予意義的語詞組成的——來命名的。當我們說「湯姆先於哈利」時，我們並不是以「湯姆出現了」和「哈利出現了」作

33 為前提的。嚴格說來,「湯姆出現了」和「哈利出現了」都是無意義的。這裡所說的「湯姆」和「哈利」都是特定聲音的名稱。

在實踐中,人們並不把專名給予單個的短暫的現象,因為絕大多數這類現象都不會讓人產生足夠的興趣。當我們有時提到它們時,我們是透過「凱撒之死」和「基督的誕生」這樣的摹狀詞來做到這一點的。目前,如果借用物理學的術語來說的話,我們是把專名給予了某些特定的時空片段,比如,蘇格拉底、法國或月球等等。以前,據說我們是把專名給予了實體或實體的集合。但是,現在我們必須找出一個不同的用語來表達專名所指的對象。

在實踐中,專名總是擁有許多現象,但是它並不是像類名稱那樣擁有現象的:那些分離的現象是這個名稱所意指的東西的某些部分,而非它的某些實例。比如說,考慮一下「凱撒死了」。「死」是用來代表許多現象的一個共用語詞,這些現象相互之間擁有某些相似之處;但是它並非必然是存在於時間與空間中的某種相互連繫。在這些現象當中,每一個現象都是一個死。正好與此相反,「凱撒」代表了一系列聚集在一塊的現象,而非一系列各別的現象。當我們說「凱撒死了」時,我們其實是在說:凱撒這個系列現象當中的一個現象是死這個類中的一個分子。這個現象被稱之為「凱撒之死」。

從邏輯的觀點來看,專名可以被賦予時空中的某個連續部分(肉眼可以看得到的連續性就可以了)。一個人生命

中的兩個階段可能會擁有不同的名稱；例如：艾布拉姆和亞伯拉罕，或者，奧克塔維厄斯和奧古斯塔斯。「宇宙」可以看成是給予全部的時空的一個專名。我們能夠把專名給予時空中的很小的部分，只要它們的大小足以被人察覺到。假如在某個特定日期的下午六時，我說了一次「A」，我們就能夠把一個專名給予這個聲音，或者更具體地說，給予眼前的某個人在聽我說話時所擁有的那種聽覺。但是，即使當我們達到這種細微的程度時，我們仍然不能說我們命名了某種沒有結構的事物。因此，至少在目前來說，我們可以假定：每一個專名都是一個結構的名稱，而不是某種缺乏部分的事物的名稱。但是，這是一個經驗的事實，而非一種邏輯的必然性。

　　如果我們要避免一些非語言學的問題上的糾纏，我們必須根據語句的複雜性來區分語句，但不是根據它們碰巧所擁有的複雜性，而是根據包含在其形式中的複雜性。「亞歷山大先於凱撒」之所以是複雜的，是由於亞歷山大和凱撒所具有的那種複雜性。但是，「$x$ 先於 $y$」，根據其形式，並不意味著 $x$ 和 $y$ 是複雜的。事實上，由於在凱撒出生之前亞歷山大就死了，所以亞歷山大的每一個構成成分都先於凱撒的每一個構成成分。我們因而可以把「$x$ 先於 $y$」作為原子形式的命題來接受，即使我們不能實際提到給出了一個原子命題的一個 $x$ 和一個 $y$。那麼，我們將說，一種命題形式是原子式的，假如一個命題擁有這種形式這一事實，在邏輯上並不意味著它是由從屬命題所組成的一個結構。而且，我們還

將補充說，從邏輯上看，一個專名並非必然要命名一種擁有
若干部分的結構。

　　對於這種嘗試即揭示何種東西構成了一個語句所擁有的
那種基本的統一性，上述的討論是一種必要的準備。這是因
為，這種統一性，無論其性質可能是什麼，都明顯存在於原
子形式的語句中，並且應該首先在這類語句中得以考察。

　　在每個有含意的語句中，在其所包含的幾個語詞——除
去那些僅僅用來揭示句法結構的語詞——的意義之間，必須
存在著某種連繫。我們發現，「凱撒死了」斷言了在凱撒和
死這兩個類之間存在著一個共同的分子，而凱撒和死這兩個
類都是由事件組成的。這僅僅是語句所能斷言的那些關係
中的一種。在每一種情況下，句法都表明了所斷言的那種關
係是什麼。有些情況要比「凱撒死了」更為簡單，另外一些
情況要比它複雜。假設我指著一株黃水仙，然後說「這是黃
的」。這裡所說的「這」，可以看成是我目前的視野中的一
個部分的專名，而「黃的」則可以看成一個類名稱。按照這
樣的解釋，這個命題要比「凱撒死了」簡單，因為它對某個
給定的對象歸了類。它在邏輯上類似於「這是一個死」。在
我們能夠知道兩個類有一個共同的分子即「凱撒死了」所斷
言的東西之前，我們必須能夠知道這樣的命題。但是，「這
是黃的」並不像它所看起來的那樣簡單。當兒童在學習「黃
的」這個詞的意義時，首先存在著一個對象，或者不如說，
一個對象的集合；而根據定義，這個對象是黃的。然後，存
在著一種知覺，即別的對象在顏色上類似於那個黃色的對

象。因此，當我們對一個兒童說「這是黃的」時，我們要向他傳達的意思是（若能如願以償的話）：「這在顏色上類似於一個對象；根據定義，這個對象是黃色的。」所以，分類性的命題，或者說，諸如確定屬性的命題，實際上是斷言了某種類似性的命題。如果是這樣的話，最簡單的命題也是關係命題。

然而，在對稱關係和不對稱關係之間存在著一種區別。一種關係，如果在 $x$ 和 $y$ 之間成立，而且在 $y$ 和 $x$ 之間也成立，那麼就是對稱的。一種關係，如果在 $x$ 和 $y$ 之間成立，而在 $y$ 和 $x$ 之間並不成立，那麼就是不對稱的。因此，類似性是對稱的，不類似性也是對稱的。但是，「在……之前」、「比……大」以及「在……的右邊」等等，則是不對稱的。也有一些關係，它們既不是對稱的，也不是不對稱的；「兄弟」就是一個例子，這是因為，如果 $x$ 是 $y$ 的兄弟，$y$ 則可能是 $x$ 的姐妹。這些關係以及不對稱的關係，被稱為非對稱關係。非對稱關係是極其重要的，許多著名的哲學觀點都由於非對稱關係的存在而被駁倒了。

讓我們試圖陳述一下關於非對稱關係的語言事實究竟是什麼。「布魯圖殺死了凱撒」和「凱撒殺死了布魯圖」這兩個句子都是由相同的語詞組成的，並且在每一種情況下，這些語詞都是根據時間順序排列的。不過，在這兩個語句中，一個是真的，另一個則是假的。當然，為了達到這個目的而對詞序所作的這種使用，當然並非本質性的；相反，拉丁語就使用了曲折變化的形式。但是，假如你曾經是一個教

授主格和賓格之間的區別的古羅馬語教師，那麼你就會被迫
在某個方面引進非對稱關係，而且你會發現透過時間和空間
的順序來解釋這些關係是合乎自然的。暫且考慮一下布魯圖
殺死凱撒時所發生的情況：一把匕首迅速地從布魯圖移向了
凱撒。其抽象的結構是「A 從 B 移向了 C」，而且我們所
關心的那個事實是：它與「A 從 C 移向了 B」有所不同。
有兩個事件，一個是「A 朝向 B」，另外一個是「A 朝向
C」，我們將分別稱它們為 $x$ 和 $y$。如果 A 從 B 移向了 C，
那麼 $x$ 先於 $y$；如果 A 從 C 移向了 B，那麼 $y$ 先於 $x$。因
而，「布魯圖殺死了凱撒」和「凱撒殺死了布魯圖」之間的
差別，最終來源於「$x$ 先於 $y$」和「$y$ 先於 $x$」之間的差別，
這裡的 $x$ 和 $y$ 都是事件。類似地，在視野中，也存在著上一
下以及左一右兩種空間關係，它們都擁有同一種特性即不對
稱性。「比……明亮」，「比……聲音大」，以及一般說來
作為比較級的語詞，也都是不對稱的。

　　就不對稱關係來說，語句的統一性尤為明顯：「$x$ 先於
$y$」和「$y$ 先於 $x$」都是由同樣的語詞構成的，並且這些語詞
都是根據同一種關係即時間順序來排列的。在這兩個語句
所包含的成分中，沒有任何東西可以把一個與另一個區分開
來。這兩個語句之間的差別不在於它們所包含的各個部分；
只是作為整體來看，它們之間才有所不同。這就是當我說到
語句是一個統一體時所要表達的意思。

　　在這一點上，如果要想避免混亂，那麼，重要的是應

該記住語詞是共相[1]。在「$x$ 先於 $y$」和「$y$ 先於 $x$」這兩次語句的說出中，兩次出現的符號「$x$」並不是同一個東西，兩次出現的符號「$y$」也是如此。讓 $S_1$ 和 $S_2$ 分別作為專名來代表這兩次語句的說出，$X_1$ 和 $X_2$ 分別作為專名來代表「$x$」的兩次說出，$Y_1$ 和 $Y_2$ 分別作為專名來代表「$y$」的兩次說出，$P_1$ 和 $P_2$ 分別作為專名來代表「先於」的兩次說出，那麼 $S_1$ 就是由 $X_1$、$P_1$ 和 $Y_1$ 這三次說出按照本來那樣的順序組成的，$S_2$ 就是由 $X_2$、$P_2$ 和 $Y_2$ 這三次說出按照本來那樣的順序組成的。在每一種情況下，這種順序都是一個歷史的事實；它就像亞歷山大先於凱撒這個事實一樣，是確定的並且不可更改的。當我們看到語詞的順序可以改變，並且看到正如我們可以容易地說出「布魯圖殺死凱撒」那樣，我們也可以同樣容易地說出「凱撒殺死布魯圖」時，我們就 37 傾向於認為語詞是確定的事物，並且能夠對它們作出不同的排列。這種看法是錯誤的。語詞是抽象物，而且語詞的說出僅僅能夠擁有它們確實擁有的任何一種順序。儘管語詞的說出的過程是短暫的，但是它們生生滅滅，而且不能復活。每一件事物都擁有它所擁有的那種排列，而且不能重新對它作出排列。

我並不希望被認為是在不必要地賣弄學問，而且我將因而指出，為了理解可能性，有必要把這個問題弄清楚。我們說，說出或者「布魯圖殺死凱撒」或者「凱撒殺死布魯圖」

---

1　這並不意味著存在共相。它僅僅斷言了：作為與自己的實例相對的詞的地位，同作為與各種特定的狗相對的狗的地位是相同的。

是可能的；而且我們沒有認識到，這完全類似於這個事實：
有可能在一種場合一個男人在一個女人的左邊，並且在另一
種場合另一個男人在另一個女人的右邊。讓 $\beta$ 代表由「布魯
圖」這個被說出的語詞的被說出所組成的那個類，$\kappa$ 代表由
「殺死」這個被說出的語詞的被說出所組成的那個類，$\gamma$ 代
表由「凱撒」這個被說出的語詞的被說出所組成的那個類，
那麼，說我們能夠說出或者「布魯圖殺死凱撒」或者「凱撒
殺死布魯圖」，就等於說：(1)存在著 $x$、P、$y$ 這些現象；
在這些現象中，$x$ 是 $\beta$ 的一個分子，P 是 $\kappa$ 的一個分子，
$y$ 是 $\gamma$ 的一個分子，$x$ 正好在 P 之前，P 正好在 $y$ 之前；(2)
存在著 $x'$、P'、$y'$ 這些現象，它們都滿足上述關於 $\beta$、$\kappa$、$\gamma$
的分子資格的條件；但是，在這些現象中，$y'$ 正好在 P' 之
前，而 P' 正好在 $x'$ 之前。我主張：在所有關於可能性的情
形中，存在一個作為一個變項的主詞；而且按照規定，它滿
足該變項的許多值所滿足的某個條件；此外，在這些值中，
一些值還滿足了其他一些值所沒有滿足的另外一個條件；那
麼我們就說這個主詞滿足這另外一個條件是「可能的」。用
符號來表示的話，如果「$\phi x$ 並且 $\psi x$」和「$\phi x$ 並且非 $\psi x$」
對於 $x$ 的某些適當的值來說都是真的，那麼，如果給定了
$\phi x$，則 $\psi x$ 是可能的，而非必然的。（人們必須把經驗的
必然性與邏輯的必然性區分開來，但是我並不想研究這個
問題。）

我們還將注意到另外一個問題。當我們說「$x$ P $y$」和
「$y$ P $x$」（P 是一種不對稱關係）這兩個語句不相容時，符

38　號 $x$ 和 $y$ 都是共相，因為在我們的陳述中，存在著 $x$ 的兩個
實例和 $y$ 的兩個實例。但是，它們一定都是殊相的名稱。
「白天先於夜晚」和「夜晚先於白天」都是真的。因此，在
這類情況下，在符號與其意義之間缺乏一種邏輯的同質性：
符號是共相，而意義是殊相。這種邏輯異質性很容易導致混
亂。所有的符號都屬於同一種邏輯類型：它們是由若干類似
的語詞的說出所組成的類、由若干類似的聲音所組成的類，
或者由若干類似的形狀所組成的類，但是它們的意義可以屬
於任何一種類型，或者某種不確定的類型，比如「類型」一
詞自身的意義就屬於不確定的類型。一個符號與其意義之間
的關係，必然會隨著其意義類型的變化而有所變化。在符號
理論中，這個事實很重要。

　　由於現在已經澄清了當我們說同一個詞可以出現在兩個
不同的語句中時可能產生的混亂，因此我們可以自由地使用
這種表述方式了；這正如下述情況一樣：我們可以說「人們
將會在非洲和倫敦動物園裡發現長頸鹿」，同時卻不會讓人
誤以為這句話就任何特定的長頸鹿來說都是真的。

　　在像英語這樣的語言中，由於語詞的順序對於語句的意
義來說是關鍵性的，我們可以把非對稱關係問題陳述如下。
假定有一組可以組成一個句子的語詞，那麼時常會發生這樣
的情況：它能夠組成兩個或更多的句子，而在這些句子中，
其中一個是真的，而其他語句則是假的，並且這些句子是隨
著語詞排序的變化而變化的。因而，無論如何，在某些情況
下，語句的意義是由語詞的序列所決定的，而非由語詞所構

成的類決定的。在這些情況下，語句的意義不可能透過把幾
個語詞的意義集合到一塊而得到。假如一個人知道誰是布魯
圖，誰是凱撒，以及什麼是殺死，那麼當他聽到「布魯圖殺
死凱撒」這個句子時，他仍然不知道是誰殺死了誰。要知道
這一點，他既需要句法，也需要詞彙，因為只是作為整體，
語句的形式才會對意義有所貢獻。[2]

　　為了避免不必要的囉嗦，現在讓我們假設只有被說出的
言語。那麼，所有的語詞都有一種時間順序，而某些語詞則
斷言了一種時間順序。我們知道，如果「$x$」和「$y$」是特定
事件的名稱，那麼，若「$x$ 先於 $y$」是一個真語句時，則「$y$
先於 $x$」是一個假語句。我現在的問題是這樣的：我們能夠
不用與語言有關的詞項而用與事件有關的詞項來陳述等值於
上述說法的某種東西嗎？情況似乎是這樣的：我們所關心
的是時間關係的特徵，然而當我們試圖陳述這種特徵是什麼
時，我們好像被迫去陳述某些描述時間關係的語句的特徵。
而且，適用於時間關係的東西也同樣適用於所有別的不對稱
的關係。

　　當我聽到「布魯圖殺死凱撒」這個句子時，我就感知
到了這些語詞在時間上的先後順序。假如我沒有感知到這種
順序，我就不可能知道我所聽到的是這個句子而非「凱撒殺
死布魯圖」。如果我透過「『布魯圖』在『殺死』之前」和

39

---

2　有時存在著不確定性：參見「奧菲士厭煩詩人自己」（The muse
　　herself that Orpheus bore）。

「『殺死』在『凱撒』之前」這兩個語句來進一步斷言這種
時間順序，那麼我一定可以再次意識到包含在這些句子中的
時間順序。因此，在我們沒有斷言某些事件擁有時間順序的
情況下，我們一定意識到了這些事件的時間順序，因為如果
不是這樣的話，我們就將陷入一種無窮倒退。在這樣的情況
下，我們所意識到的東西是什麼呢？

　　下述內容是一種可以推薦的理論：當我們聽到「布魯
圖」這個詞時，存在著一種經驗，它類似於當我們聽到逐漸
消失的鈴聲時所擁有的經驗；假如這個詞是剛才聽到的，那
麼現在仍然會有一種漸漸逝去的感覺，並且它類似於剛才的
感覺，但是更微弱了。因而，當我們剛剛聽完「布魯圖殺死
凱撒」這個句子時，我們還會有一種聽覺。這種聽覺可以形
象地表示如下：

布魯圖殺死**凱撒**；

而當我們剛剛聽完「凱撒殺死布魯圖」這個句子時，我們的
感覺可以形象地表示如下：

凱撒殺死**布魯圖**。

這是兩種不同的感覺，並且我們可以認為，正是這種不同使 40
得我們認識到了時間上的順序。根據這種理論，當我們區分
「布魯圖殺死凱撒」和「凱撒殺死布魯圖」時，我們並不

是在由完全類似的部分——這些部分是前後相繼的——所構成的兩個整體之間進行區分，而是在由多少有點不類似的部分——這些部分是同時出現的——所構成的兩個整體之間進行區分。每一個整體的特徵都是由自身的組成成分所刻畫的，而且不必進一步提及某種順序上的排列。

在這種理論中，毫無疑問有一種真理的成分。作為一種心理學的事實，顯然存在著某些可以歸之為感覺的現象，並且在這些感覺中，現在的某種聲音會與片刻之前聽到的某種聲音的逐漸消失的幽靈結合到一起。但是，假如只有這一點，我們就不會知道過去的那些事件已經發生了。假設存在著漸漸逝去的感覺，那麼我們如何知道在這些感覺與它們首次出現時的感覺之間所存在的某些相似與差別呢？如果我們真的僅僅知道事實上與過去現象相關聯的當前現象，那麼我們絕不能知道這種關聯是什麼。顯然在某種意義上，我們有時確實知道過去的事情，但這不是從現在的事情中推論出來的，而是透過某種直接的方式知道的，這種直接的方式就是我們了解現在的事情所採用的方式。因為如果不是這樣，那麼現在發生的任何事情都不會使我們設想存在著一個過去，甚至也不會使我們理解這種設想本身。

讓我們回到這個命題：「如果 $x$ 先於 $y$，那麼 $y$ 不先於 $x$。」似乎很明顯，我們不是從經驗上知道這個命題的，但它似乎也不是一個邏輯命題。[3]然而，我也看不出我們如何

---

3　要解決這個問題，我們需要對專名進行討論。我們將在後面進行這種討論。

能夠把它解釋為一種語言上的約定。「$x$ 先於 $y$」這個命題可以在經驗的基礎上得到斷定。我們是說，如果這種經驗出現了，那麼能夠產生「$y$ 先於 $x$」這個命題的任何一種經驗都不會出現。顯而易見，不管我們怎麼重新陳述這個問題，在我們的陳述中的某個地方，一定存在著一種否定的成分；而且我認為，同樣顯而易見的是，否定把我們帶進了語言的王國。當我們說「$y$ 不先於 $x$」時，我們似乎只能意味著 41 「語句『$y$ 先於 $x$』是假的」。因為，假如我們接受任何一種別的解釋，那麼由於我們將在後面給出的理由，我們就必須承認我們可以感知否定的事實；而承認這一點即我們可以感知否定的事實，似乎是荒謬的，但也可能並不荒謬。我認為，關於「如果」這個語詞，我們也可以說些類似的話：當這個詞出現的時候，它一定是用於一個句子的。因此，我們正在考察的這個命題似乎應該陳述如下：「假如 $x$ 和 $y$ 是表示事件的專名，那麼在『$x$ 先於 $y$』和『$y$ 先於 $x$』這兩個句子中，至少有一個是假的。」要想更進一步論述這個問題，就需要對假進行定義。因此，我們將暫時放下這個問題，直到我們對真與假作出討論之後。

　　詞性，就如它們在語法中所表現出來的那樣，和邏輯句法之間並沒有十分密切的關係。「在……之前」（before）是一個介詞，而「先於」（precedes）是一個動詞，但是它們意指同一種東西。對一個句子來說，動詞似乎是關鍵性的。但是，在許多語言中都是沒有動詞的，甚至在諸如「欲速則不達」（More haste, less speed）這樣的英語諺語中，

也是缺少動詞的。然而,根據邏輯句法構造一種邏輯語言是
有可能的,而且當它既已被構造時,在日常語言中發現一些
邏輯語言的跡象也是有可能的。

　　邏輯學的最完善的部分是連結詞理論。就像它們在邏輯
學中那樣,這些語詞僅僅出現在整體的語句之間。它們產生
了分子語句。分子語句中的諸原子被這些連結詞分隔開了。
這個部分的主題已經被充分地解決了,我們沒有必要在此多
費時間。此外,我們前面所關心的所有問題都是因為原子形
式的語句而產生的。

　　我們來考慮以下幾個句子:(1)這是黃的;(2)這個在那
個之前;(3) A 把一本書給了 B。

　　(1) 在「這是黃的」中,「這」這個詞是一個專名。的
確,在其他的場合,其他的對象被稱為「這」;而這同樣適
用於「約翰」:當我們說「約翰在這裡」時,我們並不意
味著「由人所構成的且被稱之為『約翰』的那個類中的某個
分子在這裡」。我們認為這個名稱僅僅屬於一個人。語詞
42　「這」的情況與此完全相同。[4]語詞「人」(men)適用於
所有被分別稱之為「一個人」的那些對象,但是,語詞「這
些」並不適用於在不同場合所有被分別稱之為「這」的那些
對象。

　　「黃的」這個詞更困難些。就像上面所提到的那樣,

---

4 「這」這個詞將在論述「自我中心殊相詞」的那一章中得到討論。

它似乎意味著「在顏色上類似於某個對象」；而根據定義，
這個對象是黃的。當然，嚴格說來，由於存在著多種程度的
黃色，我們需要許多對象，而根據定義，它們都是黃色的；
然而，人們可以不考慮這種複雜性。但是，由於我們可以把
顏色上的類似性同其他方面（比如說在形狀上）的類似性區
分開來，所以為了獲得「黃的」這個詞的意義，我們並不迴
避某種程度的必要的抽象性。[5]我們無法看到沒有形狀的顏
色，也無法看到沒有顏色的形狀；但是我們能夠感知到下述
兩種類似性之間的差別：在一個黃色的圈狀物與一個黃色的
三角形之間所存在的類似性，以及在一個黃色的圈狀物與一
個紅色的圈狀物之間所存在的類似性。因此，可感的述詞，
比如「黃的」、「紅的」、「響亮的」、「硬的」等等，看
來都源自各種關於類似性的知覺。這種說法也適用於非常
一般的述詞，比如「看得到的」、「聽得到的」、「觸得到
的」等等。因而，再回到「這是黃的」這個句子：它的意
義似乎是「這個和那個具有顏色上的類似性」，這裡的「這
個」和「那個」都是專名；按照定義，被稱為「那個」的對
象是黃的，而顏色上的類似性是一種可以感知到的二元關
係。我們將發現，顏色類似性是一種對稱關係。之所以有可
能把「黃的」看成一個述詞並且不去進行比較，其原因正在

---

5　但是，考慮一下卡納普（Carnap）的《世界的邏輯構造》（*Logischer
　　Aufbau*）一書。黃的＝（按照定義）一組全都類似於這個，而且相互
　　類似，而且並非全都類似於該組之外的任何事物的性質。這個題目將
　　在第六章中加以討論。

於此。事實上，關於這種比較所說的話可能僅僅適用於對於
「黃的」這個語詞的學習。也許，當已被學會時，它就確實
是一個述詞。[6]

　　(2)「這個在那個之前」已經被討論過了。由於
「在……之前」這種關係是不對稱的，我們不能認為這個命
題把一個共同的述詞給了這個和那個。而假如我們認為它把
43　兩個不同的述詞（比如說日期）給了這個和那個，這兩個述
詞自身之間就必須擁有一種與「在……之前」相符合的不對
稱關係。從形式上看，我們可以把它的意義看成是「這個的
日期比那個的日期早」，但是，恰如「在……之前」一樣，
「比……早」同樣是一種不對稱關係。要發現一種邏輯的方
法，以便從對稱的材料中發現產生不對稱的材料，是不容
易的。[7]

　　像「黃的」這個詞一樣，「在……之前」一詞也可以
從比較中產生。我們可以從某個非常顯著的關於先後順序的
例子比如一個敲響十二點的時鐘開始，並且透過與這個報時
鐘沒有其他方面的明顯類似性的另外一些關於先後順序的例
子，逐漸地把注意力集中到先後順序本身。然而，似乎清楚

---

6　這個問題並不重要。目標在於構造一組最小量詞彙；並且在這方面，
　　可以透過兩種方式做到這一點。

7　關於這一點，舍弗爾（Sheffer）博士擁有一種用來區分對子 $y$- 跟隨 -$x$
　　和對子 $x$- 跟隨 -$y$ 的方式。這種方式表明，從對稱的材料中構造非對
　　稱的材料是可能的。但是，幾乎不能認為它不是一種技術手段。
　　另外一種處理非對稱的方式將在後面的一章中加以考慮。

的是，不管關於「黃的」這個詞的情況如何，就「在……之前」來說，這種情況只適應於對於它的學習。像「在……之前」或者「顏色上的類似性」這類語詞的意義不可能總是從比較中獲得，因為這會導致無窮的後退。比較是產生抽象的一種必要的刺激物，而至少就相似性而言，抽象一定是可能的。而假如在相似性方面抽象是可能的，那麼若在別的地方否定它，則是不太合適的。

說我們理解「在……之前」這個詞，就等於說，當我們在一個時間的先後順序中感知到兩個事件 A 和 B 時，我們知道應該說「A 在 B 之前」還是應該說「B 在 A 之前」，並且就二者之一來說，我們知道它描述了我們所感知到的東西。

(3)「A 把一本書給了 B。」這句話意味著：「存在一個 x，並且 A 把 x 給了 B，且 x 是具有書的性質的。」眼下，使用「具有書的性質的」這個詞，是為了意指書籍所具有的那種確定的性質。讓我們來把注意力集中在「A 把 C 給了 B」上面——這裡的 A、B、C 都是專名。（由「存在一個 x，並且……」所引發的問題，我們不久就會加以考慮。）我想考慮的問題是：什麼現象為這個陳述的真理性 [44] 提供了證據？如果我們不想透過道聽塗說，而想透過我們自己的感官證據知道它的真理性，我們就必須看見 A 和 B，而且看見 A 手裡拿著 C，將 C 移向了 B，並最終把 C 放到了 B 的雙手中。（我現在假定 C 是像一本書那樣的某種小的物體，而不是像財產權，或者版權，或者要透過一種複

雜的法律上的抽象過程才能被占有的任何其他事物之類的
東西。）這在邏輯上類似於「布魯圖用一把匕首殺死了凱
撒」。關鍵的是，A、B 和 C 應該在一個有限的時間段中自
始至終都以一種可以讓人感覺到的方式出現，並且在這個
時間段內，C 與 A 和 B 之間的空間關係發生了改變。如果
以圖解的方式來表達的話，其最簡潔的幾何學圖式如下所
述：首先，我們看到了三種形狀 $A_1$、$B_1$ 和 $C_1$，其中 $C_1$ 靠
近 $A_1$，然後我們看到了三種非常類似的形狀 $A_2$、$B_2$ 和 $C_2$，
其中 $C_2$ 靠近 $A_2$（我忽略了許多細微之處）。單獨地來看，
這兩個事實中的任何一個都不充分。被斷言的東西，正是它
們在一個非常短暫的過程中前後相繼地出現。真正說來，甚
至連下述這一點也是不充分的：我們必須認為 $A_1$ 和 $A_2$、$B_1$
和 $B_2$、$C_1$ 和 $C_2$ 都分別是同一個物質對象所表現出來的現
象，不管可能會對這些物質對象如何加以定義。我將忽略這
個事實，即「給予」這種行為包含著意圖。但是即便如此，
這些複雜性也是需要引起注意的。乍看上去，所包含的內容
最少的斷言似乎一定是類似下述的某種東西：「$A_1$、$B_1$ 和
$C_1$ 是在同一時間中三個物質對象所表現出來的現象，$A_2$、
$B_2$ 和 $C_2$ 是『相同的』三個物質對象在稍微靠後的一個時間
中所表現出來的現象。$C_1$ 接觸到了 $A_1$，但沒有接觸到 $B_1$；
$C_2$ 接觸到了 $B_2$，但沒有接觸到 $A_2$。」我沒有考察用來表明
在不同時間出現的兩種現象是由「同一種」對象的現象所需
要的證據。這最終是一個物理學的問題；但在實踐上以及法
庭上，人們容許採用某些更簡單的方法。對我們來說，重要
之處在於，我們顯然獲得了一個包含六個項的原子形式。

這種原子形式是：「$C_1$ 同 $A_1$ 之間的接近性及其同 $B_1$ 之間
的相對遙遠性，是一種稍微早於 $C_2$ 同 $B_2$ 之間的接近性及其
同 $A_2$ 之間的相對遙遠性的現象。」我們很想斷定：假如我
們要想擁有諸如一個人把一個對象遞給另一個人這類事情的
可感的證據，我們就無法迴避帶有這種程度的複雜性的原子
形式。

　　但是，這也許是一個錯誤。考慮一下這些命題：$C_1$ 接 45
近 $A_1$，$C_1$ 遠離 $B_1$，$A_1$ 與 $B_1$ 同時，$B_1$ 與 $C_1$ 同時，$A_1$ 稍微
早於 $A_2$，$A_2$ 與 $B_2$ 同時，$B_2$ 與 $C_2$ 同時，$C_2$ 接近 $B_2$，$C_2$ 遠
離 $A_2$。這個由九個命題所構成的集合，在邏輯上等值於一
個包含了 $A_1$、$B_1$、$C_1$、$A_2$、$B_2$、$C_2$ 的命題。因此，這一個
命題也許是一個推論，而不是作為論據的材料。這裡還有一
個困難：「接近」和「遠離」都是一些相對的詞項。在天文
學中，金星接近於地球，但這並不是從那種把某物遞給了別
的某個人的角度來看的。然而，我們能夠避免這種情況。我
們可以用「$C_1$ 觸及 $A_1$」來代替「$C_1$ 接近 $A_1$」，並且用「某
個事物在 $C_1$ 和 $B_1$ 之間」代替「$C_1$ 遠離 $B_1$」。這裡的「觸
及」和「在……之間」都是視覺材料。因此，「在……之
間」這種涉及三個項的關係似乎就是我們所需要的最複雜的
材料了。

　　正如我們將會看到的那樣，原子形式的重要性及其自身
的矛盾之處在於，所有不是透過推論而是透過觀察去證實的
命題，或者說，至少所有這類非心理學的命題，都是這些形
式的命題。也就是說，如果加以充分的注意的話，所有體現

了經驗物理學材料的語句都將斷言或否定某些原子形式的命題。從理論上說，所有其他形式的物理學語句，都可以透過這些形式的語句來（根據實際情況）加以證實或否證，或者說，來證明它們是可能的或不可能的。而且，我們不應該把任何一種能夠透過別的論據性材料從邏輯上加以證實或否證的東西作為論據性材料。但是，這只是預期的目標。

在一個以嚴格的邏輯語言表達的原子形式的語句中，存在著為數有限的專名（專名的數目可以是從1往上去的任何一個有限數），而且在這個原子語句中，還存在一個不是專名的語詞。實際的例子有：「x 是黃的」、「x 比 y 早」、「x 在 y 和 z 之間」等等。專名可以出現在一切形式的原子語句中，而不是專名的語詞只能出現在擁有適當數量的專名的原子語句中；根據這一事實，我們就能夠把專名與其他語詞區分開來。因此，「黃的」需要一個專名，「比……早」需要兩個專名，「在……之間」需要三個專名。這類詞項被稱為述詞、二元關係、三元關係等等。有時候，為了保持一致性，述詞也被稱為一元關係。

我現在開始論述那些不能出現在原子形式中而且又非連結詞的詞類。「一個」（a）、「這個」（the）、「所有」（all）、「有的」（some）、「許多」（many）、「沒有」（none）等等，都是這類語詞。我認為，「並非」一詞也應該加到這些詞中來，但它類似於連結詞。讓我們從「一個」開始，並且假設你如實地說出了「我看到過一個人」。顯然，「一個人」並不是人們可以看見的那類事物，它是

一種邏輯的抽象。你所看到的是某種特定的形狀。我們將用專名 A 來稱呼這種形狀，並且你判斷說「A 是人的（human）」。「我看到過 A」和「A 是人的」這兩個句子能使你推論出「我看到過一個人」。但是，後面這個句子並不意味著你看到過 A 或者 A 是人的。當你告訴我你看到過一個人時，我無法弄清楚你所看到的是 A、B、C，還是任何一個其他的活著的人。所知道的東西不過是下面這種形式的某個命題是真的：

「我看到過 $x$，並且 $x$ 是人的。」

這種形式並非原子的，它是由「我看到過 $x$」和「$x$ 是人的」這兩個命題複合而成的。它可以從「我看到過 $x$，並且 $x$ 是人的」中演繹出來；因此，儘管它不是那種表達知覺材料的語句，它仍能透過經驗的材料加以證明，因為這樣的句子將不得不提及 A，或者 B，或者 C，或者你看到過的任何人。相反，任何知覺材料都不能否證「我看到過一個人」這個句子。

　　包含了「所有」或者「沒有」這些語詞的命題可以透過經驗材料加以否證，但是除了在邏輯和數學中，它們是不能被證實的。我們能夠證明「除了2以外的所有質數都是奇數」，因為這是由定義而來的。但是，我們不能證明「所有人都是有死的」，因為我們無法證明我們沒有看漏任何一個人。事實上，「所有人都是有死的」是一個關於所有事物

的陳述，而不僅僅是一個關於所有人的陳述。它陳述了這一事實：對於每一個 $x$ 來說，要麼 $x$ 是有死的，要麼 $x$ 不是人的。在我們檢查完畢一切事物之前，我們無法確信未經檢查的某種事物是人的並且是不死的。由於我們不能檢查一切事物，所以我們無法從經驗上知道一般命題。

47　　任何包含單數意義上的這個的命題都不可能透過經驗的證據加以嚴格的證實。我們不知道司各脫是《威弗利》的這個作者；我們所知道的是他是《威弗利》的一個（an）作者。也許，火星上的某個人也寫過《威弗利》。為了證明司各脫是這個作者，我們必須要去考察整個宇宙，並發現其中的每一個事物要麼沒有寫《威弗利》，要麼就是司各脫。這超出了我們的能力。

經驗證據能夠證明包含「一個」或者「有的」的命題，並且能夠否證包含「這個」、「所有」或者「沒有」的命題。它不可能否證包含「一個」或「有的」的命題，並且也不能證明包含「這個」、「所有」或者「沒有」的命題。假如經驗證據使我們懷疑關於「有的」的命題，或者使我們相信關於「所有」的命題，那麼它一定是透過某種與嚴格意義上的演繹不同的推論的原理而做到的，除非某些包含「所有」的命題確實屬於我們的基本命題。

**3.**

描述經驗的句子

　　所有學習說話的人都能使用句子來描述事件。事件就
是語句為真的證據。在某些方面，整個事情是如此顯然，以
至於不易發現任何問題。在另外一些方面，它是如此晦暗，
以至於難以發現任何解決的途徑。假如你說「天在下雨」，
你也許知道你所說的是真的，因為你看到了雨，並感覺到了
它，聽到了它；這是最明白不過的事情了。但是，一旦我
們試圖分析在我們根據當下經驗作出這種陳述時所發生的事
情，困難就出現了。在什麼意義上我們「知道」一個事件，
並且該事件獨立於對與其相關的語詞的使用？我們如何能夠
把它與我們的語詞相比較，以便知道我們的語詞是正確的？
為了讓我們的語詞可以是正確的，在所發生的事件與我們的
語詞之間必須存在什麼樣的關係？在某種特定的情況下，我
們如何能夠知道這種關係是否存在？就語詞所應用於其上的
事件而言，在不擁有關於它的非語詞的知識的情況下，也許
有可能知道我們的語詞是正確的嗎？

　　讓我們首先考慮最後這一點。也許會出現這樣的情
況：在某些場合，我們說出了某些語詞，並且在沒有某種獨
立的關於我們說出它們的原因的知識的前提下，認為它們是
正確的。我認為，這種情況有時確實發生。例如：你可能一
直在十分費力地讓自己喜歡 A 先生，但是突然你發現自己
宣稱「我恨 A 先生」，而且你認識到這是真的。我猜想，
當一個人被心理學家分析時，會發生同一類事情。但這樣的
情況是例外的。一般說來，至少當前的可感事實涉及哪裡，
哪裡就存在著某種意義，在這種意義上我們無須使用語詞就

可以知道它們。我們可以注意到我們覺得熱或冷，或者存在 49
著雷聲或閃電，並且假如接著用語詞陳述我們所注意到的東
西，我們只能表達我們已經知道的東西。我並不是聲稱這些
前語詞的階段總是存在的，除非我們用「知道」來表示一種
經驗，即僅僅表示我們擁有這種經驗。但我確實認為，這樣
的前語詞知識是非常普遍的。然而，有必要在我們注意到的
經驗和僅僅發生在我們身上的其他經驗之間作出區分，儘管
這種區分僅僅是程度上的。讓我們透過某些例子來說明。

假設在一個潮溼的日子你在外面步行，而且你看見了一
個池塘並繞過了它。你不太可能對自己說：「有一個池塘，
不踏入進去將是明智的。」但是假如有人說：「為什麼當時
你突然繞道一邊了？」你會回答：「因為我不希望踏入那個
池塘」。經過回顧，你知道你曾有一種視知覺，並且你對它
做出了適當的反應。在所設想的這種情況下，你用語詞表達
了這種知識。但是假如問你的人並未使你的注意力轉移到這
件事情上，你知道了什麼，並且你是在什麼意義上知道的？

當你被問時，這件事情已經結束了，而且你是根據記憶
來回答的。一個人能夠記得他從未知道的東西嗎？這依賴於
「知道」這個詞的意義。

「知道」這個詞是極其模糊的。在其絕大多數意義
上，「知道」一個事件是一種與被知道的事件不同的現象。
但是，「知道」有一種意義；而在這種意義上，當你擁有一
種經驗時，在此經驗與知道你擁有此經驗之間不存在任何
差別。也許人們會認為，我們總是知道我們的當前經驗。但

是，假如這種知道是某種不同於經驗的東西，情況就不可能
是這樣的。這是因為，假如經驗是一件事情，而知道它是另
一件事情，那麼這樣的假定即當一種經驗發生時我們總是知
道它，就要把每個事件無窮無盡地往上累加。我感覺熱；這
是一個事件。我知道我感覺熱；這是另外一個事件。我知道
我知道我感覺熱；這是第三個事件。如此等等，直至無窮；
而這是荒謬的。因此，我們必須要麼說，在我當前的經驗出
50 現時，它無法與我知道它區分開來；要麼說，我們通常並不
知道我們當前的經驗。總體說來，我在使用「知道」這個詞
時，寧願要它蘊含著知道行為與被知道的東西是不同的，並
願意接受這個結果即我們通常並不知道我們當前的經驗。

　　那麼我們將會說，看見一個池塘是一件事，而知道我看
見一個池塘是另外一件事。「知道」可以定義為「以適當的
方式行動」；當我們說一條狗知道它的名字或者說信鴿知道
回家的路時，我們就是在這種意義上說的。在這種意義上，
我知道池塘就意味著我繞道一邊。但是，這一點是模糊的，
這既是因為其他事物也可能使我繞道一邊，而且因為「適
當的」只能透過我的各種願望來定義。我也許希望自己被弄
溼，因為我剛剛買了一筆很大數目的人身保險，並且認為死
於肺炎是合適的。既然那樣，我繞道一邊就會表明我沒有看
見這個池塘。而且，假如願望被排除了，對某種刺激所做的
適當反應將由科學儀器來顯示。但是沒有人會說，當天氣變
冷時，溫度計會「知道」。

　　為了我們可以知道一種經驗，必須如何對待經驗呢？

各種事情都是可能的。我們可以使用語詞來描述它，我們可以要麼在語詞中、要麼在意象中記住它，或者我們可以僅僅「注意」它。但是，「注意」是一個程度的問題，而且很難加以定義。它好像主要是一種從可感的環境中做出分離的行為；比如：在聽一首音樂時，你可能故意只注意其中的大提琴音。據說，你是在「無意識地」聽其餘的部分。但是，對於「無意識地」這個詞，試圖把某種確定的意義給予它，是毫無希望的。在一種意義上，也許可以說你「知道」一種當前的經驗，假如它在你身上激起了某種感情（不管它多麼微弱），也就是說，假如它使你高興或令你生氣，使你感興趣或令你煩惱，使你吃驚或恰好是你所期待的東西。

　　有一種重要的意義；在這種意義上，你可以知道任何一種出現在你當前的感覺範圍內的事物。假如某人對你說「你 51 現在看到黃色了嗎？」或者「你聽到一種聲音了嗎？」你可以完全自信地加以回答，即便直到你被問時，你還未注意這種黃色或聲音。而且，你時常可以肯定的是，在它引起你的注意以前，它已經在那兒了。

　　於是，我們擁有其經驗的最直接的知道行為，似乎包含了感覺的出現以及另外某種事物。但是，對於所需要的這另外某種事物所下的任何一種非常精確的定義，都很有可能因為它非常精確而使人誤入歧途，因為這個問題本質上是模糊的，而且是一個程度的問題。所要的東西可以稱為「注意力」；這部分地是適當的感覺器官的一種緊張行為，部分地是一種情感的反應。一種突然而巨大的聲音幾乎肯定是會引

起人們的注意的，但是一種非常微弱的具有情感意義的聲音
也是如此。

　　每個經驗命題都建立在一個或多個感覺現象的基礎
上，而且這些現象在發生時被注意到了，或者是剛剛發生後
被注意到的，但是依然構成似是而非的當前知覺的一部分。
我們將說，當這類現象被人注意到時，它們就「被知道」
了。「知道」這個詞有多種意義，這僅僅是其中的一種。但
是，對於我們的探究的目的來說，這種意義是根本的。

　　「知道」的這種意義並不涉及語詞。我們的下一個問
題是：當我們注意到一種現象時，我們如何能夠形成一個句
子，並且（在一種不同的意義上）我們「知道」這個句子是
因為有了這種現象而為真的？

　　假如我注意到（比如說）我熱，那麼在我所注意到的
這種現象和「我熱」這些語詞之間的關係是什麼呢？我們
可以不用產生某些不相關的問題的「我」，並且假設我只說
「存在著熱性（hotness）」。（我不說「熱」〔heat〕，而
說「熱性」，因為我想要一個語詞來代表可以被感覺到的東
西，而不是代表這個物理概念。）但是，由於這個短語使用
起來不方便，在對其意義作了上述限制性的規定之後，我將
繼續說「我熱」。

　　讓我們弄清楚我們當前的問題。我們不再關心這個問
題：「我如何能夠知道我熱？」這是我們先前的問題。我們
回答過了——不管這種回答如何不能令人滿意——這個問

題，而回答的方式僅僅在於說我注意到了它。我們的問題不是關於知道我熱的，而是關於下述問題的：當我已經知道我熱時，我知道「我熱」這些詞表達我已經注意的東西，並 52且是透過我所注意到的東西而成為眞的。出現在這裡的「表達」和「眞的」這些詞，在單純的注意行為中並不占有任何位置，而且它們引入了某種完全新的東西。現象可以被注意到，也可以不被注意到，但是假如它們沒有出現的話，它們不可能被注意到。因此，就單純的注意行為而言，眞和假派不上用場。我沒有說，它們只有和語詞一起才能派上用場，因為處於意象狀態中的記憶也可能是假的。但是，眼下可以不考慮這一點；而在一個意在表達我們所注意到的東西的陳述中，眞和假首先與語詞的使用一起露面。

當我熱的時候，「熱」這個詞很可能進入我的心靈。這似乎就是說「我熱」的原因。但是既然那樣，當我（實事求是地）說「我不熱」時，發生了什麼情況呢？這裡，「熱」這個詞進入了我的心靈，儘管我的狀況並未被設想為擁有這種結果。我認為我們可以說，刺激人們作出一個包含「並非」的命題的東西部分說來總是語詞的；有人說「你熱嗎？」然後你回答說「我不熱」。因而，當你被一個語詞所刺激，而非被通常刺激這個語詞的東西所刺激時，否定的命題就出現了。你聽到「熱」這個詞，而你沒有感覺到「熱」，因此你說「不」或者「我不熱」。既然這樣，這個詞部分地被這個詞（或者某個其他的詞）所刺激，部分地被一種經驗所刺激，但是這種經驗不是該詞所意指的經驗。

　　導致人們使用語詞的可能的刺激物在數量上和種類上都是很多的。你可能因為正在寫一首詩而使用「熱的」這個詞，並且在這首詩中，前面的那行是以「鍋」這個詞結尾的。「熱的」可以由「冷的」一詞或「赤道」一詞帶入你的心靈；或者，就好像在先前的討論中那樣，對某種非常簡單的經驗的尋找也可以將它帶入你的心靈。這種特殊的經驗即「熱的」這個詞所意指的東西與該詞之間擁有某種關係，而這種關係並非僅僅在於把這個詞帶給心靈，因為它同許多其他事物之間都擁有這種連繫。聯想是熱的和「熱的」這個詞53　之間的關係的一個必要部分，但並非全部。

　　經驗和語詞之間的關係不同於剛剛提到的那類其他方面的聯想，這首先是因為這樣的事實，即其中一個被聯想的項不是語詞。「熱的」和「冷的」或者「熱的」和「鍋」之間的聯想是語詞的。這是一個重要的特徵；但我認為還有另一個特徵，它由「意義」這個詞所暗示。意指（to mean）就是打算；並且，在語詞的使用中，一般說來有一種意圖，它或多或少是社會性的。當你說「我熱」時，你給出了資訊，並且通常你打算這麼做。當你給出資訊時，你能使你的聽者參照他沒有直接意識到的事實去行動。這也就是說，他聽到的聲音刺激他做出了一種行為；對於你所擁有而他並未擁有的經驗而言，這種行為是適當的。在「我熱」的情況下，這一點並不是非常顯著，除非你是一位到訪的客人，並且你的語詞促使你的主人打開窗戶，儘管他凍得發抖。但在類似「看外面！來了一輛小汽車」這樣的情況下，在聽者身上所

產生的強有力的結果就是你想要的東西。

因而在某種意義上，一句表達當前可感事實的言語，就是過去和將來之間的一座橋梁。（我所想到的是日常生活中的那些言語，而非像哲學家所發明的那些言語。）可感事實在 A 身上有某種效果，並且 A 意識到了它；A 希望 B 以某種與此事實相適合的方式行動；因此 A 說出了「表達」這個事實的一些語詞，並且他希望這些語詞將引起 B 以某種方式行動。一句眞實表達了當前可感事實的言語，能使聽者（在某種程度上）做出行動；這就如同，假如這個事實對他來說是可感的，他也會做出這種行動。

與一個陳述的眞相關的聽者，可以是一個假想的聽者，而並非必然是一個實際的聽者。陳述可以單獨地向一個盲人做出，或者向一個並不知道所使用的這種語言的人做出，但這些情況都不會影響該陳述的眞或假。聽者被假定為一個與說話者具有類似的感官和語言習慣的人。作為一個初 54 步的而非最終的定義，我們可以說：一次語詞的說出眞實地表達了一個可感的事實，假如在聽到了這句話而又沒有意識到這個事實的情況下，說話者就會因此而做出行動，這就如同是因為知道了這個事實而做出行動一樣。

這裡存在令人不快的模糊之處。我們怎麼知道這個人會如何做出行動？我們怎麼知道在其實際行為中哪一部分是由環境的一個特徵引起的，哪一部分又是由另外一個特徵引起的？而且，絕非在所有場合語詞都會產生與它們所斷言的東西同樣的效果。「安妮王后死了」幾乎沒有什麼強勁的力

量；但假如在她臨終時我們曾在場，這個事實很可能就會產生一種強有力的行為。然而這個例子也可以不予考慮，因為我們所關心的是當前事實的語詞表達，而歷史的事實可以留到以後再加考慮。

我認為，意圖僅僅與句子有關，而與語詞無關，除非語詞被用作句子。以一個像「熱」這樣的人們可以感覺到其意義的語詞為例。可以認為，刺激人們說出該詞的唯一的非語詞事物是某種熱的東西。假如在某種熱的東西出現時，「冷的」這個詞進入了我的心靈，那將是因為「熱的」這個詞首先進入了我的心靈，並且使我想到了「冷的」這個詞。也許會因為有下面的兩行話，每當我看到火的時候，我就想到了高加索山脈：

> 人們可以把火握在手裡
> 想像自己在寒冷的高加索群山之上嗎？

但是這種間接的語詞聯想是必要的，而且我將不會由此得出這種錯誤的設想，即「高加索山脈」意指「火」。那麼我們可以說，假如在沒有出現某種語詞的媒介時某些情況使人想到某個語詞，那麼這個詞將意指這些情況，或者意指它們共同具有的某種東西。而且在這樣的情況下，聽到這個詞將會使人想到所說的這類情況中的某一種。當我提到一個「使人想到」一種情況的語詞時，我意指某種並不十分確定的東西，它可以是一種觀念、一種行為或一種初露苗頭的行為。

我們將說，由於擁有一種意圖，一個句子不同於一個詞；這種意圖可能僅僅在於交流信息。但是，正是從語詞的意義中，它獲得了一種實現意圖的力量。這是因為，當一個人說出一個句子時，正是這些語詞的意義使得它具備了影響聽者的行為的力量，而這也正是說話者希望它去做的事情。

描述經驗的句子必須包含這樣的語詞：這些語詞與作為「熱的」這類語詞的意義之間具有那種直接的關係。顏色的名稱、簡單的及常見的形狀的名稱、喧鬧的、硬的、軟的等等，都是這樣的語詞。哪些可感性質應該擁有名稱主要由實踐上的便利所決定。在任何一種特定的情況下，都有許多語詞可應用於我們所經驗到的東西。設想我們在一個藍色的方框中看到了一個紅色的圓。我們可以說「藍中之紅」或者「方中之圓」。每一個都是對我們正在看到的東西的一個方面的直接的語詞表達，每一個都被我們所看到的東西完全證實了。假如我們對顏色感興趣，我們會說「藍中之紅」；假如我們對幾何學感興趣，我們會說「方中之圓」。我們使用的這些語詞，絕沒有窮盡我們關於一種感覺經驗所能說的一切東西。我們所說的比我們所看到的更抽象。而且，除了在我們特別專心的情況下，證實我們的陳述的那種經驗，僅僅是我們此刻正在經驗的東西的一小部分。通常，除了證明我們的陳述的那種經驗之外，我們還意識到許多形狀、聲音以及身體的感覺。

許多建立在直接經驗基礎上的陳述，都比「我熱」更複雜。上面關於「方中之圓」或者說「藍中之紅」或者說

「藍框中的紅圓」的那個例子，就表明了這一點。這樣的事物可以被斷言為關於我們所看到的東西的直接表達。類似地，作為直接的觀察結果，我們可以說「這個比那個熱」或者「這個比那個聲音大」；而且我們可以說「這個在那個前面」，假如二者都在一個似是而非的當前之內的話。同樣地，假如 A 是一塊藍色的圓片，B 是一塊綠色的圓片，而 C 是一塊黃色的圓片，並且它們全都在一個視野內，那麼我們就能說，「與其說 A 像 C，不如說 A 更像 B」，而且它表達了我們所看到的東西。據我所知，可以被感知者的複雜性，從理論上講是沒有限度的。當我提到能被感知者的複雜性時，這個短語是模糊的。比如說，我們觀察一個視覺範圍時，先是把它作為一個整體加以觀察，然後是一點一點地觀察它。這種情況就如同在昏暗的燈光下看一幅圖畫那樣地自然：我們逐漸發現，它包含四個男人、一個女人、一個嬰兒、一頭牛、一頭驢子和一個牛棚。在某種意義上，我們先是看到了所有這些事物。確實，我們最終能說，這幅畫擁有這些部分。但是，我們可能未在感官知覺方面分析性地意識到了所有這些部分以及它們之間的關係。當我提及材料中的複雜性時，我所意指的東西比在這樣的情況下所發生的東西更多：我意味著，我們分別注意到了幾種相互關聯的事物，並且我們事實上也把它們看成是相互關聯的。這種差異在音樂中表現得最為明顯。在音樂中，人們可能聽到了一個總體的聲音，或者意識到了那些單獨的樂器以及構成了總體音效的各種成分。只是在後一種情況下，我才應該提及聽覺材料中的複雜性。我所感興趣的這種複雜性，由知覺判斷的邏輯

形式所度量。最簡單的知覺判斷是主謂命題，比如「這是暖和的」；其次是例如：「這個在那個的左邊」這樣的命題；再次是例如：「這個在那個和另一個之間」這樣的命題……等等。在構造這種複雜性方面，作曲家和畫家的能力大概最強。

重要之處在於，不管這樣的命題可能變得如何複雜，它們都正像「我是暖和的」一樣，依然是嚴格而又完全地直接建立在經驗基礎之上的。與格式塔心理學中所討論的格式塔相比，這是一個完全不同的問題。以（比如說）對梅花牌中的十點的知覺為例：任何一個習慣於紙牌的人都立即看出它是梅花牌中的十點，而且是透過對格式塔的知覺看出的，而非透過分析的方式發現的。但是他也能發現，它是由一片白色背景中的十個類似的黑色圖案組成的。這是一種值得注意的技能；而在梅花二或梅花三的情況下，它是不費力氣的。假如在看到梅花牌中的二時，我說「這個表面是由一片白色背景中的兩個類似的黑色圖案組成的」，我所說的話就不僅僅是對一種視覺材料的分析，而自身就是對一種視覺材料的表達；也就是說，它是一個透過使用我的眼睛而無須作任何推論就能知道的命題。確實，這個命題能從「這個是一片白色背景中的一個黑色圖案」、「那個也是這樣」和「這個類似於那個」中推論出來，但事實上它不需要這樣的推論。57

然而，在不能推論出的命題以及能推論出但卻並非推論出的命題之間，有一個重要的差別。有時很難知道一個命題屬於哪一類。再舉梅花牌中的二以及應用於這兩張梅花的

「這個類似於那個」這個命題為例。我們可以將一個名稱給予這種形狀，並稱之為「紅花草狀的」。因而我們能說「這個是紅花草狀的」和「那個是紅花草狀的」，也能說「這個是黑的」和「那個是黑的」。我們可以推斷「這個和那個在顏色和形狀上都類似」。但在某種意義上，這是從「紅花草狀的」在言語上的兩次被說出以及「黑的」在言語上的兩次被說出之間所具有的相似性而作出的一個推論。因而看來，一個「這個和那個類似」這種形式的命題，如果自身不是一種感覺材料的表達，一定產生於某些前提，而且這些前提中至少有一個也是這種形式的。比如說，假設你在做試驗，並且在這種試驗中記錄顏色是重要的。你看到了黑的，並且對著錄音筆說「黑的」。在隨後的一天，你又做了同樣的事情。那麼，在另一種場合，你可以讓你的錄音筆重複這兩次所說的話即「黑的」，並且你可以看到它們是類似的。你推斷，在兩個不同的日子裡看到的顏色是類似的。這裡，錄音筆是無關緊要的。假如你密集連續地看到了兩塊黑的色片，並且在每種情況下你都說「這個是黑的」，那麼你立即可以記住你所說的話，但並沒有關於這些色片的視覺記憶。既然那樣，你就是從「黑的」在言語上的兩次說出所具有的相似性，推斷出這兩塊色片的相似性的。因而，語言並不提供從類似性到同一性的退路。

在這些情況下，關於推論是什麼以及推論不是什麼的問題，從心理學上講，並沒有一個確定的答案。

在知識論中，試圖把經驗前提從數量上減到最低是自然

而然的。假如有三個命題 $p$、$q$、$r$，我們是在直接經驗的基礎上斷言這三個命題的，並且假如 $r$ 可以邏輯地從 $p$ 和 $q$ 中推論出，那麼我們將不再把 $r$ 作為知識論的前提。在上面的例子中，我們看到了「這兩個都是黑的」。但是我們能看到「這個是黑的」和「那個是黑的」，並推斷「這兩個都是黑的」。但是這個問題並不像它看起來的那樣簡單。邏輯所處理的不是語詞或句子的說出，而是命題，至少是句子。從邏輯的立場來看，當我們知道「這個是黑的」和「那個是黑的」這兩個命題時，語詞「黑的」就出現在這兩個命題中。但是作為經驗心理學的事實，當我們說出這兩個句子時，語詞的說出就出現了，它們是「黑的」這個詞的兩個不同的實例；而且為了推斷「這個和那個是黑的」，我們需要另外一個經驗的前提：「『黑的』的第一次說出和『黑的』的第二次說出，都是『黑的』這個詞的實例。」但在每一種情況下，我僅能說出該詞的一個實例，而不能說出這個詞本身；該詞本身依然不可移動地待在柏拉圖的天國裡。

因而，邏輯，以及不同於詞和句子之說出的關於詞和句子的全部概念，是無可改變的柏拉圖式的東西。當我說「這個是黑的」和「那個是黑的」時，我想說關於這兩者的同一件事情，但我沒有做到這一點。僅當我說出「這個和那個是黑的」，然後我說出某種不同於我們先前關於這個和關於那個所說的那些東西的事物時，我才是成功的。因而，這類似乎包含在對「黑的」這個詞的重複使用中的一般性，是一種幻覺；我們真正擁有的東西是類似性。感知「黑的」這個詞

的兩次說出所具有的類似性,與感知兩塊黑的色片所具有的
類似性,是同一回事。但事實上,當我們使用語言時,是沒
有必要感知類似性的。一塊色片導致「黑的」在語詞上的一
次說出,另一塊色片導致「黑的」在語詞上的另一次說出。
這些黑片是類似的,它們的語詞效果是類似的,而且這兩次
語詞說出的效果也是類似的。這些類似性能被觀察到,但並
非必須被觀察到。這個問題的重要性體現在邏輯和關於共相
的理論方面。它表明了下面這個學說的心理學前提是何等複
59 雜:同一個詞可以出現在不同的場合,出現在不同的語句的
說出中,甚至出現在不同的語句中。邏輯學把這個學說當成
是當然的。假如我們不細心,這可能會像下面的這個推論一
樣讓人誤入歧途:由於「一隻霍加狓[1]目前出現在倫敦」和
「一隻霍加狓目前出現在紐約」都是真的,因而一隻霍加狓
可以同時出現在倫敦和紐約。

　　讓我們從邏輯的遠足中回來,進一步思考當我們從格式
塔知覺過渡到分析知覺時發生了什麼。從當我們感知到那個
作為統一體的整體形狀時我們所擁有的「這是梅花牌中的二
點」這種知覺,到當我們看到了該形狀的那些部分及其相互
關係時我們所擁有的「在一片白色的背景中有兩個類似的黑
色圖案」這種知覺,就是這類過渡的例子。熟悉一種可感的
材料會影響這樣的分析判斷。你意識到一副紙牌包含十三張
梅花以及四張二點,而且你有對紙牌進行雙重分類的習慣。

---

1　霍加狓是一種產於非洲的動物。——譯注

然而，這在兩方面都起作用。它能使你根據這個圖案認識到一個十點，而一個不熟悉紙牌的人也許不得不數到十。他這樣做，不是為了發現這個圖案不同於一張九點或一張八點，而是為了把它的名稱給予它。

容易誇大必要的東西，比如在計數中就是這樣。假如你必須數一堆栗子，而且你有依正確的順序說出「一、二、三……」這樣的自發的習慣，那麼你可以把這堆栗子一個一個地放入一個袋子中，並且每放一次你都說出一個數字，最後你將在無須記憶及理解數字的情況下數完它們。在這種情況下，你只是把這些數字當成按照某種順序並作為習慣的結果而發出的一串聲音。這種情況說明了，使用語詞的人似乎知道的語詞比他實際知道的語詞在數量上要多出多少。同樣地，一個黑色的對象可以使你把「這個是黑的」作為一種純粹機械過程的結果說出來，而無須對你的語詞的意義有某種認識。事實上，以這種不加思考的方式說出的話也許比故意說出的話更有可能是真的；這是因為，假如你懂得英語，那麼在一個黑色的對象和「黑的」這個詞之間就存在一種因果的連繫，但這種連繫並不存在於同一個對象和另外一種顏色的名稱之間。這就把具有很高可能性的真理給予了因其所指對象的出現而激發出來的那些句子。

當你看見一個黑色的對象並說「這個是黑的」時，通 60 常你並未注意到你說出了這些詞：你知道這個事物是黑的，但你並不知道你說它是黑的。我是在上面所解釋的「注意」這個詞的意義上使用「知道」的。你能注意到你自己正在說

話；但是，僅當出於某種原因，你的說話正如對象一樣令你感興趣時，你才將這樣做；比如，只有當你正在學習語言或者練習演講的技藝時，你才將這麼做。假如你和我們一樣，正在研究語言同其他事實之間的關係，那麼你將注意到你的語詞和這個黑色對象之間的一種連繫，並且你可以在「我說『這是黑的』，因為它是黑的」這句話中表達這種連繫。這個「因為」需要加以仔細的審查。我在《經驗論的限度》這篇文章中已經討論了這個問題，該文刊載在1935～1936年的《亞里斯多德學會公報》中。現在我將只是簡要地重複那篇論文的相關部分。

這裡，我們關心三個命題之間的關係：

我們將稱之為「$p$」的命題：「有一塊黑的色片」；

我們將稱之為「$q$」的命題：「我說『有一塊黑的色片』」；

我們將稱之為「$r$」的命題：「我說『有一塊黑的色片』，因為一塊黑的色片在那兒。」

關於 $r$，產生了兩個問題：首先，我是如何知道它的？其次，出現在這個命題中的「因為」這個詞的意義是什麼？

關於第一個問題，我不知道如何逃脫這種觀點，即我們之所以知道 $r$，就像我們之所以知道 $p$ 和 $q$ 一樣，是因為它是一個表達了一種經驗的句子。但是，在我們能夠充分思考這個觀點以前，我們必須對 $q$ 有稍微更加明確的認識：它可能僅僅意味著我發出了一些聲音，或者可能意味著我做出

了一個斷言。後者比前者說了更多的東西，因為它說明了這些聲音是帶著某種意圖而被發出的。我也許說過「有一塊黑的色片」，這不是因為我想斷言它，而是因為它是一首詩的一部分。既然那樣，$r$ 就不是真的。因此，假如 $r$ 要成為真的，那麼我發出構成了 $q$ 的一次語句表達的那些聲音是不夠的；我必須帶著一種意圖來發出那些聲音，而這種意圖就在於做出一種關於當前某個可感事實的斷言。

但是，這多少有些過分明確、過分顯而易見。「意圖」 61 表明了某種意識的和故意的東西，這種東西不應該被暗示著。語詞，就像我被傷害時發出的「啊唷」這種聲音一樣，可以同樣直接地從環境中產生。假如有人問「為什麼你說『啊唷』？」我回答說「因為我的牙劇痛」，這個「因為」與當它出現在我們的命題 $r$ 中時具有相同的意義：在每一種情況下，它都表達了在一次經驗和一次語言表達之間所具有的一種被觀察到的連繫。我們能夠正確使用一個詞而無須觀察到這種連繫。但是，正是僅僅透過觀察這種連繫，我們才能清楚地知道一個詞的意義，只要這個詞不是一個擁有文字上的定義的詞，而是一個透過面對它所意指的東西而被學會的詞。一聲痛苦的喊叫和「黑的」這個詞之間所存在的差別，在於前者是一種無條件反射，而後者則不是；但這種差別並不包含出現在「因為」這個詞上的一種差別。學習了某種語言的人獲得了一種在某些場合使用某些語詞的衝動，而且這種衝動，當即被獲得時，嚴格地相似於當被傷害時欲做喊叫的衝動。

　　我們可以有各種各樣的原因說出「這裡有一塊黑的色片」這個句子。事實可能非常有趣，以至於我們不加思考地喊出來；我們可能希望提供資訊；我們可能希望吸引某人注意正在發生的事情；我們可能希望進行欺騙；我們可能像在引用詩歌時那樣，說出一些不斷言任何事物的語詞。假如我們願意的話，我們能夠知道這些情況中的哪一種是我們說出這些語詞的原因，而且我們是透過觀察即被稱之為內省的那類觀察而知道這一點的。在每一種情況下，我們都在兩種經驗之間擁有一種被觀察到的連繫。最簡單的情況是關於黑的色片的情況；在這種情況下，看到黑的色片就是喊出「這裡有一塊黑的色片」的原因。這種情況就是在我們的命題 $r$ 中所考慮的情況。但是，對出現於命題 $r$ 中的這個「因為」的進一步思考，必須推遲到我們已經考慮了命題態度之後。

# 4.

對象語言

　　在其重要著作《形式化語言的眞理概念》一書中，塔爾斯基已經表明，「眞的」和「假的」這兩個詞應用於一種特定語言中的那些語句，並且，為了對它們進行充分的定義，總是需要另一種更高階的語言。語言層次的概念包含在類型論中；而在某種形式上，類型論對於解決悖論是必要的。這個概念在卡納普和塔爾斯基的著作中，都起著重要的作用。在我為維根斯坦的《邏輯哲學論》所寫的序言中，我提出用它來代替他的這種理論，即形式只能被「顯示」，而不能用語詞來表達。對語言層次的必要性的那些論證是極有說服力的，而且我今後將假定它們是有效的。[1]

---

1　這些論證起源於悖論。它們對於「眞的」和「假的」這兩個詞的可應用性起源於說謊者悖論。

　　我從說謊者悖論中作出的推論大致如下：一個人說「我在說謊」，即「存在一個命題 $p$，並且我斷言了 $p$，且 $p$ 是假的」。假如我們願意的話，我們可以透過作出如下的設想而使這個問題變得更加精確：他在五點三十分說「我在五點二十九分至五點三十一分之間作出了一個假的陳述」，但在所涉及的這兩分鐘的其餘所有時間中，他什麼也沒說。讓我們把這個陳述稱為「$q$」。假如 $q$ 是眞的，他在這關鍵的兩分鐘裡就作出了一個假的陳述；但是 $q$ 是他在這段時間內作出的唯一陳述，$q$ 因此必定是假的。但是假如 $q$ 是假的，那麼他在這兩分鐘裡所作的每一個陳述都是眞的，因而 $q$ 必定又是眞的，因為他是在這兩分鐘裡作出這個陳述的。因而，假如 $q$ 是眞的，它就是假的，而假如它是假的，它就是眞的。

　　假設「$A(p)$」意味著「我在五點二十九分至五點三十一分之間斷言了 $p$」，那麼 $q$ 是「存在一個命題 $p$，並且 $A(p)$，且 $p$ 都是假的」。矛盾來自於這個假設，即 $q$ 是所說的命題 $p$。但是假如存在一種關於「假的」這個詞的意義層次，並且它對應於一種命題層次，那麼我們不得不代 $q$ 以某種更加明確的東西，即「存在一個 $n$ 階的命題 $p$，並且 A

　　層次必定無限地向上擴展，但並不向下擴展，因為假如 63
那樣的話，語言就絕不可能得以開始。因此，一定存在著一
種最低類型的語言。我將定義一種這樣的語言，但並非定義
這種唯一可能的語言。[2]我有時將把這稱為「對象語言」，
有時稱為「初階語言」。在本章中，我的目的就在於定義和
描述這種基本語言。在這種層次中接下來的那些語言我將稱
它們為二階的、三階的等等。可以理解，每一種語言都包含
著其前面的所有語言。

　　我們將發現，初階語言在邏輯學和心理學上都可以得到
定義。但是，在試圖作出正式的定義以前，進行一番非正式
的考察將是妥當的。

　　從塔爾斯基的論證看，「真的」和「假的」這些詞顯然
不能出現在初階語言中，因為當這些詞被應用到第 $n$ 階語言
時，它們就屬於第$(n + 1)$階語言。這並不意味著初階語言中
的句子既不是真的也不是假的，而是說，假如「$p$」是這種
語言中的一個句子，那麼「$p$ 是真的」和「$p$ 是假的」這兩
個句子就屬於二階語言。確實，即使沒有塔爾斯基的論證，

---

　　（$p$），且 $p$ 擁有 $n$ 階的假」。這裡，$n$ 可以是任何一個整數：但是
不管它是什麼整數，$q$ 將是屬於 $n + 1$ 階的，並且它不可能擁有 $n$ 階
的真或假。由於我並未作出任何 $n$ 階的斷言，因此 $q$ 是假的；而由於
$q$ 不是 $p$ 的一個可能的值，因此 $q$ 也是真的這個論點就不再成立了。
說「我在撒一個 $n$ 階的謊」的那個人是在說謊，但他撒的是 $n + 1$ 階
的謊。人們已經提出了消除悖論的一些其他方法，比如說拉姆齊在其
《數學基礎》（*Foundations of Mathematics*）第 48 頁中就已提出過。
2　我的語言層次不同於卡納普或塔爾斯基的。

這也是顯而易見的。這是因為，假如有一種初階語言，它的
語詞一定不預設一種語言的存在。現在「真的」和「假的」
是可以應用於句子的語詞，因而預設了語言的存在。（我不
想否定，由意象而非由語詞構成的記憶可以是「真的」或
「假的」；但是這是在某種多少有點不同的意義上來說的，
而這種意義目前與我們無關。）因此，在初階語言中，儘管
我們能夠做出一些斷言，但是我們不能說我們自己的斷言或
者他人的斷言要麼是真的，要麼是假的。

　　當我說我們在初階語言中做出斷言時，我必須防止一種
64　誤解，因為「斷言」這個詞是模糊的。有時，它用作否定的
對立面；在這種意義上，它不能出現在初階語言中。否定預
設了一種語詞形式，然後陳述這種形式是假的。「並非」這
個詞僅當依附於一個句子時才是有意義的，因而它預設了語
言。因此，假如「p」是初階語言中的一個句子，那麼「並
非 p」就是二階語言中的一個句子。這裡容易發生混淆，因
為「p」在不作文字改變的情況下能夠表達只有在二階語言
中才可能有意義的句子。比如說，假設你誤把鹽當成了糖，
然後你驚呼「這並非糖」。這是一個否定，並且屬於二階語
言。現在你使用一個不同的裝有粉末狀東西的盒子，然後心
情釋然地說「這是糖」。從心理學上說，你是在以一種肯定
的方式回答「這是糖嗎？」這個問題。你事實上是在盡可能
非學究式地說：「『這是糖』這個句子是真的。」因此，你
所意指的東西是某種不能表達在初階語言中的東西，儘管同
一種語詞形式能夠表達初階語言中的一個句子。作為否定的
對立面的斷言屬於二階語言。屬於初階語言中的斷言並沒有

自己的對立面。

正是適用於「並非」的這同一種考慮，通常也適用於「或者」、「但是」和連結詞。連結詞，就像它們的名字所暗示的那樣，把其他語詞連結在一起，因而它們在孤立的情況下沒有意義。它們因而預設了一種語言的存在。同樣的說法也適用於「所有」和「有的」。你僅能或者全部地擁有某種事物，或者部分地擁有某種事物；而且在缺乏其他語詞的情況下，「所有」和「有的」是沒有意義的。這些論點也適用於定冠詞「這個」。

因而，邏輯語詞毫無例外地不出現在初階語言中。事實上，它們全部預設了命題形式：「並非」和連結詞預設了命題，而「所有」、「有的」和「這個」預設了命題函項。

日常語言包含了許多純粹的句法詞，例如：「是」和「比」（than）。它們顯然必須排除在初階語言之外。與我們迄今所考慮的那些詞不一樣，這樣的語詞完全不是必要的，而且它們並不出現在符號邏輯的語言中。我們不說「A 比 B 早」，而說「A 先於 B」；一種邏輯的語言不說「A 是黃的」，而說「黃的（A）」；我們不說「有一些面帶微笑的惡棍」，而說「或者 x 不微笑，或者 x 不是惡棍」的所有的值都是假的是假的。「存在」與「有」，當出現在傳統的形上學中時，是「是」的某些意義的被實體化了的形式。由於「是」不屬於初階語言，「存在」與「有」，如果意味著某種東西，那麼一定是不能直接應用於對象的語言學概念。

　　還有另一類非常重要的語詞，它們至少暫時必須加以排除。這類語詞就是諸如「相信」、「願望」和「懷疑」之類的語詞。當它們出現在一個句子中時，它們的後面全都有一個從句，而這個從句告訴人們被相信的、被願望的或者被懷疑的那種東西是什麼。就我目前所能發現的而言，這樣的語詞總是心理的，並且包含著我稱之為「命題態度」的東西。目前，我僅僅指出，它們在一個重要的方面不同於像「或者」這樣的語詞；而這個重要的方面指的是，它們對於可觀察現象的描述是必需的。假如我想要看這張紙，那麼這是一個我易於觀察的事實；然而，假如要產生某種有意義的東西，「想要」的後面必須有一個從句。這樣的語詞產生了某些問題，而且也許能以某種方式對它們加以分析，以致使它們可以在初階語言中找到自己的位置。但是，由於乍看起來這並非可能的，目前我假定它們應該被排除。我將在以後的一章中致力於討論這個題目。

　　現在，我們可以不太全面地把初階語言或者說對象語言定義為全部由「對象詞」[3]組成的一種語言。這裡所說的對象詞，在邏輯上被定義為單獨地具有意義的語詞，並且在心理學上被定義為不需要事先學會任何其他語詞就可以被學會的語詞。這兩個定義嚴格說來並不等值，而且在它們發生衝突時，邏輯的定義是更可取的。假如允許我們設想我們的知覺能力能夠得到無限的擴展，它們可以變成等值的。事實

66

---

[3]　必須有句法，但是無須透過使用像「是」這樣的句法詞而使其明晰起來。

上，我們不能僅僅透過看而認識一個千面體，但我們容易想像能夠具有這種技藝的存在物。另一方面，任何人的語言知識都應該從對「或者」這個詞的理解開始顯然是不可能的，儘管「或者」一詞的意義並非習自一種形式的定義。因而，除了這種由實際的對象詞所構成的詞集以外，還有一個由可能的對象詞所構成的詞集。對於很多目的而言，由這些實際的和可能的對象詞所構成的詞集比實際的對象詞所構成的詞集更重要。

在日後的生活中，當我們學習一個新詞的意義時，我們通常是透過詞典而學習的；也就是說，我們是透過一種定義來學習的，而這種定義是根據我們已經知道其意義的詞作出的。但是，由於詞典是透過別的語詞來定義語詞的，因而一定存在著某些這樣的語詞，對於它們，我們不是透過文字的定義而知道其意義的。在這些語詞中，有一小部分不屬於初階語言，它們就是「或者」和「並非」。但是這些語詞中的絕大部分屬於初階語言，而且我們現在必須考慮關於這些語詞的意義的學習過程。詞典詞可以被忽略，因為從理論上說它們是多餘的。這是由於，不管它們出現在什麼地方，它們都可以被它們的定義所代替。

在學習一個對象詞的過程中，有四件事情要加以考慮：在對象出現時對被聽到的那個詞的理解，在對象沒有出現時對它的理解，在對象出現時說這個詞，在對象沒有出現時說這個詞。大致說來，這就是兒童獲得這四種能力的順序。

　　可以用行為主義的方式或者根據個體心理學，來界定對一個聽到的詞的理解。當我們說一條狗理解一個詞時，我們有權利去意味的一切東西就是：當牠聽到這個詞時，牠會以適當的方式去行動；我們不知道牠所「想」的東西是什麼。

67 比如，考慮一下教一條狗去了解牠的名稱的過程。這個過程由叫牠、當牠過來時獎賞牠，以及當牠不來時懲罰牠這樣的幾個環節所組成。我們可以想像，對於這條狗來說，它的名字意味著：「要麼由於我來到了主人面前我將得到獎賞，要麼由於不來到主人面前我將受到懲罰。」哪一種選擇被認為具有更大的可能性，將由牠的尾巴來表示。既然如此，聯想就是一種愉悅—痛苦的聯想，而且祈使語氣因而就是牠最易理解的東西。但是，牠能夠理解一個陳述句，只要其內容具有足夠的情感意義。比如：「晚餐！」這個句子。此句子意味著「你現在即將接收你所想要的食物」，而且牠也被理解為具有這樣的意思。當我說這被理解時，我的意思是說，當這條狗聽到這個詞時，牠的行為非常類似於當你手中有一盤食物時牠會做出的那種行為。我們說這條狗「知道」這個詞，但是我們應該說的是，這個詞產生了某種行為，且這種行為類似於當看到或聞到一頓無法得到的晚餐時將會產生的那種行為。

　　只有當對象出現時頻繁地聽到一個對象詞被人說出來，人們才能學會該詞的意義。語詞與對象之間的聯想恰好類似任何其他的習慣聯想，比如說發生在視覺和觸覺之間的聯想。當這種聯想既被建立時，對象就會使人想起語詞，而

且語詞會使人想起對象，這正像一個被看見的對象使人想起觸覺，以及黑暗中一個被觸到的對象使人想起視覺一樣。聯想與習慣並非專門和語言有關，它們通常也是心理學和生理學的特徵。當然，如何解釋它們是一個困難的且有爭議的問題。但是它並非一個專門涉及語言理論的問題。

一旦一個對象詞與它所意指的東西之間的聯想被建立起來，這個詞就在對象未出現的情況下「被理解」了。這也就是說，完全是在視覺和觸覺相互暗示的意義上，它使人聯想到了這個對象。

假設你和一個人在一起時，他突然說「狐狸」，因為他看見了狐狸；而且假設，儘管你聽到了他，但你並沒有看見 68 這隻狐狸。當你理解了「狐狸」這個詞時，對你來說實際發生了什麼呢？你會環視左右。但是，假如他說的是「狼」或者「斑馬」，你也會這麼做。你可能擁有關於一隻狐狸的意象。但是從觀察者的立場來看，可以表明你理解了這個詞的意義的東西，是你（適度地）做出某種行為，而且這種行為就像當你自己看到狐狸時你將做出的那種行為一樣。

一般說來，當你聽到一個你所理解的對象詞時，你的行為在某種程度上就是對象自身所引起的行為。這種情況可能因為通常的條件反射規則而無須任何精神的媒介就可以出現，因為該詞已經與那個對象之間獲得了一種思想上的連繫。早晨，你可能被告知「早餐好了」，或者你可能聞到燻肉的味道。二者可能會對你的行為產生同一種影響。味道和燻肉之間的聯想是「自然的」，也就是說，它並非任何一種

人的行為的結果。但是「早餐」和早餐之間的聯想是一個社會性的事件，並且僅僅對於說英語的人才存在。然而，僅當我們思考作為一個整體的社群時，這才是有意義的。每個兒童像學習走路一樣地去學習他的父母的語言。語詞和事物之間的某些聯想是透過日常經驗在它身上產生的；而且正像雞蛋或者火柴的特性一樣，這些聯想也擁有自然法則的外觀。事實上，只要這個兒童未被帶到陌生的國度，它們就完全處在同一水準上。

　　只有某些語詞是透過這種方式被學習的。任何人都不是透過聽到「耽擱」這個詞在某人延誤事情的那些場合頻繁地被人說出而學會它的。透過直接聯想語詞所意指的東西，我們不僅學會了我們所知道的那些人的專有名稱，像「人」和「狗」這樣的類名稱，像「黃的」、「硬的」和「甜的」這樣的可感性質的名稱，以及像「走」、「跑」、「吃」和「喝」這樣的行為的名稱，還學會了類似「向上」和「向下」、「在……裡面」和「在……外面」、「在……前」和「在……後」，甚至是「快的」和「慢的」這樣的語詞。但是我們並不以這種方式學習類似「十二面體」這樣的複雜語詞，或者類似「並非」、「或者」、「這個」、「所有」和「有的」這樣的邏輯語詞。就像我們已經看到的那樣，邏輯語詞預設了語言；事實上，它們預設了我們在前面的一章中所說的「原子形式」的東西。這樣的語詞是非初階的語言中的語詞；而且在考慮與非語言現象最密切相關的那些說話方式時，應該細心地將其從中排除出去。

何種類型的簡單性使得對一個語詞的理解代表著對一種對象語言的理解呢？因為可以觀察到，一個句子可以在對象語言中被說出，而在更高階的語言中被理解，或者是反過來。假如在沒有兔子出現時你透過說出「兔子！」而使一條狗興奮，那麼你的話由於不是由兔子引起的，因而屬於一種高階語言。但是，這條狗對它的理解則屬於對象語言。一個聽到的詞屬於對象語言，當它引起一種與該詞所意指的東西相一致的反應時。假如有人說：「聽，聽，雲雀！」你可以聽，或者你可以說「在天堂的門口唱歌」；在前一種情況下，你聽到的東西屬於對象語言，而在後一種情況下則不是。每當你懷疑或拒絕你被告知的東西時，你的聽不屬於對象語言；因為在這樣的情況下，你是在語詞中逗留，而在對象語言中，這些詞是透明的，即它們對你的行為的影響僅僅依賴於它們所意指的東西，並且在一定程度上等同於它們所稱呼的東西出現於感覺中時所產生的影響。

在學習說話時，有兩種因素：首先是肌肉的敏捷，其次是在適當的場合使用一個語詞的習慣。我們可以忽略肌肉的敏捷，它是鸚鵡也可以習得的。兒童自發地發出許多清晰的聲音，而且有一種模仿成年人聲音的衝動。當他們發出一種成年人認為與環境相符合的聲音時，他們發現結果是令人愉快的。因而，透過在訓練演出動物時所使用的那種常見的愉悅—痛苦機制，兒童及時學會了發出一些與以可感的方式出現的對象相符合的聲音，然後，他們幾乎立即學會了在想要70 這些對象時使用同樣的聲音。一旦這種情況既已發生，他們

就擁有了一種對象語言：對象使人想到對象的名稱，對象的名稱使人想到對象；而且不僅這些對象的出現可以使人想到它們的名字，對對象的思考也可以使人想到它們的名字。

現在我離開對象語言的學習，來看看對象語言在被學會時所具有的特徵。

就像我們已經看到的那樣，我們可以將語詞分為三類：(1)對象詞。我們是透過直接獲得存在於語詞和事物之間的聯想而學會它們的意義的。(2)命題詞。這些詞不屬於對象語言。(3)詞典詞。我們是透過文字的定義而學會其意義的。(1)和(3)之間的區分，極其明顯地是因人而異的。「五角星」[4]對絕大多數人來說都是一個詞典詞，而對生活在飾有五角星的屋子裡的兒童來說，它也許是一個對象詞。「萬字飾」[5]以前是一個詞典詞，而現在不是了。然而，重要的是要注意到，一定有一些對象詞，因為要不然，詞典上的定義就不可能傳達任何東西。

現在讓我們來考慮一下，單有對象詞能在語言方面做多少事情。為了這個目的，我將假定被考慮的那個人擁有一切可能的機會習得對象詞，他看過埃佛勒斯峰和潑帕卡塔派特峰[6]、蟒蛇以及美西螈[7]，他認識蔣介石和史達林，他嚐過燕窩和

---

[4]　「五角星」指的是一種象徵魔力和神秘的符號。——譯注

[5]　萬字飾，相傳為象徵太陽、吉祥等的標誌。——譯注

[6]　埃佛勒斯峰（Everest）即珠穆朗瑪峰，潑帕卡塔派特峰（Popacatapetl）是位於墨西哥境內的一座山峰。——譯注

[7]　美西螈是一種動物的名稱。——譯注

魚翅。總之，他對這個可感世界擁有一種廣泛的經驗。但是，他由於過分忙於看這個世界，而無暇學習「並非」、「或者」和「有的」等等這類語詞的用法。假如你對他說：「有你並未曾訪問過的國家嗎？」他將不懂你的意思。問題是：這樣的人將知道什麼，又將不知道什麼？

我們能說「他將知道透過單純的觀察所能知道的一切東西，但是他不知道任何需要推論的東西」嗎？讓我們首先轉換我們的問題，而且不要問他能知道什麼，而要問：他能用語詞表達什麼？

首先，假如他能把每一個可觀察的事實都用語詞表達出來，那麼他必須擁有與事實同樣多的語詞。現在，有些語詞本身就是事實，因此他的語詞的數目必定是無限的。這種情況是不可能的；因此，存在一些他沒有表達的事實。這種情 71 況類似於羅伊斯的那個瓶子：這個瓶子上有一個標籤，在標籤上有一幅關於這個瓶子的圖畫，而圖畫中的這個瓶子當然又包含一幅關於這個標籤的圖畫。

但是，儘管他必須遺漏某些可觀察的事實，卻並不存在這樣的某種可觀察事實，關於該事實我們可以說「他必須將它遺漏」。他的處境類似於一個希望把三套衣服塞到一個僅能容納兩套衣服的衣箱裡的人。這個人必須丟掉一套衣服，但是並不存在一套他必須丟棄的衣服。因此我們將假設，我們那位多次外出旅行的朋友，看到一個叫湯姆的人，並且毫無困難地說：「我看見了湯姆。」這句話本身就是一個可觀察的事實，因此他說：「我說我看見了湯姆。」而這又是一

個可觀察的事實，因此他說：「我說我說我看見了湯姆。」
並不存在一個明確的點，在這個點上他必須打斷這個序列。
但是他必須在某處打斷它；而且在那裡，存在一個他未用語
詞表達的一個可觀察事實。因而，情況似乎是這樣的：一個
凡人似乎不可能把語詞表達式給予每一個可觀察的事實；但
是儘管如此，一個凡人還是可以把語詞表達式給予每一個可
觀察的事實。這並不矛盾。

　　因而我們有兩種不同的全體需要加以考慮：首先，由這
個人的實際的陳述所構成的全體；其次，他的實際陳述必須
從中挑出的那些可能的陳述所構成的全體。但是，一個「可
能的」陳述是什麼？就像雷雨或者鐵路事故一樣，陳述是物
理現象。然而，至少小說家或者詩人能夠描述一場從未發生
過的雷雨。但是，描述一個沒有作出的陳述是困難的。在描
述一場政治演說時，你可以評論說：「某位先生所沒有說的
話是……」，然後你接著作出一個陳述。換句話說，為了說
一個陳述未被作出，我們不得不作出這個陳述，除非在那些
罕見的擁有《加冕誓言》這類名稱的陳述的實例中。

　　然而，存在一些避免這種困難的方式，其中最好的那種
方式應歸於哥德爾。我們假定有一種完全形式化的語言，它
有完全明確的詞彙和句法。我們把數字分配給詞彙表中的那
些詞，進而根據算術規則，分配給這種語言中所有可能的句
子。假如就像我們正在假定的那樣，初始詞彙是有限的，但 72
句子的長度並不存在一個限度（除非它們必須是有限的），
那麼可能的句子的數目將等同於有窮整數的數目。因此，假

如 n 是某個有窮整數,那麼就存在一個確定的句子,即第 n 個句子,而且在給定 n 的情況下,我們的規則使我們能夠把它構造出來。我們現在可以作出所有種類的關於 A 先生的陳述的陳述,而無須實際作出他的陳述。我們可以說:「A 先生從未作出其數字可以被13除盡的陳述」或者「A 先生的所有陳述的數字都是素數」。

但是依然存在一些困難,這類困難為有窮論者所強調。我們習慣於認為整個自然數序列在某種意義上是給定的,而且我們已經利用這種觀念把明確性給予關於可能陳述的理論。但是人們從未提到或想到的那些數字又如何呢?除了作為出現在陳述中的某種東西以外,數字是什麼呢?而且假如這樣的話,一個從未被人提起的數字包含了一個可能的陳述,而這個陳述不可能在不產生循環的情況下透過這個數字被定義。

這個問題目前不可能加以研究,因為它會使我們深陷於邏輯語言這個題目中。讓我們來看看,如果不考慮這些邏輯要點,關於一種只包含對象詞的語言的這些可能性,我們是否可以更加明確一些。

就像我們看到的那樣,一定數量的動詞,比如「跑」、「吃」、「喊」,甚至某些介詞,比如「在……裡面」、「在……之上」、「在……前面」,都是對象詞。對於對象詞來說,一切必要的東西就是存在於一組現象之間的某種類似性。為了在這組現象的實例和代表該組的那個詞的實例之間建立一種聯想,這種類似性必須是足以引人注目

的。這裡，建立聯想的方法則在於：在某段時間中，當這組現象的成員被看到時，那個詞頻繁地被聽到。顯然，以這種方式能學會什麼，取決於心理的能力與興趣。在吃這種行為的不同實例之間所具有的類似性可能引起兒童的注意，因為吃是有趣的。但是為了以這種方式學習「十二邊形」這個詞的意義，一個兒童需要很小就具備一種超過巴斯卡的幾何學興趣以及一種超人的感知格式塔的能力。然而，這樣的天資從邏輯上說不是沒有可能的。但是，關於「或者」又如何呢？你不能在可感世界中指出「或者」的一些例子給兒童看。你可以說：「你有布丁或者餡餅嗎？」但是假如這個兒童回答說是的，你無法找到一種叫「布丁—或者—餡餅」的食物。不過，「或者」這個詞依然同經驗之間具有一種關係。它與關於選擇的經驗之間有關係。但是在選擇時，在我們的面前有兩種可能的行為方針，即關於行為方針的兩種實際的思想。這些思想可能並不包含明確的句子，但是如果我們設想它們是明確的，在基本的方面也不會出現任何變化。因而，作為一種經驗的成分，「或者」預設了句子，或者說預設了某種精神的東西，這種精神的東西以一種類似的方式與某個其他事實相關聯。當我們說「這個或者那個」時，我們並不是在說某種可以直接應用到一個對象上的東西，但是它陳述了說出「這個」和說出「那個」之間的一種關係。我們的陳述是關於某些陳述的，而且只是間接關於對象的。

　　讓我們以類似的方式來考慮一下否定的命題。否定的命題似乎與經驗之間具有一種直接的關係。設想你被告知：

「櫥櫃裡有黃油，但沒有乳酪。」儘管它們好像同樣是以櫥櫃中的可感經驗為基礎的，但是「有黃油」和「沒有乳酪」這兩個陳述其實處在不同的層次上。存在一種確定的現象，即看到了黃油，而且它可能已經使「黃油」這個詞進入了你的心靈，即便你還未想到黃油。但是不存在某種可以被描述為「沒看到乳酪」或者「看到了乳酪的缺乏」的現象。[8]你必須看了櫥櫃中的每一個事物，並在每看一個事物時都作出判斷：「這不是乳酪。」你判斷了這種情況，即你並未看到它。你看到每一個事物是其所是，而非是其所非。為了判斷「這不是乳酪」，你必須在你的頭腦裡已經擁有語詞「乳酪」或者某種等價的東西。由於在你所看到的東西和對語詞「乳酪」的聯想之間存在著衝突，所以你判斷「這不是 74 乳酪」。當然，同樣的事情也可能發生於一個肯定判斷，假如它回答了先前的一個問題；比如，你然後說：「是的，這是乳酪。」這裡，你的意思實際上是：「『這是乳酪』這個陳述是真的」；而當你說「這不是乳酪」時，你的意思是「『這是乳酪』這個陳述是假的」。在兩種情況下，你都在談論一個陳述；而在直接的知覺判斷中，你並沒有做這件事。因此，只理解對象詞的那個人將能夠告訴你在櫥櫃中的一切東西，但是他將不能推斷沒有乳酪。而且，他將沒有真或假的概念。他能夠說「這是黃油」，但不能說「這是黃油這種情況是真的」。

---

8　這個題目將在以後的一章中再次得到討論，而且上述所言將立即得到深入展開，並被用來提防一種過分拘泥於字面的解釋。

同一種考慮適用於「所有」和「有的」。假設我們的非哲學的觀察者前往威爾士的一個小村子，而且在這個村子裡，每個人都叫威廉姆斯。他將發現，A 叫威廉姆斯，B 叫威廉姆斯……等等。事實上，他可能已經發現這個村子裡的每個人都叫威廉姆斯。但是，他不能知道他已經發現了這一點。為了知道這一點，他就不得不說：「A、B、C 是這個村子的所有人。」但是，這就類似於知道「櫥櫃裡沒有乳酪」。這意味著知道：「這個村子中沒有任何人既不是 A，也不是 B，也不是 C，也不是……」這顯然不是透過知覺被知道的。

「有的」的情況更是有點不太明顯。[9]在上述情況中，我們的朋友將不會知道「這個村子裡有的人叫做威廉姆斯」嗎？我想是的。這類似於「布丁－或者－餡餅」。從知覺的立場來看，他們當中誰都不是「有的人」；他們就是他們所是的那些人。只有透過語言的迂迴，我們才能理解「有的人」。每當我們作出一個關於一個集體中的有的人的陳述時，在我們的頭腦裡就存在著一些可供選擇的可能性。在每一種具體情況下，這個陳述可能是真的或假的；而且我們斷言，在有的情況下它是真的，但在所有情況下也許不是真的。在不引入真和假的情況下，我們不能表達這些可供選擇的東西；而且，就如我們所看到的那樣，真和假是語言學的術語。因此，一種純粹的對象語言不可能包含「有的」這個 75

---

9　這個題目將在以後的一章中再次加以討論。

詞，正如它不能包含「所有」這個詞一樣。

　　我們發現，與高階語言不一樣，對象語言無論在哪種意義上都不包含「眞的」和「假的」這些詞。在語言的下一階段，我們不僅能夠說出對象語言，還能談論對象語言。在這第二種類型的語言中，我們能夠定義第一種類型中的一個句子是眞的這種說法的意思是什麼。它的意思是：這個句子必須意指能夠在知覺材料中被注意到的某種東西。假如你看到了一條狗，並說「狗」，那麼你作出了一個眞的陳述。假如你在狗窩裡看到了一條狗，並說「狗窩裡的狗」，那麼你也作出了一個眞的陳述。這些句子無須動詞，而且它們可以由單個的詞組成。

　　在語言方面似乎令人迷惑的一件事情是，在日常話語中句子是眞的或者假的，但是單個的詞既不眞也不假。在對象語言中，這種區分就不存在了。這種語言中每一個單個的詞都能夠單獨出現；而且當它們單獨出現時，它們意味著自身能夠應用於當前的知覺材料。在這種語言中，當你說「狗」時，假如牠是一隻你正在看的狼，那麼你的陳述是假的。日常話語並沒有被分成不同類型的語言；因而在日常話語中，在「狗」這個詞獨自出現時，你不能知道牠是被用作對象語言中的一個詞，還是以一種語言學的方式被使用的。這裡所謂的語言學方式，就是當我們說「那不是一條狗」時使用語言的那種方式。顯然，當「狗」這個詞既可以用來否定狗的出現，也可以用來肯定它的出現時，單個的語詞就失去了其全部的肯定性力量。但是在所有其他語言都以其為基礎的對

象語言中，每一個單個的詞都是一個斷言。

現在讓我們重新陳述關於對象語言的整個問題。

一個對象詞就是一個由類似的聲音或表達所構成的類，人們習慣上將這些聲音或表達與一個由相互類似的現象所構成的類連繫在一塊，而且這些相互類似的現象經常與所說的一次聲音或表達同時被人經驗到。換句話說：假設 $A_1$、$A_2$、$A_3$……是一組類似的現象，$a_1$、$a_2$、$a_3$……是一組類似的聲音或表達，並且假設當 $A_1$ 出現時你聽到了聲音 $a_1$，當 $A_2$ 出現時你聽到了聲音 $a_2$……等等；那麼當這種情況發生多次之後，你注意到一個現象 $A_n$，它類似於 $A_1$、$A_2$、$A_3$……；而且透過聯想，它導致你說出或想像一個聲音 $a_n$，此聲音類似於 $a_1$、$a_2$、$a_3$……。現在假如 A 是一個由相互類似的現象所組成的類，而 $A_1$、$A_2$、$A_3$……$A_n$ 是它的分子，並且假設 a 是一個由相互類似的聲音或表達所構成的類，而 $a_1$、$a_2$、$a_3$……$a_n$ 是它的分子，那麼我們可以說，a 是一個詞，並且它是類 A 的名稱或者說「意指」類 A。這或多或少是模糊的，因為可能存在著幾個類，並且它們都滿足上述關於 A 和 a 的條件。學習對象語言的孩子應用穆勒的歸納法，並逐漸修正他的錯誤。假如他知道一條被人稱作「凱撒」的狗，他可能認為這個詞應用於所有的狗。另一方面，假如他知道一條他稱作「凱撒」的狗，他可能不會把這個詞應用於任何別的狗。幸運的是，許多現象都與自然種類相一致。在絕大多數兒童的生活中，任何看起來像貓的東西就是貓，任何看起來像一個人的母親的東西就是一個人的母

親。要不是由於這點運氣，學習說話將是非常困難的。假如溫度使得絕大多數物質都變成了氣體，它在實踐上就是不可能的。

現在假如在某種情況下你不得不說「貓」，那是因為——只要你被限定在對象語言的範圍內——環境中的某個特徵讓人聯想到「貓」這個詞；這必然意味著這個特徵類似於引起這種聯想的先前的那些貓。它類似於它們的程度可能並不足以讓動物學家滿意；這個動物可能是一隻山貓，或者一隻豹仔。直到你已經看過許多不是貓但看起來像貓的動物，並且已經看過許多是貓但看起來不像貓的其他動物之後，在詞和對象之間的這種聯想才是「正確的」。但是，「正確的」這個詞在這裡是一個社會性的語詞，它指稱正確的行為。一旦某些事物讓你聯想到「貓」這個詞，並且其他事物沒有讓你產生這種聯想時，你就擁有了一種語言，儘管它可能不是正確的英語。

從理論上說，如果有充分的能力，我們就能夠在對象語言中表達每一種非語言的現象。事實上，我們能夠觀察到相當複雜的現象，比如「當約翰正把馬套上兩輪馬車時，這頭公牛衝了出來，而我跑開了」，或者「當帷幕降落時，有人驚呼『著火啦！』人們四處逃散」。這類事情可以在對象語言中被說出，儘管它將不得不被譯成一種不純粹的英語。諸如願望、信念和懷疑之類的可觀察事實是否可能在對象語言中得以表達，是一個困難的問題，我將在以後的一章中詳加討論。確定的東西是，對象語言不包含「真的」和「假的」

這些詞，或者像「並非」、「或者」、「有的」和「所有」
這類邏輯語詞。邏輯語詞將是我下一章的主題。

**5.**

邏輯語詞

在本章中，我想考慮某些出現在二階語言和所有高階語言，但並不出現在對象語言中的語詞。所說的這些語詞具有邏輯的特徵。我尤其要考慮「真的」、「假的」、「並非」、「或者」和「所有」這幾個語詞。我們從邏輯學中得知，這些詞項不可能全都被定義，但是根據哪些詞項來定義另外哪些詞項，在很大程度上是一個選擇的問題。由於我們的問題屬於知識論問題，所以相比較而言，我們更多地關心我們由之認識到這些詞項在其中出現的那些命題的方式，而較少關心這些詞項的定義。

讓我們從「真的」、「假的」和「並非」開始。沒有必要同時擁有「假的」和「並非」這兩個詞，因為假如 $p$ 是一個命題，「$p$ 是假的」和「並非 $p$」嚴格說來是同義的。在實踐上，二者的差別只是各自強調的重點有所不同。假如你對對象感興趣，你會說「並非 $p$」；但是假如你對陳述感興趣，你會說「$p$ 是假的」。假如你想要酥油，並且向櫥櫃裡看了看，並且發現了奶油乾酪，你將會說「這不是酥油」。但是假如牛奶房的人要出售一種標有「酥油」的物質，你發現這種東西是人造黃油，那麼你就會說「你說這是酥油，但那是假的」，因為與他提供的貨品相比，你更感興趣於他的不道德。然而，這些修辭學方面的要旨與我們無關，而且我們可以安全地把「假的」和「並非」當作同義詞。

在二階語言中，我們關心對象語言中的語詞；它們並非僅僅作為某些聲音或身體的運動（因為就此而言它們屬於對象語言），而且是作為擁有意義的語詞。也就是說，我們

一方面關心對象語詞和對象語句之間的關係，另一方面關心它們所稱呼或斷言的東西。「語詞」不可能出現在對象語言中，但「對象語詞」可以出現在二階語言中。假定邏輯語 79 詞出現在二階語言中，「邏輯語詞」將首先出現在三階語言中。假如「三階語詞」被定義為出現在三階語言，但並不出現在初階語言或二階語言中的語詞，那麼「三階語詞」就屬於四階語言；如此等等。可以理解，每一種語言都包含所有相對低階的語言。「語詞」自身所屬的階是模糊的，因此它沒有確定的意義；假如記不住這一點，就容易出現矛盾。比如說，以關於「異系性的」（heterological）這個詞的矛盾為例。當一個述詞不能用來斷言自身時，它就是「異系性的」。因此，「長的」是異系性的，因為它不是一個長的語詞；但是「短的」是同系性的（homological）。[1]「我們現在問：「異系性的」是異系性的嗎？無論是肯定的還是否定的回答，都將導致矛盾。為了避免這樣的自相矛盾，語言的分層是必要的。

　　「真的」和「假的」這兩個語詞，正如我們在本章中將要考慮的那樣，將只應用於初階語言中的語句。

　　與在哲學中的情形相反，在實踐中，我們只把「真的」和「假的」這兩個詞用於在我們擁有證據以便能夠確定可以應用其中的哪一個之前就已聽過、讀過或思考過的那些

---

1　「德語」、「有學問的」和「美麗的」都是異系性的，而「英語」、「並非無知的」和「醜陋的」都是同系性的。

陳述。有人告訴我們,馬恩島的貓沒有尾巴;但是由於他先前告訴你,馬恩島的人有三條腿,所以你不相信他。當他把他的馬恩島貓帶給你看時,你驚呼:「原來你說的是真的!」有一次,報紙說我去世了。但是經過仔細核對證據,我得出結論:這個報導是假的。當這個報導首先出現,並且證據隨後出現時,就存在一個被稱之為「證實」的過程,這個過程包含了報導與證據的比較。就初階語言中的陳述而言,證據必定是由一個可感經驗或一組這樣的經驗組成的。

80　我們已經考慮過描述經驗的語句。一般說來,證實的過程可以表述如下:首先你聽到、讀到或思考一個句子 S,然後你有一個經驗 E,再然後你又發現 S 是一個描述 E 的句子。假使如此,你會說 S 是「真的」。我並不認為這是「真的」這個詞的一個定義,但是它描述了你由之認識到該詞可以應用於特定的初階語言中的語句的過程。「假的」這個語詞要困難得多。但是在考慮這個詞之前,關於「真的」這個詞還有一些其他事情要說。

　　首先,「真的」這個詞可以應用於一次語句的說出、一個語句或者一個命題。作為同一個語句之實例的兩次語句的說出,或者作為同一個命題之實例的兩個語句,要麼都是真的,要麼都是假的。因此,在決定真或假時,只有命題才是相關的。

　　其次,一個句子或命題,當它與一個經驗擁有某種關係時,就被知道是「真的」。就「證實」而言,句子首先出現,經驗隨後而來,但從邏輯上說這是不重要的。假如經驗

首先出現，它就同樣證明了這個句子是真的，只要這個句子「描述」了該經驗。我們已經考慮過「描述」這個詞的意義是什麼；關於它，我眼下不再多說。

再次，並非初階語言中的所有句子都能正確地被說成描述了一個單個的經驗。假如你發現了某種事物，並說「那是一條狗」，那麼你就超出了當下所能看到的東西。一條狗有過去和未來，牠有聽覺的和嗅覺的特徵……等等。所有這些都由「狗」這個詞所暗示，該詞是許多歸納的一個壓縮。幸運的是，動物合於自然種類。假如你的狗接下來像貓一樣咪咪地叫，並且產出了一窩小狗與小貓的混合動物，你就用錯語詞了。把鹽錯當成糖的人也在以類似的方式作出歸納：「看起來像這個事物的東西嚐起來是甜的。」既然如此，這個歸納就是假的。假如他只是說「這是白的」，他就不會出錯。甚至假如他說「這是灰的」，因為他用「灰的」來指其他人用「白的」所意指的東西，那麼他也並非在犯一個知識上的錯誤，而只是在以一種不尋常的方式使用語言。只要一個人避免使用作為被壓縮了的歸納的語詞，並且把他自己限於能夠描述單個經驗的語詞上，那麼一個單個的經驗就有可能表明他的語詞是真的。 81

當我說類似「狗」這樣的語詞體現了被壓縮的歸納時，我並不是指這樣的歸納是有意識的或者說故意的。某些情況向你暗示著「狗」這個詞，而且這些情況和這個詞都喚起了某些期待。當你說出「那是一條狗」時，隨後的事件也許會讓你吃驚。但是當你說出「那是白的」時，在你的陳述

中，沒有什麼東西能給你提供根據使你對隨後發生的事情感到驚訝，或者使你設想在你說你所看到的東西是白的時你就是在出錯。只要你的語詞僅僅描述了當前的經驗，唯一可能的錯誤只是語言學意義上的，而且這些錯誤僅僅包含著被社會所認定的錯誤的行為，而不是假。

現在我來探討假和否定，它們都帶來了一些相當困難的問題。

我們已經證明，當你做一件邏輯學家稱之為「斷言並非 $p$」的事時，你就是在說「$p$ 是假的」。我眼下關心的問題是：經驗如何能向你表明一個命題是假的？讓我們舉一些非常簡單的否定為例，比如「這不是白的」。我們將假設，你是在和洗衣店的人討論的過程中這麼說的。「這是白的」這個短語在你的心裡，這在你的眼前，而「這是灰的」是一個描述你的經驗的語句。但「這不是白的」並不是描述你所看到的東西的句子。然而，根據你所看到的東西，你肯定它是真的；換句話說，「這是白的」是假的。也許有人會認為：你知道「灰的事物不是白的」這個一般命題，而由此命題出發，再加上「這是灰的」，你推斷出「這不是白的」；或者也許有人會說：你可以把「白的」這個詞與你所看見的東西進行比較，並且感到了一種不相容。在這兩種看法中，每一種都有困難。

82　　先讓我們弄清一個邏輯學的要點。從全都不包含「並非」這個詞或「假的」這個詞（或某種與其意義相當的詞）的某些前提出發，在邏輯上不可能推論出任何包含該詞的命

題。因此，假如存在否定的經驗命題，那麼在基本命題中，一定要麼存在著純粹否定命題，比如「這不是白的」，要麼存在著「$p$ 蘊涵並非 $q$」這種形式的蘊涵式，比如「假如這是灰的，那麼它不是白的」。邏輯學不承認第三種可能性。

我們當然知道（儘管難以說明我們是如何知道的），兩種不同的顏色不可能存在於一個視野內的同一個地點。視野內的位置是絕對的，而且它可以根據它和視野的中心點的關係，並透過我們可以稱之為 $\theta$ 和 $\varphi$ 的兩個角座標而得到定義。我是在說，我們知道如下這個命題：「在一個特定的時間和一個特定的視野內，假如顏色 A 處於 $\theta$ 和 $\varphi$ 的位置，那麼並不存在一種其他顏色 B 處於這個位置」。更簡單地說：「這是紅的」和「這是藍的」是不相容的。

這種不相容不是邏輯的。就像紅與圓一樣，紅與藍在邏輯上也是不相容的。這種不相容性也並非來自經驗的概括。我並不認為我能證明它不是來自經驗的概括，但是我認為這是相當明顯的，以至於現在沒有人會否認。有些人說這種不相容是語法上的。我並不否定這種說法，但我不確定這種說法意味著什麼。

還有其他一些成組的可感的性質，它們也具有顏色所具有的同一種不相容性。觸到腳趾的感覺具有一種性質，這種性質能使我們將此感覺歸於腳趾；觸到胳膊的感覺也具有一種性質，這種性質同樣能使我們將此感覺歸於胳膊。這兩種性質是不相容的。類似地，「熱的」和「冷的」、「硬的」和「軟的」以及「甜的」和「酸的」，當應用於可感的經驗

時，都是不相容的。在所有這些情況下，我們都「看見」了
這種不相容性。既然情況如此，就需要作一些思考，來認清
諸如「白的」和「黑的」之間所存在的那種不相容性並不是
邏輯的。

假如我們認為不相容性存在於基本命題之間，我們就
得假設我們知道這種形式的一般基本命題：「對於 $x$ 的所有
83 可能的值來說，$\phi x$ 蘊涵並非 $\psi x$」。這裡的「$\phi x$」可以是
「$x$ 是藍的」，而「$\psi x$」可以是「$x$ 是紅的」。既然如此，
給定了知覺判斷「這是藍的」，我們就能推斷「這不是紅
的」。因此我們獲得了一個否定的經驗命題，然而這是藉助
於一個非經驗的一般命題而得到的。

這並不是一種非常合理的或者說令人滿意的理論；相
反，我們可以說，每當我們感知到「這是藍的」時，我們就
能知道「這不是紅的」這個基本命題。但是，我不能肯定這
會對我們有很多的幫助。因為我們必須要問：我們是怎麼知
道我們能夠知道這一點的？它幾乎不像是一個歸納；它也不
可能是一個邏輯的推論。因此我們不得不接受一個甚至比前
者更複雜的基本命題，即「不論何人，如果看見了紅色，並
自問『這是藍的嗎』，都知道答案是『不是的』」。

我將會回過頭來討論這個與基本命題有關的問題。眼
下，我將不去解決它。

現在我來討論「或者」這個詞，而且我又要關心在其中
我們知道包含該詞的命題，卻又並不知道何種選擇是正確的
選擇的情形。

就像我們已經看到的那樣，在實踐中，析取以選擇的形式出現。你看到一個寫有「去往牛津」的路標，並且現在你走到了一個沒有路標的岔路口。那麼你就會相信這個命題，即「去牛津或者是沿著右邊的路走，或者是沿著左邊的路走」。正是在這類情況下，析取才會在實踐中出現。

顯然，析取並未「揭示」非語言的或者說非心理的世界中的任何東西。假設去往牛津事實上就是沿著右邊的路走：這並不是某種語詞的東西，而是一個地理學的事實，而且假如你往右邊走，你就會到達那裡。假如事實上牛津是在去往左邊的路上，情況也一樣。並不存在叫做「右邊─或者─左邊」的第三個可能的地點。事實就是事實，不存在含糊之處。假如一個析取「$p$ 或者 $q$」是真的，那麼它之所以是真的，是因為$p$是真的，或者是因為$q$是真的。假如$p$和$q$都屬於初階語言，那麼「$p$ 或者 $q$」是透過$p$所「表達」的事實或者透過$q$所「表達」的事實而成為真的。因此，「或者」居住於命題的世界中；而且，它也不能構成任何語言的 84 一部分，假如在這種語言中，就像在初階語言中一樣，每個詞都直接與作為自己的意義的一個對象或一組對象相關聯。

從心理學上說，「或者」對應於一種猶豫的狀態。狗在岔路口會等待，以期弄明白你會往哪一條路上走。假如你把麵包屑放在窗臺上，你將發現小鳥會以下述語句所表達的方式做出它們的行動：「我應該冒險行動呢，還是要忍饑挨餓呢？」為了檢驗關於布里丹的驢子的故事，我曾經把一隻貓放在它的兩隻幼仔的正中間，而兩隻幼仔都因為太小而無力

走動：有一陣子，牠發現析取使自己無法行動。我認為，處
於猶豫狀態中的動物，儘管並不使用語詞，但仍然擁有某種
或多或少類似於「命題態度」的東西；而且我認為，對「或
者」這個詞所作的任何有效的心理學解釋，經過適當的修改
之後，都必須能夠應用於任何一種帶有猶豫的行為。

　　當我們感到兩種不相容的衝動，而且二者之中沒有一種
足夠強烈以致能壓倒另一種時，猶豫就產生了。

　　　你躲過了一隻熊，
　　　但是如果你身後是波濤洶湧的大海，
　　　你就只好硬著頭皮朝著這隻熊走過去。

但是，假如大海的波濤不是非常巨大，你也許就會完全弄不
清哪一種情況更糟糕。人們也許會說，你會在你的身體內
部，而非僅僅在你的心靈裡，擁有一種析取。

　　要記住，我們認為所有言語本質上都是祈使性的；也就
是說，人們設計它們，是要它們在聽者身上產生某種行為。
動物可以經驗到析取的狀態；例如：當獵區的老虎被獵人包
圍時就會擁有這種經驗。在同樣的意義上，當「後面的人喊
『向前』，而前面的人喊『向後』」時，在處於中間位置的
那些人身上所產生的結果就是析取。確實不需要站在週邊的
人去喊「向前」或者「向後」。你自己就能夠同時擁有這兩
種自發的衝動；而且，假如你要使用語詞的話，這些衝動將
會暗示你想起這兩個詞。那麼，你就會擁有一種真正意義上

的語詞的析取。無生命的事物，當遭遇兩種同時發出的力量時，會依據平行四邊形原理選擇一條中間路線。但是動物極 85 少這樣做。在岔路口，任何一個汽車駕駛員都不會穿行中間地帶。對汽車駕駛員來說，要麼是一種衝動占據支配地位，要麼是不做出行動；對於其他動物來說，情況也是如此。但是，這種不行動完全不同於一個處於靜止狀態的動物的不行動：它包含了一種衝突、張力和不適；它不是真正意義上的不行動，而是在尋找達到決斷的某種方式。

一個析取是優柔寡斷這種心理狀態的語詞表達；或者，假如這個析取不是優柔寡斷，而是一個問題的話，它就是想達到決斷的一種願望。

因而，當某人斷言「p 或者 q」時，既不能認為 p 也不能認為 q 說出了關於這個世界的某種東西；當我們斷言了二者必居其一的兩種選擇中的一種時，就會出現這樣的情況。我們必須考慮作出這個斷言的人的狀態。當我們斷言 p 時，我們處於某種特定的狀態之中；當我們斷言 q 時，我們處於另外某種特定的狀態之中；當我們斷言「p 或者 q」時，我們處於一種從先前的兩種狀態中引申出來的狀態，而且我們所表達的是這種狀態，而非關於世界的某種東西。假如 p 是真的，我們的狀態被稱為「真的」；假如 q 是真的，我們的狀態也被稱為「真的」。但是，反過來卻不然。然而，這是一種新的定義。

但是，有人將會反對說：假如我們知道「p 或者 q」，那麼我們難道不是確實知道了關於世界的某種東西嗎？對於

這個問題，在某種意義上我們可回答說「是的」，在另外
一種意義上我們可以回答說「不是的」。先說說為什麼可以
回答「不是的」：當我們試圖說出我們所知道的東西時，我
們必須再次使用「或者」這個詞。我們可以說：在一個世
界中，如果 $p$ 是眞的，「$p$ 或者 $q$」就是眞的；而如果 $q$ 是
眞的，「$p$ 或者 $q$」也同樣是眞的。在我們關於岔路口的例
子中，「這條道路通往牛津」可能表達一個地理事實，於是
「這條道路或者那條道路通往牛津」就是眞的；而如果那
條道路通往牛津，它也同樣是眞的。但是，在非語言的世界
中，並不存在任何一種當且僅當這條道路或者那條道路通往
牛津時才可以被發現的狀態。因而，直接的眞理符合論在初
階語言中是有效的，但在涉及析取的地方就不再可用了。

　　然而在這裡，有一個必須加以考察的困難。這個困難給
我們指出了對我們的問題作出相反的回答的理由。時常，一
個單個的語詞在邏輯上就等於一個析取。下述對話也許會出
現在一個醫學邏輯學家和他的妻子之間：「某某女士有孩子
了嗎？」「有了。」「是一個男孩或者還是一個女孩呢？」
「是的。」[2]「最後的回答儘管從邏輯學上講是無可挑剔
的，卻是令人氣憤的。人們會說「一個小孩絕不是一個男孩

86

2　「是的」前面那個問句的英文原文是「Is it a boy or a girl?」這個問句
　雖然本意是要問那個孩子是男孩還是女孩，但在語法形式上它似乎屬
　於一般疑問句，所以邏輯地看，以「是的」（Yes）來回答該問句並
　無不妥之處。當把它理解為一般疑問句時，它相當於「Is it a boy-or-
　girl?」——譯注

或者女孩（a boy-or-girl），而只能是二者之一」。對於某些目的而言，在包含「孩子」這個詞的某些命題中，如果將「孩子」替換為「男孩或者女孩」，那麼替換前後的命題是等值的。但對於某些其他命題來說，替換前後的命題就不再等值了。假如有人告訴我「某某女士已經有了孩子」，我就能夠推斷她有一個男孩或者一個女孩。但是假如我然後想知道她是有了一個男孩還是一個女孩[3]，那麼我並不是想知道她是否已經有了一個孩子，因為我已經知道這一點了。

在這個問題上，有必要將心理學和邏輯學分離開。當我們在日常交談中使用「或者」這個詞的時候，我們之所以這樣做，通常乃是因為我們心存猶疑，並希望在兩個事物中作出抉擇。假如我們不想在兩個事物中作出抉擇，我們將會滿足於使用一個涵蓋了兩種可能性的普通語詞。假如你打算繼承某某女士的金錢（若是她死時尚無子嗣），你將對她是否有了孩子這個問題感興趣；但只是迫於禮貌，你才會問那是男孩還是女孩。顯然，在某種意義上，當一個孩子出生時，即便你不知道他（或她）的性別，你也就知道了關於這個世界的某種事情。

在析取述詞和其他述詞之間是否存在某種區別？而且，假如存在的話，這種區別是什麼？假如「A」和「B」

---

3 「是有了一個男孩還是一個女孩」的英文原文是「whether she has had a boy or a girl」。在英語中，此話具有歧義性，因為它似乎也可以被理解為「她是否已經有了一個男孩或者女孩呢」。—— 譯注

是兩個述詞，那麼「A」在邏輯上等價於「A—並且—B 或者 A—並且—並非—B」。因而在邏輯的範圍內，任何一個述詞都可以用一個析取來替換。另一方面，從心理學的觀點來看，存在一種清晰的區別。一個述詞是析取的，假如我們感覺到有一種想在其懸而未決的兩種選擇之間作出決斷的願望；假如我們沒有這樣的願望，它就不是析取的。但這種說法還不是相當充分的。這些選擇必須是這個述詞自身所暗示的，而非一些不相關的可能性。「男孩」因而將不被認為是析取的，因為它使得「黑皮膚的還是白皮膚的？」這個問題成為未決的。因而，僅當一個述詞暗示著一個問題，它才會是析取的；而它是否如此，則唯一地依賴於相關的人的興趣。

87　　　我們關於世界的所有知識，就其透過語詞被表達而言，或多或少是一般的，因為每一個句子至少都包含一個不是專名的語詞，而所有這樣的語詞都是一般的。因而每個語句在邏輯上等值於一個析取；而在這種析取中，對兩個更具體的述詞的選擇替換了句子中的原先那個述詞。一個句子為我們提供的是知識的還是懷疑的感覺，取決於它是否在要求不同行動和感情的兩種選擇之間作出了決斷。每一種不是邏輯上詳盡無遺的析取（即不是「A 或者並非 A」這樣的析取），假如是真的，都給我們提供了關於世界的某種知識。但是這種知識可能使我們拿不準應該如何行動，以致被感覺為無知。

　　　由於語詞是一般的這個事實，構成真理的事實和語句

之間的符合是多對一的，也就是說，語句的眞使得事實的特徵或多或少是尙未確定的。這種不確定性可以無限地減少。在減少的過程中，先前的單個語詞為析取所替換。對於某些目的而言，「這是金屬」可能會使我們滿意。對於其他目的而言，這樣的陳述必須替換為「這是鐵，或者銅，或者……」，而且我們必須決定哪一種可能性將被實現。在提升語言的精確性時，並不存在一個我們不能超越的點。我們的語言總是可以被弄得更精確，但不可能變得完全精確。

因而，析取陳述與非析取陳述之間的差別並不等於使其為眞的事態上的差別，而僅僅在於這樣的問題，即在我們的陳述遺留未決的若干可能性之間所存在的差別對我們來說是否有趣。

還有另外一種情況；在這種情況下，析取也會在實踐中出現。這就是記憶不完全時出現的情況。「誰告訴你那件事的？」「噢，或者是布朗或者是瓊斯告訴的，但我記不清具體是誰了。」「某某人的電話號碼是多少？」「我知道它是514或者541，但是如果不查一下，我不能肯定哪一個是對的。」在這些情況下，最初曾有一種經驗，它產生了一個在其中並不存在析取的知覺判斷；而且假如你要開始尋找眞相，你會證明這些選擇中的一個，而這裡同樣不存在析取。當基本命題是當前經驗的表達時，它們絕不包含「或者」這個詞，除非這個經驗是語詞的。但是，記憶卻可以是析取的。 88

我們現在來討論包含「有的」這個語詞或者「所有」

這個語詞的命題。在前一章中，我們考慮了這些語詞；在那裡，我們的考慮只是滿足於知道它們不可能包含在初階語言中。但是我們現在想更正面地考慮它們，而且尤其要考慮導致我們利用這類命題的情況。

在實踐中，關於「有的」的命題以四種方式產生：首先，作為對析取的概括而產生；第二，如果遇到一種情況，當我們對原先可能被認作不相容的兩個一般詞項的相容性感興趣時，那麼也會產生關於「有的」的命題；第三，作為通往概括性結論的步驟而產生；第四，在不完全記憶的情況下產生，這些情況類似於我們連繫析取所考慮過的那些情況。讓我們依次來舉例說明這四種方式。

在我們前面的關於通往牛津的道路的例子中，假如我們來到一個有很多道路在那裡分岔的地方，而不再僅僅是一個岔路口，那麼我們或許會說：「喔，有的道路一定通往牛津。」這裡，可供選擇的那些東西可以列舉出來，並且我們僅有一個縮寫即一個析取「$p$ 或者 $q$ 或者 $r$ 或者⋯⋯」，其中的 $p$、$q$、$r$⋯⋯全都可以聚合在一個謂語中。

第二種情況是更有趣的。哈姆雷特的話就說明了這種情況。他說：「一個人可以笑裡藏奸；至少我確信，在丹麥可以出現這樣的情況。」他已經發現了一個將微笑與奸惡結合起來的人（即國王），並且作出了這個命題，即「至少有一個奸惡之徒是微笑的」。這個命題的實用價值就在於：「下次我遇到一個總是微笑的人，我將懷疑他是不是奸惡的。」

對於羅森格蘭茲和吉爾登斯頓[4]，他就是這麼做的。「有的天鵝是黑的」和「有的黑鳥是白的」這兩個命題也類似於這種情況，它們意在反對某些貌似真實的概括。當一般規則比特殊事例更讓我們感興趣（儘管在哈姆雷特的例子中，這是一個嘲諷性的託詞）時，我們就會作出這樣的命題。

當我們試圖證明一個歸納概括時，第三類情況就產生了；而且，當某些事例引導我們在數學中發現一個一般命題時，也會產生這種情況。除了在後一種情況下你獲得了確定性，而在前一種情況下你僅僅獲得了可能性以外，這兩種情況是相同的。讓我們首先舉後一種情況的例子。你發現 $1 + 3 = 2^2$，$1 + 3 + 5 = 3^2$，$1 + 3 + 5 + 7 = 4^2$，然後你會對自己說：「在有些情況下，前 $n$ 個奇數之和等於 $n^2$；也許在所有情況下都是這樣的。」一旦你已經想到這個假設時，就容易證明它是正確的。在經驗材料中，一個完全的列舉有時是可能的。你發現（比如說），鐵和銅，作為金屬，都是好的導電材料；然後你就猜想，所有金屬可能都是這樣的。既然如此，一般性結論擁有和這些實例同等程度的確定性。但是，當你說「A、B 和 C 都死了，並且他們都是男人，因此有的男人是有死的；因此很可能所有男人都是有死的」時，你就不能使你的一般性結論擁有與其實例同等程度的確定性。這既是因為你沒法列舉男人，也是因為有的男人尚未死

---

[4] 羅森格蘭茲和吉爾登斯頓是莎士比亞戲劇《哈姆雷特》中的人物，名義上被國王差去照料哈姆雷特，但其實是國王派去的間諜。——譯注

去。或者以關於一種疾病的療法為例。迄今為止,這種療法僅在幾種情況下試驗過,但在這幾種情況下全都被證明是有效的;既然這樣,一個關於有的的命題是非常有用的,因為它暗示了一個關於所有的命題的可能性。

　　關於不完全記憶,其實例非常類似於有關析取的那些實例。「我知道那本書在我書架上的某個地方,因為我昨天看到過它。」「我和 B 先生一塊用過餐,他講了一個極其美妙的笑話,但是我不幸忘記了這個笑話。」「在《遠足》一書中,有一些非常好的路線,但我一個也記不起了。」因而,我們在某一特定時刻所知的許多事情,組成了關於有的的命題;對於這些命題,我們當下不能從單稱主詞的命題中把它們演繹出來,也不能從關於所有的命題中把它們演繹出來。

　　就像我們的四類實例所表明的那樣,一個關於有的的陳述,具有三種類型的用途:它可以作為證明含有單稱主詞的命題的一個步驟,或者作為證明一般命題的一個步驟,或者它可以作為對相反的概括的一種反駁。就第一類和第四類90 來說,我們想讓關於有的的命題通達一個帶有單稱主詞的命題:「這是去往牛津的路」或者「那本書在這兒」(在這個句子中我把這兒當成主詞[5])。在第一類和第四類情況之

---

[5]　「那本書在這兒」的英文原文是「here is that book」。此句是一個倒裝句,它的主語其實不是 here,而是 that book。作者從語句的語法形式上把 here(這兒)當成了主語。在語句所表達的相應命題中,對應於主語的東西被稱為主詞。——譯注

間，存在著這樣的差別：關於某些的命題在第一類情況下總是一種推論，而在第四類情況下並不是這樣。在第二類和第三類情況下，「有的 S 是 P」這個命題是從「$S_1$ 是 P」、「$S_2$ 是 P」等等實例中演繹出來的；它所告訴我們的東西少於這些實例所告訴我們的東西，但就我們所擁有的意圖而言，它告訴了對我們有用的部分。

當我們知道一個「有的 S 是 P」這種形式的命題，卻並不知道「所有 S 是 P」或者並不知道「$S_1$ 是 P」這種形式的某個命題時，我們確切地知道了什麼？讓我們舉「我知道那本書在這個房間的某個地方」作為例子。有兩種情況，可以從邏輯上證明你說出這句話是正當的，儘管在每種情況下你都不會這麼說，除非你是一個職業邏輯學家。第一種情況是假設這個房間填滿了那本書，比如說在出版社的一個倉庫裡完全堆滿了某種暢銷書。那麼你可以說：「這個房間的每一個地方都放置了所說的那本書，因此（由於這個房間存在著）有的地方放置了這本書。」或者你也許看到了這本書，並且證明道：「這個地方放置了這本書，因此有的地方放置了這本書。」但事實上，除非你從事邏輯教學，你絕不會以這種方式證明的。當你說「那本書在這個房間的某個地方」時，你這樣說的原因在於你無法更確定地弄清它在哪一個具體的地方。

顯然，「這本書在這個房間的某個地方」不可能是一個知覺判斷；你無法感知某個地方，你僅能感知那兒。但是，關於記憶的判斷就不同了。你也許記得「當我在這個房間

時，我看到過這本書」，或者你記得某種類似的東西。你可
能會記得，當你在房間時你說過：「噢，那本書在那兒。」
或者你可能擁有一種純粹語詞記憶式的說法：「我意識到我
當時確實把那本書放在書架上了。」然而，這些僅僅是你的
判斷的根據；它們不是對你的判斷作出的一種分析。

　　對這種判斷的分析本質上必定類似於對析取的分析。
91　有一種心理狀態，在其中你感知到「這本書在這個地方」；
還有另外一種心理狀態，在其中你感知到「這本書在那個地
方」，如此等等。當你判斷「這本書在這個房間的某個地
方」時，心理狀態就包含所有這些狀態共同具有的東西，同
時伴隨著某種困惑。在上面兩種情況下，正是由於困惑的缺
乏，才使得你不會作出這個判斷。但在這兩種情況下，該判
斷可以從那些更確定的判斷中演繹出來。然而對於這一點，
也有一個例外：假如你懷疑那本書是否在房間裡，然後你又
發現了它，那麼你就可以說：「那本書的確是在房間中。」
這不再屬於我們現在的情況，而是屬於關於笑裡藏奸之徒那
樣的情況。

　　在關於「有的」的判斷中，就像在析取中一樣，除非
提到一種心理狀態，我們就無法對語詞作出解釋。事實上，
除了在初階語言中，我們在任何時候都不能這樣解釋我們的
語詞。

　　我們關於「有的」所說的話，絕大部分也適用於「所
有」。然而在知識方面，還存在一個重要的差別。我們時常
知道關於「有的」的命題，並且它們可以從經驗上被證實，

儘管它們不能表達關於直接觀察的事實。但是關於「所有」的命題，是更難以被知道的，並且它們絕不能被證實，除非在我們的前提中存在某些這樣的命題。由於在知覺判斷中不存在這樣的命題，人們也許會認為，我們要麼拒絕所有一般命題，要麼放棄經驗論。然而，這似乎是同常識相衝突的。舉一個我們已經討論過的例子：「櫥櫃裡沒有乳酪。」堅持下述看法似乎是十分荒謬的：假如我們接受這類陳述，我們就要放棄經驗論。或者，舉另外一個我們已討論過的例子：「這個村子的每一個人都叫威廉姆斯。」此例是完全列舉的產物。然而有一個困難，它由哈姆雷特的母親指了出來。他問她是不是沒見到魔鬼：

> 哈姆雷特：你在那兒什麼也沒見到嗎？
> 王　　后：沒見到任何東西；然而我看到了存在的
> 　　　　　一切。

我總是不明白她如何知道她看到了「存在的一切」。但是，她正確地認為這是她否認魔鬼的一個必要前提。對於說櫥櫃 92 中沒有乳酪的那個人，和說村子裡每個人都叫威廉姆斯的那個人，情況也是如此。顯然，關於一般命題的知識的問題牽涉到某些尚未解決的問題。

　　當經驗論者從基本命題中排除了所有邏輯之外的一般陳述時，我確實不能肯定他們是正確的。我們已考慮過這個陳述，即「任何視覺位置都不包含兩種不同的顏色」，這似乎

是一個恰當的例子。或者舉一個甚至更加無法迴避的例子：假設你住在遙遠的鄉下某個位置，並且你正期待著你的朋友開車到來。你的妻子說：「你聽到什麼了嗎？」聽了一會兒之後，你回答說：「沒聽到什麼。」在作出這個回答時，你放棄經驗論了嗎？你已經讓自己捲入了一個驚人的概括之中，這個概括就是：「宇宙中的每一件事情都不是我現在聽到的聲音。」然而沒有人認為，經驗並未證明你的陳述是正確的。因此，我想，除了邏輯之外，我們確實知道某些一般命題，而這些命題是以不同於歸納概括的方式得到的。不過，這是一個很大的問題。我將在以後的一章中再回過頭來討論它。眼下，我只是希望插入這樣一種防止誤解的說明。

　　問題產生了：邏輯語詞包含某種心理的東西嗎？你可能看到了某種東西，並說「這是黃的」；過後，你也許會說：「它是黃的或者橘黃的，但我記不清是哪一種顏色了。」人們有這樣一種看法：在這種情況下，黃色是世界中的一個事實，而「黃的或橘黃的」僅能存在於某人的心靈中。在考慮這個問題時要想避免混亂是極其困難的，但是我認為可以作如下說明：在不使用任何邏輯語詞的情況下，非精神世界可以得到完全的描述，儘管不使用「所有」這個詞我們就無法陳述這個描述是完全的；但是當我們談到精神世界時，存在一些不用邏輯語詞就無法被提及的事實。在上面這個例子中，我記得它是黃的或者橘黃的；在關於世界的完全描述中，這種回憶必須被提及，而且不使用「或者」一詞或某個等價詞它就無法被提及。因而，儘管「或者」這個詞並不出

現在物理學的基本命題中，但它確實出現在心理學的某些基本命題中，因為這種情況，即人們有時相信析取，是一個可觀察的事實。對於「並非」、「有的」和「所有」這幾個詞，情況也是相同的。

假如這是眞的，那麼它是重要的。比如，它表明我們不能接受對被卡納普稱作「物理主義」的論題的一種可能的解釋；這種物理主義認為，所有科學都能用物理學語言加以表達。然而，也許可以主張，在描述一個人因相信「$p$ 或者 $q$」而發生的事情時，我們必須使用的那個「或者」並不是邏輯學中的那個「或者」。更一般地說，主張下述觀點是可能的：當我們斷言「A 相信 $p$」時，這個 $p$ 並非當我們斷言「$p$」時所說的那個 $p$，而且這二者的差別應該用「A 相信『$p$』」這種寫法加以表明。假如我們談及 A 所說的話，而非他所相信的東西，我們確實不得不作出這種區分。A 說「火」，而我們則說「A 說『火』」。在我們所說的話中，「火」指示著一個語詞；而在 A 所說的話中，它指示著一個對象。這整個問題是一個相當困難的問題，而且我將在以後一章中連繫命題態度來考慮它。同時，我們必須記住，初看起來，邏輯語詞，儘管在描述物理事實時並非必要的，但對於描述某些精神事實而言仍是不可或缺的。

# 6.

## 專名 1

1　本章和下一章的主題將在第二十四章再次得到討論。

　　在邏輯學中，習慣上將語詞進行分類：名稱、述詞、二元關係、三元關係⋯⋯等等。這並不是全部的語詞。它沒有包括邏輯語詞，而且它是否包括像「相信」、「願望」和「懷疑」這樣的代表「命題態度」的語詞，也是不明確的。關於「自我中心殊相詞」，即「我」、「這」、「現在」和「這兒」等等語詞，也存在著困難。命題態度和自我中心殊相詞將在適當時候加以考慮。目前，只有專名才是我希望加以考慮的。

　　為了避免用語上的繁瑣，在適當的時候，我將把述詞說成是「一元關係」。因而，我們關心名稱與關係之間的區分。關於這種區分，我們必須問兩個問題：

　　⑴我們能發明一種沒有名稱與關係的區分的語言嗎？

　　⑵假如不能，為了表達我們所知道或所理解的東西，所需的名稱的最小數量是多少？與這個問題相關聯，在我們的普通語詞中哪些將被看作名稱？

　　關於第一個問題，我幾乎沒什麼可說的。發明一種沒有名稱的語言也許是可能的；但是就我而言，我全然不能想像這樣的語言。這並非一個決定性的主張，除非主觀上把它看成是決定性的：它取消了我討論這個問題的權利。

　　然而，我的目的在於提出一種觀點，這種觀點乍看上去似乎等於取消了名稱。我打算取消我們通常稱之為「殊相」的東西，並滿足於通常會被認作共相的某些語詞，比如「紅的」、「藍的」、「硬的」和「軟的」等等。我將指出，在

95

句法的意義上，這些語詞是名稱。因此我並不是尋求取消名稱，而是對「名稱」這個詞提出一種不同尋常的擴展。

讓我們從「名稱」這個詞的定義開始。為了這個目的，我們必須首先定義「原子形式」。

一個語句，當既不包含邏輯語詞也不包含從句時，就是原子形式的。它必須不包含「或者」、「並非」、「所有」、「有的」或任何意義相當的詞。它也必須不能是類似「我認為天要下雨」這種形式的句子，因為這包含了一個從句「天要下雨」。從肯定的方面看，一個句子是原子式的，當它包含一個關係詞（該詞可以是一個述詞）以及構成句子所需的最小量的其他語詞時。假如 $R_1$ 是個述詞，$R_2$ 是個二元關係，$R_3$ 是個三元關係……等等，那麼

$$R_1(x) \text{，} R_2(x \text{，} y) \text{，} R_3(x \text{，} y \text{，} z) \text{，} \cdots\cdots$$

將是原子形式的語句，只要 $x$、$y$、$z$ 這些語詞使得相關的句子是有含意的。

如果 $R_n(x_1 \text{，} x_2 \text{，} x_3 \text{，} \cdots\cdots x_n)$ 是一原子形式的語句，並且其中的 $R_n$ 是 $n$ 元關係，那麼 $x_1$，$x_2$，$x_3$，……$x_n$ 是名稱。我們可以把一個「名稱」定義為任何一個能夠出現於任何原子語句中的語詞，即能夠出現在主述句、二元關係句和三元關係句等等語句中的任何語詞。不同於名稱的詞，假如能出現在一個原子語句中，就僅能出現在一種類型的語句中；比如說，如果 $R_n$ 是一個 $n$ 元關係，那麼 $R_n$ 可以在其中

出現的唯一種類的原子語句是 $R_n$（$x_1$，$x_2$，$x_3$，……$x_n$）。
一個名稱可以出現在包含任何數量的語詞的原子語句中；一
種關係僅能與適合於那種關係的某一固定數目的其他語詞相
結合而出現。

　　這提供了「名稱」這個詞的一種句法的定義。應該看
到，在「原子形式」這個概念中，並不包含任何形上學的假
96 定。僅當人們假定出現在原子語句中的名稱和關係不能加以
分析時，這樣的假定才會出現。對於某些問題，知道我們的
詞項是否能夠加以分析是重要的。但就名稱來說，這並不重
要。任何類似的問題構成關於名稱之討論的一部分的唯一方
式與摹狀詞有關，後者時常偽裝成名稱。但是，每當我們擁
有一個這種形式，即

　　　　　　「滿足 $\phi x$ 的這個 $x$ 滿足 $\psi x$」

的語句時，我們就預設了「$\phi\alpha$」和「$\psi\alpha$」這些形式的語句
的存在，這裡的「$\alpha$」是一個名稱。因而，一個特定的短語
是名稱還是摹狀詞這個問題，在句法學裡關於名稱地位的基
本討論中可以被忽略。就我們的目的而言，除非出現相反的
理由，我們可以把通常被認作名稱的任何東西都作為名稱接
受下來，比如：張三、李四、王五、太陽、月亮、英國、法
國……等等。但是，隨著我們繼續討論下去，以下的情況將
會變得明瞭：即使這些語詞是名稱，它們對於表達我們的所
知之物，也多半不是不可或缺的。相反，儘管我認為在那些

不可或缺的語詞中有些被歸類於名稱,但這些語詞在傳統上全都未被歸類於名稱。

初看上去,名稱有兩類:一類就像上一小節中所提到的那些名稱那樣,稱呼時空的某個連續部分;另一類是擁有自我中心的定義的名稱,比如「我」、「你」、「這」和「那」。這後一類語詞我打算以後再加以考慮,現在我將忽略它們。因此,我們只關心那些原則上以一種毫不含糊的方式稱呼時空中某個確定的連續部分的名稱。

要考慮的第一個問題是:我們如何把一個時空區域與另一個區分開來?這最終又導致這樣的一些問題:假如在紐約有一座艾菲爾鐵塔,而且它和巴黎的艾菲爾鐵塔完全類似,那麼是有兩座艾菲爾鐵塔,還是只有一座位於兩個地方的艾菲爾鐵塔呢?假如歷史能夠重複自身,那麼是這個世界在兩個不同時刻處於完全類似的狀態,還是同一種狀態出現兩次,即先於自身而出現了呢?這樣的一些問題的答案,僅僅 97 部分說來是任意的;在任何情況下,它們對於名稱理論都是不可缺少的。

名稱理論被人們忽視了,因為其重要性只是對於邏輯學家來說才是顯而易見的,而且對他來說,名稱可以純粹是假設性的,因為任何邏輯命題都不包含實際的名稱。然而對於知識論來說,假定存在著名稱的話,知道哪些對象可以擁有名稱是重要的。人們會輕易地把「這是紅的」看作一個主述命題。但是,假如有人這麼認為,他會發現「這」成了一個實體,即一種不可知的事物;述詞本質上屬於該物,然而該

物卻並不等於其述詞的總和。這樣的觀點易於遭受所有常見的對於實體概念的反對意見。然而，在時空方面，它有某種優越性。假如「這是紅的」這個命題把一種性質歸於了一個實體，並且假如實體不能定義為其述詞的總和，那麼這和那恰好擁有相同的述詞而又並非同一事物就是可能的。這似乎是必要的，假如我們說——我們願意這麼說——想像中的紐約艾菲爾鐵塔和巴黎的那座艾菲爾鐵塔並非一塔。

　　我想指出：「這是紅的」並非一個主述命題，而是一個如同「紅性在這兒」這種形式的命題；「紅的」是一個名稱，而非一個述詞；而且，通常被稱之為一個「事物」的東西，只不過是諸如紅性、硬性等一束共存的性質而已。然而，假如這種看法被接受了，不可分辨的事物的同一性就成了分析的，而且想像中的紐約艾菲爾鐵塔就會在嚴格意義上與巴黎艾菲爾鐵塔是同一座塔，假如二者確實不可分辨的話。當加以分析時，這種情況要求像在……左邊或者在……以前這樣的空間和時間關係不蘊含差異。這種情況導致在構造物理學所需的時空時出現一些困難，而且在我目前提出的觀點能夠被認作一種可能的觀點以前，這些困難必須被克服。我認為它們能夠被克服，但只有承認某些看起98 來具有確定性的命題是經驗的和可疑的，才能克服它們。這樣的命題類似於「假如 A 在 B 的左邊，那麼 A 和 B 並非同一事物」，其中 A 和 B 最接近於我們的理論所承認的「事物」。

　　讓我們首先建立一張有用的詞彙表。讓我們把「性

質」這個名稱給予特定色度的顏色，特定硬度的硬，以及在音高、音量及每一種其他不可分辨的特徵方面得到完全定義的聲音……等等。儘管我們在知覺中，無論在顏色方面，還是在任何其他性質方面，都不能將完全類似和大約類似加以區分，但是根據經驗，我們還是能夠獲得完全類似的概念，因為它是傳遞的，而大約類似的概念不是傳遞的。給定了一個視覺區域，我們能夠將其顏色定義為在顏色上與其類似並且相互間也類似的那些視覺區域所構成的集合，而且所有這些視覺區域全都不與此集合之外的任何事物在顏色上類似。[2] 然而在這個定義中，我們假定了：如果一種給定色度的顏色存在於兩個視覺區域，那麼每一個視覺區域都能被給予一個名稱。事實上我們假定了性質之外的這和那的區分，而這種區分正是我們試圖避免的。因此，讓我們眼下把顏色當成未加定義的詞項接受下來，並在以後回來討論關於在兩種非常類似以至於在當下知覺中無法加以區分的兩種性質之間進行區分的問題。

常識認為一個「事物」擁有若干性質，但並不認為該事物是透過這些性質加以定義的。它是根據時空的位置加以定義的。我想指出，每當在常識看來存在一個具有性質 C 的「事物」，我們就會以相反的方式說，C 自身存在於那個地方，並且該「事物」將被存在於此處的種種性質所構成的

---

2 參見卡納普（Carnap）的《世界的邏輯構造》（*Logischer Aufbau der Welt*）。

集合所代替。因而，「C」就變成了一個名稱，而不是一個述詞。

有利於這種觀點的主要理由在於，它消除了一個不可知的東西。我們經驗到的是性質，而非性質存在於其中的那個主體。對不可知之物的引進，通常──也許總是──可以透過適當的技術手段加以避免，而且只要可能，它顯然應該加以避免。

99　　我正在辯護的這種觀點的主要困難，在於對「地點」的定義。讓我們看一下這種困難是否能被克服。

設想我們同時看見了具有一種特定色度的顏色 C 的兩塊色片。假設處於視覺空間中的一塊色片的角座標是 $\theta$、$\phi$，另一塊色片的角座標是 $\theta'$、$\phi'$。那麼我們將說 C 位於 $(\theta, \phi)$，同時也位於 $(\theta', \phi')$。

視野內一個對象的角座標可以被看成性質。因而，$(C, \theta, \phi)$ 是一束性質，而 $(C, \theta', \phi')$ 是另一束性質。假如我們把一個「事物」定義為性質束 $(C, \theta, \phi)$，那麼我們可以說這個「事物」在位置 $(\theta, \phi)$，而它不在位置 $(\theta', \phi')$ 這點是分析的。

讓我們把這個程式擴展到物理時空的構造上來。假如我從格林威治出發，隨身帶了一個品質良好的計時器，或者一套接收裝置，我每天在格林威治時間中午從該裝置上接收一條資訊。透過觀察，我可以確定我所處的經度和緯度。類似地，我也能測量海拔高度。因而，我能確定唯一地決定了我

相對於格林威治的位置的三個座標，而且格林威治自身也可以透過類似的觀察而得到定義。為了簡單起見，我們可以把一個地點的座標看成性質；而既然如此，該地點就可以定義為它的兩個座標。因而，沒有兩個地點擁有相同的座標這點就成了分析的。

這一切都很好，但它隱藏了緯度和經度的效用依賴於其上的經驗事實的成分。假設兩艘輪船相距十英里，但是能夠相互看見。我們說，假如它們的儀器是足夠精確的，它們將會給出這兩艘輪船的不同的緯度和經度的值。這是一個經驗事實問題，而不是定義問題，因為當我說兩艘船相距十英里時，我是在說某種透過觀察可以被證明的東西，它完全獨立於那些決定緯度和經度的東西。作為一門經驗科學，幾何學關心如下這樣的被觀察到的事實：如果兩艘船之間的距離是從它們的經度和緯度的差別中計算出來的，那麼我們得到的結果應該等於經由從其中一艘船上對另一艘船進行的直接觀察所計算出來的結果。所有這類被觀察的事實都可以被如下 100 陳述所概括：空間大體上是歐基里德的，而且地球的表面大體上是球形的。

因而，當我們解釋經度和緯度的效用時，便會涉及經驗要素，但在給出定義時不會。緯度和經度透過物理學法則與其他事物相關聯，但並不是邏輯地與其相關聯。假如你能夠發現兩個地點相距很長一段距離，你將不會發現它們擁有相同的緯度和經度；這個事實是經驗的。當我們說地球表面的一個位置由其緯度和經度唯一地規定了時，我們便自然地表

達了這一點。

當我說紅性可以同時出現在兩個地點時，我意指紅性與其自身之間可以擁有這些空間關係中的一種或多種；而根據常識，任何「事物」都不會與自身之間擁有這些關係。在當前視野中，紅性可以出現在紅性的右邊或者上面；在物理學空間中，紅性可以出現在美國和歐洲。對於物理學來說，我們需要某種不能同時出現在美國和歐洲的東西。在物理學看來，任何事物都不能算作一個「事物」，除非它占據一個連續的時空部分；而紅性並不占據這樣的連續部分。不僅如此，還有：對於物理學來說，任何東西，只要它占據一個以上的時空點，就可以劃分為若干更小的「事物」。我們的目的，假如有可能實現的話，就在於從性質中構造出擁有空間的和時間的特性的性質束；而空間的和時間的特性是物理學要求「事物」應該具備的東西。

當然，緯度、經度和海拔高度並非直接被觀察到的性質，但是它們可以用性質來定義。因而，把它們稱為性質，是對語詞累贅的一種無害的避免。與紅性不同，它們擁有必要的幾何學特性。假如 $\theta$、$\phi$、$h$ 分別是一個緯度、一個經度和一個海拔高度，我們將會發現，性質束 $(\theta, \phi, h)$ 不可能像紅性那樣出現在自己的北面、南面、東面、西面、上面或下面。假如我們透過座標 $(\theta, \phi, h)$ 來定義一個「地點」，那麼空間關係將會擁有我們期待它們擁有的那些特性。假如我們用紅性和硬性這類性質來定義它，它就不再擁有那些屬性了。

對於空間，就說這麼多。現在讓我們來考慮時間。

關於時間，我們希望發現某些經驗對象，並且對於這些對象來說，時間是連續的。也就說，我們希望發現一個類，並且這個類可以用可觀察對象加以定義，以致在這個類中，假如 $x$、$y$、$z$ 是該類的分子，那麼我們將有： 101

(1)$x$ 不在 $x$ 之前；

(2)假如 $x$ 在 $y$ 之前，而且 $y$ 在 $z$ 之前，那麼 $x$ 在 $z$ 之前；

(3)假如 $x$ 和 $y$ 是不同的，那麼或者 $x$ 在 $y$ 之前，或者 $y$ 在 $x$ 之前。

首先，我們可以忽略第三個條件，它只適用於瞬（instant），而不適用於事件。將瞬構造為事件的類，是我在其他地方要加以討論的一個問題。

我們想要的東西是一個由事件構成的類。這樣的類應該具備時間的唯一性，並且這種唯一性類似於緯度、經度和海拔高度所具備的那種空間的唯一性。

我們可以人為地把每天的日期和時間看成是由天文臺確定的。但是，這裡會有出錯的可能。如果有可能，我們想要某種更少具有人為性的東西。

為了這個目的，愛丁頓使用了熱力學第二定律。這種做法的缺點在於，該定律僅僅適用於作為整體的宇宙，而當它應用到任何有限的範圍時則可能是錯誤的；但是，只有有限

的範圍才是可觀察的。然而，儘管愛丁頓的方法對全知者來說可能是令人滿意的，但是對於我們來說，它或多或少在經驗上是不足的。

柏格森的記憶，如果人們能夠相信它，將會完美地服務於我們的目的。根據他的看法，任何被經驗到的事物都不曾被忘記；我前一天的記憶因而是我後一天的記憶的子類。因此，我在不同時刻的全部記憶可以根據類包含的關係進行連續的排列，而且時間可以依據與全部記憶的連繫進行連續的排列。也許，在不假定任何事物都不曾被忘記的情況下，記憶也可以用於我們的目的，但我傾向於懷疑這一點。就地質學和天文學的時間而言，記憶在任何情況下都是無用的，因為這種時間包含了某些時期，而人們假定在這些時期並不存在著記憶。

在繼續尋找一個擁有我們想要的那種特性的事件的類以前，讓我們稍微更加仔細地考慮一下我們所設想的東西是什麼。我們假設，只存在著性質，而並不存在性質的實例。由於一種特定色度的顏色可以存在於兩個不同的日期，它能夠先於自身。因此，一般說來，「先於」並不是不對稱的；但是對於並且至多對於某些特殊種類的性質或性質束來說，它將是不對稱的。從邏輯上講，這樣的某類性質並不是必然存在著；假如存在的話，那是一個幸運的經驗事實。

許多作者想像歷史是循環的，也就是說，世界的當前狀態，完全就像現在一樣，或遲或早地會再次出現。我們將如何根據我們自己的觀點陳述這個假說呢？我們不得不說，

後來的狀態在數目上與先前的狀態同一，並且我們不能說這種狀態出現兩次，因為那樣就蘊含著一個記載日期的體系，而該假說使這種體系成為不可能的。這種情況類似於一個環遊世界的人所碰到的情況：他不說他的出發點和到達地是兩個不同的但卻精確類似的地點，他說它們是同一個地點。歷史是循環的這個假說可以這樣表達：形成了由與一給定性質同時發生的所有性質所構成的那個集合；在某些情況下，這個集合的全體先於自身。或者說：在這些情況下，由同時出現的性質所構成的每一個集合，儘管是巨大的，仍然會先於自身。只要我們說只有性質出現，這樣的假說不可能被看作邏輯上不可能的。為了使其成為不可能的，我們不得不假定一個瞬間的性質主體；而且為了堅持這一點，這個主體不把自己的同一性歸因於自己的特徵，而是歸因於自身的時空位置。

不可分辨的事物的同一性，以邏輯必然的方式出自我們的理論。維根斯坦及其他一些人拒絕這種同一性，而他們拒絕的根據在於，即便 $a$ 和 $b$ 在其所有特性上都是一致的，它們仍然可以是兩個事物。這假定同一性是不可定義的，而且它使計數從理論上來說是不可能的。假設你希望數一下由五個對象 A、B、C、D、E 構成的一群物體，並假定 B 和 C 是不可分辨的，那麼當你數到 B 的那一時刻，你也將數到了 C，並且你因此將得出這樣的結論，即要數的對象有四個。說 B 和 C「確實」是兩個事物（儘管它們似乎是一個事物），就等於在說當 B 和 C 完全不可分辨時就似乎缺乏 103

意義的某種事物。事實上我應該說，使不可分辨的事物的同一性成為分析的，是我正在提出的這種理論的主要優點。

現在讓我們回過頭來尋找一組性質或一組性質群，它們擁有構造時間序列所需的那些特性。我認為不考慮經驗法則就無法做到這一點，所以我們不可能確定無疑地做到。但是，只要我們不去尋找邏輯的確定性，透過我們先前所拒絕的方法，比如記憶和熱力學第二定律，我們就能獲得經驗上充分的東西。並非我們所熟悉的所有因果法則都是可逆的，而那些不可逆的因果法則提供確定日期的方法。容易構造這樣的一個時鐘，該時鐘除了顯示時、分之外，還將每天展示一個數字，而且這個數字的值比前一天顯示的數字大一。透過這樣的方法，我們能夠確保擁有一個不會再現──至少在我們的文明持續期間不會再現──的性質複合物。我們無法知道得比這更多，儘管我們可以找到理由認為一種大規模的精確再現是非常不可能的。

我的結論是：單有性質就足夠了，我們無須假設它們擁有實例。順帶說一句，我們已經把時間的和空間的關係的某些特性降低到經驗層次上來了，而這些關係曾經揚言是先天綜合的一般真理。

從知識論的立場看，在我們的理論可以被認為是確定的以前，還有一個問題有待回答。它是關於概念的精確性與感覺的模糊性之間的關係的這個更大問題的一部分。所有科學都使用概念；這些概念在理論上是精確的，但在實踐上或多或少是模糊的。「一公尺」曾經被法國大革命政府極其精細

地加以定義：它是在一定溫度條件下某根桿子上的兩個標記之間的距離。但是，這裡有兩個困難：這些標記並不是點，而且溫度不可能精確地加以測定。或者以時間的確定為例，比如說，1900年12月31日結束時的格林威治午夜時間。（英國人曾經認為這是十九世紀的終了，但是他們應該用伯利恆子午線代替格林威治子午線。）午夜只能透過對（比如說）計時器的觀察加以測定。但是，任何觀察都不是精確的。也就是說，存在一個有限的時間段，並且在此時間段內，任何給定的計時器似乎都將指向午夜；而且，任何計時器都不是完全準確的。因此沒有人能夠確切地知道十九世紀在何時結束。對於這種情況，可以持兩種看法：首先，在這個世紀結束時，有一個精確的瞬間；其次，精確性是幻覺，而且精確的日期界定甚至在概念上也是不可能的。

　　讓我們把類似的考慮應用於關於顏色的情況。顏色問題更直接地與我們當前的問題有關。我已假定，每一種色度都應該給予一個專名。但是，一種色度與一個精確的日期或者長度準確的一公尺擁有同樣的精確性，並且在實踐中絕不可能得到測定。

　　在有些情況下，我們從感官給予的某種事物出發，尋求獲得一種具有精確性的概念，而此精確性並非材料的一部分。有一種形式的步驟，可以應用於所有這樣的情況。這是一種從不可分辨性過渡到同一性的方法。令 S 代表「不可分辨性」。那麼，給定兩塊色片，我們可以看到，一塊色片的色度與另一塊色片的色度之間擁有關係 S。然而，我們能

夠證明 S 並不蘊含同一性，因為同一性是傳遞的，而 S 不
是傳遞的。也就是說，給定三種色度的顏色 $x$、$y$、$z$，並且
它們存在於三塊可見的色片上，我們可以擁有 $xSy$ 和 $ySz$，
但是沒有 $xSz$。因此 $x$ 並不與 $z$ 同一，而且 $y$ 也因此既不可
能與 $x$ 同一，也不可能與 $z$ 同一，儘管它與 $x$、$z$ 是不可分
辨的。我們只能說：假如 $xSz$ 總是蘊含 $ySz$，那麼 $x$ 與 $y$ 同
一，而且反過來也這樣。顏色 $x$ 的精確色度現在可以定義
為所有 $y$ 色片所共同具有的那種顏色，並且對於所有的 $y$ 來
說，任何在顏色上與 $x$ 不可分辨的東西，也與 $y$ 在顏色上不
可分辨，而且反過來也一樣，以致每一塊色片要麼既可以
同 $x$ 也可以同 $y$ 分辨開來，要麼既不可以同 $x$ 也不可以同 $y$
分辨開來。

　　這就把對某塊給定色片的精確色度的測定轉變為對許多
材料的收集，而這些材料中的每一種在原則上都可以從觀察
中獲得。現在，困難並不涉及任何一種必需的材料，而是與
它們在數量上的眾多性有關。在「以致」之後的文字中，我
們的定義假定，每一塊 $z$ 色片都可以和每一塊與 $x$ 無法分辨
的 $y$ 色片進行比較。這在實踐中是不可能的，因為它要求對
過去、現在和未來的可見宇宙進行一番完全的觀測。我們絕
不可能知道兩塊色片 $x$ 和 $y$ 擁有同一種色度，因為儘管我們
觀察到的每一個 $z$ 要麼既和 $x$ 也和 $y$ 擁有關係 S，要麼既不
和 $x$ 也不和 $y$ 擁有關係 S，但是一個不具有這種性質的新的
$z$ 總有可能在後來被發現。因此，假如「C」是一個具有精
確色度的顏色的名稱，那麼任何一個形如「C 存在於這裡」

的命題都不可能在某個時候被認識，除非「C」被定義為「存在於這裡的這個色度」。

　　應該看到，同一類困難存在於所有經驗概念上面。例如：以「人」這個概念為例。假如現代人進化的所有階段全都展開在我們面前，那麼就會有一些標本，並且對於這些標本，我們應該毫不猶豫地說「這是人」。也會有另外一些標本，對於它們，我們應該毫不猶豫地說「這不是人」。但是會有一些中間形態的標本；而對於它們，我們就拿不準了。從理論上說，我們能夠做到的使我們的概念更加精確的任何事情，都不可能避免這種不確定性。事實上，在進化的某些階段，可能發生過某種巨大而突然的變化，以致我們正當地把「人」這個名稱給予了此後出現的事物，而沒有給予此前出現的事物。但是，假如是這樣的，這只是一個幸運的偶然事件，而且我們仍然可以想像某些中間的形式。簡言之，每一個經驗概念都具有這種模糊性，而這種模糊性明顯地出現於諸如「高個子的」或者「禿頭的」這樣的例子中。有些人當然是高個子，另外一些人當然不是高個子。但是，對於那些居於這兩部分人之間的那些人，我們應該說「高個子？是的，我想是這樣的」，或者說「不，我不想稱他為高個子」。在每一種經驗性質中，這種情形都可以在或大或小的程度上被發現。

　　科學在很大程度上是由一些發明概念的方法組成的，而這些概念比日常生活中的概念具有更高程度的精確性。一個概念所擁有的精確性的程度，可以得到確切的數量上的定

義。令「P(x)」表示「x 具有述詞 P」。讓我們考察一下可　106
能被期待著擁有述詞 P 的那類事物所有已知的實例。假設
這類事物的數目是 n，並且假設在其中的 m 個實例中，我們
能夠確定地斷言「並非 P(x)」，那麼 m/n 就是關於我們的概
念 P 的精確性的一種測量。比如，舉測量為例：除了在占
比例很小的一部分情況下，科學方法能夠表明這樣的陳述即
「這個桿子的長度超過或不足一公尺」是真的；然而，一些
粗糙但尚可用的方法所留下的難以確定的情況在比例上則要
大得多。現在考慮「這個桿子的長度是一公尺」這個例子。
這一點是絕不可能被證實的，而且在我們先前的命題不能得
到證實的情況下，它也不可能被否證。因而我們給予一個概
念的精確性越高，它就越時常地能被證明為不可應用的，而
且它也就越少能被證明為可應用的。當它是完全精確的時，
它就絕不可能被證明為可應用的。

　　假如打算讓「公尺」成為一個精確的概念，我們必須
把長度分為三類：(1)那些確實少於一公尺的長度；(2)那些
確實多於一公尺的長度；(3)那些不屬於前兩類的長度。然
而，我們可以認為，更可取的做法是使「公尺」成為一個不
精確的概念。那麼，它將意味著「透過目前的科學方法無
法將其與標準公尺的長度區分開來的任何一種長度」。既然
如此，我們有時就能夠說，「這根桿子的長度是一公尺」。
但我們所說的這句話之為真，現在是相對於現存的技術而言
的；測量工具的改進可以使我們所說的話成為假的。

　　我們一直在說的所有關於長度的話，在細節上作必要的

修改之後，適用於色度。假如顏色是透過波長來定義的，那麼這種主張可以一字不變地適用於它。顯然，基本的經驗概念自始至終就是不可分辨性。技術手段能夠減少但不能完全消除這種不精確性。它對這個概念來說是本質性的。

我們會說：這塊特定的色片的顏色被約定稱之為「C」。於是，所有其他色片的顏色都分為兩類：(1)我們知道它們不是「C」的那些色片；(2)我們不知道它們不是「C」的那些色片。精確方法的全部目的就在於使第二類的範圍盡可能地變小。但是我們絕不能達到這樣的地步，即我們知道第二類的一個成員必定與 C 同一；我們所能做的一切，就在於使第二類由愈來愈像 C 的顏色組成。

因而，我們作出如下的陳述：我把名稱「C」給予我在視覺位置（$\theta$，$\phi$）看到的色度，並把名稱「C'」給予我在視覺位置（$\theta'$，$\phi'$）看到的色度。也許 C 與 C'是可分辨的，那麼它們就確實是不同的。也許會是這樣：它們是不可分辨的，但是存在一個顏色 C"，它與一個是可分辨的，與另一個是不可分辨的。若是如此，C 與 C' 當然也是不同的。最後，情況也許是：我所知道的每種顏色要麼與二者都可分辨，要麼與二者都不可分辨。既然這樣，C 與 C' 可以是同一的，也就是說，「C」與「C'」可以是同一個事物的兩個名稱。但是，由於我絕不可能知道我已經考察了所有顏色，所以我絕不可能確定 C 與 C' 是同一的。

這回答了關於概念的精確性與感覺的模糊性之間的關係的問題。

　　然而，尚待考察對於我們的理論可能提出的反對意見，這些可能的反對意見來自我所說的「自我中心殊相詞」。這將在下一章完成。

**7.**

自我中心殊相詞

　　在本章中，我所關心的是那些其所指是相對於說話者的語詞。這、那、我、你、這裡、那裡、現在、然後、過去、目前和將來都是這樣的語詞。動詞的時態也必須包括在內。「我熱」和「瓊斯熱」都擁有一種僅當我們知道這個陳述被作出的時間時才能確定的意義。同樣的說法也適用於「瓊斯曾經（was）熱」，它表明「瓊斯的熱先於目前」；因而，它隨著目前的改變而改變其意義。

　　所有自我中心詞都可以用「這」來定義。因此，「我」意指「這所屬於的這種自身經歷」（the biography to which this belong）；「這裡」意指「這的這個地點」（the place of this）；「現在」意指「這的這個時間」（the time of this）……等等。因此我們可以只研究「這」。把某個其他的自我中心詞作為基本詞，並用它來定義「這」，似乎並不是同樣可行的。也許，假如我們把一個名稱給予和「然後的我」（I-then）相對的「現在的我」（I-now），這個名稱能夠代替「這」；但是，日常語言中似乎沒有任何詞能夠代替它。

　　在解決更困難的問題以前，讓我們明白任何自我中心殊相詞都不能出現在物理學語言中。物理學把時空看成是客觀的，人們設想上帝也許就是這樣看待時空的；像在知覺中一樣，並不存在一個特別溫暖、怡人、明亮且四周被逐漸變深的黑暗所包圍的區域。一個物理學家不會說「我曾看到一

張桌子」，而是會像紐拉特[1]或者尤利烏斯・凱撒那樣，說
「奧托曾看到一張桌子」。他不會說「一顆流星現在是可見
的」，而會說「在格林威治時間8點43分一顆流星曾是可見
的」，而且人們希望在這個陳述中「曾是」（was）是沒有
時態的。毫無疑問，非精神的世界在不使用自我中心詞的情
況下可以得到完全的描述。當然，心理學家所要說的許多話
也都可以省缺它們。那麼，究竟還有必要擁有這些語詞嗎？
或者說，任何事物都可以在不使用它們的情況下而得以表達
嗎？這個問題並不是容易的。

　　在我們可以考察這個問題之前，我們必須確定——假如
我們能夠確定的話——「這」這個詞的意義是什麼，以及為
什麼人們發現自我中心詞在使用上是方便的。

　　「這」這個詞只是稱呼一個對象，而並未在任何程度上
描述它；在這種意義上，它似乎具有專名的特性。人們也許
認為它把引起人們當前的注意這樣的屬性歸屬於一個對象。
但是，這是錯誤的，因為在許多場合都有許多對象引起人們
當前的注意，但在每一場合下只有一個對象是這。我們可以
說「這」意指「這個注意行為的對象」，但這顯然不是一個
定義。「這」是一個我們將其給予我們正在注意的那個對象
的名稱，但是我們不能把「這」定義為「我現在注意的這個
對象」，因為「我」和「現在」都包含著「這」。[2]「這」

1　參見第六章。

2　或者，如果我們把「現在的我」作為基本詞，那麼它也會出現一些問

這個詞並不意味著「相繼被稱為『這』的所有對象共同具有的東西」，因為在每一種使用「這」的場合，都僅有一個該詞所適用的對象。「這」顯然是一個專名，在其被使用時每換一個場合都應用於不同的對象，然而它絕不是模糊不清的。它與「史密斯」這個名稱不同，後者適用於許多對象，但始終適用於其中的每一個。「這」這個名稱在一個時間僅僅適應於一個對象，而且當它開始適用於新的對象時，它就不再適用於原來的那個對象了。

　　我們可以把我們的問題陳述如下。「這」這個詞在某種意義上擁有一種恆定的意義。但假如我們僅僅把它當成一個名稱，它在任何意義上都不可能擁有恆定的意義，因為一個名稱僅僅意指它所稱呼的東西，而被「這」所稱呼的對象是連續變化著的。另一方面，假如我們把「這」當成一個偽110 裝的摹狀詞，比如說「注意的這個對象」（the object of attention），那麼它將總會適用於只要是一個「這」的一切事物，而事實上它在一個時間絕不能應用於一個以上的事物。為了避免這種不受歡迎的一般性而作的任何嘗試，都將以隱蔽的方式再一次將「這」引入用來定義的語詞之中。

　　（還有另外一個關於「這」的問題；它與專名問題相關聯，而且初看起來，它使人們對前一章的結論產生了懷疑。假如我們同時看到兩塊特定色度的色片，我們會說：「這和那在顏色上是完全類似的。」我們會毫不懷疑其中的一個

---

題，而這些問題恰好就是當不以它為基本詞時「這」所出現的問題。

是這，另一個是那；而且任何事物不能使我們相信這兩塊色片是一個東西。然而，這個困難容易解決。我們所看到的東西不僅僅是一塊色片，而且是出現在特定視覺方位上的一塊色片。假如「這」意指「這樣的方位上的一塊色片」，並且「那」意指「另一個這樣的方位上的一塊色片」，那麼這兩個複合物是不同的，而且沒有理由推斷這種單純的顏色是雙重的。）

　　「這」是一個名稱、一個摹狀詞，還是一個一般概念呢？對這個問題所作的任何回答，都會有反對意見。

　　假如我說「這」是一個名稱，那麼我就要面臨這樣的問題，即解釋我們是根據什麼原理來確定它在不同場合所命名的東西的。有許多人都被稱為「史密斯」，但是他們並不共同擁有某種史密斯性（Smithness）這樣的特性；在每一種情況下，人們擁有那個名稱都只是一種任意的習慣。（確實，名字通常是從前人那裡繼承來的；但是它可以透過單方執行的約定被人接受。從法律上說，一個人的名字可以是他公開宣布他希望人們用來稱呼他的任何東西。）但是，當我們確實把一個事物稱為「這」時，或者，當我們在隨後不得不提到它的場合不再稱其為「這」時，並非一種任意的習慣引導著我們這樣做。在這方面，「這」不同於通常的專名。

　　如果我說「這」是一個摹狀詞，也會出現同樣的困難。它當然能夠意指「現在的我正在注意的東西」，但那僅僅是把麻煩轉移到「現在的我」上了。我們已經同意把「這」作為基本的自我中心殊相詞，而且任何其他的決定都

111 給我們留下了完全同樣的問題。任何不包含某個自我中心殊
相詞的摹狀詞都不可能擁有「這」的這種特殊的屬性，即在
每一個被使用的場合僅僅應用於一個事物，而在不同的場合
應用於不同的事物。

　　同一種反對意見也完全適用於把「這」定義為一般概念
的企圖。假如它是一個一般概念，那麼它就擁有一些實例，
而且每個實例都始終是它的實例，而並非僅僅在某一時刻才
是它的實例。顯然，有一個一般概念即「注意的對象」包含
於其中。但是，為了保證「這」在時間上的唯一性，我們需
要超出這個一般概念的某種東西。

　　人們也許會認為，在一個純粹物理的世界中，明顯不
存在自我中心殊相詞。然而，這種看法並未完全表達真實的
情況，這部分地是因為在純粹物理世界中根本沒有語詞。真
實的情況是，「這」依賴於語詞使用者與該詞所涉及的那個
對象之間的關係。我不想引入「心靈」。可以構造一台正確
使用「這」這個詞的機器：它可以在適當的場合說「這是紅
的」，「這是藍的」或者「這是一個警察」。就這樣的機器
來說，語詞「這是」對於隨後的那個詞或那些詞來說是一種
不必要的附加；我們也可以讓這台機器說「咒文紅的」或
「咒文藍的」。假如我們的機器以後說「那曾是紅的」，那
麼它就正在變得更接近於人類的語言能力。

　　讓我們假設我們的機器擁有這種更高的能力。我們將
設想，當紅燈照射我們的機器時，紅燈會使一種機械裝置運
轉起來，並且該裝置使得這台機器首先說「這是紅的」，

然後，即當各種不同的內部過程被完成後，說「那曾是紅的」。我們能夠描述這台機器在其中說「這」的那些情況，也能夠描述它在其中說「那」的那些情況。當外部的原因首先在它上面起作用時，它說「這」，並且當第一次結果在這台機器上導致一些其他的現象時，它說「那」。我見過一些自動機器為了得到一枚硬幣而打高爾夫球；這枚硬幣啓動了一個持續了某種長度的時間的過程。以這種機器說「這是一便士」作為這個過程的開始，並以它說「那曾是一便士」作為該過程的結束，顯然是可能的。我認為，對這種高明的玩物的思考，可以使我們消除一些不相關的問題。

這種機器所做的事情，使我們能夠描述人們在其中說出「這是」或者「那曾是」的那些情況。對一種刺激所做的語詞上的反應可能是當下的，也可能是延遲的。若這種反應是當下的，傳入流將進入大腦，並沿著傳出神經繼續前進，直到它影響了相關的肌肉並產生一個以「這是」開頭的句子。若這種反應是延遲的，傳入的神經衝動將以某種方式儲藏起來，並且在對某種新的刺激做出反應時，才會產生一種傳出的神經衝動；既然如此，該傳出衝動完全不是前一種情況下的傳出衝動，而且會產生一個稍稍不同的，即一個以「那是」開頭的句子。

這裡，我們回到了最低限度的及其他的一些因果鏈條。在這方面，一個最低限度的因果鏈條，就是從來自大腦外部的刺激到語詞反應的那個最短的可能的鏈條。其他的因果鏈條總是包含了某種另外的刺激，它們使得先前的刺激所

儲藏的結果得以釋放，並產生一種延遲的語詞反應。在最低限度的因果鏈條中，我們說「這是」；而在更長一些的因果鏈條中，我們說「那曾是」。當然，這種解釋是過分綱要性的，以致不能算作實際的心理學。但這似乎足以解決關於自我中心殊相詞的一些原則性的困難。

讓我們詳細說明這種看法。每當我發出「貓」這個詞時，我之所以這樣做，一般說來乃是因為一隻貓被我或曾經被我感知。（這種看法的限制條件可以忽略。）假如我這麼做的原因在於這隻貓曾被我感知，那麼這個過去的事實顯然不是我說出「貓」的全部原因，一定還有某種當前的刺激。因而，對「貓」這個詞的知覺的和回憶的使用並不是完全類似的原因的兩種結果。在一個以適當方式確立了某些語言習慣的人的身上，這些結果也不可能是完全類似的。知覺的結果以「這是」這些語詞開始，而回憶的結果以「那曾是」這些語詞開始。

113　　　因而，在一個以「這是」開頭的句子和以一個「那曾是」開頭的句子之間所存在的差別，並不在它們的意義上，而在說出它們的原因上。由我們說出的「《獨立宣言》發表於（was in）1776年」，和可能是由傑弗遜說出的「《獨立宣言》發表於（is in）1776年」這兩句話完全擁有相同的意義，但是前者蘊含著說出它的原因是間接的，而後者蘊含著說出它的原因是直接的，或者是盡可能直接的。

人們也許會反對說，關於目前的許多陳述，完全與關於過去的陳述一樣地直接。假如我說「芬蘭正在被入侵」，

我之所以這麼說，首先是因為我記得我在報紙上讀到的東西，其次是因為我作出了這樣的推斷，即這次侵略不太可能在最近的幾小時之內結束。但是，這是對「是」³這個詞的一種被引申的和推論性的使用，它包含著關於現在的知識由之從關於過去的知識中獲得的某些因果法則。所包含的「目前」並不是心理學意義上的「目前」；它不是某種被呈現的東西。它是物理學意義上的「目前」，即在物理學的時間中與心理學意義上的「目前」同時出現的某種東西。就它們包含著在說話者與其所提及的東西之間的不同因果關係而言，「目前」和「過去」主要地是心理學的術語。它們的其他用法全都可以根據這種主要的用法加以定義。

上述理論解釋「我」這個詞的用法了嗎？在本章開始時我們說過，「我」可以根據「這」來定義：「我」是「這」所屬於的這個自身經歷。但是，儘管我們解釋了語詞「這」的用法，我們是透過剝奪該詞自身在孤立狀態下的所有意義而做到這一點的。因此，我們無法肯定，我們能夠主張上述關於「我」的定義。

假如我們關於「這」的理論是正確的，那麼在對世界進行完全描述時它就不是必需的。我們希望證明，就「我」以及其他一些自我中心詞來說，同樣的結論也是成立的。

「我」這個詞，由於應用於在某個時間段內始終持續的

---

3 前一句中「芬蘭正在被入侵」的英文原文是「Finland is being invaded」。這裡所說的「是」是指原文中的「is」。——譯注

114　某種事物，因而是從「現在的我」中產生的。它是透過某些
因果關係與「現在的我」關聯起來的事件系列。要考慮的短
語是「我是」，它可以被「現在的我是」所代替，而這裡的
「是」可以被看作是無時間性的。

　　「現在的我」和「這」之間的連繫，顯然是非常密切
的。「現在的我」指稱一個現象的集合，即此刻在我身上發
生的所有那些現象所構成的集合。「這」指稱這些現象中的
某一個。與「現在的我」相對的「我」，可以透過與「這」
的因果關係而得到定義，就像它可以透過與「現在的我」之
間的因果關係而得到定義一樣。這是因為，我透過「這」僅
能指稱我正在經驗的某種東西。

　　由於在以後諸章中更充分展露出來的一些原因，我認
為「我是」這個短語可以始終用「這是」這個短語來代替，
而且反過來也是可以的。在這兩個短語中我們應該使用其中
的哪一個，取決於偶然因素或者我們的偏好。假如我們是從
運動中感到熱的，而不是因為周圍的氣溫而感到熱的，那麼
我們說「我熱」，而不說「這是熱性」。但是，當我們進入
一艘輪船的發動機房時，我們會說「啊！這裡熱」，這句話
（大致）等於「這是熱性」。我們說「這是一隻貓」，並有
意作出一個關於並非僅是我們自身經歷的一個部分的陳述。
但是，假如語詞「這」應用於並且它也應該應用於我們直接
經驗的某種東西，它就不能應用於作為外部世界之對象的這
隻貓，而僅能應用於我們自己的關於一隻貓的知覺對象。因
而我們必不能說「這只是一隻貓」，而必須說「這是一種我

們將其和貓連繫起來的知覺」，或者說「這是一種關於貓的
知覺對象」。這個短語反過來又可以用「我在以貓的方式知
覺著」來代替。「我在以貓的方式知覺著」斷言了我自己的
一種狀態，而且恰恰是在我試圖（倉促地）說出「這是一隻
貓」的那些同樣的場合，和在我可以正當地說「這是一種關
於貓的知覺對象」的那些同樣的場合，它才是眞的。當我們
說「這是一隻貓」時，我們直接知道的東西，就像覺得熱一
樣，是我們自己的一種狀態。

　　因而，在包含「這」的每個陳述中，我們都可以代之以
「現在的我所注意的東西」，而且在每個包含「現在的我」
的陳述中，我們也都可以代之以「與這共同出現的東西」。

　　因此，關於「這」所說的話同樣適應於「現在的
我」。把「現在的我」與一個專名區分開來的東西，並不是
含有「現在的我」的句子所陳述的東西的一部分，而僅僅是
被陳述者與對它的陳述之間的因果關係的一種表達。　　115

　　「你」這個詞也包含了某些困難，它們不同於關於自
我中心殊相詞所特有的那些困難。它們將在以後諸章中得到
考慮。就我們目前的問題而言，注意到下述之點就足夠了：
「你」總是透過與某個當前的知覺對象相關聯而得以確定
的，並且這個當前的知覺對象就是此刻的「這」。因而，就
這種困難也是關於自我中心殊相詞的困難而言，對「這」所
作的解釋也解釋了「你」。

　　在我看來，這就解決了關於自我中心殊相詞的問題，

而且也表明在對世界 —— 無論是物理的世界還是精神的世界 —— 所作的任何一部分描述中，它們都不是必要的。


　　說明：賴欣巴赫教授友好地允許我參閱他尚未發表的一篇關於「自我中心殊相詞」問題的論述。他以某種不同的方式處理這個問題，但我認為他的理論與我的理論是一致的，並相互完善了對方的理論。

# 8.

## 知覺與知識

　　「知覺」一詞是哲學家們在早期多少有些未加批判地從常識中借用來的。當蘇格拉底要求塞阿提特斯特給出一個「知識」的定義時，後者提出知識就是知覺。蘇格拉底勸說他放棄這個定義，這主要是因為知覺是無常的，而真正的知識必定是關於某種永恆的東西的；但是他並不懷疑被構想為主體與對象之間的關係的知覺現象。對常識來說，似乎顯而易見，我們至少是用視覺和觸覺的感官感知著「事物」。有時，就像關於麥克佩斯[1]的匕首那樣，視覺可能會誤導人，但是觸覺絕不會。從詞源學上來說，一個「對象」就是被丟在路上妨礙我行走的某種東西：假如我在黑暗中撞到了一根柱子，那麼我相信我感知到了一個「對象」，而並非只是擁有一種以自我為中心的經驗。這是蘊含在詹森博士對貝克萊的反駁之中的觀點。

　　從各種各樣的觀點來看，這種知覺的常識理論已經引起了人們的懷疑。笛卡兒否認心靈與物質之間的相互作用，因而他不會承認，當我的身體撞到一根柱子時，這個事件就是被稱之為「感知這根柱子」的精神現象的原因。從這樣的一種理論過渡到下述這些東西是自然而然的：身心平行論；或者馬勒伯朗士的理論，即我們在神之中認識一切事物；或者萊布尼茲的那些全都同時經歷著某些類似的但卻有系統性差別的幻覺的單子，這種幻覺則被稱為「反映著宇宙」。然而，在所有這些體系中，都可以感覺到某種想像出來的東

---

1　莎士比亞的一部悲劇中的主人公。——譯注

西，並且唯有受過長期的荒唐訓練的哲學家才會真正相信它們。

對知覺的常識理論的一種比這嚴重得多的攻擊，經由研 117 究感覺的原因而來自科學。這種攻擊對哲學家們的看法所產生的最初的影響，催生了洛克的學說：第二性質是主觀的。貝克萊對物質的否定部分地——雖然不是主要地——來自關於光和聲的科學理論。在後來的英國經驗論者那裡，對知覺的常識學說進行科學的改造逐漸變得重要起來。J.S.穆勒的「物質」定義，即物質是「感覺的恆久可能性」，就是來自科學與貝克萊的結合。唯物論者的學說，即「物質」是「感覺的原因」，也是這樣；由於列寧的權威，這個學說在整個蘇聯都被奉若神明。

為了弄清科學在這個問題上所不得不說的話，首先忘掉貝克萊的形上學是重要的；人們或是希望或是害怕——且不問人們做得對不對——這種論證會導致它的產生。要記住，我們從開始就區分了兩種類型的知識論：一種是由笛卡兒的懷疑和對確定性的尋求所促成的，另一種僅僅是科學的一個分支。在後一種中，由於接受科學似乎確立的任何東西，我們試圖定義那些被稱為認識結果的事件，以及與使其成為那樣的事件的其他事件之間的關係。現在，讓我們接受第二種知識論，並且檢查一下被常識當作各種「感知行為」的那些事件。作出這種檢查，是為了確定它們是否是認識的結果，並且假如它們不是，它們又是如何與我們關於事實的經驗知識相關聯的。在這種探究中，我們假定世界就是它在科學中

所顯現出來的那個樣子，而且我們眼下不問自己這種假定是否正當。

讓我們從一個天文學的對象開始，比如說從太陽開始。我們有許多被稱為「看見太陽」的經驗。根據天文學，也存在著一大團熱的物質；它就是太陽。這團物質與被稱為「看見太陽」的一種現象之間的關係是什麼呢？這種因果關係如下所述：太陽上每時每刻都有大量原子以光波或者光子的形式發出輻射能。這些光波或光子在大約八分鐘的過程中穿越太陽和我的眼睛之間的空間。當它們達到我的眼睛時，它們的能量轉變成了一些新的種類的東西：在視桿和視錐上發生了一些事情，然後一種干擾沿著視覺神經移動；再往後，大腦的適當部位發生了某種事情（沒人知道它是什麼）；最後，我「看見了太陽」。這就是對太陽和「看見太陽」之間的因果關係的描述。但是，我們想要知道的東西是太陽和「看見太陽」之間的那種相似性——假如存在著相似性的話；這是因為，正是僅就存在著相似性而言，後者才能成為關於前者的知識的來源。

由於堅持非批判地接受科學，我們發現，在太陽和「看見太陽」之間存在著某些重要的相似之處。首先，太陽看起來是圓的，而且是圓的。確實，這種相似不可能像它聽起來的那樣接近，因為太陽在我的視覺空間中看起來是圓的，而在物理空間中是圓的。不過，這種相似還是能夠清晰地加以陳述。一個空間中的圓的定義與另一個空間中的圓的定義是相同的；而且某些關係——值得注意的是接近性——

是物理的和視覺的空間所共同具有的。

　　還有，假如我們看見了太陽黑子，那麼就存在著太陽黑子。在剛剛解釋的意義上，天文學太陽上的黑子與視覺太陽上的黑子大致說來具有相同的形狀。而且，太陽感覺起來是熱的；而與周邊的物理空間的區域相對照，天文學太陽也擁有相應的特性。

　　然而，在視覺的太陽和天文學的太陽之間所存在的類似性是有限度的。在發生日偏食時，太陽看起來像一輪新月；但是，它就像平時一樣，依然是圓的。如果我們眯著眼睛看，我們可以看到兩個太陽，但是我們不能創造兩個「實在」的太陽。然而，所有這些問題都能得到細緻的處理，而且不會產生原則性的困難。

　　我之所以從天文學的對象開始，是因為它們具有一種簡單性，這種簡單性則源自它們只可以被一種感官感覺到。現在讓我們考慮一下通常的地球上的對象。貝克萊考慮了一棵樹，而且這將與任何其他對象一樣是合適的。就視覺感官 119 而言，剛才關於太陽所說的一切都同樣適用於這棵樹，只不過我們因之而看見樹的光線是反射光，以致要不是當它暴露於來自太陽的光線或者閃電或者某種人工照明時，它就是不可見的。但是樹也能被摸到、聽到、聞到和嚐到。當我「摸到」這棵樹時，為了產生猛烈的斥力，我手指上的某些電子充分接近樹上的某些電子。這些情況導致了一種沿著神經從我的手指移向大腦的干擾。在大腦中，它們擁有一種具有未知性質的效果，而這種效果最終產生了一種觸覺。這裡，我

們又一次不得不問自己：在我的觸覺與我錯誤地想像我的手指與之接觸的樹的那個部分之間，有什麼樣的相似之處呢？

　　存在某些觸覺的性質：硬的、軟的、粗糙的和光滑的。這些性質對應於所觸到的對象的性質。透過摸一個對象，我們能夠推斷它的形狀，就像我們能夠透過看它而斷定它的形狀一樣。對於一個看到這個對象的人，和對於一個僅僅摸到這個對象的盲人來說，被推論出來的「真實」的形狀是同樣的，而且當我說「同樣的」時，我嚴格地意指同一種東西：除了在精確性的程度方面，從觸覺中推論出來的物理空間和從視覺中推論出來的物理空間之間，沒有任何差別。

　　除了形狀以外，還有位置。被觸到但未被看到的對象可能在我的頭上方，或者在我的腳邊，或者處在任何一種中間的高度；它可能離我有一臂之遠，或者觸及我的臉，或者處在相對於我的身體的許多其他位置中的任何一個。在所有這些方面，我的感覺與該物理對象的特性之間都存在著一種類似。

　　沒有必要考慮聽、聞和嚐，因為完全相似的考慮也適用於它們。

　　以上的解釋依賴於對物理學和生理學一種教條式的接受。在我們放棄這種令人舒適的教條之前，有某些要點需要補充。由外部對象引起的感覺是像其他任何事件一樣的事件，而且它們不具有我們將其與「認識」這個詞連繫在一起的那些特徵。這個事實必須與常識的觀點相連繫；此處的常

識觀點指的是：存在一些被稱為「感知行為」的現象，並且 120
我們是在這些「感知行為」中意識到對象的。我們應該完全
放棄這種常識的觀點呢，還是應該透過使知覺對象變成某種
完全不同於（除了上面所提到的相似性）物理對象的東西而
保留它呢？在討論這個問題之前，我們必須考察「感覺」和
「知覺」之間的心理學差別。這裡，「知覺」依然只是產
生於一個刺激物的某類事件，而且不假定它擁有任何認識的
地位。

　　在對我們的感官刺激做出反應時，存在兩種從理論上
講可以區分開來的成分：首先是僅僅由這種刺激所產生的成
分；其次是由它的習慣伴隨物所產生的成分。一種視覺絕
不可能是純粹的，其他感官也會透過習慣法則而被刺激。當
我們看見一隻貓時，我們期待著它發出貓叫的聲音，摸起來
是柔和的，並且以類似貓的方式走動。假如它發出狗吠的聲
音，或者摸起來像一塊石頭，或者像一隻熊那樣走動，我們
應該經驗到一種強烈的震驚。這類事情與我們看見了「對
象」這種信念有關，而且並不只是擁有視覺。假如我們考慮
動物心理學，而不是僅僅考慮人的心理學，那麼把這種擴
張完全歸屬於習慣是不安全的；其中的某種東西似乎具有天
生的本能反應的特點。比如，這種情況在雞啄食穀物的力量
中就得以顯示：雞在啄食穀物時，無須首先學習一種「嘴—
眼」的協作能力。然而在這方面，這究竟是習慣還是無條件
反射的問題並不非常重要。重要的是，對它們的通常伴隨物
的自發想像或者期待，使感覺變得豐滿了。

　　當我們擁有我們稱之為「看見一隻貓」的經驗時，存在一種先行的因果鏈條，該鏈條類似於我們考慮過的與「看見太陽」有關的那種鏈條。當這種經驗是真實的時，這個鏈條會在向後過程中的某個點上到達一隻貓那裡。（我依然獨斷
121　地假定物理學的真實性。）但是，顯而易見，假如在這個鏈條的某個點上，通常在貓身上有其起源的那些事件（光波、視桿和視錐的震動，或者視覺神經或大腦的被干擾）能以別的方式產生出來，那麼我們同樣也會擁有被稱為「看見一隻貓」的經驗，並且無須任何貓出現在那裡。我請求讀者記住，我是在談論科學，而非哲學。我在思考類似鏡中影像這樣的事物，即在使一個人看星星時他的眼睛遭受打擊所產生的效果，或者大腦所受的可能導致我在夢中「看見一隻貓」的那些干擾（不管它們是什麼）。

　　我們可以把這個問題綱要式地表述如下：某個經驗 E（比如這樣的經驗，即在我們稱之為「看見一隻貓」的東西中的視覺核心）在我以前的歷史中通常被某些其他經驗緊密地伴隨。因此，透過習慣法則，經驗 E 現在被休謨稱之為「觀念」的東西所伴隨。但是，我更願意將這些「觀念」稱為「期待」，它們可能純粹是身體的狀態。不管怎麼說，我們以後開始分析信念時會發現，這些期待應該稱為「信念」。因而，儘管感覺核心不屬於認識，其作為信念的聯想伴隨物必須歸類於認識（包括涵蓋在此題目之下的可能錯誤的信念）。假如這種觀點顯得奇怪，那是因為我們傾向於以過分唯理智論的方式思考信念。

　　我不喜歡使用「知覺」這個詞來代表由期待所補充了的感覺核心所組成的完全經驗，因為這個詞過強地暗示著它所包含的信念是真的。因此，我將使用「知覺經驗」這個詞。因而，每當我認為我看到一隻貓時，我就擁有了「看見一隻貓」這樣的知覺經驗，即便在這個場合並未出現物理的貓。

　　由於把感覺擴展為一種知覺經驗是一種習慣，因此在我的以往經歷中，這種知覺經驗所假定的那些協作通常已經存在了。簡單地說（現在依然假定著物理學是真的）：迄今為止，每當我「看見一隻貓」時，通常總是有一隻貓被看見，因為若不如此，我就不會獲得我現在所擁有的這種習慣。因此，對於主張（在常識的基礎上）當我「看見一隻貓」時，就可能存在著一隻貓，我們有歸納的根據。我們不可能超越 122 「可能」，因為我們知道人們有時看見了並不存在的貓，比如在夢中就是這樣。起因於感官刺激的知覺經驗的可能性完全依賴於這個事實，即我們生活在一個對象擁有某種穩定性並且也與自然種類相符合的世界中。這些事物依賴於溫度。毫無疑問，生命的可能性也是如此。當然，「經驗」依賴於我們擁有一個或多或少具有穩定性的身體。詞源學意義上的「精神」——即運動中的氣體——不可能擁有經驗或者習慣的形成所需要的那種物理的穩定性。

　　總結一下我們這一部分的討論：在我們的環境中，經常會出現這樣的情況，即事件以能把貓和另一種對象區分開來的成束的方式（in bundles）一起出現。我們的任一感官都能被產生於所說的這束性質的某種特徵的刺激所影響。讓我

們假定刺激是視覺的。那麼物理學允許我們推斷，某些頻率
的光從對象出發，到達了我們的眼睛。歸納允許我們推斷，
我們設想其看起來像一隻貓的這種類型的光，可能來自這隻
貓的其他那些性質也隨同出現的一個區域。在一定程度上，
我們能夠透過實驗來檢驗這個假設：我們可以觸摸這隻貓，
並且可以把它的尾巴提起來，看看它是否會咪喵咪喵地叫。
這種實驗通常是會成功的。當它不成功時，它的失敗也容易
在不修改物理學規律的前提下得到解釋。（正是在這方面，
物理學優越於無知的常識。）但是，所有這種精緻的歸納工
作，就其屬於常識而不屬於科學而言，可以自發地由習慣來
完成；在這裡，習慣把純粹的感覺轉變成了一種知覺經驗。
一般說來，一種知覺經驗就在於教條式地相信物理學和歸納
表明為可能的那些東西。就其教條式的做法而言，它是錯誤
的；而就其內容而言，它通常是正確的。

　　由以上所述可以斷定，在任何一種知覺經驗中，感覺核
心都比其餘部分具有更高的推論價值。我可以看見一隻貓，
或者聽到它發出咪喵的聲音，或者在黑暗中摸到它的毛。在
所有這些情況下，我都擁有關於一隻貓的知覺經驗；但是，
在第一種情況下是視覺經驗，在第二種情況下是聽覺經驗，
而在第三種情況下是觸覺經驗。為了從我的視覺經驗中推斷
123　這隻貓的表面的光線的頻率，我只需要（假如我不是在做夢
並且我的視力是正常的）物理學定律。但是，為了推斷貓的
其他特徵，我還需要這種經驗，即擁有這種顏色的形狀的對
象更易於發出貓叫的聲音而不是發現犬吠的聲音。因而，儘

管來自知覺經驗的推斷沒有一個是確定的，但是從感覺核心作出的那些推斷比從該知覺經驗的其他部分作出的那些推斷，具有更大程度的可能性。這一點只能被那些願意否定物理學或心理學的人所否定。

　　現在我轉向一個稍微不同的題目，即知覺經驗與我們關於事實的知識之間的關係。從（一方面）關於被經驗的過去與現在的知識和（另一方面）關於未來和未被經驗的過去與現在的知識之間所存在的差別來看，顯然存在著這樣的一種關係。我們知道凱撒被謀殺了，但直到它發生，這個事件才被人知道。目擊者知道這件事，因為他們感知了它；我們知道這件事，因為我們感知了歷史文獻中的某些陳述。我們有時知道未來的事實，比如關於即將到來的日食的日期；但是，這樣的知識是從直接基於知覺對象的知識中歸納地推論出來的，並且與它基於其上的這種知識相比，是不太確定的。我們所有關於事實的知識，即所有與時間位置有關聯的知識，都因果地依賴於知覺經驗，並且至少包含一個涉及現在或過去的命題。但是，儘管這是明顯的，經驗知識與知覺經驗之間的那種邏輯關係，絕不容易加以清楚地陳述。

　　有些哲學學派，比較著名的是黑格爾派和工具論者，他們全然否認材料與推論之間的區分。他們認為，在我們的所有知識中都有一種推論的成分，知識是一個有機的整體，並且真理的其餘部分與其說與「事實」符合，還不如說與「事實」相融貫。我不否認在這種觀點中有一種真理的成分。但是，我認為，如果把它當作全部的真理，那麼它就使得知覺 124

在知識中所起的作用變得無法解釋了。每一種知覺經驗，假如我願意注意它的話，或者為我提供了一種我以前不能加以推斷的新知識，或者至少是像關於日食那樣，為我提供了比我以前透過推論而獲得的程度更高的確定性。對於這一點，工具論回答說，任何關於獲自知覺的新知識的陳述，都總是以被接受的那些理論為基礎的一種解釋，並且假如這些理論被證明是不合適的，以後可能需要對它加以修正。例如：假如我說「瞧！出現月食了」，那麼我就使用我的天文學知識解釋了我看見的東西。根據工具論者的看法，不體現理論或假說的語詞是不存在的，而且天然的知覺事實因而永遠是不可表達的。

我認為，這種觀點低估了分析的力量。不可否認，我們對知覺經驗的日常解釋，甚至我們的所有日常語詞，都體現了理論。但是，削減這種解釋的成分，或者甚至發明一種包含最少量理論的人工語言，不是不可能的。透過這些方法，我們能夠逐步地接近純粹的材料。我認為，一定存在一種純粹的材料，是知覺產生新的知識這個事實在邏輯上不可反駁的結果。比如，假設我迄今為止一直持有某組理論，但我現在感覺到在這些理論的某個地方有一個錯誤。既然如此，必然有某種無法從先前理論中演繹出來的東西，而且這種東西對我關於事實的知識而言就是一種新的材料，因為我們只是用「材料」意指一項不是演繹出來的新知識。在我看來，在這種意義上否認材料，只是對於一種黑格爾式的泛邏輯主義來說才是可能的。

　　材料問題，就像我所認為的那樣，一直錯誤地與確定性問題混為一談。材料的本質特徵在於它不是推論出來的。它可能不是真的，並且我們可能沒有把握肯定它是真的。我們知道記憶是可錯的，但是有很多我們僅僅根據記憶就去相信的事物，儘管它們並不擁有完全的可靠性。另外一個例子 125 來源於微弱的知覺。假設你在聽一種漸漸遠去的聲音，比如一架正在遠行的飛機。在一個時間，你確信你聽到了它；在後來的一個時間，你確信你沒有聽到它。在某些中間的時間點上，你認為你仍然聽到了它，但是不能肯定。在這些時間中，你就擁有了某種不確定的材料。我打算承認，所有材料都有某種不確定性，而且因而應該——假如可能的話——由其他材料來證實。但是，除非這些其他材料獨立地擁有某種程度的可信性，它們不可能證實那些原始材料。

　　然而，這裡還要作出一個區分。儘管我認為並非任何一個用語詞表達的陳述都是完全不可懷疑的，但是定義一些由確實全都為真的陳述所組成的類是可能的。既然如此，可以懷疑的東西是，一個給定的陳述是否屬於這些類中的一個。對於許多目的來說，定義由前提所組成的那個類以便使所有的陳述都是真的，是一種方便的做法。但是，假如我們這樣做了，我們絕不能肯定一個給定的陳述屬於這個由前提組成的類。

　　由於有一些其證據並非全都來自與其他命題的邏輯關係的那些命題，因此我今後假定存在著材料。我將不假定我們所能獲得的實際材料在任何時候都是完全確定的，然而也不

假定作為材料的命題不可能同時是已被接受的那些其他命題的推論。每當我們看到一次被預言了的日食時，這後一種情況就出現了。但是，當一個包含特殊事實的命題被推論出來時，在前提中一定存在著透過歸納從中獲得某種一般法則的某些其他事實。因此，我們的所有關於事實的知識不可能都是推論的。

這個問題，即怎樣從知覺經驗中獲得作為經驗知識之前提的命題，是困難而複雜的，但對於任何關於經驗的知識理論來說又是基本的。

126　　我們必須考察一個極端重要的問題，即關於自我中心殊相詞在知覺判斷中所起的作用的問題。我們可以首先將這個問題的性質陳述如下：我們在第七章中發現，驅除自我中心殊相詞是科學的理想，而且從我們那一章的討論中，似乎看得出這種理想是可以實現的。假如它是可以實現的，就可能存在非個人的經驗的知識，而且兩個都相信（比如說）氫是最輕的元素的人可能都會相信同一個命題。另一方面，假如所有經驗語詞嚴格說來都可以根據自我中心殊相詞而加以定義，那麼，由於兩個人不可能把同一種意義歸於同一個自我中心殊相詞，所以任何兩個人都不可能把同一種意義歸於任何一個經驗語詞，而且沒有任何經驗命題是兩個不同的人都能夠相信的。然而，這個令人不快的結論還有許多支持它的話要說。我們的經驗詞彙是以擁有實指定義的語詞為基礎的，並且一個實指定義是由一系列產生習慣的知覺對象構成的。當這種詞彙既被掌握時，正是知覺為我們提供了作為科

學之基礎的關於事實的基本知識，而且乍看上去，知覺知識
在其語詞表達式中是需要自我中心殊相詞的。這個論證現在
必須加以仔細檢查。

讓我們從「意義」開始，而且為了舉例說明，讓我們
以「熱的」這個詞為例。我將在我由之學習兒童時期的語詞
的意義的某些經驗中假定一種綱要式的簡單性：在我的兒童
室裡有一盆火，並且我每次走近它時就有人說「熱的」；而
當我在某個夏日流汗時，和當我意外地把滾燙的茶水濺到自
己身上時，他們會說出同一個詞。結果，每當我注意到某一
類型的感覺時，我就說出了「熱的」這個詞。就此而言，我
們沒有任何超出因果律的東西：某種類型的身體狀態導致某
種類型的聲音。造一台這樣的機器是很容易的：每當它達到
一定溫度時，它就會說「熱的」。然而，這一點對我們來說
並不重要。對我們來說，重要的是，關於「熱的」這個詞的
基本用法具有明顯的自我中心殊相詞的特徵，也就是說（引
用第七章）它「依賴於這個詞的使用者與該詞所涉及的對象 127
之間的關係」。在我們關於對象詞的整個討論中，我們都認
為，就其最基本的用法而言，它們是知覺判斷：我們最初用
「熱的！」這一個詞所表達的東西，就是我們後來用「這是
熱的」或者「我熱」所表達的東西。換句話說，在其基本的
用法中，每一個對象詞都具有一種含蓄的自我中心性，而語
言的隨後發展使這種性質變得明晰了。

但是，當我們已經達到能夠清晰地考慮詞的意義的地步
時，我們發現這種自我中心性並不是「熱的」這個詞的意義

的一部分，如同它存在於一種高階語言中那樣。「熱的」這個詞僅僅意味著某些現象中的一種性質；而假如這些現象適當地與我相關，那種性質將使它們成為我說出「熱的」這個詞的原因。在從「熱的！」過渡到「這是熱的」時，我實現了一種分析：「熱的」這種性質擺脫了自我中心性，而且先前的含蓄的自我中心成分已經被「這是」這些詞明晰地表達出來了。因而在一種高階語言中，像「熱的」、「紅的」、「光滑的」這樣的對象詞，並不是自我中心的。

然而，這並沒有解決知覺判斷中自我中心成分的問題。問題在於：在不使用「這」或者「現在的我」的情況下，我們能夠表達當我們作出這類判斷時我們所知道的東西嗎？假如我們不能，第六章所提出的專名理論就必須放棄。

表面看來，知覺判斷分為兩種類型。在看一堆火時，我們可以說：「這是熱的」和「這是明亮的」；這些是第一種類型的知覺判斷。但是我們也可以說「熱性和明亮性是共同出現的」；這是第二種類型的知覺判斷。每當我們可以說「這是 A，這是 B，這是 C……等等」，並且「A」、「B」、「C」……是性質的名稱時，我們也可以說「A、B、C……是共同出現的」。但在後面這種判斷中，「這」所擁有的空間的和時間的唯一性就喪失了；我們不再提及這個場合，而且就我們的知覺判斷所表明的東西來看，A、B、C……可能在許多場合都是共同出現的。

128　　假如我們保留第六章的理論，我們不得不說，「這」是一束共同出現的性質的名稱（在第七章所解釋的限度內）；

而且我們還要說，假如我們的性質是適當地挑選出來的，或者在數量上是充足的，那麼它們將不會再次出現，也就是說，它們不會與其自身之間擁有任何一種類如「在……以前」、「在……之上」和「在……的右邊」這樣的空間和時間關係；我們認為這些關係蘊含著差異性。假如可以堅持這種理論，那麼在像「這是熱的」這樣的命題中所存在的自我中心性，並不在於被知道的東西，而在於我們的知識的起因和我們用於表達我們的知識的語詞。「這」這個詞可以用某種嚴格說來作為一個名稱的東西所代替，而這個名稱，比如說「W」，指謂著那個作為整體的性質複合物，該複合物則是我現在正在經驗到的一切。那麼，當我說「這是熱的」時我所斷言的這種非個人的真理，就可以翻譯成「熱性是 W 的一部分」這樣的文字。透過這種形式，我從知覺中所習得的東西，就容易融入不帶個人主觀成分的科學中了。

無論我們接受還是拒絕這種觀點，我們都面臨著嚴重的困難。讓我們先來考察由於接受了這種觀點而出現的那些困難。

首先，存在某些關於時空的困難。這些困難曾在第六章中得到了考慮，而且我將假定它們在那兒得到了令人滿意的處理。

更嚴重的困難在於這個似是而非的結論，即所有知覺判斷都是分析的。假如「W」是由一束性質構成的一個全體的名稱，並且「這是熱的」僅僅是說熱性是構成 W 的那些性質之一，那麼一旦「W」被定義，「這是熱的」這個命題

就類似於「有理性的動物是動物」或者「六邊形是一種多邊形」這樣的命題。但這是荒唐的：它確實取消了經驗知識與邏輯知識之間的區別，並且使經驗在經驗知識中所起的作用變得無法解釋。

唯一的答案在於說，儘管「W」事實上是某束性質的名稱，但是當我們給出這個名稱時，我們並不知道哪些性質構成了 W。換句話說，我們必須假定，我們可以在不知道一個全體的構成成分的前提下，感知、命名並認識這個全體。既然如此，知覺判斷中作為主詞出現的材料，就是一個我們並非必然地感知其複合性的複合全體。一個知覺判斷總是一個關於分析的判斷，但並非一個分析判斷。它說的是，「全體 W 和性質 Q 是以全體一和一部分的方式關聯起來的」；在這裡，W 和 Q 都是獨立地被給予的。它們是被「給予」的這個事實，構成了我們所知道的東西的原因的一部分，而且假如我們使用語詞「這」，它就進入了其語詞的陳述；但是，在「Q 是 W 的一部分」這種形式中，它並未進入其語詞的陳述。

以上的理論擁有這樣的邏輯的推論：如果沒有關於複合物全體的名稱，我們就不能表達我們的知識，而且在不知道它們是由哪些成分構成的時，我們可以親知複合物全體。我將在第二十四章回到這個問題上來；在那一章中，我將給出接受這種關於我們當前的理論所需的某些全體的觀點的理由。

我暫時斷定，關於接受我們當前的理論而產生的困難並

不是不可克服的。

　　讓我們現在來考察因為拒絕接受這種理論而產生的困難。

　　假如我們拒絕我們的理論，我們要麼把「這」，要麼把「現在的我」作為知覺判斷的一個必要成分接受下來。我將假定，我們贊同接受「這」。無論我們選擇哪一個，我們的論證都將是一樣的。

　　這裡所出現的困難並不是關於自我中心殊相詞的，而是關於「實體」的。假如我承認「這是熱的」這種形式的命題，並且認為這裡的「這」並不稱呼一束性質，那麼「這」就變成了某種東西的一個名稱，而這某種東西僅僅是某些述詞的主詞，其唯一的用途是讓述詞「寄居」於自身內。所有「這是熱的」這種形式的命題都被設想為綜合的，以致當其所有述詞都被列舉出來時，「這」仍然沒有得到定義。假如真是如此，那麼它就是多餘的，而且我們可以重新回到這種理論，即「這」指謂一束性質（這些性質從句法上講不再是述詞）。因此，我們必須認為，這和那擁有完全相同的述詞是可能的。不可區分者的同一性，假如是真的，將是一種僥倖的偶然，而且「同一性」將是一種難以清楚描述的東西。還有，可能發生這樣的情況，即這和那並不是同一的，儘管無法想像這方面的證據。計數將是不可能的，因為假如 $a$ 和 130 $b$ 是不可分辨的，我將把同一個名字給予它們，而且任何一種我在其中數到它們之一的行為，也將必然是我在其中數到另一個的行為。因此，毫無疑問，假如有一個同一性概念，

它允許不可區分者不是同一的，那麼這樣的一個概念絕不能
得到應用，並且可以與我們的知識毫無關係。因此，我們應
該傾向於一種不需要這種同一性的理論。

　　我因此斷定，第六章中所確立的專名理論要堅持下
去，而且透過自我中心殊相詞所陳述的所有知識，都可以在
不使用它們的情況下而得到陳述。

**9.**

認識論的前提

　　知識論涉及心理學、邏輯學以及各門自然科學，以致不同觀點之間的混淆是一個常在的危險。因為這個事實，知識論變得困難了。就我們本章的問題而言，這種危險尤其突出。本章的問題是要從認識論的觀點來確定我們的知識的前提。就像我們已經注意到的那樣，知識論本身可以透過兩種不同的方式加以構想；而在這個事實上，也存在著另外一種混淆的源泉。一方面，在把科學所認識的任何東西都如其本然地作為知識接受下來時，我們可以問：我們是怎麼獲得這種知識的？而且，我們如何能以最好的方式將它分析為前提和推論？另一方面，我們可以接受笛卡兒的立場，並試圖把充當我們的知識的東西劃分為比較確定的和不太確定的部分。這兩種探究並不像它們看起來的那樣清晰有別，這是因為，由於所涉及的那些推論形式並不是證明性的，我們的前提將擁有比我們的結論更多的確定性。但是，這個事實僅僅使得避免這兩種探究之間的混淆，成為更加困難的事情。

　　我們現在要試圖定義的一個知識論的前提，必須擁有三個特徵。它必須是(a)一個邏輯的前提，(b)一個心理學的前提，以及(c)就我們能夠作出斷定而言，是真的。對於這三個特徵中的每一個，都有某種東西必須要說。

　　(a)如果給定了任何一個體系式的命題集，比如說一個包含在擁有一些一般法則的某門科學中的命題集，那麼通常有可能以數量上不確定的方式挑選出某些命題作為前提，並演繹出其餘的部分。例如：在牛頓關於太陽系的理論中，我們可以把萬有引力定律以及在某一給定時刻行星的位置與速

度作為前提。選擇任何其他時刻也是可以的，而且我們可以用克卜勒三定律代替萬有引力定律。在進行這些分析時，邏輯學家，就其作為邏輯學家而言，是不關心所涉及的這組命題的真或假的，只要它們是相互融貫的就行（假如它們不是這樣，他將同它們毫無瓜葛）。例如：他同樣願意考慮一個假想的行星系和一個不同於平方反比律的引力法則。他也沒有聲稱，他的前提為相信他們的結論提供了根據，甚至當二者都是真的時也是這樣。當我們考慮信念的根據時，萬有引力定律是一個推論，而非一個前提。

邏輯學家在尋找前提時有一個目的，即他尋求一組數量上最少的前提，而認識論者則顯然沒有這樣的目的。假如，一個給定的命題集中的所有命題都能從一組前提的全體而非部分中演繹出來，那麼，相對於該給定的命題集，這組前提就是數量上最少的一組前提。通常存在著許多組數量上最少的前提，邏輯學家更喜歡最簡短的那些；而在那些同樣簡短的各組前提中，他更喜歡最簡單的那一組。但是，這些偏好僅僅是美學意義上的。

(b)一個心理學的前提，可以定義為並非由任何一個或任何一些其他信念所引起的一個信念。從心理學上說，一個信念可以被認為是推論出來的，當它是由其他一些信念引起時，不管這種推論對於邏輯學來說可能是多麼無效。在並非由其他信念所引起的信念中，最明顯的一類是那些直接產生於知覺的信念。然而，這些信念並不是僅有的作為心理學的前提的信念。在演繹論證中，需要其他一些信念來產生我們

的信念。從心理學上講，歸納可能也是以基本信念作為基礎的。我目前不打算探究可能存在什麼樣的其他信念。

(c)由於我們所關心的是關於知識的理論，而不只是關於信念的理論，所以我們不可能把所有心理學前提都作為認識論前提接受下來，因為兩個心理學的前提可能是相互矛盾的，因此也就不可能都是真的。例如：我可以認為「有一個人正在往樓下走」，並且過後我可能意識到那是我在鏡子裡的影像。由於這樣的原因，在作為知識論的前提被接受下來時，心理學的前提必須經受分析。在這種分析中，我們盡可能地遠離懷疑狀態。我們假定知覺能夠產生知識，儘管它可能產生錯誤——假如我們在邏輯上是粗心的。沒有這種基本的假定，我們在經驗世界方面就會淪落為完全的懷疑論。必須承認，懷疑論是一種可能的哲學，而且無論是支持它，還是反對它，都找不到邏輯上可能的論證。然而，它過於淺薄、過於天真，因而是無趣的。因此，無須多加囉嗦，我將直接提出相反的假說；而根據這種假說，由知覺引起的信念將被接受，除非存在正面的拒絕它們的根據。

由於我們絕不可能完全肯定任何給定的命題都是真的，所以我們絕不能完全肯定它是一個認識論的前提，即使它擁有另外兩種用來定義的屬性且對我們來說似乎是真的。我們將把不同的「權重」（使用賴欣巴赫教授所用的一個術語）給予我們所相信的不同的命題，並且假如這些命題是真的，它們就是認識論的前提：最高的權重將被給予我們最能肯定的那些命題，而且最低的權重將被給予我們最不能肯定

的那些命題。在存在邏輯衝突的地方，我們會犧牲我們不太能肯定的那些命題，除非大量的這類命題都與數量很少的我們更能肯定的命題相對立。

由於缺少確定性，我們將不會像邏輯學家那樣，把我們的前提減少到最低數量；相反，當許多相互支援的命題全都可以作為認識論的前提被接受時，我們會感到高興，因為這提高了所有這些命題的可能性。（我不是在考慮邏輯的可推論性，而是歸納的相容性。）

根據它們是當下的、個人的或社會的，認識論的前提分為不同的類型。讓我們舉例說明。我相信$16^2 = 256$；此刻，我是根據記憶而相信這一點的。但是，很可能我在某個時候做過這道算術題，而且我已經確信人們普遍接受的那些乘法規則來自邏輯的前提。因此，如果把我的生活經歷作為一個整體，$16^2 = 256$就是從邏輯中而非從記憶中推論出來的。既然如此，假如我的邏輯是正確的，在個體的和社會的前提之間就不存在某種差別。

但是，現在讓我們以麥哲倫海峽的存在為例。我當下的認識論前提還是記憶。但是，我在各種不同的時間擁有若干很好的理由：地圖、旅遊資料……等等。我的理由一直就是其他人的斷言，並且我相信他們消息靈通，且為人誠實。他們的理由，如果往回追溯的話，就回到了知覺對象：當不是霧天時，麥哲倫[1]以及待在所涉及的這個地區的人，看到

____

1　麥哲倫，葡萄牙航海家，1519 年率領西班牙船隊首次作環球旅行，後

了被他們當成陸地和海洋的東西，並憑藉各種系統化了的推論而繪製了地圖。因為把人類的知識視為一個整體，所以正是麥哲倫和其他的旅行者的知覺對象，為相信麥哲倫海峽的存在提供了認識論的前提。對作為一種社會現象的知識感興趣的那些作者，傾向於關注社會的認識論前提。對於某些目的來說，這是合理的；但對於其他一些目的來說，這是不合理的。在決定是把公共資金用來研製望遠鏡還是用來調查特羅布里恩群島[2]的居民這個問題上，社會的認識論前提是重要的。實驗室的實驗瞄準於確立一些可以融入為人們普遍接受的人類知識體系之中的新的事實前提。但是對於哲學家來說，有兩個先在的問題：我有什麼樣的理由（假如有的話）相信他人的存在？而且，我現在有什麼樣的理由（假如有的話）相信我在過去的某些時間存在過，或者更一般地說，相信我當前的與過去時間有關的那些信念或多或少是正確的？現在對我來說，只有當下的認識論前提才確實是認識論前提，而其他的東西在某種意義上一定是被推論出來的。對我來說，與對其他人不同，我的個人的前提就是前提，但是他人的知覺則不是。有些人在某種神祕的意義上把人類當作一
135 個單個的存在體，並認為它擁有一個單個的持存的心靈；唯有這些人才有權力把他們的認識論限定於對社會的認識論前提的考慮。

---

來發現以他的名字命名的麥哲倫海峽。——譯注
2　特羅布里恩群島（Trobriand Islands）是位於新幾內亞的一個由八個小島組成的群島。——譯注

　　根據這些區分，讓我們考慮關於經驗論的可能的定義。我認為，絕大多數經驗論者都是社會的經驗論者，少數的幾個人是個體的經驗論者，而幾乎沒有人是當下的經驗論者。所有經驗論者的共同之處，在於他們對知覺前提的強調。我們現在要尋求關於這個術語的一個定義，而眼下我僅僅說幾句初步性的話。

　　從心理學上說，一個「知覺前提」可以定義為一個盡可能當下地被一種知覺對象所引起的信念。假如我之所以相信將有一次日食，是因為天文學家是這麼說的，那麼我的信念並不是一個知覺前提。假如我之所以相信有一次日食，是因為我看見了它，那麼我的信念就是一個知覺前提。但是，困難立即出現了。天文學家稱作一次日食的東西是一個公共事件，而我正在看到的東西可能是因為我的眼睛或望遠鏡的某種缺陷所致。因此，儘管「有一次日食」這個信念可能無須有意識的推論就會在我身上產生，但是這個信念並非僅僅是對我看到的東西的表達。因而在認識論上，我們被迫以一種比在心理學中所必要的東西更狹窄的方式來定義「知覺前提」。我們被迫這樣做，是因為我們想使「知覺前提」成為絕無合適理由可以認為其不真實的某種東西，或者相當於同一種事物的某種東西，即某種被如此定義以至於兩個知覺前提不可能相互矛盾的東西。

　　在假定「知覺前提」得到了充分的定義之後，讓我們回到「經驗論」的定義上來。我當下的知識大部分是由記憶組成的，而且我的個人知識大部分是由證據組成的。但是記

憶，當它是眞的時，是相對於一個先前的知覺前提的；而證
據，當它是眞的時，是相對於某個其他的人的知覺前提的。
社會的經驗論把其他時間或其他人的這些知覺前提就當作
關於現已為人所接受的東西的全部（*the*）經驗前提，因而
也就迴避了與記憶和證據有關的那些問題。這顯然是不合理
136 的，因為我們有理由相信記憶和證據二者有時都會欺騙人。
現在，我只能透過來自記憶和證據的推論獲得其他時間和其
他人的知覺前提。假如我現在確有某種理由相信我昨天在百
科全書上看到的東西，我現在必須找到某種理由去信任我的
記憶，並在適當的情況下相信我以證據形式所得到的東西。
換句話說，我必須從當下的認識論前提出發。做其他任何事
情就是在迴避某些問題，而考慮這些問題是認識論的工作的
一部分。

　　從以上的考慮可以看出，認識論不能說：「知識全部起
源於知覺前提，連同關於證明的和可能的推論的原理。」至
少，記憶前提必須被加到知覺前提中去。為了使證據成為合
理的，必須補充什麼樣的前提（假如有這樣的前提的話），
是一個困難的問題；這一點必須銘記在心，但目前無須加以
討論。在任何一種站得住腳的經驗論的形式中，知覺的首要
價值是因果的。記憶，當它是眞的時，因果地依賴於先前的
知覺；證據，當它是眞的時，因果地依賴於某個其他人的知
覺。因此，我們可以說：「人類所有關於事實的知識部分說
來都是由知覺產生的。」但是一個這種類型的原理，顯然是
透過推論才能被認識的；它不可能是認識論中的一個前提。

相當明顯，我之相信麥哲倫海峽存在的部分原因是某些人看到了它們，但這不是我的信念的根據，因為我必須證明這些人擁有這些知覺對象，或者寧可說，我必須使這一點成為可能。對我來說，他們的知覺對象是推論，而非前提。

**10.**

基本命題

　　「基本命題」，就像我希望使用這個術語的那樣，是認
識論前提即那些盡可能直接地由知覺經驗引起的命題的一個
子類。這不包括用於推論的那些前提，無論它們是確定性的
還是可能性的。它也不包括任何用於推論的超邏輯的前提，
假如存在這樣的命題——例如：「紅的東西不是藍的」、
「假如 A 早於 B，則 B 不早於 A」。這樣的命題需要仔細
地加以討論。但是，不管它們是不是前提，在上述意義上它
們無論如何不是「基本的」。

　　我從 A.J. 艾耶爾先生那裡借用了「基本命題」這個術
語。A.J. 艾耶爾把它用作邏輯實證主義者所使用的德語的
*Protokollsatz*（記錄句）的等價物。也許，我不會在與艾耶
爾完全相同的意義上使用它。但是，我會在導致艾耶爾與邏
輯實證主義者需要這樣一個術語的同一個問題上使用它。

　　許多知識論的作者認為，從一個單個的現象中學不到
任何東西。他們認為，所有知識都是對大量或多或少類似的
經驗的歸納。就我來說，我認為，這種觀點使得歷史成為不
可能的，並使得記憶成為不可理解的。我認為，從一個人所
注意到的任何現象中，他都能夠獲得知識，而且假如他的語
言習慣是適當的，他就能用句子表達這種知識。當然，他的
語言習慣是由過去的經驗產生的，但是這些習慣只是決定了
138　他所使用的語詞。給定了他的語詞的意義，並加以足夠的小
心，他所說的東西的真理性可以完全依賴於他所注意的一個
現象的特徵。當情況是這樣的時，他正在斷言的東西就是我
稱之為一個「基本命題」的東西。

　　關於基本命題的討論有兩個部分。首先，作為對對立的意見的反駁，有必要證明存在著基本命題。其次，有必要確定它們剛好能夠斷言哪類事物，並表明它們所斷言的那類東西，通常要比常識在所說的這些基本命題可以從認識論上得到證明的那些場合所斷言的東西要少得多。

　　一個基本命題被期待著擁有幾種特徵。它必須是獨立於來自其他命題的推論而被認識的，但並不獨立於證據，因為一定存在一個提供原因，並被認為提供了相信這個基本命題的理由的知覺現象。那麼，從邏輯的觀點看，對我們的經驗知識加以分析，以使其原始命題（除了邏輯和一般規律）在最初被人相信時全都是基本命題，應該又是可能的。這要求基本命題不應該相互矛盾。這也使得為它們提供一種不導致相互矛盾的邏輯形式成為可取的做法，假如可能做到的話。因此，這些條件要求一個基本命題應當擁有兩種特性：

　　(1)它必須是由某個可感現象引起的；
　　(2)任何其他命題必須不能與它相矛盾。


　　關於(1)：我不想堅持使用「引起」這個詞，但是信念必須產生於某個可感現象的場合，而且假如有人表示懷疑，它必須透過這個理由即「嗨，我看到了它」或者某種類似的東西而得到辯護。這個信念指向某個時間，而相信它的理由在此前並不存在。假如所說的事件在先前已經推論出來或被期待著，那麼先前的證據不同於知覺所提供的證據，並且通

常會被認為不太具有決定性。知覺為信念提供被認為可能性
139　最強的那個證據，而非語詞的證據。

　　關於(2)：常識在知覺基礎上建立的判斷，比如「有一
條狗」，通常超出了當前的材料，而且因此可能會被隨後的
證據所反駁。單從知覺來看，我們不能知道關於其他時間或
者關於他人知覺的任何事情，也不能知道關於在非個人意義
上被理解的物體的任何事情。這就是我們在尋找材料時被迫
進行分析的原因：我們尋求一個邏輯上獨立於其他現象的核
心的東西。當你認為你看見一條狗時，在知覺中真正給予的
東西可以用「有一塊犬科動物的色片」這些語詞加以表達。
先前的或隨後的現象以及他人的經驗，都不能證明這個命題
是假的。確實，在我們推斷日食的意義上，可能存在著反對
當前知覺判斷的證據；但是這個證據是歸納的，而且僅僅是
可能的，它無法反對「這些感官的證據」。當我們以這種方
式分析一個知覺判斷時，我們就被給予了某種無法證明為錯
誤的東西。

　　於是，我們可以把一個「基本命題」定義如下：它是
一個出現於知覺場合的命題，該知覺則是使其為真的證據；
並且，它擁有某種特定的形式，以致擁有這種形式的任何兩
個其他命題，假如起源於不同的知覺對象，不可能是相互矛
盾的。

　　「我熱」、「那是紅的」和「多麼難聞的味道！」都是
這樣的例子。上述意義上的所有基本命題都是個人的，因為
任何其他人都不可能和我共同擁有我的知覺對象，而且它們

是暫時性的，因為片刻之後它們就被記憶所取代。

　　我們能夠接受一種邏輯的定義以取代上述定義。我們可以考慮經驗知識的全體，並把「基本命題」定義為這個全體中在邏輯上不可證明的那些命題，而且這些不可證明的命題自身是經驗的命題，即斷言某個時間中的現象的命題。我認為，從外延上說，這個定義等同於上述的認識論定義。

　　某些邏輯實證主義者，比較著名的是紐拉特和亨普 140
爾，否認任何一組命題能夠作為「基本的」命題而被挑選出來，或者說在任何重要的意義上作為其餘命題的前提而被挑選出來。他們的觀點是，「真」是一個句法的而非語義的概念：一個命題在一個特定系統中是「真的」，假如它與該系統中的其餘命題之間是融貫的；但是可能存在一些與第一個系統不相容的其他系統，而在這些系統中該命題將是「假的」。根據他們的看法，不存在一個可以把一個命題的真從某種非語詞的現象中引申出來的過程：語詞世界是一個封閉的自足的世界，哲學家無須煩神於在其之外的任何事情。

　　在邏輯和數學中，「真」是一個句法的概念這種觀點是正確的，因為正是句法保證了重言式的真。在這個範圍內，透過研究所涉及的這個命題的形式，可以發現真；無須走到外面去尋找這個命題所「意指」或「斷言」的某種事物。所提到的這兩位作者使經驗真理類同於邏輯真理，因而不自覺地到回到了斯賓諾莎、萊布尼茲和黑格爾的傳統。在拒絕他們的觀點──我認為我們必須這麼做──時，我們是在提

出這樣的看法，即經驗材料中的「眞」和邏輯與數學中的「眞」擁有不同的意義。

我剛才說過，眞理的融貫論是黑格爾提出的理論。約阿希姆在他的《眞理的性質》一書中，根據一種黑格爾式的觀點對它進行了解釋；而我在《哲學論文》（1910年）一書中根據符合論的觀點對它進行了批評。然而，黑格爾的理論不同於紐拉特的理論，因為它認為只有一組相互融貫的命題才是可能的，因此每個命題依然明確地是眞的或假的。相反，紐拉特堅持皮蘭德婁的觀點：「如果你是如此認為的，那麼它就如此。」

紐拉特和亨普爾的理論是在發表於《認識》與《分析》的某些文章中闡述的。以下是他們所寫的文字的一些引文或段落。

當我們能夠將其納入（*eingliedern*）時，一個斷言就被稱作正確的。

141　　斷言與斷言相比較，而不是與「經驗」（*Erlebnissen*）相比較。

不存在原始的記錄語句或者無須證明的命題。

所有記錄語句都應該轉換為如下形式：「奧托在3點17分的記錄：｛奧托在3點16分的語詞思想（在3點15分奧托在此房間裡感知到一張桌子）｝。」

這裡，重複使用「奧托」這個詞來代替「我」是必要的。

　　儘管，根據以上所述，若非物理學作出關於這個物理世界的某些斷言，似乎不允許我們知道關於它的任何事物，可是紐拉特本人仍然提出了這樣的看法，即句子是「一攤攤墨水或者各種光波系統」（載《認識》雜誌第四期第209頁）。他沒有告訴我們他是如何發現這個事實的；大概他僅僅意味著物理學斷言了它。

　　紐拉特在〈極端的物理主義與實在世界〉（載1934年《認識》雜誌第四期第5頁）這篇文章中，堅持下述這些主張：

　　1. 包括記錄語句在內的所有事實語句，都是判定的結果而挑選出來的，並能夠加以改變。

　　2. 我們稱一個事實語句是假的，當它不能融入科學大廈時。

　　3. 對某些事實語句的檢驗在於它同某些記錄語句的協調一致：我們所得到的不是實在，而是許多互不相容但內部融貫的一組組命題，在它們之間作出選擇「不是邏輯上優先的事情」。

　　紐拉特說，生活實踐迅速減少了模糊性，而且周圍人的看法影響著我們。

　　卡爾·G·亨普爾在〈論邏輯實證主義的真理理論〉（載1935年1月《分析》雜誌第二期第4頁）一文中，闡述了邏輯實證主義關於記錄語句的觀點的演變。他說，該理論是一步一步地從一種符合論發展為一種克制的融貫論的。他

說，紐拉特否認我們始終能把實在與命題相比較，而卡納普則贊同這一點。

142　　　他說，我們是從維根斯坦的原子命題出發的。這些原子命題被記錄語句所取代，而且乍一想，後者表達了觀察的結果。但是，記錄語句不再是觀察的結果，於是也就沒有哪一類陳述作為基本的東西為人所承認。

　　卡納普（亨普爾也接著）說，對科學來說，沒有絕對的最先的陳述；甚至對於記錄語句，也需要進一步的證明。不過：

　　「卡納普和紐拉特絕非想說：『不存在事實，只存在命題』；相反，在一個觀察者的記錄中或者在一本科學文獻中的某些陳述的出現，可以看作一個經驗事實，而所出現的那些命題可以看作經驗對象。由於卡納普在實質的和形式的說話方式之間所作出的區分，這些作者確實想說的話可以得到更精確的表達……

　　透過這種形式的說話方式，即透過一種粗糙的表述，可以把真理概念刻畫為在由人們公認的記錄語句所組成的系統與可以從這個陳述和已被接納的其他陳述中演繹出來的邏輯結論之間所存在的一種充分的一致……

　　「說經驗陳述『表達事實』，並且真理因而就在於陳述與它們所表達的『事實』之間的某種符合，是一種典型的實質的說話方式。」（第54頁）〔即「真理」是句法的，而非語義的。〕

為了擁有一種程度相對較高的確定性，人們將回到那些可信賴的觀察者的記錄語句。」〔兩個問題出現了：A.我們如何知道誰是值得信賴的？B.我們如何知道他們說了什麼？〕

我們稱其為真的記錄語句系統……僅能透過這樣的歷史事實而得到刻畫：人類所實際接受的，尤其是我們文化圈子裡的科學家們所實際接受的，正是這個系統。

「一個記錄語句，就像每一個其他陳述一樣，到頭來是透過一種判定而被接納或拒絕的。」

現在，記錄語句是多餘的東西。不言而喻，不存在具有 143確定的特性的確定的世界。

我認為，就他們的問題即構造一部知識大全而言，紐拉特和亨普爾可能或多或少是正確的。他們想要公共的、非個人的，且被併入公共科學的命題。但是，公共知識是一種構造，它包含的東西比私人知識的總和要少。

人們並不期待構造知識大全的那個人自己去做實驗。他被期待著去對那些最優秀的權威者的意見進行比較，並在其所能做到的範圍內制定出他那個時代的標準的科學的意見。因而，在處理科學問題時，他的材料是意見，而非對主題的直接觀察。科學中那些作為個體的人的意見是知識大全編撰者的前提，然而他們並非僅僅自己去比較其他研究者的意見：他們作出觀察，並進行實驗，而且他們打算據此拒絕——假如有必要的話——先前那些無異議的意見。觀察或

實驗的目的在於產生新的知覺經驗，並且知覺者因之擁有了新的知識，而這種知識首先是純粹個人的和私人的知識。其他人可以重複這個實驗，而且到頭來這個結果將成為公共知識的一部分。但是，這種公共知識僅僅是各種私人知識的一種抽象或縮影。

全部知識論都必須從「我知道什麼」開始，而非從「人類知道什麼」開始，因為我怎麼能說出人類所知道的東西呢？唯有透過兩種方式才能做到：(a)個人對人類在其書籍中所說的東西進行觀察，(b)權衡支持人類書籍中所說的東西是真的這種觀點的證據。假如我是哥白尼，我會反對這些書籍中的結論；假如我是一個研究楔形文字的人，我可能會斷定，大流士並未說過人們所設想的他關於他的那些戰役所說過的話。

有一種忘記笛卡兒和貝克萊的論證的傾向。這種傾向並不限於紐拉特和亨普爾，而彌漫於許多現代哲學中。笛卡兒144 和貝克萊的這些論證也許可以被駁倒，儘管就我們當前的問題而言，我並不認為它們能被駁倒。但是無論如何，它們太有影響了，以至於不能只是對它們略而不論。在當前的這個方面，關鍵之處在於，我的關於實際事情的知識必須建立在我的知覺經驗基礎上，而且單單透過這些經驗，我就能夠確定作為公共知識被接收的東西是什麼。

這尤其適用於在書本中所發現的知識。這一點，即卡納普的那些書說出了它們確實說出的任何東西，就是那類通常會作為公共知識而被接受的事情。

但是，我知道什麼呢？

(1)當我看它們時，我看到了什麼？

(2)當其他人大聲朗讀它們時，我聽到了什麼？

(3)當其他人在文字中引用它們時，我看到了什麼？

(4)當我對兩本相同的書進行比較時，我看到了什麼？

因此，透過複雜的和可疑的推論，我過渡到了公共知識。

按照紐拉特的觀點，語言與非語言現象之間沒有任何關係，但是這就使得許多日常經驗成為無法解釋的。例如：1901年我從海上航行達到了墨西拿，並發現那裡的旗子都往下降了一半。經過打聽，我了解到，麥金利被刺殺了。假如語言與非語言現象之間沒有關係，這整個的過程都是無意義的。

就像我們看到的那樣，紐拉特說，一個記錄的語句的適當形式是：「奧托在3點17分的記錄：｛奧托在3點16分的語詞思想（在3點15分奧托在此房間裡感知到一張桌子）｝。」

在我看來，在把這種形式給予記錄的語句時，紐拉特表明自己遠比那個說「有一條狗」的人值得信賴。在裡面的那個括弧裡，他感知到一張桌子，而這恰恰和感知到一條狗一樣地糟糕。在外面那個括弧裡，他發現了代表他所感知到的東西的語詞，而他所感知到的東西指的是「在3點15分奧托

在此房間裡感知到一張桌子」。而且一分鐘以後，他寫下了他所寫出的那些語詞。最後這個階段包含了記憶以及自我的連續性。第二階段也包含了記憶，另外還包含反省。

145　　讓我們來充分地領會這個問題。

　　我們從裡面的括弧開始：「在3點15分奧托在此房間裡感知到一張桌子。」我們可以認為，「在此房間裡」這些詞僅僅意味著這張桌子有一個知覺背景，而且在那種意義上，我們不再過多糾纏。「在3點15分」這些詞意味著奧托正在看他的錶以及這張桌子，而且他的錶是準的。假如加以認真地對待，這些都是嚴重的問題。讓我們假設：我們不說「在3點15分」，而說「有一次」；我們不說「在3點16分」，而說「過了一小會兒」；我們也不說「在3點17分」，而說「又過了一小會兒」。這就消除了時間測量上的這些困難，而這些困難也確實不可能是紐拉特打算引進的。我們現在來看「有一張桌子」這些詞。根據與「有一條狗」的同樣的理由，這些是可以加以反對的。它可能不是一張桌子，而是一面鏡子中的影像；或者也許像麥克佩斯的匕首一樣，它是在桌子上實施謀殺的意圖使人想起的一種幻覺；或者，它也許是由桌子的一個瞬間表象所引起的一組按很不同尋常的方式排列起來的量子現象，並在下一個時刻就將消失。可以認為最後這個假設是不可能的，可以認為紐拉特博士也不是那類想著去謀殺某人的人，而且可以認為他的房間很可能沒有一面大到足以照射處於某個地方的一張桌子的鏡子。但是在與記錄語句有關的地方，這些考慮應該是不必要的。

我現在討論一個還要更嚴重的問題。我們被告知，不僅有一張桌子，而且有一張「被奧托感知到」的桌子。最後這個陳述是一個社會陳述，它來自社會生活的經驗，而且它絕不是原始的陳述。就存在著相信它的理由而言，它是建立在論證的基礎上的。奧托感知到這張桌子，或者不如說，奧托感知到一個平板狀的令人滿意的外觀（appearance）；但是就算這樣吧，他沒有感知到奧托感知到它。何謂「奧托」？就其自己或者別人知道他而言，他是一系列的現象。這些現象中的一個現象，就是他倉促地稱之為一個人的那種視覺外觀。藉助於交談，他得出這樣的結論：人們提到的這些現象形成了若干束狀物，每一束都是一個人，而且這張桌子的外觀屬於和後來的語詞—思想以及更後來的書寫行為相同的 146 束狀物。但是，所有這些複雜的東西都不是視覺材料的一部分。假如他總是一個人生活，他絕不會區分「有一張桌子」和「我看見一張桌子」。事實上，他總會使用前面那個說法，假如人們可以設想他確實在使用言語的話。「我」這個詞是一個限制性的詞，它意味著「我，不是你」。它絕不是任何原始材料的一部分，而且當紐拉特不說「我」而說「奧托」時，這就越發明顯了。

至此，我們只是關心在3點15分所發生的事情。現在該考慮在3點16分所發生的事情了。

在3點16分，奧托把在3點15分發生的事情用語詞表達了出來。現在我願意承認，他所使用的這些言詞，就是一個對某些陷阱不加警惕的人很可能會使用的那些語詞。因此，

在這個階段，需要批評的東西比較少。他所想到的東西可能不是真的，但我完全願意承認他想到了它，假如他這麼說了。

在3點17分，奧托實施了一次反省行為，並斷定，一分鐘以前某種言語在他的思想中，但是這種言語並不只是作為一句言語，而是作為一個關於他在3點16分仍然記得的先前的知覺的斷言。正是僅僅發生在3點17分的事情被實際地斷言了。因而，根據紐拉特，經驗科學的材料全都是下述形式的：

「某個人（這個人碰巧是我自己，但是我們被告知，這是無關緊要的）在某個時間意識到，一小會兒以前他相信一句言語，而這句言語斷言了在那個時間之前的一小會兒他看見了一張桌子。」

這就是說，所有經驗知識都是以對先前的場合所用的語詞的回憶為基礎的。為什麼回憶比知覺更應該得到偏愛？並且，為什麼除了關於思想—語詞之外，任何回憶都不能得到 147 承認？這些問題都沒有得到解釋。紐拉特試圖保證材料中的公共性，但是他錯誤地獲得了一種最主觀的知識形式，即對過去思想的回憶。對於相信材料可以是公共的那些人，這個結果並不令人鼓舞。

紐拉特給予記錄的句子的這種特殊形式，並不是其學說的一個實質部分。因此，讓我們在更一般的意義上對它進行考察。

　　讓我們重述某些引文。[1]「陳述與陳述相比較，而不與經驗相比較。」（N）「一個記錄語句，就像每一個其他陳述一樣，到頭來是透過一種判定而被接納或拒絕的。」（N）「我們稱其為真的記錄語句系統……僅能透過這樣的歷史事實而得到刻畫：人類所實際接受的，尤其是我們文化圈子裡的科學家們所實際接受的，正是這個系統。」（H）「我們所得到的不是實在，而是許多互不相容但內部融貫的一組組命題，在它們之間作出選擇「不是邏輯上優先的事情（*logisch ausgezeichnet*）。」（N）

　　使語言世界成為自足的這種企圖容易招致很多反對意見。首先舉關於語詞的經驗陳述的必然性為例，比如「紐拉特如此這般地說」。我怎麼能知道這一點呢？透過在一片白色的背景中看到某些黑色的標記而知道的。但是，根據紐拉特和亨普爾的看法，不應當使這個經驗成為我斷言「紐拉特如此這般地說」的根據。在我可以斷言這一點以前，我必須弄清人類，尤其是我的文化圈子裡的人，對於紐拉特所說的話持什麼樣的意見。但是，我將如何弄清它呢？我走訪我的文化圈子裡的所有科學家，並問：「紐拉特在第364頁上說了什麼？」在他們答覆時，我聽到了某些聲音，但這是一種經驗，因而不可能為關於他們所言之物的看法提供某種根據。當 A 回答時，我必須走訪 B、C、D 以及我的文化圈子裡的其餘人，以便弄清他們認為A 說了什麼。如此等等，構

---

1　在以下所述中，「N」代表「紐拉特」，「H」代表「亨普爾」。

成了一個無窮後退。假如耳目不能使我知道紐拉特說了什麼，那麼任何一群科學家，不管他們多麼傑出，也不能使我知道。假如紐拉特是正確的，那麼，我不是透過他的著述知道他的意見的，而是透過我的以及我的文化圈子裡的科學家們的決定而知道的。如果我們願意把一些完全不同於他事實上所擁有的那些意見歸屬於他，那麼他要去反駁或證明自己著述中的某些記錄是沒有用處的。因為透過這樣的行為，他只會讓我們擁有經驗，而這些經驗絕不是陳述的根據。

　　確實，亨普爾否認他的學說所帶來的這些後果。他說：「卡納普和紐拉特確實絲毫也不想說：『沒有事實，只有命題』；相反，在一個觀察者的記錄或一本科學文獻中某些陳述的出現被看作一個經驗事實，而且所出現的命題被看作經驗對象。」但是，這使整個理論變得空洞無物；因為，什麼是一個「經驗事實」呢？根據紐拉特和亨普爾的看法，說「A 是一個經驗事實」就是說「『A 出現』這個命題與某組已被接受的命題是融貫的」。在一個不同的文化圈子裡，人們可能接受另一組命題。由於這個事實，紐拉特是一個被流放者。他自己說道，實際的生活很快減少了模糊性，而且我們受周圍人的意見所影響。換言之，經驗真理可以由警察機關來確定。顯然，這種學說是對經驗論的完全放棄；經驗論的真正本質在於，唯有經驗才能決定非重言式命題的真或假。

　　如果加以認真地領會，紐拉特的學說剝奪了經驗命題的所有意義。當我說「太陽在照耀」時，我並不意味著這是

許多互不矛盾的句子中的一個；我意指某種並非語詞的東西，而且為了表達這種東西，像「太陽」、「照耀」這樣的語詞被發明了出來。語詞的目的就在於論述不同於語詞的事實，儘管哲學家們似乎忘記了這個簡單的事實。假如我走進旅館，並訂了餐，那麼我並不是想要我的語詞與其他語詞融入一個系統中，而是為了導致食物的出現。透過取我想要的東西，我本可以不使用語詞而設法做到這一點，但這樣不太方便。某些現代哲學家中那些咬文嚼字者的理論，忘記了日 149
常語詞的這種簡單的用於實踐的目的，並沉湎於一種新新柏拉圖式的神秘主義。我似乎聽到他們在說「太初有言」，而非「太初有語詞所意指的東西」。值得注意的是，這種回到古代形上學的做法本該出現在那種成為超經驗的事物的企圖中。

**11.**

事實的前提

如果假定存在著基本命題，那麼在我看來，對於知識論而言，「基本命題」或者可以定義為「經過仔細檢查之後，在無需任何對其有利的外部證據的情況下，我們依然相信的那些關於特殊現象的命題」。從今以後，我將假定存在基本命題。

讓我們考慮這個定義中的具體內容，並讓我們從這一部分即「對其有利的外部證據」開始。可能存在有利於一個基本命題的證據，但是並非單單這個證據就能產生我們的信念。你可能會在早晨醒來，並發現天亮了，而且看一下你的手錶，你也可以明白現在一定是白天。但是，即使你的手錶指向午夜，你也不會懷疑現在是白天。在任何一種科學體系中，基於觀察的許多命題都是相互支持的，但是每個這樣的命題都能依靠自身的力量而值得人們相信。此外，只有以某種理論為基礎，基本命題之間的相互支持才是可能的。

然而，在有些情況下，儘管我們的信念不是推論的，但它們或多或少是不確定的。這些情況主要出現在與記憶有關的場合。在這些情況下，一個由這些信念構成的體系，比起其中的任何單個的信念，更容易得到人們的接受。我想起 Z 先生在星期二邀請我吃飯；我查了一下日記，發現其中一篇日記就是這麼記載的。我的記憶和我的日記都是可錯的，但是當它們一致時，我認為它們都錯是不太可能的。以後我還將回來討論這種情況；目前，我希望把它們排除在我的考慮之外。同時，要看到，一個非推論的信念無須要麼是確定的，要麼是不容置疑的。

現在接下來的是關於仔細審查的問題，它是一個難以 151
處理的問題。你說「有一條狗」，而且相當確信你的陳述是
真的。我不假設你的信念受到貝克萊主教的攻擊，但受到了
他的一位現代商業助手的攻擊。製片人走過來對你說：「哎
呀！我希望你會認為它是一條狗，但事實上它是根據一種新
的彩色電影方法錄製而成的，這種方法為電影帶來了革命性
的變革。」也許，未來的生理學家能以一種看見一條狗所必
需的方式刺激視覺神經。從關於布林道格‧德拉蒙德[1]的作
品中，我猜想，拳頭與眼睛的接觸能使人們看到繁星滿布的
天空和道德律。而且，我們全都知道施行催眠術的人能夠做
些什麼；我們也知道情感的激動可以製造像麥克佩斯的匕首
這樣的現象。根據這些全都來自常識而非哲學的理由，一個
頭腦謹慎的人會避免包含在「有一條狗」這種說法中的草率
的輕信。

但是，這樣的一個人在這樣的一個場合又會說些什麼
呢？由於接受了不適當的教育，他會有一種他不得不抑制的
說出「狗」的衝動。他會說：「有一塊犬科動物的色片。」
現在設想，由於他對笛卡兒的懷疑方法留下了很深的印象，
他試圖使自己連這一點也不相信。他能發現什麼理由不相信
它呢？它不可能被他可以見到或聽到的任何事物所否證，而
且他不可能有更好的理由相信其他的視覺或聲音而不相信這

---

1 布林道格‧德拉蒙德（Bulldog Drummond）是英國偵探作品中的主
人公，奉命抓捕利用美色殺人的罪犯。——譯注

一個。如果他懷疑到這種地步，他甚至不可能知道他說出了
「狗」，假如他確實這麼說了的話。

　　我們應該注意到，基本命題，當應用於睡夢時，必定正
如當它應用於清醒狀態時一樣，也是真的，因為夢境畢竟確
實發生。這是區分基本的東西與解釋的東西的一個標準。

　　我們因而獲得了作為我們的經驗中最不成問題的事物的
當下知覺對象，而且它因而也可以作為所有其他種種確定性
和偽確定性的標準與試金石。

　　但是對於知識論來說，我們感知到某物是不夠的，我們
必須用語詞表達我們感知到的東西。現在，絕大多數對象詞
都是壓縮了的歸納；我們已經有機會注意到，「狗」這個詞
也是這樣的歸納。假如我們僅僅希望記錄我們所感知到的東
西，我們必須避免這樣的語詞。做到這一點是非常困難的，
並且需要一種特殊的詞彙。我們已經看到，這種詞彙包含了
像「紅的」這樣的述詞性的詞，以及像「先於」這樣的關係
詞，但不包括人的名稱、物理對象的名稱，以及由這樣的項
所組成的類的名稱。

　　我們已經考慮過「基本命題」或者說記錄語句這個問
題，並試圖表明，如果沒有它們，經驗知識是不可能的。要
記住，我們是用兩個特徵來定義「基本命題」的：

　　(1)它是因為一種知覺的出現而產生的，並且這個知覺
是其為真的證據；

　　(2)它擁有這樣的一種形式，以致任何擁有這種形式的

兩個命題都不可能互相矛盾，假如它們起源於不同的知覺對象的話。

一個具有這兩個特徵的命題不可能被否證；但是，說它一定是真的則是草率的。

也許，任何實際的命題都不能相當嚴格地滿足這個定義。但是，純粹的知覺命題有一種我們可以逐步接近的極限，而且我們越是接近這個極限，出錯的危險就越小。

然而，除了純粹的知覺命題以外，經驗知識需要斷言事實的其他前提。我將把「事實的前提」這個名稱給予任何斷言了擁有一個日期的某種事物的非推論命題，而且經過仔細的審查之後，我也相信這些推論命題。我並不意味著這個日期是這種斷言的一部分，而僅僅意味著某種具有時間性的現象是包含在該斷言的真理中的東西。

對於經驗知識來說，單有事實前提還不夠，因為絕大部分經驗知識都是推論出來的。除此之外，我們還需要演繹所必需的那些前提，以及科學所依賴的那些非證明性推論所必需的某些其他前提——不管它們可能是什麼。很可能也有一些一般命題，比如「假如 A 先於 B，並且 B 先於 C，那麼 A 先於 C」，和「黃與綠比黃與藍更相似」。然而，就像已經提到的那樣，這樣的命題需要進行深入的討論。眼下，我只關心那些與特殊現象有關的我們的經驗知識的前提，即我稱之為「事實的前提」的那些命題。依我看，這些命題有四種： 153

I.知覺命題；

II.記憶命題；

III.否定的基本命題；

IV.涉及當前的命題態度的基本命題，即涉及我所相信、懷疑或願望等等的東西的基本命題。

I.知覺命題。像在前面的一章中那樣，假設我們在一個藍色的圓框中看見了一個紅色的方形。我們可以說「在一個圓中有一個方框」、「在一個藍色的圖形中有一個紅色的圖形」和「在一個藍色的圓中有一個紅色的方框」。所有這些都是知覺判斷。知覺材料總是承認許多命題，它們全都表達了這種材料的某個方面。這些命題勢必比材料更抽象，因為語詞起著給事物分類的作用。但是，在說明的精確性上並不存在一個理論的極限，而且在知覺材料中也沒有本質上不能用語詞表達的東西。

真理符合論，當應用於知覺判斷時，可能會以某種錯誤的方式得到解釋。認為與每一個真的知覺判斷相對應，都有一個單獨的事實，是一種錯誤的想法。因而，在以上關於圓和方的例子中，存在一個擁有某種顏色以及某些角度標注的圓，而且在其內部，存在一個擁有另外某種顏色以及另外某些角度標注的方框。所有這一切都只是一種材料，多種多樣的知覺判斷能夠產生於這種材料。在語言之外，並不存在一個事實即「在一個圓中有一個方框」，以及另一個事實即「在一個藍色的圖形中有一個紅色的圖形」。不存在若干

154　「如此這般」這樣的事實。存在若干我們透過分析從中獲得「如此這般」這樣的命題的知覺對象。但是，只要明白了這一點，把知覺對象叫做「事實」就將是無害的。

　　II.記憶命題。關於這類基本命題，存在一些顯著的困難。首先因為記憶是可錯的，以致在任何特定的情況下，都難以發現它們與知覺判斷具有相同程度的確定性；其次，任何記憶命題嚴格說來都是不可證實的，因為當前或將來沒有任何事物可以使得任何關於過去的命題成為必然的；但是，第三，要懷疑過去存在某些事件或者相信這個世界只是剛剛開始是不可能的。這第三方面的考慮表明一定存在某些關於過去的事實前提，儘管第一方面和第二方面的考慮使得我們很難說清它們是什麼。

　　首先，我認為，我們必須把我們關於當下的（immediate）過去所知道的東西從記憶這一範疇中排除出去。比如，當我們看到一次快速的運動時，我們知道相關的對象先是在一個位置，現在又在另外一個位置。但是，這是將要包含在知覺中的所有東西，而且不能算作一次記憶。這一點由這個事實所表明：看到一次運動不同於看到某一事物先在一個位置，然後又在另一個位置。[2]

　　在記憶與習慣之間作出區分絕不是容易的。在日常言語中，在涉及文字習慣的地方，這種區分被人忽視了。據

---

2　啊！就像鐘的指標從數字旁邊輕輕溜過，美也會悄無聲息地離開。
　　（莎士比亞，《十四行詩》第 104 首）

說，假如一個兒童有正確的文字習慣，他會「記得」乘法運
算表，儘管這張運算表從未出現過，而且他可能並不記得他
學習這張運算表的任何場合。我們關於過去事件的記憶有時
屬於同一種類型：我們擁有一種關於敘述的文字習慣，但
沒有其他的東西。這種情況尤其與人們經常陳述的事件一起
發生。但是，關於人們至今從未回憶過的或者至少長久未被
回憶過的那些過去事件又如何呢？甚至這樣，記憶也可能被
155　聯想 ── 即習慣的一種形式 ── 所喚起。屠格涅夫的小說
《煙》開篇就寫到了天芥菜花的味道，後者使人想起了一
次久遠的風流韻事。[3]這裡，記憶是不自願的；然而，也有
故意的回憶，比如說，寫自傳時的回憶。我認為，在這裡，
聯想依然是主要的力量。我們從某件容易記住的突出事情開
始，並且聯想逐漸地把我們引至我們長時間沒有想到的事情
上。通常，這種突出的事情自身依然是突出的，因為它與當
前之間具有許多聯想性關聯。顯然，我們並非總是記住我們
能夠記住的一切事情，而且使我們在一個特定時刻記得一個
特定事件的東西，就是與當前某種事物之間的某種關聯。因
而，聯想確實是一次回憶現象中的關鍵因素。但是，這依然
讓我們無法確定記憶的認識論地位。

　　首先，以我們知道過去意味著什麼這個事實為例。如
果沒有記憶，這是可能的嗎？人們也許會說，儘管我們對將

---

3　該小說描寫了主人公利特維諾夫在一次偶然的機會與已成為貴婦人的
　　初戀情人伊琳娜邂逅，並又產生了熱烈的愛情的故事。── 譯注

來沒有記憶，但是我們知道將來意味著什麼。然而，我認為
將來是相對於過去而得到定義的：它是「現在的當前已經過
去之後的那個時間」。時間的流逝，在某種程度上，可以
從似是而非的現在中得到理解：當一個人說出一個短句比如
「晚餐擺好了」時，我們知道在第一個詞與最後一個詞之間
有一種時間的流逝，儘管整個的句子出現在似是而非的當前
之內。但是，在真實的記憶中，有一種完全不同的過去性，
這是聯想與其沒有關係的某種東西。比如說你遇見了一位
二十年來未曾謀面的人：聯想將解釋與你可以想起的以往會
面相連繫的某些語詞或意象的出現，但解釋不了這些語詞或
意向與過去的關聯。你可能發現把它們歸屬於現在是不可能
的，但是你為什麼不把它們僅僅當作某些虛構的幻想呢？你
沒有這麼做，而是以為它們指稱了確實發生過的某種東西。
因此，僅僅這個事實，即我們能夠理解「過去」這個詞，似
乎就蘊含著我們知道某種事情在過去發生過。由於我們關 156
於過去的絕大部分基本知識幾乎不可能指稱一個模糊的「某
物」，因此一定存在某些將作為基本命題而被接受的更確定
的記憶。

　　讓我們以某種很難加以懷疑的回憶為例。設想你收到
一份電報，說你在澳大利亞的叔叔給你留下了百萬英鎊，而
且你上樓告訴你的妻子。當你到你的妻子面前時，你對電報
內容的首次閱讀已經成了記憶，但是你幾乎不會懷疑它發生
過。或者，以一些更通常的事件為例：在一天結束時，你能
回憶起自你起床後所做的許多事情，而且至少關於其中的某

些事情，你覺得有一種很高程度的確定性。設想你開始盡可能地多去記住這些事情。有些事情，你之所以知道它們，是因為它們總是發生：你穿衣、吃飯……等等。但是，即便關於它們，在知道它們一定發生過與記得它們之間也存在著一種非常清晰的區別。依我看，在真實的記憶中，我們擁有一些我們對之說「是」或「否」的意象。在某些情況下，我們以一種強調的語氣說「是」，而且毫不猶豫。在另外一些情況下，我們在部分程度上依賴於相關的背景。就我們的目的來說，那些被強調的情況就是重要的情況。在我看來，意象以三種方式出現：僅僅作為想像的東西而出現，或者帶著一種是的感覺出現，或者帶著一種否的感覺出現。當它們帶著一種是的感覺出現，但卻與當前並不一致時，人們認為它們與過去相關聯。（我的意思並不是說，這是對發生於記憶中的東西的一種完全的解釋。）因而，所有記憶都包含命題態度、意義和外部的指稱。在這方面，它不同於知覺判斷。

　　沒有任何記憶是不可懷疑的。我在夢中擁有一些記憶；正如處於清醒狀態下的最好記憶一樣，它們也是確定的，但卻全是不真實的。有一次在夢中，我記得懷德海和我在一個月前謀殺了勞合·喬治。知覺判斷，當應用於睡夢時，正像當它應用於清醒狀態時一樣，也是真的。確實，這是正確解釋知覺判斷的一個標準。但是，夢中的記憶判斷是錯誤的，除非它們是在記住這個夢的先前的一部分或者清醒狀態下的一個真實事件。

　　由於記憶並不是不可懷疑的，我們尋求各種方式來鞏固

它們。我們作出同步的記錄，或者我們從其他證人那裡尋求
證實，或者我們尋找傾向於表明我們所回憶的東西就是我們
所期待的東西的理由。透過這些方式，我們能夠增加任何一
種給定的記憶之為正確的可能性。但是，我們無法使自己不
依賴於一般記憶。關於其他證人的證據，這一點是顯然的。
關於同步的記錄，它們很少在嚴格意義上是同步的，而且
假如它們是這樣的話，那麼除非透過作出記錄的那個人的記
憶，它不可能在隨後被人知道。設想你在11月8日記得你前
一天晚上看到了一顆非常明亮的流星，而且你在你的書桌上
發現一張你自己用手寫的便條，上面寫著「在11月7日20點
32分，我發現了武仙座中一顆非常明亮的流星。便條寫於
格林威治時間20點33分」。你可能記得你寫過這個便條；
假如這樣的話，關於流星的記憶和關於便條的記憶便相互印
證。但是，如果你不把記憶當作知識的一種來源，你將不知
道便條是怎麼出現在那兒的。它可能是一位偽造者寫的，或
者是你自己把它作為實際的玩笑寫出來的。作為一個邏輯的
事實，下述這一點是相當明顯的：從目前在紙上看到的一組
形狀到昨晚在天上看到的一種明亮的光線之間，不可能存在
任何證明性推論。因此，情況似乎是這樣的：在涉及過去的
地方，我們部分地依賴於證據之間的彼此融貫，部分地依賴
於我們對於所說的那種特殊記憶的信念的力量。但是，我們
對於通常的記憶的過分信任，使得我們不可能擁有過去的事
情完全是一種幻覺這樣的假設。

　　要記住，在以前的一章中，我們斷定記憶命題時常需

要語詞「有的」。我們說：「我知道我在某個地方看到了那本書」，或者「我知道他說過某種非常機智的話」。也許我們能夠記得甚至比這更模糊的事情，比如「我知道昨天發生了某件事情」。我們也許甚至記得「存在一些過去事件」，而且我們剛剛還拒絕承認它是一個事實前提。我認為，把這作為事實前提接受下來就太離譜了，但是確實（在某個給定時刻）存在一些包含「有的」的非推論的記憶命題。這些命題可以在邏輯上從不包含「有的」並且在先前的某個時間中作為當前知覺之表達的命題中演繹出來。有一天你自言自語地說「噢，我丟失了那封信」，而且第二天你又說「我知道我昨天在某個地方看到了那封信」。這是存在於記憶與知覺之間的一種重要的邏輯上的差別，因為知覺絕不可能是一般的或者模糊的。當我們說它是模糊的時，那只是意味著，它並不承認某種其他知覺可以承認的那麼多的推論。但是，意象，在其表象能力方面，可能是模糊的，而且以它們為基礎的知識可能包含「有的」這個詞。值得注意的是，這個詞可能出現在一個事實前提中。

在承認記憶命題屬於事實前提時，我們允許我們的前提可以是可疑的，而且有時可以是錯誤的。我們有時願意承認與我們認為我們記得的東西相衝突的證據。記憶帶著不同程度的主觀的確定性出現在我們的面前。在有些記憶中，與一個當前的知覺對象相比，幾乎不存在更多的懷疑；而在另外一些記憶中，猶豫不定的成分可能非常巨大。在實踐中，記憶透過盡可能具有因果性的推論而得到加強，但是這樣的推

論絕不是論證性的。假如我們可以省缺記憶前提，或者假如我們無法省缺它們，但我們能夠區分兩種類型的記憶，而且其中一種是不可錯的，那將是一種極大的簡化。讓我們來考察這些可能性。

在試圖省缺記憶時，我們將依然承認關於任何一種屬於似是而非的當前事物的知識；因而，我們將依然意識到時間順序。我們將知道「A 早於 B」是什麼意思。我們因此可以把「過去」定義為「早於似是而非的當前的東西」。我們將透過因果律構造我們關於過去的知識；這就如同我們在地質學中所做的那樣，而在地質學中記憶是不起作用的。我們將看到，我們擁有記錄因某種原因對我們來說是重要的事件的習慣，而記錄的方式或者是寫下來，或者是在我們自己身上產生一種言語上的習慣。比如說，假如當我們被介紹給一個人時，我們反覆地向自己重複他的名字，那麼我們所做的就是後者。我們可以經常這麼做，以致當我們下一次碰到他時，我們立即就想起了他的名字。那麼，據說我們就──用普通的語言來說──「記住」了他的名字，但是我們卻不必 159 回憶起某個過去的事件。以這種方式，即透過記錄或單單透過語詞習慣，來建立我們關於過去的知識，是可能的嗎？按照這種觀點，假如我看到了一個人，並且知道他的名字叫瓊斯，那麼我將推斷我在以前的某個場合一定遇到過他，這正像假如他的臉蛋是隱約熟悉的，我也會這麼做一樣。當我看到一份記錄時，我無須喚起回憶就能知道它是我寫的，因為我現在能夠重抄這份記錄，並進行比較。於是，我就能夠繼

續推斷，這份記錄講述了曾經發生在我身上的某件事情。在理論上，這種包含在似是而非的當前時間中的短而有限的時間段，對於發現因果律來說是足夠的；而透過因果律，我們能夠在不必求助於記憶的情況下推斷過去。

我不準備主張，上述理論在邏輯上是站不住腳的。毫無疑問，在不求助於記憶的情況下，我們能夠知道關於過去的某種事情。但是我認為，事實上我們關於過去所知道的東西顯然比能夠以這種方式解釋的東西更多；而且，儘管我們必須承認，對於我們認為我們記得的東西，我們有時會弄錯，但是有些回憶幾乎是不可置疑的，以致即便產生了許多相反的證據，它們依然要求我們相信它們。因此，我看不出我們能有什麼理由拒絕把記憶作為我們關於事件程序的知識的來源之一。

尚待研究是否存在兩種類型的記憶，即一種是可錯的，一種是不可錯的。我們或許會這麼主張，同時又不認為我們可以確鑿地知道一種特定的回憶屬於哪一種；那麼我們應當依然有理由認為，在每一種特殊情況下都有某種程度的不確定性。但是，我們至少應當有理由認為有的記憶是正確的。因此，這個理論是值得考察的。

我不會認眞地考慮存在兩種類型的記憶——其中一種是不可錯的——的可能性，若不是因為我聽到 G.E. 摩爾在討論中為之辯護的這種理論。他那時並沒有詳盡地闡述這種理論，而且我並不知道他如何堅定地主張它。因此，我將獨立地嘗試著盡力為其提供更多的合理性根據。

　　根據邏輯的理由，我們必須認為，任何現象都沒有為支持人們相信任何其他現象提供證明性根據。但是，我們時常不能不承認這些根據提供了實際的確定性。我們發現，如果我們在一個紅的知覺對象出現時作出「那是紅的」這個命題，我們不可能有理由不相信該命題。然而，必須承認，當並未出現一個紅的知覺對象時，相信這個命題從邏輯上說也是可能的。用於設想這種情況並未發生的那些根據，來源於關於語言現象的因果法則。然而，關於像「那是紅的」這樣的知覺判斷，我們在理論上能區分兩種情況：一種情況出現於它由它所斷言的東西引起時，另一種情況出現於語詞或意象構成其原因的一部分時。在前一種情況下，它一定是真的；在後一種情況下，它一定不是真的。

　　然而，這是一種需要加以詳盡闡述的說法。當我們說一個知覺對象「引起」一個詞或一個句子時，我們能意指什麼呢？表面上看，我們必須在大腦中設想一個把視覺中心與運動中心連繫起來的顯著的過程；因此，這種原因絕不是直接的。也許，我們能夠把這個問題陳述如下：在學習說話的過程中，某些從知覺對象通向語言之說出的因果路線（語言－習慣）在大腦中確立。這些路線就是從知覺對象到語言的說出之間最短的可能的路線，所有其他的路線都包含著某種其他的連繫或習慣。當一種語言之說出透過一個最短的因果路線與知覺對象相連繫時，這個知覺對象據說就是這種語言之說出的「意義」，而且這種說出是「真的」，因為它所意指的東西出現了。因而，無論這種事態存在於何處，知覺判斷

的真理性都從邏輯上得到了保證。

　　我們必須研究，就記憶而言，某種類似的東西是否可能。

　　刺激人們作出一個回憶判斷的東西，顯然絕不是被回憶的事件，因為該事件並不屬於當下的過去。這種刺激物可以161　是一個知覺對象，或者可以是一種「思想」。讓我們把前一種情況視為更簡單的。讓我們設想，你發現自己處於曾經發生一場有趣對話的某個地方，而且你記得這場對話。所涉及的腦機制迄今為止還是假設性的，但是我們可以設想它非常類似於從一個知覺對象到一個「意指」它的語詞之間的通道所涉及的腦機制。當兩個知覺對象 A 與 B 共同出現時，一個極其類似於 A 的知覺對象在未來的一個場合的出現，可以導致一個極其類似於 B 的意象的出現。可以認為，僅當 A 和 B 作為知覺對象已經在先前的一個場合共同出現時，一個類似 A 的知覺對象和一個類似 B 的意象之間的某種類型的連繫才會出現，而且從那個類似 A 的知覺對象中產生的回憶因此一定是正確的。可以說，當錯誤的記憶發生時，所涉及的連繫的因果鏈條一定比在正確記憶的情況中所涉及的因果鏈條更長。也許，在這方面，關於記憶的問題可以比作關於知覺的問題。

　　然而，上述類型的論證，儘管從其自身的角度看可能是正確的，但是對關於事實前提的問題不可能有直接的意義，因為它是以關於腦的詳盡知識為前提的，而這種知識顯然只能透過包含回憶在內的事實前提才能建立。

必須承認，一個事實前提甚至在主觀上也無須是不可懷疑的；它僅需要某種程度的可信性。它因此總是能夠得到加強，假如人們發現它與其他事實前提相一致。刻畫一個事實前提的東西不是不可懷疑性，而是這個事實：它要求一種依靠自身力量而產生的或高或低程度的信念，並且這種信念不依賴於它和其他命題之間的某些關係。因而，我們被引導至自明性與融貫性的一種結合：有時，一種因素比另一種因素重要得多，但在理論中，融貫性總是起著某種作用。然而，嚴格說來，所要求的這種融貫性並不是嚴格的邏輯意義上的，因為事實前提能夠而且應該被陳述為演繹上相互獨立的。所涉及的這種融貫性是我在以後的一個階段將要加以考慮的一個問題。

III.否定的基本命題。我們已經有機會考慮了否定的經 162 驗命題，但是我現在要重新考慮它們自身本來就是事實前提，還是起源於若干不相容性命題。

要考慮的問題是：我們是如何知道類似「櫥櫃裡沒有乳酪」或者「愛爾蘭島上沒有蛇」這樣的否定的經驗命題的？當我們在以前的一章中考慮這個問題時，我們堅持這樣的假設，即這樣的命題是從包含像「哪裡有紅色，哪裡就沒有黃色」或者「摸起來硬的東西摸起來不是軟的」這類命題的那些前提中推論出來的。我現在要重新考察關於否定的經驗知識的全部問題。

首先，顯而易見，可感性質分屬於某些種類。存在著顏色，存在著聲音，存在著氣味和味道，存在著各種各樣的

觸覺，存在著與溫度有關的感覺。關於這些，有一些事情需要注意。我們可以同時看到兩種顏色，但不是在同一個地點。我們可以同時聽到兩種聲音，而且在其來源方向上無須存在某種可以被發現的差別。除了在鼻子中，氣味是沒有位置的，而且兩種氣味並非必然是不相容的。觸覺擁有某些性質，而且我們可以注意到其中的兩類：一類是占有一定位置的性質，它取決於被接觸的身體的部位；一類是具有或大或小的壓力的性質。在每一種內部，不同性質之間都擁有顏色之間所具有的那類不相容性；也就是說，它們可以同時被經驗到，但不是在身體表面的同一個部位被同時經驗到。同樣的說法也適用於溫度。

　　因而，就不相容性而言，在屬於不同感官的性質之間顯然存在某些差別。但是關於否定的判斷，不存在這樣的差別。假如有人在黑暗中把你帶到一塊熟的戈爾根朱勒乾酪附近，並說「難道你沒有聞到玫瑰嗎？」你將回答說是的。當你聽到霧角時，你知道它不是雲雀的叫聲；而且，當你什麼也沒有聞到，或者什麼也沒有聽到時，你能夠意識到這個事實。我們似乎必須得出結論說，純粹的否定命題無須推論163就可以從經驗上被知道。「注意！你聽到某種東西了嗎？」「沒有。」關於這種對話，並不存在任何深奧難解的東西。當你在這種情況下說「沒有」時，你是在給出一種推論的結果，還是在說出一個基本命題呢？我認為這種知識沒有受到它應該受到的關注。假如你的「沒有」說出了一個基本命題（它顯然一定是經驗的），那麼這樣的命題不僅可以是經驗

的，而且顯然可以是全稱的；這是因為，假如你相信邏輯，那麼你的「沒有」可以這樣加以表達：「所有的聲音現在都沒有被我聽到。」[4]因而，關於一般經驗知識的這些邏輯困難將在很大程度上得到減輕。另一方面，假如你的「沒有」表達一種推論，那麼它一定使用了某個一般的前提，因為要不然任何一般結論都不可能被推論出來；而且我們因而還必須承認，不屬於邏輯的某些基本命題是全稱的。

當一個人說「聽」，而然後你並未聽到任何聲音時，假如此時真的存在一種聲音，那麼你就有能力注意到這種聲音。但是這一點並非適用於所有情況。「難道你沒有聽到就餐的鈴聲嗎？」「是的，我正在工作。」這裡，你有一個否定的記憶判斷以及一種賦予該判斷真理性的原因（並非一種根據），而且在這種情況下，你確信這個否定的判斷，儘管你那時並未在聽。

這個結論似乎是不可抗拒的：一個知覺對象或者一種記憶既可以產生一個肯定的事實前提，也同樣可以產生一個否定的事實前提。但是，存在一種重要的差別：在關於一個肯定的基本命題的情況下，知覺對象可以引起語詞的出現；而在關於一個否定的情況下，語詞或者相應的意象一定是獨立於知覺對象而出現的。一個否定的基本命題因而需要一種命題態度，而在這種命題態度中，所涉及的這個命題在知覺的基礎上被否定了。因此我們可以說，儘管一個肯定的基本

---

4　我以後將證明，知識論無須接受這種邏輯的解釋。

命題只是由一個知覺對象所引起的（在給定了我們的語言習慣的前提下），但是一個否定的基本命題是由這個知覺對象和先前的一種命題態度所引起的。依然存在一種不相容性，但是它出現在想像與知覺之間。表達這種事態的最簡單方式在於說，因為知覺的緣故，你知道某個命題是錯誤的。一句話：在某種意義上，注意到不存在的東西與注意到存在的東西都是可能的。這個結論是重要的，假如它是真的。

164

IV. 涉及當前的命題態度的事實前提。這些命題，就像「這是紅的」一樣，報告一個當前的現象，但是它們在其邏輯形式上不同於第一類中的基本命題：它們的邏輯形式包含了對一個命題的提及。就它們可以在獨立於推論的情況下被知道而言，這些命題是斷言某種事物被相信、被懷疑或者被願望等等的命題。這種被相信、被懷疑或者被願望的事物，只能透過一個從屬的命題才能得以表達。顯然，就像我們能夠直接意識到我們所看到的一塊紅的色片一樣，我們能夠同樣直接地意識到相信著或者願望著某種事物。讓我們設想：有人問「今天是星期三嗎？」並且你回答說「我想是的。」你的陳述「我想是的」至少部分地表達了關於你的看法的一個事實前提。對這個命題的分析提出了某些困難，但是我看不出如何能否認它至少包含一個表達某種材料的核心要素。

要看到，這類命題通常是——假如並非總是——心理學的。我不能肯定我們不能使用這個事實來定義「心理學」。也許有人會說，夢屬於心理學，而且涉及夢中的知覺對象的基本命題完全與涉及知覺對象的其他基本命題處於同一個層

次。但是,對此可以這樣答覆:唯有當我們醒著時,對於夢的科學研究才是可能的,而且對於任何一種可能的夢的科學來說,所有材料因此都是記憶。關於知覺心理學,也可以作出類似的回答。

不管情況可能如何,在知識中確實有一個重要的部分可以用這個事實即有些基本命題包含著從屬命題來刻畫。

以上討論中所考慮的事實前提全都擁有某種共同的特 165
徵,即它們每一個都涉及一小段時間,而且在這段時間中,它們(或者它們從中演繹出來的其他命題)首次成為前提。在關於回憶的情況下,假如它們是真實的,那麼它們或者等同於在這些回憶所指向的那些時間所作出的知覺判斷,或者在邏輯上可以從這類知覺判斷中推論出來。我們所擁有的關於現在和關於過去的知識部分地是由知覺命題構成的,而我們關於將來的知識完全 —— 很可能除了某些當下的期待 ——
是由推論構成的。

一種「經驗材料」也許可以定義為一個指向某個具體時間,並且在其所指向的那個時間開始為人所知道的命題。然而,這個定義是不充分的,因為我們在進行感知以前就可以推論目前正在發生的事情。知識(在某種意義上)是由被人知道的東西所產生的,這對於經驗材料的概念是基本的。然而,我不希望私下引入產生這個概念,而且我目前因此將不考慮經驗知識的這個方面。

在我們的知識的前提中,一定存在一些不指稱具體事

件的命題。邏輯的前提，包括演繹的和歸納的，一般說來都得到了人們的公認；但是，存在其他一些前提似乎也是可能的。兩種不同的顏色不可能在視野的同一個部分，很可能就是這樣的一個前提。關於這類命題的問題是困難的，而且對於它們，我將不發表任何獨斷的言論。

然而，我將發現，作為一種知識論，經驗論是自我反駁的。這是因為，無論它可能得到什麼樣的表述，它一定包含著關於知識對於經驗的依賴的某個一般命題；而且，任何這樣的命題，假如是真的，一定擁有這樣一種後果，即它自身不能被知道。因此，儘管經驗論可以是真的，但是假如是真的，它就不能被知道是真的。然而，這是一個很大的問題。

# 12.

## 對涉及命題的問題的分析

　　本章的目的是陳述一些問題，而非解決它們。解決這些問題的嘗試將會在隨後的幾章中作出。

　　第一個問題是：邏輯或知識論既需要「命題」也需要「語句」嗎？這裡，我們可以啓發式地把一個「命題」定義為「一個句子所意味的東西」。有些句子是有含意的，另外一些句子是沒有含意的。我們可以設想：當一個句子是有含意的時，就存在某種作為其含意的東西。這樣的設想是自然的，儘管可能是錯誤的。假如存在著這樣的某種事物，它就是我用「命題」這個詞所意指的東西。由於「擁有同一種含意」是確實能夠存在於兩個句子——例如：「布魯特殺死凱撒」和「凱撒被布魯特殺死」——之間的一種關係，我們能夠透過下述說法弄清「命題」這個詞的某種意義：假如我們沒有發現它的其他意義，它將意指「與一個特定的句子擁有同一種含意的所有句子所組成的那個類」。

　　不管是否存在一個名詞性的「含意」，確實存在一個形容詞「有含意的」。我把這個形容詞應用於任何並非作為胡說的句子。我把「有含意的」和「含意」這兩個詞應用於句子，而我把「意義」這個詞應用於單個的語詞。這種區分並沒有語言用法上的根據，但它是方便的。當一個句子不是有含意的時，我稱它為「無意義的」。

　　任何一種普通語言都不包含禁止人們構造無意義之語句的句法規則，比如「四重性喝了拖延」就不是語法學家可以譴責的句子。然而，似乎清楚的是，構造一種具有下述兩種
167　特性的語言一定是可能的：

(1)根據句法規則從有意義的語詞中構造出來的句子是有含意的；

(2)每一個有含意的句子都是由有意義的且根據句法規則被置於一起的語詞組成的。

應該注意到，除了關於對象詞以外，詞的意義和句子的含意是交織在一起的。其他的詞透過它們出現於其中的最簡單的句子的含意而得到定義。

儘管在一種適當的語言中，給出決定一個句子何時有含意的句法規則應該是可能的，但是一定不要設想「含意」是一個句法概念；恰恰相反，一個非重言式的句子是透過它與其使用者的某些狀態之間的某種關係而變得有含意的。這些狀態就是種種「相信」行為，並且是該語句所「表達」的同一種信念的諸實例。在定義語句與信念（信念一般是非文字性的）之間的關係時，我們必須記住，假的句子與真的句子一樣是有含意的。而且當這種關係既被定義時，我們就必須表明，我們關於含意的句法規則是透過這種關係而得到證明的。

對作為相信者的一種狀態的信念的分析，並不涉及「真的」與「假的」這些概念；儘管我們關心主觀方面的信念，但是我們僅需考慮「表達」其使用者的狀態的句子。但是，「指示」通常並非語句說出者的狀態的一個或多個事實，是陳述句的目的的一部分。一旦我們考慮句子的這個方面，我們就關心起真與假了，因為只有真的句子才成功地作

出了陳述。語句所「指示」的東西在第十五章中得到考慮，而且我們從這點出發，關心與「眞」和「假」有關的問題。

我所謂的「命題態度」就是例如：相信、懷疑、願望之類的現象，它們自然地由包含從句的句子來描述，例如：「我認為天要下雨」。在分析這些命題態度時，我們擁有一個由經驗問題和句法問題構成的複雜的混合物。表面上看，「A 相信 p」這種句法形式的特殊性就在於這個事實，即它包含著一個從句「p」。使得「A 相信 p」為眞的那種現象，似乎是一個包含一個從屬複合物的複合物，而我們必須探究是否存在某種方式來避免對信念進行這樣的描述。

乍一看，命題態度使人們對數理邏輯學家所假定的兩個原則，即外延性原則與原子性原則，產生了懷疑。

外延性原則有兩個部分：

I. 任何命題函項的眞值都唯一地依賴於引數的眞值；也就是說，假如 p 和 q 都是眞的或者都是假的，那麼在任何一個包含 p 的句子中，當用 q 代替 p 時，視具體情況的不同，該句子依然是眞的或假的。

II. 任何關於一個函項的函項的眞值都唯一地依賴於該函項的外延；也就是說，假如只要 φx 是眞的，ψx 就是眞的，並且反過來也一樣，那麼在任何一個關於函項 φ 的句子中，當用 ψ 來代替 φ 時，視具體情況的不同，該命題依然是眞的或假的。

在外延性原則的這兩個方面中，好像沒有一個適用於命

題態度。一個人可以相信一個真實的命題，而無須同時相信另一個。他可以相信有些無毛兩足動物不是人，而無須同時相信有些人不是人。因此，在我們試圖解決一個看起來像是純粹邏輯的問題時，我們就捲入了對信念和其他命題態度的分析之中。

原子性原則由維根斯坦陳述如下（《邏輯哲學論》，2.0201）：「每一個關於複合物的陳述，都可以分析為一個關於它們的各構成部分的陳述，並且可以分析為完全描述了這些複合物的那些命題。」這個原則，假如是真的，就意味著，在「A 相信 $p$」中，$p$ 並沒有作為一個單元出現，而只有其構成成分出現了。

在以上形式中，原子性原則的含意並不是非常清晰的。但是，這個原則有一種技術形式。這種技術形式也許並不嚴格等值於維根斯坦的形式，但更易於討論、更明確，而且因此（我認為）也更重要。在這種形式中，該原則指出，169 我們所希望說的每一件事情都能透過「原子層」中的句子說出來；這裡所謂的「原子層」，將在第十三章第三節中得到定義。對於邏輯來說，重要的是要知道，在這種技術形式中，該原則是否是真的。這個原則是「真的」這一說法意味著，構造一種具有下述兩個特點的語言是可能的：(a)這種語言中的每一個句子都是依據該原則構造出來的；(b)任何語言中的每一個有含意的句子都可以翻譯成我們的這種被構造出來的語言。

因而，我們必須按照下述順序討論下述問題：

I.一個句子的「含意」是什麼，並且我們能給出什麼樣的句法規則來決定一個句子何時是有含意的？

II.我們在某種程度上需要與「語句」相對的「命題」嗎？

III.什麼是對「A 相信 $p$」的正確分析，並且在何種意義——假如存在某種意義的話——上，「$p$」出現在「A 相信 $p$」中？（關於信念所說的話可以推廣到其他命題態度上。）

IV.我們能夠構造一種外延性原則在其中成立的充分的語言嗎？如果任何語言中的任何有含意的句子都可以翻譯成某種語言，那麼這種語言就是我所說的「充分」的語言。

V.我們能夠構造一種原子性原則在其中成立的充分的語言嗎？

# 13.

句子的含意

# 一、通論

各種各樣的疑難使得我們不得不考慮這一問題，即什麼東西使得一個句子是有含意的。

首先，在日常語言中存在著被認識到的句法規則。「蘇格拉底是一個人」就是根據這些規則構造的，並且是有含意的；但是，「是一個人」，雖然被認為是一個完整的句子，然而卻違反了這些規則，並且是無意義的。（我使用「無意義的」〔nonsensical[1]〕作為「有含意的」一詞的反面。）日常語言中的句法規則顯然意在避免無意義的話，但它們沒有完全達到其目的。我們已經注意到，「四重性喝耽擱」就是無意義的，但是它沒有違反英語的任何句法規則。構造更好的句法規則顯然必須成為我們當前的問題的一部分，而這種規則將自動避免無意義的語言。在我們的討論的早期階段，關於什麼東西是有含意的這一問題，我們接受這種僅有的感覺的指導，但我們希望在終了時獲得某種更好的東西。

「可能性」這個詞有一種與我們當前的問題相連繫的意義。我們可以說，一個有含意的句子所斷言的任何東西都有某種可能性。我將把這定義為「句法」的可能性。它可能比邏輯的可能性更狹窄，但確實要比物理的可能性更寬廣。

---

1　英文「nonsensical」的本意是胡言亂語、沒有含意的話、不合邏輯的話以及廢話等等。——譯注

「月亮是由綠色的乳酪做成的」在句法上是可能的，但在物理上是不可能的。難以給出某種既是不可反駁的又非句法上可能的邏輯可能性的例子；也許「這既是紅的也是藍的」是一個例子，而且「長號的聲音是藍的」或許也是一個例子。

目前，我不打算問，就一個有含意的假的句子來說， 171 這種可能的東西是什麼。它不會是這個句子，因為那是實際的；它也不會是「這個句子是真的」，因為這只不過是另外一個假的句子。因此，存在一個問題，但我目前將不去探詢它。

「含意」問題是困難的，並且在某種程度上是錯綜複雜的。提綱挈領式地把我將要作出的結論陳述如下，可能有助於使這種討論變得清楚。

一個斷言有兩個方面，即主觀的和客觀的。從主觀方面來看，它「表達」了說話者的一種狀態，這可以稱為一個「信念」，它可以無需語詞而存在，甚至可以存在於不擁有語言的動物和嬰兒身上。從客觀方面來看，該斷言，如果是真的，就「指示」了一個事實；如果是假的，它試圖「指示」一個事實，但卻沒有成功。存在著一些斷言，即那些斷言了說話者所注意到的他自己的目前狀態的斷言。在這些斷言中，被「表達」的東西和被「指示」的東西是相同的。但是，一般說來，這兩者是不同的。一個語句的「含意」就是它所「表達」的。因而，真句子和假句子是同樣有含意的，但是不能表達說話者的任何狀態的一串文字是無意義的。

　　在接下來的討論中，上述理論，在我看來，將逐漸地表明它是僅有的一種為所呈現出來的那些問題提供了清晰的解決方案的理論。

　　含意問題與其說可以與說出的句子發生連繫，不如說與聽到的句子發生連繫。聽到一個有含意的句子會產生某些效果，這些效果依賴於該陳述的性質而非它的眞或假。聽到被認作無意義的句子就沒有這樣的效果。確實，實際上無意義的句子可以擁有某些只有有含意的句子才會擁有的效果；但在那種情況下，聽者通常想像一種意思，而這種意思嚴格說來是這些語詞所不可能擁有的。一般說來，我們可以說，一個聽到的陳述，當被聽者解釋為有含意的時，能夠具有明顯無意義的語言所不可能具有的效果。這是我們在尋求「含意」的定義時必須記在心間的要點之一。

172　　悖論已經表明了關於含意的這個題目比它表面上看起來更困難。毫無疑問，所有悖論都產生於這種行為，即把含意歸屬於事實上無意義的句子。為了排除無意義的句子，在我們系統闡述句法規則時，悖論必須得到考慮。

　　排中律問題也與我們當前的問題有關。習慣上說每一個命題都是眞的或假的，但我們不能說每一個句子都是眞的或假的，因為無意義的句子既不眞也不假。假如我們把排中律應用到句子上，我們必須首先知道哪些句子是有含意的，因為這個定律只適用於它們。它是否適用於所有有含意的句子，是我在關於命題態度的討論有了結論之後將要加以考慮的一個問題。

　　我將首先考慮形容詞「有含意的」，然後考察這個問題，即當一個句子是有含意的時，是否存在它所「意味」的某種東西。「凱撒」這個詞意指凱撒；關於句子，是否也存在某種類似的東西呢？從技術上看，假如「$p$」是一個句子，那麼就像我們能夠在「凱撒」和凱撒之間作出區分一樣，我們也能夠在「$p$」和 $p$ 之間作出區分嗎？

　　帶著這些初步的問題，讓我們開始進行深入的討論。

　　句子分為三類：眞的、假的和無意義的。因而，當應用於句子時，「假的」不是「並非眞的」的同義詞，因為一個無意義的句子不是眞的，但也不是假的。因此，假如「$p$」是一個無意義的句子，我們必須區分「$p$ 是假的」和「『$p$ 是眞的』是假的」。後者將是眞的，但前者不是眞的。假定「並非 $p$」意指「$p$ 是假的」，那麼如果 $p$ 是無意義的，我們將有「並非（$p$ 是眞的）」，但是我們沒有「並非 $p$」。我們將說，當「$p$」是沒有意義的時，「並非 $p$」也是如此。

　　因而，假如「$p$」是一句話語，而且我們並未確定它是否有含意，那麼情況將如下所述：

　　從「$p$ 是眞的」，我們可以推出「$p$」，而且反過來也這樣；

　　從「$p$ 是假的」，我們可以推出「$p$ 不是眞的」，但是反過來不行；

　　從「『$p$ 是假的』是眞的」，我們可以推出「『$p$ 是眞 173

的』是假的」，但是反過來不行；

從「『$p$ 是假的』是假的」，我們只能推出「$p$ 是假的或無意義的」；但是從「『$p$ 不是真的』不是真的」，我們可以推出「$p$ 是真的」。

讓我們透過一個例子來加以闡述。我們將從「這是紅的」這個句子開始，這裡的「這」是一個專名。讓我們把這個句子稱為「$p$」。現在考慮「$p$ 是紅的」這個句子。這似乎顯然是無意義的。但是，假如我們用「$p$」來意指一份文書或一種印刷體的句子形態，它就不是無意義的，因為這種東西可以是紅的。假如我們接受在作為句子的「$p$」和作為該句子所意味的命題 $p$ 之間所作出的區分，這就容易理解了；這是因為「$p$」可以是紅的，但「$p$ 是紅的」是無意義的話。目前，我們可以認為 $p$ 是一種思想，而「$p$」是這種思想在其中得以表達的話語。既然如此，「$p$ 是紅的」是沒有意義的。假如我們能夠在「$p$」和 $p$ 之間作出區分，那麼整個問題就變得清楚了。讓我們把專名「P」給予「這是紅的」這個句子的說出。那麼我們說 P 意味 $p$，$p$ 是真的，而且 P 意味一種真。讓我們把「Q」這個名稱給予「$p$ 是紅的」這個句子的說出。既然如此，任何「Q 意味 $q$」形式的陳述都不是真的，而且 Q 既不意味真，也不意味假。繼續假定在「$p$」和 $p$ 之間有一種區別，那麼我更願意說「$p$」意味（signifes）$p$，而不說「$p$」意指（means）$p$，因為「意義」（meaning）這個詞最好留給單個的語詞。既然如此，我們會說，一個「命題」（假如存在這樣的東西）就是某句

話語所「意味」的某種事物。在這種情況下，剩下的問題就是確定哪些話語意味某種事物，以及這種事物是什麼。

但是，所有這一切都假定了，我們能夠反駁用來否定「*p*」和 *p* 之間的區分的任何理由，或者我們至少能夠作出不受那些理由影響的某種相關的區分。我現在就回到這個問題上來。

在許多情況下，在意味某種事物的語詞串與不意味某種事物的語詞串之間的區分是完全清晰的。「蘇格拉底是一個人」意味某種事物，但是「是一個人」並不意味某種事物。「蘇格拉底飲了毒物之後，向他的朋友道別」意味某種事物，但是「飲了毒物，道別」並不意味任何事物。在這些例子中，因為其中所含的語詞太少，以至於整個語詞串變得無意義。但是，也有因為存在過多語詞而導致句子無意義的情況；比如「『蘇格拉底是一個人』是一個人」就不意味任何事物。「排中律是黃色的」也是一種類似的無意義的句子。有時會有一些我們拿不準的情況，比如類似「長號的聲音是藍色的」這樣的情況。悖論產生於似乎意味某種事物，但事實上並不意味某種事物的句子。在這些句子中，最簡單的是「我在撒謊」。這個句子可以擁有無窮多的意思，但是沒有一種意思是我們本想要去表達的。假如我們意指「我說出了初階語言中的一個假命題」，那麼我們就是在撒謊，因為這是二階語言中的一個命題。這種主張 —— 即假如我們是在撒謊，我們就是在說真話 —— 是不成立的，因為我們的假陳述是屬於二階的，而且我們本來是說我們正在說出一階語言中

的一個假命題。類似地，如果我們意指「我說出了 n 階中的
一個假命題」，那麼情況也一樣。假如我試圖說「我說出一
階語言中的一個假命題，並以同樣的方式說出二階、三階、
四階……以至無窮階中的一個命題」，那麼我就同時斷言了
（假如這是可能的）無窮多的命題，並且在這些命題中，第
一、第三、第五個命題……將是假的，而第二、第四、第六
個命題……將是真的。

　　因而，一種語詞形式是否意味某種事物這個問題並非
總是容易的。但是，毫無疑問，某些語詞形式意味某種事
物，而另外某些語詞形式不意味某種事物，而且在那些意味
某種事物的語詞形式中，某些形式意味真的東西，而另外某
些形式意味假的東西。因此，我們必須發現某種方式，來定
義無意義的語詞串和意味某種事物的語詞串之間的差別；而
且就意味某種事物的句子來說，我們必須探究這種事物是否
必須不同於這個句子，或者說，含意是否僅僅可以是形容詞
性的。

　　假如一種語詞形式意味一個命題，我將把這個命題稱作
這種語詞形式的「含意」。現在，我假定存在一個有含意的
句子所意味的命題。

　　由此產生了兩個問題：(1)一種語詞形式的「含意」是
175 什麼？(2)我們能給出什麼樣的句法規則，以便使得一種語
詞形式成為有含意的？

　　一種語詞形式的「含意」意指什麼？這裡，我在一種

嚴格的意義上使用「含意」這個詞。所說的這種含意一定是命題式的。比如,「英國國王」是一個短語,在一種意義上它擁有意義,但在我所關心的那種意義上卻沒有「含意」。就我們當前的目的來說,這個短語所意味的東西一定是某種真的或假的東西。為了與其他類型的含意相區分,我稱之為「含意」的東西也許可以叫作「命題式的含意」。但是,為了簡潔起見,我將省略「命題式的」這個詞。

一種充分但並非必要的含意標準是,使我們把相關的話語(或者與其意思相反的話語)用作一種斷言的那些知覺經驗可以被想像,或者實際地發生。在某些情況下,我們可以說「雪是白的」,並認為它表達了我們所感知到的東西;因此,「雪是白的」這句話是有含意的。在某些知覺情況下,我們可以說「雪不是黑的」;因此,「雪是黑的」這句話是有含意的。也許,這將暗示我們一句有含意的話所「意味」的東西通常是什麼。

當我說「雪是白的」時,使得我的陳述為真的是一件事,而我所表達的是另一件事。使得我的陳述為真的是一個與雪有關的物理學的事實;但是,我是在表達一種心靈狀態,即某種信念;或者,如果允許我撒謊的話,那麼我是在表達一種願望,即希望其他人擁有某種信念。我們可以忽略這種複雜性,並且假定,在斷言這些語詞時,我表達一種信念。但是,我並未斷言我擁有一種信念;我是在斷言這個信念的對象。那麼,是否存在一個信念的對象即「雪是白的」這句話所斷言的東西呢?某些經驗使我們相信雪是白的;假

如這個信念有一個對象，我們可以說我表達了這個事實，即我透過斷言這個對象而相信某種東西（即雪是白的）。我並沒有斷言我相信這個對象；那將是一個不同的斷言，而且即便雪是黑的，這個斷言也可以是真的。我們的問題是：是否有某種當我相信雪是白的時我所相信的東西？而且，如果有，那麼這種東西是什麼？

再則：假如你說：「雪是白的嗎？」那麼你所問的是什麼？讓我們設想你是在衣索比亞長大的，但是在一次空襲中你被捕了，並被蒙上眼睛送往北極圈；你在那裡摸到了、嚐到了並聞到了雪，並知道「雪」就是以這種方式向你的三種感官展現出來的那種物質的名稱。那麼你也許會問：「雪是白的嗎？」你並不是在問關於「雪」這個詞和「白的」這個詞，而是關於知覺對象的。你的意思可能是：那些未被蒙上眼睛的人，當他們擁有我知道與「雪」這個詞有連繫的這些觸覺和嗅覺時，看到白這種性質了嗎？但是，甚至連這種解釋也過於文字化了。假如你此時在觸摸雪、聞雪，你的意思可能是「這種東西通常和白這種性質連繫在一起嗎？」而且假如你在想像白這種性質，那麼你頭腦裡的思想可能是「這種東西通常和那種東西有連繫嗎？」這裡所說的這種東西指的是觸覺和嗅覺的對象，並且那種東西指的是白這種性質的意象。但是，「那種東西」一定不能解釋為這個意象本身；它更意指類似於這個意象的一個知覺對象。然而，這一點是很難弄清楚的，因為意象似乎以與語詞相同的方式「意指」著一個知覺對象。

　　顯而易見，假如信念擁有對象，那麼當我相信雪是白的時我所相信的東西，與當我問「雪是不是白的？」時我所懷疑的東西是同一種事物。根據這個假設，不管這種事物是什麼，它都是「雪是白的」這個句子的含意。假如這個句子的這種含意是真的，那麼它之為真是因為某些現象，而這些現象既不是語詞，也不是意象。假如它被知道是真的，那麼這些現象必定是或者已經是知覺對象。假如它是假的，那麼同樣的說法在細節上作必要的修改之後也是成立的。真和假依賴於句子的含意和既非語詞也非意象的某種東西之間的一種關係（除非這個句子談的就是語詞或意象）。

　　假如我們能夠確定一個句子的「含意」是什麼，我們將會說，正是這種含意被稱為一個「命題」，而且它要麼是真的，要麼是假的。一個句子可以意味一種真，或者意味一種假，或者什麼也不意味。但是假如一個句子意味某種事物，那麼它所意味的東西必定要麼是真的，要麼是假的。 177

　　為了試圖發現一個句子的「含意」意指什麼，讓我們把一個有含意的句子與一個沒有含意的句子作一比較。以「蘇格拉底飲毒物」和「四重性飲耽擱」為例。在兩個例子中，前一個在邏輯上可能是──而且曾經是──一個知覺判斷。當它不是一個知覺判斷時，它能使人想起一個複合的意象，而且該意象與那句話擁有同一種含意，或者說，它就是那句話的含意。但是，我們不能形成一個關於四重性正在飲用某物的意象。當我們試圖這麼做的時候，我們只是在想像我們為了逗樂而稱其為「四重性」的某個人。讓我們自問：

像「四重性」這樣的一個詞如何能指稱某種被經驗的事物？設想你正在經歷一次軍事訓練，並且不停地聽到「排成四人一列」這個命令。假如你喜歡抽象語詞，那麼你可能會想到「四重性在訓練中是顯著的」。這意指：「在訓練中，有許多現象，在對它們進行文字描述時使用『四』這個詞是自然的。」我們可以把「四重性」定義為「一個命題函項所具有的那種特性，即對於變項的四個值來說該函項恰好都是真的」。因而，我們不得不問：我們如何知道設想一個命題函項的一種特性能飲用某物是無意義的？難以構造具有下述特點的句法規則：當給予那些孤立的語詞以意義時，這些規則將確保遵守它們的每一種語詞組合都是有含意的，而且每一種有含意的語詞組合也將遵守它們。但是，做到這一點也不是非常困難的。這項工作事實上已經由邏輯學家來做了；也許他們沒有完全做得到，但還是相當充分的。麻煩在於，在這項工作中，他們就像普通人一樣，至少部分地為感覺所引導。我們不可能滿足於我們的含意規則，除非我們能夠發現關於它們的某種理由，而且這需要我們確定當一種語詞形式有含意時它所意味的東西是什麼。

178　　我們可以透過這種形式來表述這個問題：「當我們相信某物時，我們相信什麼？」讓我們舉例說明。在一些大的採石廠，每天十二點有一次大的爆炸作業。警報器發出信號，強行要求周圍的人離開；也可能有一些人手裡拿著紅色的旗子，站在周圍的大道和小道上。假如你問他們為什麼站在那兒，他們將會說「因為即將有一次爆炸」。理解警報器的

技工們、理解紅色的旗子的周圍人以及需要語詞提醒的過路人，到頭來全都相信同一個命題，即「即將有一次爆炸」這些文字所表達的命題。但是，很可能只有過路人和他們的資訊提供者把這個信念轉換成了文字。對於其他人來說，警報器和紅色的旗子起到了語言所起的作用，並且無需任何文字媒介就產生了適當的行為。

警報器和旗子可以看作語言，因為它們的目的就在於傳達資訊。但是，一個正在逼近的炸藥筒會傳達非常類似的資訊，儘管由於其目的不在於發出通知，所以它不是語言。炸藥筒、警報器和旗子都能以類似的方式在不產生語詞的情況下產生信念。當許多人全都相信即將有一次爆炸時，他們共同相信的東西是什麼？這就是某種緊張的狀態。當爆炸發生時，這種緊張的狀態將被解除。但是，假如他們的信念是假的，這種狀態將會持續一段時間，然後讓位於一種驚訝的心理狀態。這種緊張狀態可以稱作「期待」。但是，這裡產生了一個困難。這個困難是關於這種情況與下述兩種東西之間的關係的：(a)爆炸，或者爆炸沒有發生；(b)為了模糊起見我們將稱作關於這次爆炸的「觀念」的某種東西。顯然，期待一次爆炸是一件事情，而期待（比方說）火車的到來是另一件事情。它們共同擁有期待這種感覺，但是就把這種感覺變成沉默或者吃驚的那種事件而言，它們是有所不同的。因此，這種感覺不可能是構成期待某種事物的那個人的狀態的唯一事物，因為假如這樣的話，任何一個事件都會滿足他的期待，而事實上只有某種類型的一個事件才能做到這一點。

然而，整個事情也許都能從心理學上加以解釋嗎？每一個期 179
待信號燈的人在眼睛中都有某些感覺，而且對一次大的聲音
的期待包含著某種類似的與耳朵有關的事物。因此，也許可
以說，對一個可感現象的期待就在於適當的感覺器官處於敏
感性狀態。但是，存在一些與這樣的敏感性狀態相連繫的感
覺，而且可以認為這些感覺構成了一次期待的精神部分。

　　因此，對於許多一致相信由「即將有一次爆炸」這些
文字所表達的東西的人，他們所共同擁有的東西，似乎就是
一種與適當的感覺器官相連繫的緊張狀態、那些器官所具
有的一種生理狀況，以及伴隨這樣一種狀況的那些感覺。對
於「即將有一次信號燈的閃現」或者「即將聞到充滿了白鼬
的房間的味道」，我們可以說上述同樣的話。但是，這些都
是非常顯著的現象，而且全都是發生在轉瞬就到的將來。如
果我相信某種不太令人激動的事物，比方說明天的《泰晤士
報》將刊有天氣預報，或者凱撒曾經越過羅賓遜河，那麼我
就無法在我身上發現任何這樣的現象。假如你將告訴我「你
一會兒就會被人謀殺」，我也許會被嚇得頭髮直豎；但是，
當你告訴我凱撒是在羅馬曆的三月十五日被謀殺的時，我的
頭髮將和以前一樣的不整齊，儘管有這樣的事實，即我完全
相信你所說的話。

　　然而，這種差別很可能僅僅是程度上的，除非所涉及的
信念只是文字性的。當我提到一個信念「僅僅是文字性的」
時，我並不僅僅意味著它是用文字表達的，而是說這些文
字所意味的東西並不處於信念持有者的心靈中，他僅僅認為

這些語詞是正確的。我們知道「征服者威廉1066」[2]是正確的，但是我們並不時常停下來去想這句話意味著什麼。在這樣的情況下，我們並不相信「p」，但是相信「『p』意味著一種真」。受過教育的那些人的信念很大程度上就是這種類型的。但是，主要關涉我們的信念是那些並非純粹文字性的信念。這是因為，只有在我們討論了它們之後，我們才能解釋「意味一種真」是什麼意思。

當你期待著一次爆炸的時候，你的身體處於某種狀態 180 之中，而且你的心靈也處於某種相應的狀態。這可能使你想到「爆炸」一詞，而且無論如何都會帶有少量文字附加物的「爆炸」一詞可以導致這種期待的狀態。假如你被告知「剛剛發生過一次爆炸」，而且你極其相信你被告知的事情，那麼在某種程度上，你的身心狀態類似於在你當真的聽到這次爆炸時它所表現出來的情況，儘管相比較而言你的身心此時不太緊張。假如有足夠的力量，想像能夠擁有一些類似於知覺所擁有的物理效果；而當人們相信被想像的東西已經發生時，情況尤其如此。在沒有意象的情況下，透過聯想，語詞能夠擁有這些效果。而且，在任何地方，只要存在著這樣的物理效果，就存在著相伴隨的精神效果。

也許我們現在能夠把一個語句的「含意」解釋如下。

---

2　威廉一世（征服者）〔William I (the Conqueror)〕（1028？~1087），法國諾曼第公爵，於 1066 年率軍渡過英吉利海峽，打敗當時的英國國王，奪得王位，從此成為英王威廉一世。——譯注

首先，一些句子意味著被觀察到的事實。我們已經考慮了這種情況是如何發生的。其次，一些被觀察到的事實是信念。在該信念持有者的身上，一個信念根本不涉及任何語詞；但是，只要有適當的詞彙，發現一個意味著被感知的事實——即我有如此這般的一個信念——的句子總是可能的。假如這個句子是以「我相信……」（I believe that...）開始的，那麼在「我相信」（I believe that）這幾個詞的後面是意味著一個命題的句子，而且這個命題據說就是我所相信的東西。完全同樣的說法也適用於懷疑、願望等等。

根據這種觀點，假如 $p$ 是一個命題，那麼「我相信 $p$」、「我願望 $p$」、「我懷疑 $p$」等等都可以意味著被觀察到的事實；也可能出現這樣的情況，即「$p$」意味著一個被觀察到的事實。在這後一種情況下，「$p$」可以單獨出現，並表示一個知覺對象；但是，如其不然，單獨的「$p$」不意味著任何被觀察到的事實。或許單獨的「$p$」確實意味著某種事物；或許，就像我們前面所提出的那樣，它意味著一個作為某個命題態度的構成成分的從屬的複合物。然而，既然如此，我們不得不解釋，為什麼這樣的複合物除了作為命題態度的構成成分以外絕不出現。

上述理論有一些困難。一個困難在於解釋當 $p$ 是真的時 $p$ 與這個事實之間的關係。比如，設想我看到了以這樣順序排列的兩個字母，即「AB」，並且我判斷「A 在 B 的左邊」。在這種情況下，我相信與一個事實有某種關係的一個命題 $p$。我們是在設想：$p$ 並非文字的，而是某種非文字的

東西。這種非文字的東西由「A 在 B 的左邊」這樣的文字所意味著，但它卻不是這些文字由之而表達了一個真理的那個事實。也許有人會主張，我們必須把兩種不同的用法給予這些文字，一種用法被用於當我們斷言 p 的時候，另一種用法被用於當我們斷言我們相信 p 的時候。這是因為，當我們斷言 p（假定 p 是一個知覺判斷）時，可以說表達「p」的這些語詞指稱一些對象；而當我們斷言我們相信 p 時，這些語詞必須有某種精神的意義。根據這種觀點，當我說「蘇格拉底是希臘人」時，所涉及的是蘇格拉底其人；但是當我說「我相信蘇格拉底是希臘人」時，所涉及的只是我關於蘇格拉底的觀念。這一點幾乎是不可信的。

我認為這種反對意見是無效的。假設我看見一個紅色的圓，並說「這是紅的」。在使用這些語詞時，我已離開了知覺對象；假如我不用語詞，而用意象，那麼這些意象就和語詞一樣意指這個知覺對象，但它們是某種不同於知覺對象的東西。當我說「這是紅的」時，或者當我有一個紅色的意象並伴有一種肯定的感覺時，我擁有一種信念；假如我後來說「我相信那是紅的」，那麼所涉及的語詞和意象可以恰好與當我作出一個知覺判斷時它們所是的那個樣子相同。眼見並不足信，而且一個知覺判斷並非一種知覺。

我們當前的想法是，一個句子「p」是有含意的，假如「我相信 p」或者「我懷疑 p」或者類似的其他語句能夠描述一個語詞無須在其中出現的被感知的事實。存在著一些困難：「能夠描述」是模糊的，而且「語詞無須出現」也要加

以解釋。不過，也許能從我們的想法中引申出某種東西。

首先，我們必須解釋語詞無須出現這種說法。它們有時出現，有時不出現。在複雜的命題中，它們實際上是不可或缺的，儘管在沒有它們的情況下我們使用更大的精神力量也許能達到目的。另一個問題是關於「能夠描述一個被知覺的事物」所意指的東西的，而這個問題更困難。我們顯然並不希望排除事實上並未進入命題態度的所有句子。我們想要發現句子的一種特徵，這種特徵使得我們感覺到相信它們或懷疑它們是可能的，並且直到發現了這個特徵之後，我們的問題才能解決。

我們也許會試圖以一種更語言學的方式來定義含意。我們首先把詞分為若干範疇，這些範疇和詞性之間具有某些密切的關係。那麼我們說：給定了任何知覺判斷（它可以是「我相信 p」這種形式），任何語詞都可以被屬於同一範疇的另一個語詞所替換，同時卻不會使這個句子失去含意；而且我們允許透過已經考慮過的那些方法形成分子命題和概括命題。於是，我們應該說，如此獲得的這群句子就是有含意的句子的類。但是，為什麼這麼說？我不懷疑對有含意的句子的類所作出的某種語言學的定義——或是上述的定義，或是另外某個定義——是可能的，但是直到為我們的語言學規則找到了某種理由，我們才能滿足。

假如我們為我們的語言學規則找到了一種理由，那麼這種理由一定是由以某種方式與這些規則相關聯的複合物的性質所構成的。在像「A 在 B 的左邊」這樣的命題中，當

這是一個知覺判斷時，我們就是在分析一個複合的知覺對象。在表達這樣的一種分析的任何話語中，看來必定至少有一個關繫詞。我認為，這並不僅僅是語言的一種性質；我認為這種複合物具有一種對應的成分，即一種關係。我認為，當我們說一句話語是有含意的時，我們意指被該話語所描述的一個複合物是「可能的」；而當我們說由一句話語所描述的複合物是「可能的」時，我們的意思是，存在著一個透過用相同範疇的其他語詞來替換該特定話語中的一個或多個語詞而獲得的某一話所描述的複合物。因而，假如「A」和「B」是人的名稱，那麼「A 殺死 B」是可能的，因為布魯圖殺死了凱撒；而且假如「R」是在殺死所隸屬的那個範疇中的一種關係的名稱，那麼，因為同樣的原因，「A 對 B 具有關係 R」也是可能的。

在這點上，我們簡略地提及了語言學和形上學的關係。我將在以後的一章中討論這個問題。

現在再提語句的「含意」是什麼這個問題，我們將說，就原子形式的語句來說，含意是信念持有者的一種狀態，或者不如說是相互之間具有某些類似性的一組這樣的狀態。這種狀態的一種可能的形式是一個複雜的意象，或者不如說是諸多相似的複雜意象所構成的一個全體的集合。意象形成一種語言；但是，因為這個事實，即它不包含任何無意義的東西，所以這種語言不同於由語詞所組成的語言。將「含意」的定義推廣到原子語句以外，顯然僅僅是一個邏輯的問題。

　　迄今為止，我一直假定，當一個句子是有含意的時，存在著某種它所意味的東西。由於一個有含意的句子可以是假的，一個句子的含意毫無疑問不可能是使其為真（或為假）的那個事實。因此，它一定是存在於相信該句子的那個人身上的某種東西，而不可能是存在於該句子所指稱的那個對象中的某種東西。意象是自然而然地被人想到的。意象是在和語詞非常相同的方式上「意指」某種東西的，但是意象具有這樣的優勢，即不存在與無意義的語句相對應的複雜意象。實際的圖像具有相同的優點。我可以作一幅關於布魯圖殺死凱撒的圖像，或者，如果我願意，也可以作一幅關於凱撒殺死布魯圖的圖像；但是我畫不出一幅或是真實的或是想像的關於四重性殺死耽擱的圖像。根據這種理論，從知覺判斷中獲得其他有含意的句子的句法規則，實際上是關於能夠被想像的事物的心理學法則。

　　我認為，上述理論是一種可能的理論。然而，它在某些方面是令人不快的。對意象的使用要盡可能地加以避免；而且，奧康剃刀使我們希望避免作為有別於句子的某種東西的命題，假如我們能夠做到這一點的話。因此，讓我們嘗試著構造一種理論，以便使得含意僅僅是句子的一個形容詞。

　　最有希望的建議是透過其因果特性把有含意的句子與無意義的句子區分開來。透過句子被說出的原因，我們能夠在涉及知覺判斷的地方區別真句子與假句子；但是，由於我們現在是在討論真句子和假句子在其中處於同一個層次上的一個問題，所以我們必須考慮句子在聽者身上所產生的效果，

而不願考慮它們在說者身上被說出的原因。

　　許多聽到的句子都沒有對聽者的行為產生可觀察的效 184
果，但它們在適當的情況下總能具有一種效果。「凱撒死
了」在我們身上產生的效果極其微弱，但是在該事件發生時
卻有極大的效果。無意義的句子，當被認識到是無意義的
時，並不引發與其成分語詞所意指的東西相關的任何行為；
它們所能產生的東西至多是要求說話者保持沉默。因此，看
來它們可以從原因上與有含意的句子區分開來。

　　然而，存在一些困難。蘭姆（Lamb）[3]在與一個說下流
話的潑婦爭吵時，將她稱作一個她─平行四邊形，並且產生
了一種強烈的效果；這種效果比他用任何其他的有含意的辱
罵所能產生的效果更強烈。這是因為她不知道他的句子是無
意義的。像「上帝是一」這樣的句子在句法上是錯的，而且
邏輯學家一定認為它們嚴格說來是沒有含意的，但是許多宗
教人士都在很大程度上受這類句子的影響。（正確的說法是
「僅僅只有一個上帝」。）因而，與定義含意有關的那位聽
者必須是一位在邏輯上受過訓練的聽者。這把我們帶離了心
理觀察的範圍，因為它建立了一個標準，而據此標準，一個
聽者較之另一個聽者從邏輯上講更合適。使他成為更合適的
一定是某種邏輯上的東西，而非某種可以根據行為才得到定
義的東西。

　　在1939年10月的《心靈》雜誌中，有一篇有趣的論

---

3　蘭姆，美國物理學家，曾獲諾貝爾物理學獎。──譯注

文。它是由卡普蘭和科比洛維希所寫的，題目是「必須有命題嗎？」他們以否定的方式作出了回答。我打算先複述他們的論證，然後再作考察。

他們在一種很寬泛的意義上引入了「內隱行為」這個術語，並把它看成當一個有機體使用符號時對該有機體或者「在」該有機體身上所發生的任何事情。他們沒有回答這樣的問題，即內隱行為是透過行為主義的方式還是使用意象來描述。由一個符號載體所引起的內隱行為稱作一個「解釋」。與每一個符號載體相連繫，都有一種解釋規則，該規則陳述符號載體所引起的那種內隱行為。一個符號就是一個由擁有同一種解釋規則的那些符號載體所構成的類；這個規則被稱為該符號的解釋項。對一個符號載體的解釋是正確的，假如描述該解釋的規則先前已作為這類符號載體的標準確立了起來。我們說 O 理解一個符號，當 O 在某些條件下正確地解釋了它的一個分子時。O 相信一個符號載體，當 O 擁有一種對它的正確解釋並伴有一種「肯定的態度」（暫時還未得到定義）時。相信一個符號是一種傾向。我們被告知：「據說一個有機體甚至可以在不涉及符號的地方擁有一種信念。當該有機體擁有這樣一種內隱行為，以致當假如它是由一個符號載體引起的，它就構成了關於那個符號載體的一個信念時，情況就是這樣。」

我們現在來探討「適當的」這個詞的定義：一個有機體 O 的內隱行為對於一種境況 S 是適當的，假如它是由 S 引起的，並且 O 認識到 S。（出現在這裡的「認識到」

一詞在這篇文章中沒有得到定義，而且先前也沒有加以討論。）由於解釋是一種內隱行為，所以我們說，對一種符號的解釋對 S 來說是適當的，假如當 S 出現且被認識到時，該內隱行為對 S 來說是適當的。因此，隨之而來的是關於「眞的」這個詞的定義：

「一個語句式的符號是眞的，當且僅當存在某種境況，以致對該符號的任何載體的正確解釋對於這種境況來說都是適當的。」

在我們能夠成功地檢驗這種理論的充分性以前，有一些必要的預備性工作要做。首先：「符號」這個詞，或者毋寧說「符號載體」這個詞，並未得到定義。為了定義它，我應當說，我們必須從上述那組定義的接近末尾的地方開始。一個事件僅僅透過其效果上的類似性而成為另一個事件的符號載體。我應該說：「對於一個有機體來說，一個由事件組成的類 S 是另一個由事件組成的類 E 的符號，如果 S 的一個分子在 O 身上所產生的那些效果，作為一種既得習慣的結果，就是（在某些方面和在某些限度內）該習慣被獲得以前 E 的一個分子所具有的那些效果。」只要上面所提到的那些方面和限度未得到明確，這個定義就是不完全的；但這並不是一個致命的反對意見。而且，我不能肯定把符號限定於既得的習慣是正確的；也許，無條件反射也應該得到承認。然而，由於我們主要關心的是語言，把它們排除出去是合適的。

關於這個題目的困難很大程度上來自於科學術語與規 186

範術語的混合。因而，我們在卡普蘭和科比洛維希的定義系
列中，發現了「正確的」和「適當的」這些語詞。這些語詞
中的每一個都是透過一種並非規範的 —— 至少在意圖上是不
規範的 —— 方式得到定義的。讓我們來更仔細地看看這些
定義。

　　「對一個符號載體的解釋是正確的，假如描述那種解
釋的規則先前已被當作那類（即關於那種聲音或形狀的）
符號載體的標準。」「標準」這個詞是模糊的。讓我們使其
精確化：一位傑出的生理學家可以在符號學的影響下描述自
己對僅僅擁有一個實指定義的語詞所產生的反應，讓我們說
「正確的」解釋就是《牛津詞典》所提供的並經由這種描述
所補充了的解釋。心理學家一經選定並且他的工作一旦完成
之後，我們為「正確的」所下的定義現在就擺脫了所有倫理
學的汙點。但是，結果將是奇怪的。設想有一個人，他認為
「貓」意指其他人稱之為「狗」的那種動物。假如他看見了
一隻丹麥大狗，並說「有一隻貓」，那麼他是在相信一個真
的命題，但是他說出了一個不正確的命題。因此，「正確
的」似乎不能用來定義「真的」，因為「正確的」是一個社
會概念，而「真的」不是。

　　也許這個困難能夠克服。當我們的那個人說「有一隻
貓」時，通常被稱之為他的「思想」的東西是真的，但他在
聽者身上所引起的「思想」不是真的。在他將會（比如說）
期待這隻動物發出狗吠而非貓叫的聲音這一意義上，他的內
隱行為將是適當的；但是在同樣的意義上，聽者的內隱行

為將是不適當的。說者和聽者使用了不同的語言（至少就
「貓」和「狗」這些詞而言）。我認為，在關於語言的基本
討論中，其社會的方面應該被忽略，並且應該始終設想一個
人是在向自己說話，或者某種與此相同的東西，即設想他向
一個與自己說完全相同的語言的人說話。這就消除了「正確
性」概念。假如一個人能夠解釋自己在先前的一個場合所寫
下的筆記，那麼剩下的事情是他自己在語詞使用過程中的始
終如一性：我們必須設想他今天使用的語言就是他昨天使用
的語言。事實上，在由「正確性」概念所要完成的東西中，
剩下的全部事情就是：說者和聽者（或者作者和讀者）必須
使用同一種語言，即擁有相同的解釋習慣。

　　我現在來討論「適當的」這一術語。這裡，我幾乎沒
有發現可以批評的地方，除了在我看來，「適當的」一詞的
定義能夠併入「符號載體」的定義。假如對於 O 來說，s 是
一個由事件構成的類 E 的一個符號載體，那就意味著 O 對
s 所作的反應對於 E 是「適當的」，即等同於（在適當的限
度內）在 E 的一個分子出現的場合 O 向 E 的這樣一個分子
所作的反應。現在，讓我們試圖在不使用「正確的」這一概
念的前提下重述上述關於「真的」的定義。我們也許會說：
「呈現給有機體 O 的一個語句式的符號是真的，當它作為
符號促發了一種行為，並且假若某種境況先前呈現給了該有
機體，該行為本來會由這種存在的境況所促發時。」

　　我說「作為符號」，是因為我們必須把該符號靠自身所
促發的行為排除在外；例如：它可能由於聲音太大而使聽者

捂起耳朵。這樣的行為是不相關的。我說「假若這種境況先前呈現給了該有機體」，這並非想說它現在沒有出現，而僅僅是想顧及它現在沒有出現這樣的一種可能性。假如它現在出現了，我們無法把由該符號所引起的行為與由它所意味的東西所引起的行為區分開來。

對於上述關於「真的」的定義，需要作出一種或多或少形式上的修正。這種修正與「假若某種境況先前呈現給了該有機體，該行為本來會由這種存在的境況所促發」這句話有關。就一種事實上從未呈現給有機體的境況而言，這個定義將缺乏我們想要的那種含意。從形式上看，一個假命題蘊涵任何其他命題；既然如此，這個條件為任何一個語句式的符號所滿足。我們因此必須透過下述的說法來修正我們的
188 定義：在各式各樣的場合，與給定的境況足夠類似的那些境況，事實上促發了與該符號現在所促發的這種行為足夠類似的行為。所需的類似性的程度不可能用一般詞項來定義，而且必然帶有某種程度的模糊性。另外，所涉及的這種「境況」和這種「行為」必須都是一般的，而非特殊的，因為在修正後的定義中需要每個都能不止一次地出現。

對上述定義有一種嚴肅的反對意見，那就是它只從聽者的立場來考慮句子，而沒有從說者的立場加以考慮。關於真理的最明顯的例子是由環境的某種特徵所引起的驚呼，比如「著火啦！」或者「殺人啦！」而且正是透過年長者所作出的這樣的驚呼，兒童的語言習慣才得以形成。

另外一種反對意見是，每當證實一個句子的境況並未出

現在聽者面前時，這個句子之為真一定只是透過隨後的推論才被知道的。這樣的推論的前提一定是透過句子及其所意味的東西的同時出現而被知道的。因此，這種知識一定典型地代表了其他類型的真理由之推導出來的那種最基本的真理。

　　但是，對於這個主要的問題，即「必須有命題嗎？」我應當說，由卡普蘭和科比洛維希所假定的「內隱行為」恰好就是我用「命題」所意指的東西。假如你對一個英國人說「There's a cat」，對一個法國人說「voilà un chat」，對一個德國人說「da ist eine Katze」，並對一個義大利人說「ecco un gatto」[4]，那麼他們的內隱行為將是同一種行為；這就是當我說他們全都相信同一個命題時所意指的東西，儘管他們相信完全不同的句子。而且，他們可以不使用語詞而相信這個命題；我應該說，當一條狗因為聞到一隻貓的氣味而興奮時，這條狗就是在相信這個命題。正是句子所擁有的促發這種「內隱行為」的能力使得它們變得重要了。當一個句子促發了這種內隱行為時，它對於聽者來說是有含意的；當它由這種內隱行為所促發時，它對於說者來說是有含意的。某些關於什麼樣的句子擁有含意的精確的句法規則在心理學上並不普遍適用的；它們類似於禮儀規則。當蘭姆稱 189 那個潑婦為一個她—平行四邊形時，這個句子對她來說是有含意的，並且意指「你是一個令人討厭的女怪物」。為了支

---

4　英文「There's a cat」、法文「voilà un chat」、德文「da ist eine Katze」及義大利文「ecco un gatto」的意思都是「有一隻貓」。——譯注

持邏輯學家自然提出的這些句法規則，除了禮儀之外，還可以這麼說：一種遵守這些規則的語言，對於懂得該語言的人來說，具有這樣的優點，即每個句子都表達了一個命題，而每個命題都可以由一個句子所表達（只要詞彙是充分的）。它還具有這樣的優點，即在句子與其所意味的東西之間所具有的關係比存在於日常口語中的這種關係更精確，並且更緊密。

從這種長篇討論中，我斷定：有必要區分命題與句子，但是命題無須是不可定義的。它們將被定義為某些種類的心理現象——複雜的意象、期待等等。這樣的現象是由句子所「表達」的，但是句子「斷言」某種其他的事物。當兩個句子擁有同一種意義時，那是因為它們表達了同一個命題。語詞對於命題並不是必要的。對於命題所作的精確的心理學的定義，對於邏輯和知識論來說是不相關的。對於我們的研究來說，唯一必要的事情是，句子意味著某種不同於它們自身的東西；而且當句子不同時，這種東西可以是相同的。由於這個事實，即命題可以是錯誤的，這種東西顯然一定是心理學（或者生理學）意義上的。

## 二、含意的心理分析

我們已經考慮了當單個語詞作為對象詞時其意義所具有的心理學特徵。一個單個語詞的意義是由導致它被使用的境況以及聽到它時所產生的效果來定義的。一個句子的含意

可以透過類似的方式得到定義。事實上，當以一種感嘆的方
式加以使用時，一個對象詞就是一個句子。只要我們將自己
限定於這些一般情況，關於句子的含意就不存在任何問題。
當我們試圖根據心理學來解釋句子的含意與其成分語詞的意 190
義之間的關係時，問題就出現了。對於邏輯學家來說，含意
可以透過語詞的意義和句法規則而得到定義。但是，從心理
學上來說，句子是一個原因的統一體，並且其效果似乎並不
是由孤立的語詞所具有的孤立的效果複合而成的。我們能說
「那不是乳酪」的效果是由「不是」的效果以及「乳酪」的
效果複合而成的嗎？假如我們這麼說，我們將需要一種關於
邏輯語詞的理論，而這種理論要比通常的關於邏輯語詞的理
論所包含的心理學成分多得多，但是我不認為這是一個具有
決定性的主張。

　　含意的句法理論是——尤其當它與一種人工的邏輯語言
相連繫時——倫理學的一個分支：它說「具有良好邏輯素養
的人將會把含意與下述類型的句子連在一起」。但是也有一
種純粹心理學的含意理論。在這種理論中，一個被說出的句
子是「有含意的」，假如它的原因是屬於某種類型的；而且
一個聽到的句子是「有含意的」，假如它的效果是屬於某種
類型的。含意的心理學理論就在於對這些類型作出定義。

　　我們斷定，「信念」是心靈與身體的某種狀況，而且
它並不必然涉及語詞。一個人 A 可能處於一種以「A 相信
即將有一聲巨大的爆炸」這些語詞所描述的狀況之中。當
A 處於這狀況中時，它可能導致他使用「A 相信即將有一聲

巨大的爆炸」這些語詞。一個句子「$\rho$」是有含意的，當能夠有一種由「A 相信 $\rho$」這些語詞所描述的心靈與身體的狀態時。聽到句子「$\rho$」是相信「$\rho$」這種狀態的一個可能的原因。一個聽到的句子是有含意的，當它能夠成為這樣的原因時。

以上，我們擁有「含意」的兩種不同的定義。一個定義相對於一個說「A 相信 $\rho$」的人所擁有的語言習慣；另一個定義相對於一個聽到 A 說出了「$\rho$」的人所擁有的語言習慣。

一個處於相信狀態中的人可能說出一個句子「$\rho$」，並打算以此表達他的信念；但是，擁有其他語言習慣的人可能認為這種表達是不準確的。一個人 A 可以說「月亮看起191 來像一個湯盆那麼大」，B 可以說「不，只有一張美元那麼大」，C 可以說「你們兩人的句子都是不完全的；你必須說明從眼睛到這個湯盆或這張美元的距離」。C 用「必須」意指什麼？他的意思是說，A 與 B 所說出的句子，儘管明顯不一致，但並非真的像看起來的那樣不一致，因為兩個句子都未描述一種明確的事態。

每個對象詞都有兩種用途，這兩種用途與休謨的「印象」和「觀念」相對應。當直接由一個可感的現象引起時，語詞在聽者身上應用於一個印象。當被聽到或者以敘述的方式被使用時，它不應用於印象，但依然是一個詞，而非只是一種聲音；它依然「意指」某種東西，並且它所「意指」的東西可以稱為「觀念」。同一種區分也適用於句子：一個說

出的句子可以描述一種印象，但是一個聽到的句子卻不可以。「印象」和「觀念」一定是非常密切地關聯在一起的，因為要不然就不可能提供資訊：在某種意義上，聽者所理解的就是說者所表達的。[5]

我假定一個人 A 處於某種狀態中，該狀態可以用「A 相信即將有一聲巨大的爆炸」這些詞來描述，並且它在 A 身上無須涉及語詞。但是，以一種相當不同的方式並透過某些緊張狀態以及聽覺刺激來描述 A 的狀態一定是可能的。假如 A 處於某種狀況中，並且如果他擁有與我相同的語言習慣且發現了說話的機會，這種狀況就會導致他說出句子「ρ」，那麼我將說「A 相信 ρ」。

當 A 在他的心靈中擁有句子「ρ」時，這個問題似乎更簡單些。但是，這是一種錯誤。A 可以在他的心靈中擁有句子「ρ」，並接著說「我相信 ρ」或者只是斷言 ρ，但不能由此推斷他相信 ρ。他一定相信的東西是「『ρ』是真的」。他可能完全沒有意識到「ρ」意指什麼；例如：聽到希臘文《使徒聖經》的虔誠而又沒有文化的信仰者，或者為了取悅老師而說「並且是一個連結詞」的學童。

讓我們試圖列舉「p」的各種用法。以「紅燈亮了」這 192 個句子為例。我們稱這個句子為「ρ」。我們設想，你正坐在一位粗心的駕駛員身旁。因為你看到了紅燈，你才說出了這個句子；這可以稱為「ρ」的感嘆的用法。這裡，「ρ」直

---

5　這只是大體如此。其限度將在第十五、十六和十七章中加以考慮。

接由它所「指示」的一個可感事實所引起，並且它透過該事實被「證實」了。但是，聽到你的感嘆的司機又如何呢？他做出某種行為，並且這種行為恰好就是當他自己看到紅燈時他會做出的那種行為。在他身上有一種條件反射，並且這種條件反射使他對「紅燈」這些語詞作出反應，就像他對關於紅燈的視覺作出反應一樣。這就是當我們說他「理解」這些語詞時我們所意指的東西。

至此，我們還不需要「觀念」。你對一種視覺刺激作出反應，而司機對一種聽覺刺激作出反應。和你的反應一樣，司機的反應也是對一個當前的可感事實作出的。

但是現在假設，當看到紅燈時你沉默不語，而片刻之後你說「所幸那裡沒有員警，因為你闖越了紅燈」；對此，司機回答說「我不信你的話」。現在假設「$\rho$」是「剛才紅燈亮了」。你斷言 $\rho$，而司機說他不相信 $\rho$。

在這種情況下，似乎相當明顯地需要「觀念」。你和司機都不關心語詞：你並非在說「『剛才紅燈亮了』這些語詞表達了一種真理」，他也不是在否認這一點。兩人都是在說關於這些語詞所「意指」的東西。

就你而言，我們或許能夠滿足於和那台先說「這是一便士」、後來說「剛才那是一便士」的自動機器所作的類比。剛才看到一盞他此刻不再看到的紅燈的人，與一個沒有看到紅燈的人相比，毫無疑問處於一種不同的狀態。這種狀態可能導致對「剛才紅燈亮了」這些語詞的使用。至於司機，我

們可以設想在他身上有一種由「剛才紅燈亮了」這些聽到的
語詞所引起的狀態（包含一些肌肉運動的衝動），而且這種
狀態與類似「不相信」這個詞所表達的某些抑制的衝動結合
在一起。只要我們不引入「觀念」，這就不是足夠明確的。
司機身上肌肉運動的衝動剛好就是當你說「你差點碾著一條
狗」時在他身上所產生的那同一種衝動，但是他的狀態將不
是同一種。你的語詞在他身上產生了關於剛才紅燈亮了這個
事實的「思想」，並且他使他的思想遭受了不相信。我們沒
有必要確定這種「思想」是由什麼構成的，以及它在心理學 193
與生理學之間是如何按比例分配的，但是我們似乎必須承認
它，因為許多顯然不同的信念在其肌肉運動的效果上也可能
是無法區分的。

　　因此，我們所得出的含意的心理學理論有如下述：有
一些可以稱之為「相信」的狀態，這些狀態並不必然包含語
詞。兩種相信的狀態可以以某種方式關聯在一起，以致我
們稱它們為同一個信念的兩個實例。在一個擁有適當的語言
習慣的人身上，作為一個特定信念的實例的一種狀態，是
一種他可以在其中說出某個語句的狀態。當某個語句的說出
是某個信念的一個實例時，該語句據說就「表達」了那個信
念。一個說出的語句是「有含意的」，當存在一個它所「表
達」的可能的信念時。一個聽到的句子「S」可以被相信、
被拒絕或者被懷疑。假如被相信，聽者的信念就由同一個句
子「S」所「表達」；假如被拒絕，聽者的不相信就由「並
非 S」這個句子所「表達」；假如被懷疑，聽者的懷疑就由

「可能 S」這個句子所表達。一個聽到的句子「S」是有含意的,假如它能引起由「S」、「並非 S」和「可能 S」所「表達」的三種狀態中的任何一種時。當我們只是說「S」是有含意的時,我們意味著它具有這後一種類型的含意。

這整個的理論完全獨立於任何關於真和假的思考。

在一個重要的方面,上述理論依然是不完全的:它沒有確定,為了成為同一個信念的實例,兩種狀態必須擁有哪些共同的東西。當文字的習慣得以充分確立時,我們可以說,如果兩種狀態能由同一個句子所表達,那麼它們就是同一個信念的實例。也許,唯一的定義是具有因果關係特性的:兩種狀態,當它們導致同一種行為時,就是同一個信念的實例。(在那些擁有語言的人的身上,這將包括說出某個語句這種行為。)我並不完全確信這個具有因果關係特性的定義

194 是充分的。但是,由於沒有更好的定義可供選擇,我將暫時接受它。


# 三、句法與含意 [6]


在這一節中,我打算考慮構造一種邏輯語言的可能性;在這種語言中,前一節所考慮的含意的心理學條件被譯為精確的句法規則。

---

6 讀者可以無妨礙地略過這一節,假如他對數理邏輯不感興趣的話。

　　從獲自知覺的詞彙以及獲自表達知覺判斷的句子開始，我將給出一個由有含意的句子所組成的句子群的定義，而且那些有含意的句子是透過它們與初始詞彙及知覺判斷的句法關係而得到定義的。一旦這個句子群被定義，我們就能考慮，在一種充分的語言中它能否包含所有有含意的句子，而且不包含其他的句子。

　　初始的對象詞彙由名稱、述詞和關係片語成，它們全都擁有實指定義。從理論上講，關係可以擁有任何數目有限的項；我們無須探究在某個表達我們實際感知的一種關係事實的句子中項的最大數目是多少。在對象詞彙中所需的全部語詞都有實指定義；擁有詞典定義的語詞在理論上是多餘的。對象詞彙在任何時候都易於透過新的經驗而得到擴展；比如你首次吃到中國的魚翅時，你可以把一個名稱給予這種味道。

　　像我們在第三章中考慮過的那類描述經驗的句子，經常是由單個的關係或述詞以及一組適當數目的名稱構成的，儘管可能並非始終如此。這樣的句子表達了「知覺判斷」。它們形成了我們的句法構造由之出發的基礎。

　　假設 $R_n$（$a_1$，$a_2$，$a_3$，$\cdots a_n$）是一個表達知覺判斷的句子，它包含一個 $n$ 元關係 $R_n$ 和 $n$ 個名稱 $a_1$，$a_2$，$a_3$，$\cdots a_n$。那麼，我們制定這樣的替換原理：如果該語句中的任何名稱或所有名稱被任何其他名稱所替換，並且 $R_n$ 被任何別的 $n$ 元關係所替換，那麼該語句依然是有含意的。因而，我們從知覺判斷中獲得一個有含意的語句的集合，而這些語句被我

們稱為原子語句。

也許可以反對說，這個原理允許構造「長號的聲音是藍色的」這種無意義的語句。但是，根據我的名稱理論，這個句子將斷言擁有不同名稱的兩個對象之間的同一性。我應該說，這不是無意義的，而是假的。我應該把像「紅不同於藍」這樣的句子包括在知覺判斷中；類似地，假如 s 是長號的聲音所具有的那種性質的名稱，那麼「s 不同於藍」就可以是一個知覺判斷。

只要我們能夠避免矛盾的危險，向一個不具自然含意的句子提供一種約定的含意當然是可能的，因為我們是在談論一種人工語言。不具自然含意的句子顯然不是自然而然地為真的；因此，我們能夠為每一個我們希望包括進來，卻又並不自然擁有某種含意的句子（不含有「並非」一詞）提供一種假的含意，比如「這種毛茛屬植物是藍色的」。在涉及原子語句的地方，不存在任何矛盾的危險。因此，假如替換原理由於其他因素而受到懷疑，它的有效性能夠透過約定來保證。因而，沒有理由拒絕它。

構造語句的第二個原理可以稱為結合原理。一個給定的句子可以被否定，而兩個給定的句子可以透過「或者」、「並且」、「如果那麼」、「如果—那麼並非」等等結合起來。這樣的句子被稱為「分子的」，假如它們或直接地，或經過一些有限的運算產生於原子語句的結合。分子語句的真或假只依賴於它的「原子」的真或假。

　　所有分子語句都能透過一種運算而得到定義。假如
「*p*」和「*q*」是任意兩個句子，那麼「*p* | *q*」（讀作「*p* 析
舍 *q*」）意指「*p* 和 *q* 並非都眞」或者「*p* 和 *q* 不相容」。　196
那麼我們可以把「並非 *p*」定義為「*p* | *p*」，即「*p* 和 *p*
不相容」；可以把「*p* 或者 *q*」定義為「（*p* | *p*） | （*q* |
*q*）」，即「並非 *p* 和並非 *q* 不相容」；可以把「*p* 並且
*q*」定義為「（*p* | *q*） | （*p* | *q*）」，即「*p* 和 *q* 並非不相
容」。從原子命題出發，並利用任何兩個語句都能由「析
舍」結合在一起而形成一個新的語句這個原理，我們獲得
「分子命題」群。所有這一切都作為關於眞值函項的邏輯而
為邏輯學家們所熟悉。

　　下一種運算是概括。給定任何一個或者包含著名稱
「*a*」或者包含著指稱一種關係或述詞的語詞「R」的句
子，我們能夠透過兩種方式來構造一個新的語句。在關於
名稱「*a*」的情況下，我們可以說，用另外一個名稱來代替
「*a*」所得到的一切句子都是眞的；或者我們可以說，至少
有一個這樣的句子是眞的。（我必須再次說明：我不關心如
何推斷眞實的句子，而僅僅關心從句法上來構造句子，這
無關它們的眞或假。）例如：透過這種運算，我們從「蘇格
拉底是人」導出「一切事物都是人」和「某個事物是人」這
兩個句子，或者可以說，導出「『*x* 是一個人』總是眞的」
和「『*x* 是一個人』有時是眞的」這兩個句子。這裡的變
項「*x*」允許取所有使得「*x* 是一個人」這個句子有含意的
值，因而也就是取所有作為專名的值。

　　當我們概括一種關係 R —— 比如說一種二元關係 ——
時，這種過程是相同的，除了當我們代以一個變項 S 時，
「S」的可能的值都被含意條件限定在二元關係的範圍內。
例如：以要使人人滿意（to be all things to all men）這條忠
告為例。假如我成功地遵守了這條格言，那就意味著，假
如 x 是任何一個人，並且 R 是任何一種二元關係，那麼我
與 x 之間具有關係 R；換句話說，每一個「如果 x 是一個
人，那麼我與 x 之間具有關係 R」這種形式的句子都是眞
的。或者以「沒有任何兩個人是完全不相關的」為例。這
意味著，假如 x 和 y 是人，那麼某個「x 和 y 之間具有關係
R」這種形式的句子是眞的。這就是說，每一個「如 x 和 y
是人，那麼某個『x 和 y 之間具有關係 R』這種形式的句子
是眞的」這種形式的句子都是眞的。

197　　應該看到，出現在上述情況中的那些關係，無論作為常
項還是作為變項，都是內涵而非外延意義上的關係。

　　包含對述詞的概括的句子頻繁地出現於日常話語中。
這樣的例子有：「拿破崙具備一個偉大將軍所具備的一切特
點」和「伊莉莎白具有她的父親和祖父的美德，但卻沒有
他們兩人的缺點」。（我不擔保這個例證具備史料方面的準
確性。）

　　由於將出現在第十九章中的理由，我將把透過替換、結
合和概括這三種運算而從原子知覺判斷中所獲得的句子的集
合，稱為原子語句層。

　　這個語句層是否能構成一種「充分」的語言，即它能否構成任何語言中的任何陳述都能翻譯過來的語言，是一個重要的問題。這個問題有兩個部分：首先，我們能夠滿足於作為這個結構之基礎的原子語句嗎？其次，我們能夠滿足於把名稱、述詞和二元關係等作為我們僅有的變項嗎？或者說，我們需要其他的變項嗎？這些問題中的第一個將在第十九章和第二十四章中加以討論；第二個問題必須現在就加以討論，它涉及概括問題，並且在解決悖論時它是相關的。

　　與替換和結合相比，概括產生了困難得多的問題。本章將要討論的主要問題是：上面所定義的概括對於數理邏輯來說是充分的嗎？或者說，我們需要無法透過上述類型的變項加以定義的那些類型的變項嗎？

　　首先，讓我們看到，如果「每個 $f(x)$ 形式的句子都是真的」或者「某個這樣的句子是真的」要擁有某種確定的含意，那麼 $x$ 能在其中取值的範圍必須是確定的。如果我們擁有任何一種外在的取值範圍，比如人或者自然數，那麼這一點就必須得到陳述。因此，「所有人都是有死的」不可能被解釋為「所有『$x$ 是有死的』這種形式的句子都是真的，其中 $x$ 的各種可能的值是人」，因為這並不單單是從「$x$ 是有死的」這個函項中推導出來的。[7]「所有『$f(x)$』形式的句子

198

---

7　在第十八章中，我們將確立關於一般信念的理論。這種理論似乎與以上所述是不一致的，但是這種不一致僅僅是表面的，因為在這裡，而非在那裡，我們的問題純粹是句法的。

都是眞的」能夠單從這個函項中推導出來的唯一方式,是允許 $x$ 取所有使 $f(x)$ 有含意的值。只要我們把自己限定於作為變項的名稱和關係,替換原理就保證了在這方面所需要的東西。

然而,在數理邏輯的一開始,我們需要另外一種變項,即命題變項。我們希望能夠確切地說明矛盾律和排中律,即「任何命題都非既眞又假」和「每一個命題要麼眞要麼假」。這就是說,「每一個『$p$ 既眞又假是假的』這種形式的句子是眞的」和「每一個『$p$ 要麼眞要麼假』這種形式的句子是眞的」。這裡,含意條件要求「$p$」是一個句子(或者命題),但初看上去並未對「$p$」施加任何其他限制。麻煩在於,我們顯然構造了一些指稱所有句子並且因此也指稱它們自身的句子。

更一般地說,假如 $f(p)$ 是一個關於命題變項 $p$ 的命題函項,那麼「每一個 $f(p)$ 形式的命題都是眞的」 —— 假如我們允許的話 —— 也是一個命題。它是 $f(p)$ 中的 $p$ 的一個可能的值嗎?如果它是的,那麼在 $p$ 的值的全體中,就存在一個透過該全體而得以定義的值。這就導致了這樣的結果:無論我們把什麼樣的命題的集合指派為 $p$ 的值的全體,我們一定都是錯誤的,因為存在另外一個透過那個全體而得以定義的 $p$ 的值,並且這個值隨著該全體的變化而變化。這種情況類似於茹爾丹的中國皇帝和那些成套的盒子的情況。這位皇帝試圖把所有成套的盒子都圍在一個房間裡。最後,他本以為自己成功了,但他的宰相指出,那個房間構成了另外一套

盒子。儘管這位皇帝砍了那個宰相的頭，但他再也沒有露過笑容。

因而，命題變項包含一些困難，這些困難典型地體現在說謊者的自相矛盾上。[8]我想指出，僅當它們是名稱變項和 199 關係變項的縮寫時，命題變項才是合法的。假設「$p$」是一個變項，它能代表由我們的替換、結合和概括這三個原理而構造出來的任何句子，那麼我們可以說「每一個 $f(p)$ 這種形式的句子是真的」不是一個單個的新的句子，而是一個無窮多語句的合取，在這個合取中變項不是語句。

為了這個目的，我們以如下的方式展開論述。我們首先解釋這個陳述，即：如果「$p$」是一個原子語句，那麼「$f(p)$」是真的。這個陳述顯然等值於：無論 $R_1$ 和 $x_1$ 擁有哪些可能的值，$f\{R_1(x_1)\}$ 都是真的；無論 $R_2$、$x_1$ 和 $x_2$ 擁有哪些可能的值，$f\{R_2(x_1, x_2)\}$ 都是真的；如此等等。這裡，變項僅僅是那些 $x$ 和那些 R。

我們現在來討論當「$p$」是分子命題時的情況。我們將斷言，對於各個 $x$、各個 $y$，以及 R 和 S 的所有可能的值來說，

$$f\{R(x_1, x_2, \cdots x_m) \mid S(y_1, y_2, \cdots y_n)\}$$

都是真的；而且，當 $f$ 的自變量並非只有一個析舍而是包含

---

8　參見第四章的開頭部分。

某個有限數目的析舍時，我們將達到類似的斷言。因此，我們現在應該已經解釋了當「$p$」是任何一個分子命題時「$f(p)$」是真的這個斷言。

最後，我們允許「$p$」是從我們先前的任何一個「$p$」的值中透過概括而獲得的任何一個句子。

我們因而獲得了對「如果 $p$ 是原子層中的一個語句，那麼『$f(p)$』總是真的」的一種解釋。然而，這個解釋把這變成了許多句子，而非一個句子。假如當「$p$」屬於原子層時，「$f(p)$」也屬於原子層，那麼所有這麼多語句全都屬於原子層，而且並未產生任何一個新的種類的句子。

我們將以一種完全類似的方式來處理「某個『$f(p)$』形式的句子是真的」，把它看成一個由與上述無窮合取中相同的詞項所構成的無窮析取。

200　　當然，從技術上說，我們依然能使用變項「$p$」。從技術上說，上述分析的唯一用處，就在於阻止我們把「$f(p)$ 總是真的」看成「$f(p)$」中的「$p$」的一個可能的值。換句話說，「$f(p)$ 總是真的」不允許我們推斷「$f\{f(p)$ 總是真的$\}$」。這一點是重要的，因為如果談及「$p$」（或者任何其他變項）的可能的值的全體的斷言擁有任何確定的含意，它們自身一定不在「$p$」的取值範圍之內。

我們接下來必須考慮函項變項。讓我們在出現名稱「$a$」的原子層中用「$\phi a$」指稱一個命題變項，並假設「$f(p)$」是基本層中的某個明確的命題函項。那麼，我們能

夠形成以 $\phi$ 作為變項的下述函項

$$f(\phi a)：$$

而且我們可以考慮「對於每一個 $\phi$ 來說，$f(\phi a)$ 是眞的」和「對於某個 $\phi$ 來說，$f(\phi a)$ 是眞的」。

　　相當普通的句子也可以是這種形式的，例如：「拿破崙三世具有他的叔叔的所有缺點，卻不具有其任何美德」，或者醉漢向正在提出忠告的教區牧師所說的話：「在各種人中一定有某一種人，並且我就屬於那一種人。」

　　在這裡，就像關於「對於每一個 $p$ 來說，$f(p)$ 都是眞的」一樣，也出現了完全同樣的麻煩。「對於每一個 $\phi$ 來說，$f(\psi a)$ 都是眞的」自身似乎也是 $a$ 的一個函項，並且「對於每一個 $\phi$ 來說，$f(\phi a)$ 都是眞的」似乎因此應該蘊含「$f$｛對於每一個 $\phi$ 來說，$f(\phi a)$ 都是眞的｝」。

　　但是，既然如此，$\phi$ 的一些值就是透過 $\phi$ 的值的全體而得到定義的，而且關於 $\phi$ 的值的全體的每一個可構想的定義都可以被表明是不充分的。

　　讓我們試圖以某些例證來說清這個問題。比如說，「拿破崙三世擁有拿破崙一世的所有惡德」意指什麼？首先，什麼是一種「惡德」？或許我們可以把它定義為「一種習慣，並且這種習慣的每個實例都是一種罪惡」。但我並不需要一種如此嚴肅的分析，因為我的意圖僅僅是闡明句法中的一個要點。為了我的目的，我們可以把一種「惡

德」看作某種類型的一個述詞。因而，假如「$R_1$」代表一個述詞變項，那麼「$R_1$是一種惡德」就屬於「$F(R_1)$」這種形式。現在讓我們把「拿破崙三世」換為「$a$」，並把「拿破崙一世」換為「$b$」。那麼，「拿破崙三世擁有拿破崙一世的所有惡德」就變成了：「每個『$F(R_1)$和$R_1(b)$一起蘊含著$R_1(a)$』這種形式的句子都是真的」，這裡的「$R_1$」是變項。然而，這還是不能令人完全滿意，因為初看上去，「$F(R_1)$」好像把「$R_1$」當成了一個專名而非一個述詞。如果「$F(R_1)$」要成為一種在原子層中得到承認的形式，就必須對此加以修正。我們可以把「邪惡的」當作應用於個體的述詞，並把一種「惡德」當作蘊含著邪惡性的一個述詞。因而，假如「$V(x)$」意指「$x$是邪惡的」，那麼「$R_1$是一種惡德」意指：「對於$R_1$的所有可能的值來說，每個『對$x$的所有可能的值來說，$R_1(x)$都蘊含著$V(x)$』這種形式的句子都是真的。」現在必須用這種形式來替換在對我們的例子所作的上述分析中出現的「$F(R_1)$」。這種結果可能似乎在某種程度上是複雜的，但即使這樣，對於我們的闡述目的來說，它依然透過人為的方式變得簡單了。

讓我們來舉另外一個例子；這個例子將附帶表明，有必要在涉及述詞變項的特性與不涉及述詞變項的特性之間作出區分。假設我們的例子是「皮特是一位典型的英國人」。我們可以把一個類中的一個分子說成是「典型的」，假如它擁有這個類中的大多數分子所擁有的所有述詞。因而，我們是在說：皮特擁有每個述詞$R_1$，而且使得「$R_1(x)$並且$x$是英國人」為真的$x$的數目超過使得「並非$R_1(x)$並且$x$是英

國人」為眞的 $x$ 的數目。這倒還好，但是假如我們使用的是
「特性」這個一般語詞而非「述詞」，我們就會發現不可能
有典型的英國人，因為絕大多數英國人都擁有絕大多數英
國人所不擁有的某種特性，例如：這樣的特性即身高在5英
尺10英寸與5英尺11英寸之間或者某種類似的限定。換句話
說，成為典型的就是成為非典型的。這表明，假如我們試圖
談論「關於 $a$ 的所有可能的陳述」，那麼我們就是在冒險。

　　假如，就像變項 $p$ 一樣，變項 $\phi$ 只是其他變項的一
種方便的縮寫，我們就會避免麻煩。$a$ 在其中出現的命題
將是：

　　(1)$R_1(a)$，$R_2(a, b)$，$R_3(a, b, c)$……等等；

　　(2)上述命題與原子層中一個或多個命題的結合；　　　202

　　(3)對(2)中的命題所作的各種概括，只要 $a$ 不為一個變
項所替換。

　　因而，「對於每個 $\phi$ 來說，$f(\phi a)$是眞的」將斷言：

　　(a)對於 $R_1$ 和 $b$ 等等變項的所有可能的值來說，$R_1(a)$，
$R_1(a, b)$ 等等命題都是眞的；

　　(b)關於 $R_1(a)$ | $R_1(b)$ 等等命題的類似陳述；

　　(c)對(b)所作的各種概括；我們將發現這些概括僅僅是
對(b)的一種重複。

　　在這方面，像變項 $p$ 一樣，變項 $\phi$ 能夠還原為名稱
變項和關係變項，而所付出的代價在於使「對於每一個

$\phi$ 來說，$f(\phi a)$ 都是真的」變成了數目無窮的句子而非一個句子。

在一種二階語言中，「對於每個 $p$ 來說，$f(p)$ 是真的」和「對於每個 $\phi$ 來說，$f(\phi a)$ 是真的」能夠被看作單個的句子。這是常見的現象，而且我無須再詳細論述它。在這種二階語言中，變項指稱符號，而非被符號化的東西。

因此，沒有理由把除了名稱變項和關係變項（在內涵上）之外的任何變項作為基本的東西接受下來。就數理邏輯而言，如果給定了由既非分子命題也非一般命題的命題所組成的集合，那麼僅僅使用結合原理和概括原理，我們就能夠 —— 我如此斷定 —— 從這個集合出發構造一種充分的語言。

還剩下關於原子性原則的問題。這個問題涉及命題，並且所涉及的命題既非分子命題也非一般命題。它是這樣的問題，即所有這些命題是否都屬於下述這些形式中的這種或那種：

$$R_1(a)，R_2(a, b)，R_3(a, b, c)，\cdots\cdots$$

初看上去，像「我相信蘇格拉底是希臘人」這樣的命題並不
203　屬於這些形式中的任何一種。「我相信所有人都是有死的」這個命題更加困難；在這個命題中，一般性僅僅被應用於一個從屬的命題。我的信念並不等值於「假如 $x$ 是一個人，我相信 $x$ 是有死的」，因為我可能從未聽說過 $x$，並且我因

此也就不可能相信他是有死的。「A 是 B 的部分」這種形
式的命題也產生了一些困難。我將在以後諸章中討論原子性
原則。

還有一個涉及概括的問題，那就是變項的範圍與我們的
知識之間的關係問題。假設我們考慮某個命題「對於每個
$x$ 來說，$f(x)$ 是真的」，例如：「對於 $x$ 的所有可能的值來
說，假如 $x$ 是人，那麼 $x$ 是有死的」。我們說，假如「$a$」
是一個名稱，那麼「對於每個 $x$ 來說，$f(x)$是真的」蘊含著
「$f(a)$」。我們實際上不能提及「$f(a)$」，除非「$a$」是出現
於我們實際的詞彙表中的一個名稱。但是我們並不打算作出
這樣的限制。我們想說每一個事物都擁有特性 $f$，而非僅僅
只有被我們命名的事物具有這種特性。因而，在任何一般命
題中，都有一種假設的成分。「對於每個 $x$ 來說，$f(x)$ 是真
的」並不僅僅斷言這樣的合取，即

$$f(a) \cdot f(b) \cdot f(c)\cdots$$

這裡的 $a$、$b$、$c$……是構成了我們的實際的詞彙的名稱（它
們在數目上必然是有限的）。我們想要把任何將要被命名的
東西，甚至任何可以被命名的東西，都包括進來。這表明，
除了對一切事物都擁有一個名稱的神以外，對一般命題進行
外延描述是不可能的；並且，甚至連他也需要這個一般命
題，即「一切事物都在下表中被提及：$a$、$b$、$c$，…」，而
這並不是一個純粹外延的命題。

# 14.

作為表達的語言

　　語言服務於三種目的：(1)指示事實；(2)表達說話者
的狀態；(3)改變聽者的狀態。這三種目的並非總是全都出
現。假如我一個人獨處時，我戳我的手指，並說一聲「哎
喲」，那麼這裡只有第二種目的出現了。命令句、疑問句和
祈願句包含第二種和第三種目的，但不包含第一種目的。謊
言包含第三種目的，並且在某種意義上也包含第一種目的，
但不包含第二種目的。單獨作出的或者說與聽者無關的感嘆
陳述，包含第一種和第二種目的，但不包含第三種目的。單
個的語詞可以包含所有這三種目的，比如當我在街上發現了
一具屍體，並大喊「殺人了！」時就是這樣。

　　語言可能達不到第一種和第三種目的：這具屍體可能
是自然死亡，或者我的聽眾可能對此表示懷疑。在什麼意義
上語言無法實現第二種目的呢？以上所提及的謊言在這方面
並非沒有達到目的，因為表達說話者的狀態並不是它們的目
的。但是謊言屬於語言的反思性使用；當語言是自發產生
時，它不可能說謊，並且不可能不表達說話者的狀態。由於
說者和聽者在語言使用上的差異，它也許沒有傳達出它所表
達的東西；但是從說者的立場來看，自發的言語一定表達了
他的狀態。

　　我稱語言為「自發的」，當外部刺激與語詞或若干語
詞之間不存在任何非言語的媒介時；至少，這最近似於我用
「自發的」所意指的東西。由於以下兩個方面的原因，這
並不是一個充分的定義：首先，被排除出去的媒介無須是言
語性的，儘管它必須與作為言語性的事物擁有某種共同的東

西；其次，在任何一種通常的意義上，刺激無須是「外在的」。由於第二點比較簡單，讓我們首先考慮第一點。

假設我說「我熱」，並且假設我這麼說是因為我熱。 205 這裡的刺激是一種感覺。假設我說「有一朵紅花」，是因為（按照通常的説法）我看見了一朵紅花。這當下的刺激又是一種感覺，儘管我相信這種感覺有外在的原因，並且假如沒有這種原因，我的陳述就是假的。當我說「我熱」時，我可能並不期待其他人也感覺熱；比如，假如在一個冰冷的日子我一直在跑步，情況就是這樣。但是當我說「有一朵紅花」時，我期待其他人也看到這朵花。假如他們沒有看到的話，我會感到吃驚；這表明，我認為他們將要看到的東西是我剛剛所斷言的東西的一部分。因而，「我看到了一塊某種形狀的紅的色片」這個陳述在邏輯上比「我看見一朵紅花」更簡單。但是，「我看到了一塊紅的色片」與「我熱」處於一個層次上。然而，與「我看見一朵紅花」或者「有一朵紅花」相比，它不太具有自發性。

因而，我們不會說一種刺激是「外在的」；我們會說，在「自發的」言語中，刺激是一種感覺。

我們現在必須考慮，在定義「自發的」言語時，哪些類型的刺激與語詞之間的媒介必須被排除。舉一個現成的謊言為例。當被人憤怒地問道「誰創造了這個世界？」時，學童毫不猶豫地回答說：「請聽我說，先生，不是我。」從道德上講，這是一句謊言，儘管從理論上講並非如此。在這樣一種情況下，語詞的刺激物並不是語詞所意指的東西，甚至也

不是某種與語詞所意指的東西之間具有密切的因果連繫的事物；刺激物只是一種要在聽者身上產生某種效果的願望。與僅僅在語言的感嘆使用中所包含的語言知識相比，這需要一種更高級的語言知識。我認為，在定義「自發的」言語時，我們必須把影響聽者的願望放在一個次要的位置。在某些情況下，我們想到了某些語詞，即便我們沒有說出它們。當導致使用語詞的情況可以在不參照聽者的情況下加以確定時，語詞的使用就是「自發的」。自發的言語就是那些可能會單獨出現的言語。

現在，讓我們把自己限定於自發的和陳述的言語。關於這樣的言語，我想考慮在(1)陳述事實與(2)表達說話者的狀態之間的關係。

206　　在有些情況下，(1)和(2)之間的區分似乎是不存在的。假如我驚嘆「我熱！」所指示的事實就是我自己的一種狀態，並且也正是我所表達的狀態。「熱」這個詞意指器官的某種狀況，而且這種狀況能夠引起對「熱」這個詞的感嘆的使用。在這樣的情況下，這個詞實際出現一次的原因也是該詞的意義的一個實例。就「我看到了一塊紅的色片」來說，情況也還是這樣，除了對於「我看」這些詞要有某些保留之外。就像在這樣的情況下一樣，當(1)和(2)之間不存在區分時，關於真或假的問題不再出現，因為這個問題必然與(1)和(2)之間的區分相連繫。

假設我說「你熱」，並且假設我相信我所說的話。既然如此，我就是在「表達」我的狀態，並在「指示」你的狀

態。這裡，真與假就進入其中了，因為你可能是冷的，或者你可能甚至不存在。在一種意義上，「你熱」這個句子是「有含意的」，假如它能表達我的一種狀態；在另外一種可能的意義上，它是「有含意的」，假如它是真的或假的。我們無法決定這些是否就是「含意」的不同意義，除非我們已經定義了「真的」和「假的」。現在，我將把自己限定於第一個定義：如果一個句子實際上主要表達了我自身的一種狀態，我將認為它是「有含意的」；並且我將從這個出發點，逐步努力地獲得一種更寬泛的定義。

當我的狀態被「你熱」這些詞所表達時，在我身上發生了什麼？這個問題並無一個明確的答案。我可能在「想像」一種與關於觸摸你的感覺結合在一起的熱的感覺。我可能是在期待你說「我熱」。我可能發現了你臉上的汗珠，並作出一個推論。我們只能明確地說，某些可能的現象會讓我吃驚，而某些其他的現象會給我一種證實的感覺。

「我相信你熱」這個陳述表達了一種不同於「你熱」所表達的狀態；它所指示的事實就是「你熱」所表達的事實。問題出現了：「我相信你熱」這個陳述能用一個僅僅指涉我 207 自己而且沒有提及你的等值陳述來替換嗎？

我傾向於認為，這樣的一個陳述是可能的，但是它很冗長並且很複雜。用具有外部指稱的語詞來描述「心靈的狀態」是符合人們習慣的：我們說我們正在想到這個或者想到那個，想要這個或者想要那個……等等。我們沒有詞彙用以描述當我們想到或欲求某物時實際發生在我們身上的事情，

除了透過為語詞加引號這種或多或少有點初級的手段。你可以說，當我想到一隻貓時，我想「貓」；但這既不充分為真，也不必然為真。想「到」一隻貓，就是處在一種與關於貓的知覺對象有某種關聯的狀態之中；但是這種可能的關聯是為數眾多的。在一種更大的程度上，同樣的說法也適用於信念。因而，我們遇到兩重困難：一方面，能夠正確地描述為相信一個特定命題的那些現象在種類上是極其多樣的；另一方面，假如我們要透過不提及對象的方式來描述那些現象，我們需要一種新的詞彙。

當我在相信命題「Ａ先生熱」時，什麼東西一定正在發生？Ａ先生無須出現：他可以是一個純粹想像中的人物，我確實夢見過他；也無須出現任何語詞。當水在冰點時，我就一直看到它在冒氣泡；由於相信它是熱的，我或許（假如我幾乎沒有什麼知識）把手放了進去，而且由於知覺到它是冷的，我產生一種震驚的感覺。既然這樣，信念完全可以不需要語詞。另一方面，在我身上一定存在某種與「熱」這個詞對應的東西，以及某種被認作—— 也許是錯誤地被認作 ——一個被稱為「Ａ先生」的人的符號的東西。使這些陳述變得完全精確幾乎是不可能的，但是我將盡力做到這一點。

我認為，「信念」這一個語詞應該用幾個語詞來代替。首先是知覺、記憶、期待；緊接著是習慣推論，休謨認為它與因果關係相關聯；最後是邏輯學家所認可或指責的故意推論。在我們當前的討論中必須區分這些情況，因為它們在相信的人的身上導致了不同的狀態。假設我是一個

208

獨裁者，並且在10月22日下午5點，有人試圖用短劍來行刺我。由於秘密員警的報告，我相信這種情況將會發生；這是（或者說，至少可以是）透過邏輯推論得到的信念。它也可以是由習慣推論所產生的信念。在4點59分，我看到一位我所認識的敵人從劍鞘裡拔出一把劍；此時，我預料襲擊將可能發生。現在，這種對轉瞬就到的未來所作出的推論就不再是邏輯的而是習慣的推論。片刻之後，行刺者衝上前來，刀鋒刺破了我的大衣，但被我身上的鎖子甲貼身襯衣擋住了。此時，我的信念就是一個知覺事實。隨後，這位惡徒被斬首之後，我擁有那種關於「心情平靜之時所回憶起的情感」的經驗，而且我的信念成了記憶信念。顯然，我的身體和精神狀態在這四種情況下是不同的，儘管就其都能被同樣的語詞即「我相信在10月22日下午5點有人試圖用短劍行刺我」所指示而言，我所相信的自始至終都是同一種東西。（這句話中的「試圖」是沒有時間意義的，它並非現在時態；它類似「4是2的兩倍」中的「是」。）

　　把知覺從信念的形式中排除出去也許是方便的。為了形成一個連續的系列，我在以上論述中將其包括了進來。但是，一般情況下我都把它排除在外。

　　我們的問題可以陳述如下。存在許多關於我的身體和心靈的狀態；其中的任何一種狀態，當存在時，都使得這樣的說法即「我相信你熱」是真的。我們可以假定，這些狀態中的任何一種都可以由心理學家和生理學家進行足夠精確的描述。假定所有這樣的狀態都得到了這樣的描述，那麼，對於

它們當中的任何一種，心理生理學家能夠知道它就是相信你熱的一種情況嗎？而且還有：除了它們與你以及熱之間的關係以外，他將能夠在這些狀態之間發現某種共同的東西嗎？

我認為，從理論上說，對這兩個問題的回答都應該是肯定的。本質上，這個問題就是關於發現「熱」意指熱的那個問題；絕大多數兒童在大約十八個月的時間內解決了後一問題。假如我處於任何一種能被描述為相信你熱這樣的狀態之中，並且你說「你相信我熱嗎？」，我將回答說我相信。這是信念的一種經驗的因果特性；它就如化學試驗中所使用的那些特性一樣，是完全恰當的。當然，存在一些複雜的情況，比如說謊、語言的差異等等；但是這些情況全都不會產生任何原則性的困難。

我們現在可以說：說同一種語言的兩個人的狀態是同一種信念的實例，假如有一個句子 S，並且在回答「你相信 S 嗎？」這個問題時這兩個人都回答說「我相信」。[1]如果一個人對他自己或者對他不想加以欺騙的任何人說「S！」，那麼他是相信 S 的。兩個句子 S 和 S' 擁有同一種含意，假如任何相信其中一個句子的人也相信其中的另一個句子。既然這樣，從經驗上說，假如你聽到一個人說「S」，並且你問他「你相信 S' 嗎？」，他將回答說「當然相信，我剛剛

---

1 我並不想說這是關於構成了「同一種」信念的東西的最好的定義。最好的定義將是考慮到信念的原因和結果的定義。但是這種定義將是複雜而又困難的，而且對於我們的當前目的來說，透過語句所作出的上述定義似乎就行了。

就是這麼說的」。這樣的說法適用於這種情況，即（比如說）「S」代表「布魯圖殺死凱撒」並且「S'」代表「凱撒被布魯圖殺死」。當 S 和 S' 分屬於不同的語言時，同樣的說法也是適用的，只要二者都被那些相關的人所知道。

這種討論的一個目的在於確定「A 相信 $p$」是不是 $p$ 的一個函項。讓我們用一個句子 $s$ 來代替命題 $p$。在邏輯學中，我們習慣於認為，或者主要是命題或者主要是句子能夠擁有真或假。我想，至少在眼下，我們可以丟棄命題，並專注於句子。從技術上說，本質之處在於我們關心真值函項的自變量。假如「$s$」和「$t$」是兩個句子，那麼「$s$ 或者 $t$」又是一個句子，並且其真或假唯一地依賴於 $s$ 和 $t$ 的真或假。在邏輯學中，句子（或者命題）在技術上似乎被看成了「事物」。但是，就其本身而言，一個句子的說出僅僅是一系列聲音；它與一連串的噴嚏和咳嗽一樣，不能給人以興趣。使得一個句子成為有趣的東西的是其含意，或者更具體地說，是其表達信念和指示事實（或者它未能做到這一點）的兩種 210 能力。它是從前一種能力中獲得後一種能力的，並且前一種能力又是從它的語詞的意義中獲得的；在這裡，它的語詞的意義是聲音的因果特性，而這種特性獲自條件反射機制。

因此，根據剛才所說的話，一個句子與使其為真或為假的事實之間的關係是間接的，它是經由這個句子所表達的信念而來的。主要是信念才具有真或假。（眼下我沒有企圖定義「真的」與「假的」。）因此，當我們說「$s$ 或者 $t$」是一個句子時，我們必須透過研究「$s$ 或者 $t$」所表達的信

念來為我們的陳述提供實質性內容。依我看，人或動物能夠擁有由「s 或者 t」加以正確表達的信念，但是可以在不用「或者」這個詞的情況下得到心理生理學家的描述。讓我們來研究這個問題，並且要記住，我們關於「或者」所說的話有望適用於其他的邏輯語詞。

我想指出，在「或者」這個詞和諸如「熱的」或者「貓」這樣的詞之間有一種差別。為了指示而且也為了表達，人們才需要後者；但是，僅僅為了表達，人們才需要「或者」這個詞。人們需要用「或者」來表達猶豫。猶豫可以在動物身上被觀察到，但是在牠們身上（人們設想）並未發現相應的語詞表達。為了努力表達它，人類發明了「或者」這個詞。

邏輯學家透過「眞」這個概念來定義「p 或者 q」，因而他們能夠縮短這條經由「p 或者 q」所表達的信念的路線。就我們的目的而言，這種縮短是沒有用處的。我們希望知道使得「或者」這個詞能派上用場的那些現象是什麼。這些現象不會在證實或否證信念的事實中被發現，因為這些事實沒有任何析取的性質，它們是其所是的東西。需要「或者」這個詞的僅有的那些現象是主觀性的，並且事實上這些現象就是猶豫。為了用語詞表達一種猶豫，我們需要「或者」或者某個具有相同意義的語詞。

猶豫本質上是存在於兩種肌肉運動的衝動之間的衝211　突。在（比如說）一隻戰戰兢兢地走向窗臺上的麵包屑的鳥身上，或者在為了逃避一隻兇猛動物而思忖著是否要危險地

跳越一個深淵的人身上，都可以發現它。猶豫的智性（in-tellectual）形式透過析取而得到表達，它是從純粹肌肉運動的猶豫中發展而來的。在兩種肌肉運動的衝動中，每一種衝動，假如單獨存在的話，都會是一種信念，而且能夠用一個斷言來表達。只要兩者都存在，除了一個析取即「這個或那個」之外，任何斷言都是不可能的。例如：假設你看到一架飛機。在通常的情況下，你將滿足於指出「有一架飛機」。但是，假如你掌控一門防空襲的高射炮，那麼，根據這架飛機所屬類型的不同，所要求作出的行為也將是不同的。假如你不能確定其類型，你將會說「那架飛機是英國的或者德國的」。那麼，除了觀察以外，你將中止所有的行為，直到你確定了它是哪一種類型之後。智性生活主要關心那些被中止的肌肉運動的衝動。考慮一下一個臨時準備考試的年輕人。他的行動將會受一個析取即「我將會被問到 A 或者 B 或者 C 或者……」所影響。他開始獲得一些與每一種選擇相應的肌肉運動的習慣，並在一種懸而未決的狀態中保持著它們，直到他得知應該將它們當中的哪一種釋放出去。他的情況因而特別類似於擁有防空襲的高射炮的那個人的情況。從理論上說，在兩種情況下，懷疑者的身心狀態都能在不使用「或者」這個詞的情況下，透過描述肌肉運動的衝動以及它們之間的衝突而得以明確。當然，這種衝突將透過心理生理學，而非透過邏輯學得到描述。

　　類似的考慮適用於「並非」這個詞。想像一隻老鼠，牠經常看到其他老鼠被以乳酪作為誘餌的老鼠夾捉住。牠看

到了這樣的一個老鼠夾，並且聞到了很誘人的乳酪的香味；
但是，對牠的同伴的悲慘的命運的記憶抑制了其肌肉運動的
衝動。牠自己並未使用語詞，但是我們能夠使用語詞來表達
牠的狀態，並且這些將要被使用的語詞是：「那塊乳酪**不能**
吃。」我曾一度養鴿子，並且發現牠們是婚姻道德的楷模。
但是，我曾經把一隻新的母鴿放在牠們中間，這隻母鴿很像
先前已有配偶的那些母鴿中的一隻。那位丈夫錯把這隻母鴿
212　當成他的妻子，並開始在她周圍發出咕咕的柔情聲。突然，
他發現自己弄錯了，並表現出恰如一個人在類似的情況下所
表現出的那種尷尬。他的心靈狀態本可以用「那**不是**我的妻
子」這些語詞來表達。與她是他的妻子這個信念相連繫的那
種肌肉運動的衝動突然被抑止了。否定表達了一種心靈狀
態；在這種狀態中，存在著某些衝動，但它們被抑止了。

　　一般說來，邏輯學家將會稱之為「斷言」的語言具有
兩種功能：指示一個事實和表達說話者的一種狀態。假如我
驚呼「起火啦！」那麼我就指示了一堆火焰，並表達了我的
感覺器官的一種狀態。所指示的事實和所表達的狀態通常都
是非言語的。語詞有兩類：為了指示事實而需要的語詞和
僅僅為了表達說話者的狀態而需要的語詞。邏輯語詞屬於後
一類。

　　真和假的問題與語詞和句子所指示的東西有關，而與
它們所表達的東西無關；至少，人們也許希望如此。但是，
關於謊言又如何呢？當一個人撒謊時，虛假似乎就被表達出
來了。即便一種謊言在客觀上碰巧是真的，它依然是一種謊

言 —— 只要說話者相信它是假的。關於十足的錯誤又如何呢？心理分析家告訴我們，我們的信念並不是我們認為它們所是的那些東西；確實，有時候情況就是這樣的。不過，似乎在某種意義上，在表達方面出現錯誤的機會比在指示方面出現錯誤的機會要少。

我想，解決問題的辦法在於本章前面所考慮過的「自發的」言語這個概念。當言語是自發的時，我認為它一定表達了說話者的心靈狀態。如果加以正確地解釋，這種說法是同義反覆。我們承認過，一個特定的信念可以表現為有機體的各種狀態，而且其中之一就是自發地說出某些語詞的狀態。這種狀態，由於比不包含外顯行為的那些狀態更易於觀察，所以被看作是一個特定信念的定義，而它事實上僅僅是一種方便的經驗上的檢驗。這種結果就表現為一種不適當的關於真、假以及一般說來關於邏輯詞類的語詞理論。當我說「不 213適當的」時，我的意思是說，從知識論的立場來看是不適當的。對於邏輯學來說，除了在諸如外延性和原子性這樣的一些關鍵問題上，傳統上對「命題」的接受和根據真值對（比如說）析取所作的定義是合適的，而且在技術上被證明是正當的。這些問題，由於是與命題態度（相信以及其他等等）相連繫而出現的，只能透過知識論來加以處理。

# 15.

## 句子所「指示」的

　　當「眞」和「假」被認為可以應用於句子時，從知識論的立場來看，有兩種類型的句子：(1)其眞或假可以從它們與其他語句的句法關係中推論出來的那些句子；(2)其眞或假只可以從它們與可被稱為「事實」的某種事物的一種關係中獲得的那些句子。目前，分子語句與一般語句可以被看作第一種類型；我們將在以後考慮這種看法是否在嚴格意義上是眞的。在當前的工作中，我們所關心的問題僅僅是與第二種類型的句子相關聯而產生的，因為假如我們為這樣的句子定義「眞」和「假」，那麼剩下的那個問題就是句法方面的，不再屬於我們當前的主題。

　　那麼，讓我們首先把自己限定於原子形式的陳述句，並且問一問自己，對於這些句子，我們能否為「眞的」和「假的」這些詞構造一種定義。

　　在上一章中，我們承認過，一個陳述句「表達」說話者的一種狀態，並「指示」一個事實或者沒有做到這一點。眞和假的問題與「指示」有關。看來，眞和假主要應用於信念，並且只是在派生的意義上應用於「表達」信念的句子。

　　所表達的和所指示的東西之間的區別並非總是存在；比如，假如我說「我熱」，那麼所表達的東西總是說話者的一種當前狀態，而所指示的東西也可以是這樣的一種狀態，但通常不是。只有當所指示的東西是說話者的一種當前狀態時，所表達的東西與所指示的東西才是相同的。既然如此，假如所說的話在上一章所定義的意義上是「自發的」，那麼並不出現關於假的問題。我們因此能夠以這樣的說法開始：

一個指示其所表達的東西的自發語句依定義是「真的」。

　　但是，現在假設我指著一個可見的對象，並說「那是一條狗」。狗並不是我自己的一種狀態，因此在我所指示的與我所表達的東西之間存在一種差別。（「我所指示的」這個短語容易遇到反對意見，因為在關於假的情況下，人們可能認為我未能達到指示某物的目的。但是我將為了避免囉唆而使用這個短語。）我所表達的東西可以從將會使我吃驚的東西中推論出來。假如我突然看見的形狀消失了，並且沒有被其他某個對象遮住的可能，那麼我將感到極為驚奇。假如你對我說：所有的門和窗都是關上的，這個房間裡沒有可以隱藏的地方，而且我能確定一會兒以前這裡沒有狗，那麼，若是我一直在看《浮士德》，我將推斷，我所看見的東西並不是一條狗，而是梅非斯特[1]假如我正在留神觀察的對象，就像海涅的長詩《阿塔・特洛爾》中的那條哈巴狗一樣，突然開始用斯瓦比亞腔調說起德語來，那麼，就像海涅一樣，我將推斷，它是被邪惡的女巫改變了外形的一位斯瓦比亞詩人。毫無疑問，這樣的現象是不同尋常的；但是它們並不是在邏輯上不可能的。

　　因而，當我說「那是一條狗」時，某些或多或少帶有假設性成分的期待是我所表達的狀態的一部分。我期待著，假如我留神觀察，我將繼續看到某種類似於導致我說出這句話

---

[1]　梅非斯特（Mephistopheles），歐洲中世紀關於浮士德的傳說中的主要惡魔。——譯注。

的那種形狀的事物；我期待著，假如我問一位一直在往同一個方向看的旁觀者，他將說他剛才也看到了一條狗；我期待著，假如這種形狀開始發出聲音，它將發出狗吠的聲音，而不是說德語。這些期待中的每一種，作為我自己的當前一種狀態，既能為一個單個的句子所表達，也能為它所指示。為了更明確一些，設想我實際上而非假設地期待一種狗吠的聲音。那麼，我就處於被稱為「聽」的狀態之中，而且我很可能擁有一種關於狗吠的聽覺想像或者擁有「狗吠」這個詞，儘管兩者都可以不出現。這裡，我們擁有了表達和指示之間的最小的差異：假如我說「一會兒我將聽到一聲狗吠」，那麼我表達了我當前的期待，並指示著我未來的感覺。既然這樣，就存在著錯誤的可能：未來的感覺可能不出現。我認為，已知的錯誤總是這種類型的。我相信，發現錯誤的唯一方法在於由落空的期待所產生的驚訝的經驗。

　　然而，還有一個困難。在每時每刻，我都擁有大量的或多或少帶有潛在性的期待，而且當其中的任何一個落空時，都會帶來驚訝的感覺。為了知道哪一種期待是假的，我必須能夠把我的驚訝與正確的期待連繫在一起。當我期待這條狗發出叫聲時，我可能吃驚地發現一頭大象沿街走來。這種驚訝並不證明我期待狗吠是錯誤的。我們說我們對某種事物感到吃驚；換句話說，我們所經驗的並非僅僅是驚訝，而是與當前的知覺對象相關聯的驚訝。然而，這還不足以使我們知道我們先前的期待是錯誤的。我們必須能夠把我們當前的知覺對象與我們先前的期待關聯起來，而且要以否定的方

式將其關聯起來。期待使我們說「這條狗將發出『汪汪』聲」，知覺使我們說「這條狗沒有發出『汪汪』聲」，而記憶使我們說「我曾期待這條狗發出『汪汪』聲」。或者，我們可能期待這條狗不發出叫聲，並且當它發生叫聲時，我們感到驚訝。但是，除了透過上述的期待、知覺以及記憶的結合以外，我沒有發現如何能夠處理這種關於已知錯誤的最簡單情形。在上述的結合中，要麼期待，要麼知覺一定是否定性的。

與驚訝相反的情感可以稱為證實。當被期待的事情發生時，證實的情感就產生了。

作為一種定義，我們現在可以說：對我自己的經驗的一種期待是真的，當它導致證實時；並且當這種期待導致驚訝時，它是假的。這裡，「導致」這個詞是對剛才所描述的過程的一種縮寫。

但是，當我說「有一條狗」時，我不只是在作出關於我自己的過去、現在或未來的經驗的斷言。我是在說：有某種或多或少具有恆久性的事物；而且這種事物可以為其他人所看到，當沒有被人看到時它也存在著，並擁有它自己的有感覺的生命。（我在假定我是一個普通人，而非唯我論哲學家。）「為什麼我應該相信所有這一切」這個問題是有趣的，但它並非我此刻希望加以討論的問題。我此刻希望加以討論的東西是：在表達方面，有什麼東西對應於這種對我的經驗之外的某物的指示？或者用老式的語言說，我是怎麼想到我不能經驗到的事物的？

　　我發現幾乎所有哲學家都極不情願面對這個問題。經驗論者沒有認識到，在他們視作理所當然的知識中，許多都假定了未被經驗到的事件。那些不是經驗論者的人傾向於認為，我們沒有經驗到單獨的事件，而總是經驗到作為一個整體的**實在**。然而，他們沒有解釋我們是如何在（比如說）閱讀詩歌與拔牙之間作出區分的。

　　讓我們舉一個例子。假設在一個晴朗的星期天，我和全家人一整天在外，因此屋子裡空無一人。當我晚上回來時，我發現房子被火燒過。鄰居們告訴我，火開始被發現時已經太遲了，以至於消防車無法將其撲滅。不管我的哲學是什麼，我都將相信，這次大火，就如許多通常的火一樣，是以一種微弱的方式開始燃燒的；因此，在任何人能夠發覺之前，它已經存在了一段時間。當然，這是一種推論，但是我對此推論抱有極大的確信。現在，我要問的問題不是「這個推論是可以證明為正當的嗎？」而是「假定這個推論是可以證明為正當的，那麼我將如何解釋它？」

　　假如決定避免任何沒有經驗到的事物，那麼有幾件事情是我可以說的。就像貝克萊一樣，我可以說上帝看到過這次火災最初時的情況；我可以說，不幸的是，我的屋子裡充滿了**螞蟻**，並且牠們看到過這次火災；或者我可以說，在被人發現之前，火只是一種象徵性的假設。這些意見中的第一種必須被排除，因為對上帝進行這樣的使用違背了遊戲規則。第二種也必須被排除，因為螞蟻是偶然出現的事物，而且如果沒有牠們，這次大火顯然也會照燒不誤。那麼，這就剩下

了第三種意見。我們必須試圖使這種意見更精確。　218

　　我們可以把這個理論陳述如下。讓我們首先把物理學確立在通常的實在論的假設之上：物理現象的存在不依賴於它們是否被人觀察到。讓我們進而把生理學提升到這樣的地步：我們能說在什麼樣的身體條件下物理現象被觀察到了。那麼，讓我們說：物理學的方程式將被認為僅僅是把被觀察到的現象連繫在了一起；中間的步驟將被認為僅僅是處理數學虛構的。所提出的這種步驟類似於一種計算，並且這種計算以實數開始和結束，但在證明過程中使用了複數。

　　這種理論可以被進一步推進：我不僅可以把無人觀察到的事件排除出去，而且可以把我沒有觀察到的事件排除出去。為了簡化這個假設，我們也許可以設想，可觀察的現象就是發生在我的頭腦裡的那些事件。那麼，在確立一種實在論的物理學之後，我們將定義被我的頭腦所占據的時空區域，並說，在所有以象徵的方式被假定於物理學的事件中，僅有那些其時空座標處於我的頭腦的時空座標中的事件，才會被認為是「實在的」。這將為我提供一種完全唯我論的物理學，它在象徵性方面無法與通常的實在論物理學相區分。

　　但是，透過這樣的假設，即在所有以象徵的方式出現於我的物理學的事件中只有某個子類是「實在的」，我能意指什麼呢？只有一種事物是我所能意指的，這就是：對一個物理事件的數學解釋是一種描述，並且除了在某些情況下，這樣的描述將被認為是沒有實質內容的。不認為它們在這些情況下無實質內容的理由，一定在於：即使沒有物理學，我也

有理由知道在這些情況下被描述的事件。

現在，如果沒有物理學（在一種寬泛的意義上看待物理學），我有理由相信的僅有的事件，是我所感知到或記住的那些事物。

219 顯然，對我來說，在我所感知的和我所記住的東西方面擁有完全相同後果的兩種假設，在實際效果上和經驗上都是不可區分的。無論它們當中的哪一個是真的，我的生命的過程將完全是同一個過程，而且我的經驗必然不可能在某個時候為我提供一種根據，以便使我更想接受其中的一個而非另一個。因此，假如知識或者是從實際效果上或者是據經驗來加以定義的，那麼這兩個假設是不可區分的。反過來說，假如區分這兩個假設從邏輯上說是可能的，那麼經驗論一定出了問題。對我來說，關於這種結果的有趣之處在於，它僅僅要求我們能夠區分這兩個假設，而不要求知道在它們當中哪一個是真的。

這把我帶回到這個問題：我如何能夠想到我不能經驗到的事物？

舉（比如說）這個陳述為例：「聲音是由空氣的波動引起的。」這樣的一個陳述能擁有什麼意義呢？這必然僅僅意指「假如我設想聲音是由空氣的波動引起的，那麼我將能夠提出一種把我聽到的聲音與其他經驗連繫在一起的理論」嗎？或者，就像它似乎意指的那樣，它能意指在空氣中存在一些我沒有經驗到的事件嗎？

　　這個問題取決於對存在命題的解釋。邏輯學假定，假如我理解一個陳述「$\phi a$」，那麼我能理解「有一個 $x$，並且 $\phi x$」這個陳述。如果假定了這一點，那麼，給定兩個可以理解的陳述 $\phi a$ 和 $\psi a$，我就能夠理解「有一個 $x$，並且（$\phi x$ 並且 $\psi x$）」。但是，也可能出現這樣的情況：在我的經驗中，$\phi x$ 和 $\psi x$ 絕未結合在一起。既然如此，在理解「有一個 $x$，並且（$\phi x$ 並且 $\psi x$）」時，我就是在理解經驗之外的某種事物，並且假如我有理由相信這一點，那麼我就有理由相信存在一些我沒有經驗到的事物。前者就是關於獨角獸的情況，後者就是關於我出生前和我死後的那些事件的情況。

　　因而，這個問題就還原為下述問題了：假如「有一個 $x$，並且 $\phi x$」並非是一個或多個表達知覺判斷的命題在邏輯上的必然結果，那麼在「我相信有一個 $x$，並且 $\phi x$」這個陳述中是否有某種含意呢？

　　讓我們舉一個簡單的例子，比如「我的書房當沒人在裡面時存在著」。天真的實在論者把這解釋為「當我在書房裡時所看到的東西，當我沒有看到它時也存在著」。為了避免「存在」這個詞，我們可以把它翻譯為「在我的經驗中有一些事件，它們與我在書房裡時所看到的東西是同時發生的，但並不與我看它的行為同時發生」。這就包含了看的行為與所看到的東西的區分。它也包含著這個假設，即我所看到的東西在因果上獨立於我的看的行為。稍微有一點光的物理學知識以及視覺的生理學知識，就足以證明第二個假設是錯誤的，而且對於第一個假設，我們也難以發現充分的根據。因

而，實在論者被迫把物自體當作他的視覺對象的原因，並被迫得出這樣的說法，即在沒有引起知覺對象的那些時刻這個物自體也可以存在。但是，假如我們的斷言要有一點實質意義，我們必須能夠說出關於這個原因的某種東西。問題是：避免我們的斷言無實質意義的最低限度是什麼？

假設我們說：紅的感覺擁有一種原因，並且綠的感覺擁有另一種原因。那麼，當我們試圖從感覺過渡到物理學時，我們就是在把假設的謂項歸屬於假設的主項。我們從感覺中作出的推論依賴於下述形式的一種原理：「有一種特性 $\phi$，並且每當我看到紅色時，就有某種擁有特性 $\phi$ 的事物。」但這幾乎不是充分的。為了獲得更高的精確性，讓我們以下述的方式開始討論。我們假設「特性 $\phi$ 擁有特性 $f$『意指』$\phi$ 是一種色度」。

那麼我說：在 $f$ 的分子與某個其他的函項 F 的分子之間存在某個關聯者 S，以致，假如在我的視野中，$\phi$ 擁有特性 $f$ 且 $a$ 擁有特性 $\phi$，並且假如 $\psi$ 是與 $\phi$ 相關聯的 F 的自變量，那麼就存在一個 $x$，使得 $\psi$ 擁有特性 F，且 $x$ 擁有特性 $\psi$。人們可以理解，這裡的 F 和 S 是似是而非的變項。

讓我們以某種不同的方式陳述這個問題。讓我們把一種色度定義為與一個特定的視覺位置擁有顏色上的類似性並且相互之間也擁有此種類似性的所有視覺位置。因而，一種色度就是一個類，並且顏色是類的類，比如說 $\kappa$。現在，我們假定，在一種物理現象（適當頻率的光波）與一種顏色之間存在一個關聯者 S。我看見一塊顏色為 $\alpha$ 的色片，並且我認

為這是 S 將其與 α 相關聯的那個類存在的證據，這裡我用
「$S^c a$」來指稱它。也就是說，我假定，每當 α 的一個分子
存在時，$S^c a$ 的一個分子大體也在同一時間存在著。從形式
上說，這個假定是這樣的：

> 「如果 κ 是由諸多色度（每種色度都被定義為具有
> 這種色度的所有色片）所組成的類，那麼就存在這樣的
> 一個其逆域為κ 的一對一的關係 S，以致，如果 α 是一
> 個 κ，並且 a 是一個 α，那麼就有一個與 a 大體同時出
> 現的 x，並且它是 S 將其與 α 相關聯的那個類中的一個
> 分子。」　　　　　　　　　　　　　　　　　　　(1)

或者，換一種說法來陳述這個假定：

> 「存在一個將物理事件的類與色度關聯起來的一對
> 一的關係 S，以致，假如 α 是一種色度，那麼每當顏色
> 為α 的一塊色片存在時，與 α 相關聯的那個類中的一個
> 物理事件也在大體相同的時間存在著。」　　　　(2)

如果我們相信當我們沒有看到它們時貓和狗也是存在
的，那麼上述假設僅僅是我們必須假定的東西的一部分。無
論是否可信，這個假設至少是可以理解的，因為它只包含變
項和經驗上已被認識的項。它為這種討論由之開始的這個問
題即「我是如何想到我不能經驗到的事物的」提供了一種

（an）答案，但不是唯一可能的那種（the）答案。

　　要記住，我們起初是以某種不同的方式來表述「在表達方面，有什麼東西對應於這種對我的經驗之外的某物的指示？」這個問題的。然而，我們似乎已經回答了在某種程度上與此不同的一個問題。現在看來，如果「有一條狗」這個陳述依天真實在論的方式加以解釋，那麼它是假的，儘管如果按照一種可能為真的方式對它加以解釋，這條狗就變成了222 一個似是而非的變項，而且不再成為我的話所表達的東西的任何一部分。

　　讓我們回到第221頁[2]上面的假定(1)。這裡，我們可以說，$x$為$\alpha$所「指示」；$\alpha$是當我們「看見一條狗」時所看到的一塊色片，而$x$可能屬於狗本身。因而，如果過分綱要化地加以表述，我們可以說，當我說「我看見一條狗」時，我表達了$\alpha$，並且指示了$x$。但是在我所相信的東西中，如果加以正確地陳述，$x$只是一個變項，而且根本沒有被表達。這種情況類似於我們希望使用專名但卻並被迫使用摹狀詞的情況。

　　一般說來，我們可以說：當我處於一種相信的狀態時，在這種相信行為中似乎指稱了某種別的事物的那個方面，實際上並非真的指稱那種事物；它是透過似是而非的變項發揮作用的。舉這種最簡單的情況為例：假如我正在期待著一次爆炸，我的信念的文字表達是「將有一種聲音」。

---

2　這裡指的是原書的第221頁。——譯注

這裡，「一種聲音」是似是而非的變項。類似地，假如我正
在透過一種記憶意象來回憶一次事件，那麼我的記憶信念的
文字表達是「曾經有某種類似於這種東西的事物」；這裡的
「這種東西」是記憶意象，並且「某種事物」是一個似是而
非的變項。

　　我們因而作出下述結論：當我的信念的文字表達不包
含似是而非的變項時，所表達的東西與所指示的東西是相
同的。如果我的信念的文字表達包含一個存在陳述，比如
「有一個 $x$，並且 $\phi x$」，那麼，照此情況，這就是該信念
的表達。但是，在這種情況下，這個信念所指示的東西是
命題「$\phi a$」的證實者，而「有一個 $x$，並且 $\phi x$」就是透
過該證實者而成為真的；或者不如說，如果我們能夠斷言
「$\phi a$」，那麼它所指示的東西就是將會證實「$\phi a$」的東
西。我們不能斷言它，因為 $a$ 出現在我們的經驗之外，而且
「$a$」並不是我們的詞彙中的一個名稱。所有這一切都包含
著這樣的假定：當我們不知道任何「$\phi a$」形式的命題時，
「有一個 $x$，並且 $\phi x$」這種形式的命題也能被知道，例如：
「趁我沒有看著時，那條狗偷吃了羊腿。」

　　總結一下：一個陳述句「表達」一種信念；一個特定信
念可以由數目上不確定的許多行為來表達，而它只是這樣的
行為之一。如果這個句子不包含似是而非的變項，它一定僅 223
僅提及當前呈現給信念持有者的那些事物。若是這樣，它與
某些事物之間能夠擁有一種特別的因果關係；而這些事物使
它成了一個我們在前面一章中所說的「描述經驗的語句」。

如果它擁有這種特別的關係，這個句子（以及它所表達的信念）就被稱作「真的」；假如不擁有此種關係，它就被稱作「假的」。既然如此，這個句子所「表達」的東西與它所「指示」的東西是相同的，除非當它是假的時，它什麼也沒有「指示」。

但是，當一個句子超越當前經驗時，它一定至少包含一個似是而非的變項。現在，假如我們像邏輯學將能允許的那樣嚴格堅持常識的原理，那麼我們會說，當我經驗一個知覺對象 $a$ 時，在某個「事物」與 $a$ 即據說通常就是我所感知的那個「事物」之間有一種一對一的關係 S。例如：假設 $a$ 是一塊犬科動物的色片，那麼 $S^c a$ 就是當我經驗到 $a$ 時我說我正在看到的那條狗。當我說「這條狗十歲了」時，我是在作出一個關於 $S^c a$ 的陳述，並且該陳述包含似是而非的變項。假如我的陳述是真的，那麼存在一個 $c$，並且 $c = S^c a$。既然如此，我所指示的東西就是「$c$ 十歲了」，或者不如說，是使這為真的東西。

但是，到此為止，這還是非常令人不滿意的。首先，「$c$ 十歲了」這個句子絕不可能說出來，因為專名 $c$ 並未出現在我的詞彙中。第二，由於同樣的原因，我絕不能擁有一種可以用這個句子來表達的信念。第三，我們說過，句子只不過是信念的表達；第四，我在上面作出了這樣的假設，即「這條狗十歲了」是「真的」；而且迄今為止，我們還沒有定義包含（就像這個句子一樣）似是而非的變項的句子的「真」。

　　除了透過考慮一個信念的「證實者」必須意指什麼，我們無法使自己從這種困難中脫身。當一種信念足夠簡單時，它與某個其他現象之間具有各種可能的因果關係中的這種或者那種；這種現象被稱為該信念或者表達該信念的任何一個句子的「證實者」。根據定義，某些因果關係使得這個信念是「眞的」；某些其他的因果關係使得這個信念是「假的」。但是，當一個信念藉助於似是而非的變項指稱外在於我的經驗的事物時，就存在著某些複雜性。讓我們回到「你熱」這個例子；它避免了某些不相關的困難。它的意思可以理解為「有一種熱（hotness），它與我所擁有的關於你的身體的知覺對象相關聯，這就像當我熱時，我的熱與我所擁有的關於我的身體的知覺對象相關聯一樣」。[3]當我熱時，我能把一個專名給予我的熱；當你熱時，對我來說，你的熱是一個似是而非的變項的一個假設性的值。這裡有兩個階段。設想我用 $a$ 代表我所擁有的關於我的身體的知覺對象，用 $b$ 代表我所擁有的關於你的身體的知覺對象，用 $h$ 代表我的熱，用 H 代表我所感知到的在 $a$ 和 $h$ 之間的關係，那麼「你熱」就是「有一個 $h'$，並且 $bHh'$」。

　　這裡有一個假設性的句子「$bHh'$」，它是我無法說出的，因為在我的語言中沒有「$h'$」這個名稱。但是，假如你感到熱，那麼也存在一種實際的現象，並且這種現象被

---

3　這是一種簡化的情形，但它對我們當前的問題並無妨礙。在下一章中，我試圖提出一種更精確的理論。

用一個假設性的名稱 $h'$ 加以假設性地命名；而且這種現
象實際上與 $b$ 如此地關聯，以至於它與 $b$ 的關係將是句子
「$bHh'$」的一個證實者──假如我能夠說出這個句子。這
整個的事態構成了「有一個 $h'$，並且 $bHh'$」這個句子的證
實者。我將不去探究，假如我們知道所有這一切，我們是如
何開始知道的。我是在假定，我能知道你熱；並且我是在
問，什麼東西是對這種知識的最簡單的解釋──假設存在著
這樣的知識。

我們現在說，在這類比較簡單的情況下，一個句子所指
示的東西是其證實者，當這個句子是真的時；但是當它是假
的時，它什麼也不指示。

在關於「你熱」的情況下，假如我的詞彙真的是充足
的，那麼我就能夠構成一個不包含變項的句子，而且該句子
將由證實我的實際句子的同一種現象所證實。這種情況，即
我沒有足夠多的專名來達到此目的，只是一種經驗的事實。
在關於「所有人都是有死的」這樣的情況下，情況是有所不
同的；在沒有變項的情況下，任何可構想的詞彙都不能表達
225 它。差異在於，只需一種現象就可以完全證實「你熱」，但
是為了證實一個一般陳述，我們需要許多現象。從知識論以
外的立場來看，「你熱」可以解釋為「$bHh'$」；只有知識
論才需要「有一個 $h'$，並且 $bHh'$」這樣的解釋。

人們將會發現，一個信念或句子與其所指示的東西即它
的證實者（假如有證實者）之間的關係，在某種程度上時常
是遙遠的和因果的。還有，儘管「知道」一個證實者就意味

著感知到它，但是我們一定知道許多其證實者不可能被感知到的句子是眞的，除非我們的知識以一種不可置信的方式被弄空了。然而，這樣的句子總是包含一個變項，並且在這個變項中，假如我們的感知能力眞的被加以充分地擴展，那麼該證實者的名字就會出現。

**16.**

眞與假：初步的討論

　　從迄今為止所說的話中，似乎看得出，如果我們的知識大體上與我們全都認為我們知道的東西在範圍上是同樣地廣大，那麼它一定是從以下三種來源中獲得的：

　　(1)與某種現象——通常是非語言現象——之間具有某種關係的信念（或句子）；

　　(2)關於邏輯推論的原理；

　　(3)關於超邏輯推論的原理。

　　在這三種來源中，我們迄今為止只談到了第一種。在我們的考慮中，我們可以將第二種忽略，因為它並不產生我們嘗試著要去解決的關於經驗知識的問題。第三種來源產生了極其重大的困難，但是只有在處理完第一種來源之後，它才能得到有益的討論。

　　我們可以將這個問題表述如下：假定有任何一個我們所相信的經驗的句子，那麼我們相信它的理由可能是我們已經相信的一個或多個其他的句子，或者可能僅僅是與被相信的句子之間具有某種關係的某種非語言現象。在後一種情況下，這個句子是一個「基本的事實語句」。在前一種情況下，這個句子是被推論出來的，而且在推論的前提中必須至少有一個基本的事實語句；其他的前提將屬於以上的第(2)類和第(3)類。

　　在本章中，我想討論的不是知識，而是真理。我們所知道的東西必定是真的，但是真理在兩個方面比知識的範圍更廣。首先，有一些真的句子（假如我們接受排中律的話），

我們對它們沒有任何意見；其次，還有一些<u>真的</u>句子，我們 227
雖然相信它們，但並不知道它們，因為我們是從錯誤的推理
中得到它們的。我曾碰到一個基督兄弟會會員，他根據《啓
示書》，認為埃及不久將會遇到麻煩。後來埃及確實遇到了
麻煩。他的信念是真的，但並非知識。

　　我們確定，「真的」和「假的」主要是信念的述詞而
且在派生的意義上，它們也是句子的述詞。我要指出，「真
的」是一個比「可證實的」範圍更廣的概念，而且事實上它
無法透過可證實性而得到定義。

　　當一個經驗的信念是真的時，它是透過我稱為其「證實
者」的某種現象而為真的。我相信凱撒是被暗殺的；這個信
念的證實者是很久以前發生在羅馬元老院的一個實際事件。
在本章中，我的目的是考慮信念與其證實者之間在各種情況
下的關係。

　　讓我們透過重新考慮在其中 A 說 B 熱這樣的情況來開
始我們的討論。假如這是真的，那麼就有一種被 B 而非被
A 經驗到的現象，並且由於這種現象，A 所說的話是真的。
我們認為，A 所作出的這個斷言的含意是：「存在一種熱，
它與我所擁有的關於 B 的身體的知覺對象相關聯；這就像
當我熱的時候，我的熱與我所擁有的關於我的身體的知覺
對象相關聯一樣。」然而，這種解釋忽視了在論述專名的
那一章中所確立的理論。根據那種理論，「熱」（或者，
無論如何，一種特定程度的熱）是一個專名，而非一種在 A
身上擁有一個實例並且在 B 身上擁有另一個實例的共相。

假如我堅持這種理論，那麼我們將說，「A 熱」（由 A 所說出的）斷言了 $a$（即 A 所擁有的關於他自己的身體的知覺對象）與作為熱的 $h$ 之間的一種關係。所涉及的這種關係可以稱為「共現」。於是，「A 熱」（由 A 所說出的）意味著「$a$ 和 $h$ 是共現的」。現在，假如 $b$ 是 A 所擁有的關於 B 的身體的知覺對象，那麼，若 A 感到熱，則 $b$ 和 $h$ 是共現的；但是，若當 A 感到冷時 B 感到熱，則它們不是共現的。

　　因此，為了解釋「B 熱」（由 A 所說出的），A 必須在某種程度上描述 B 的身體，或者說，與 A 所擁有的關於 B 的身體的知覺對象相對而言的 B 所擁有的關於 B 的身體的知覺對象。A 將如何描述 B 所擁有的關於 B 的身體的知覺對象呢？他設想，它更類似於他自己所擁有的關於 B 的身體的知覺對象，但是在透視上（perspective）有所差別。根據我們目前的理論，就像顏色是性質一樣，視覺空間中的位置也是性質；因此，由 A 的視覺空間中的諸位置所構成的全體（除了視覺上的不同的優點以外）就是——而非僅僅類似於——由 B 的視覺空間中的諸位置所構成的全體。但是，我們從透視法經驗地得知，A 由之看 B 的身體的方向不同於 B 由之看 B 的身體的方向。因此，構成了 A 所擁有的關於 B 的身體的知覺對象和 B 所擁有的關於 B 的身體的知覺對象的兩個複合物是不同的；這既是由於方向上的差異，也是由於因透視的不同所產生的形狀上的差異。因此，當 A 說「B 熱」時，他將必須描述 B 所擁有的關於 B 的身

體的知覺對象（透過透視法則），並說這與熱是共現的。

讓我們考慮遠離當前經驗的下述幾個階段：

(1)我熱；
(2)我過去熱；
(3)你熱；
(4)太陽熱。

當我判斷(1)時，我「意識」到一種情況，它是我的判斷的「證實者」。當我判斷(2)時，我可能也「意識」到了證實者，儘管是在一種不同的意義上。當我判斷(3)時，我沒有「意識」到證實者；當我判斷(4)時，那就更不用說了。在(3)中，「熱」依舊意味著我從我自己的經驗中所知道的性質；在(4)中，它意味著這種性質的一種無法知道的原因，要麼就是這種性質與某些視覺性質的習慣性共存。

現在，讓我們把「意識」當作一個未加定義的項。所涉及的這個概念，與當我說我的熱是我的經驗的一部分，但你的熱並非我的經驗的一部分時所涉及的是同一個概念。意識是一種關係，該關係可以在一個人的經驗中的兩個事件之間成立；人們認為記憶也包含在意識之內。這裡，我們將用「A」來指稱意識。根據 A，我們可以定義一個給定事件屬於其自身經歷的那個人（如果存在著人的話）。我們是透過《數學原理》第96節所定義的「$x$ 的 R 家族」做到這一 229

點的。這可以用故意讓哲學家們能夠明白的通俗語言解釋如下。

　　如果「P」意味著「父母身分」，那麼，只要他有父母或孩子，$x$ 的 P 家族就是 $x$ 的祖先及後代、兄弟姐妹、無論關係遠近的堂兄弟姐妹及表兄弟姐妹、堂兄弟姐妹及表兄弟姐妹的堂兄弟姐妹及表兄弟姐妹，以及他自己。但是，如果 $x$ 是沒有父母或子女的某種事物，那麼 $x$ 的 P 家族不是包含著 $x$，而是空類。一般地，如果 R 是任何一種關係，並且讓我們假設「S」是「R 或者其逆關係」，那麼，若 $x$ 與任一事物之間都不具有關係 S，則 $x$ 的 R 家族將是空的；但是，若 $x$ 與任一事物——比如說 $y$——之間具有關係 S，並且讓我們稱從 $x$ 到 $y$ 的過程為一個「S 步驟」，則 $x$ 的 R 家族是由 $x$ 以及所有那些能夠從 $x$ 開始並透過有限的 S 步驟而獲得的項構成的。因而，假如「P」是成為父母的，那麼一個人 $x$ 的 P 家族就是一切這樣的事物，即 $x$ 的……的父母或孩子的父母或孩子。

　　把以上所述應用於由 A 所指稱的「意識」，我們可以認為意識是由注意或記憶這類行為構成的。因而，如果 $x$ 是某人的自身經歷中的一個事件，那麼就 A 來說，與 $x$ 最近的關係項將是由 $x$ 所注意到或記住的事件以及注意到或記住了 $x$ 的事件。假如 $y$ 就是這些事件之一，那麼由 $y$ 所注意到或記住的事件以及注意到或記住 $y$ 的事件將是處於第二級的 $x$ 的關係，並且如此達到任何為數有限的世代。我將稱一個事件為「與人相關的」，假如它意識到某物或者某物

意識到它，即假如它屬於 A 的範圍。因而，假如一個事件是與人相關的，那麼其 A 家族包含該事件自身以及其他的項；但是如果一個事件不是與人相關的，那麼其 A 家族是空類。

現在，我們可以把「x 這個人」或者說「事件 x 所隸屬的那個人」定義為「x 的 A 家族」。我們可以把「各個人」定義為「除了空類以外的所有 A 家族」（唯心論者不必提出空類這樣的例外，因為他認為每個事件都是意識的對象或主體）。我們能夠把「我」定義為「這的意識家族」（the awareness-family of this）。透過經驗的並出現於我們的討論過程中的根據，有理由相信，任何兩個家族都不擁有一個共同的成員，也就是說，不存在兩個不同的人都可以意識到 230 的某種事物。

因而，「我熱」意味著「熱是這的意識家族中的一個成員，並且它與這是共現的」。為了說明使用現在時態的「熱」而不使用「過去熱、熱或將來熱」是正當的，後面這個從句是必要的。單獨的後面這個從句有時可以被認為是「我熱」所意指的東西。

為了理解「你熱」，我們必須理解「你」。什麼是「你」？我設想，我正看見了你（據說如此）。既然如此，「你」與發生在我身上的一個事件即你的身體呈現給我的那種視覺現象相關聯。這與發生在你身上的一個事件即你的身體呈現給你的視覺現象之間具有一種因果的關係，並且還有一種透視的關係。一個人體呈現給它所隸屬的那個人的視覺

現象與它呈現給其他人的視覺現象之間，具有某些獨特的差別；比如說，它既不能包含眼睛也不能包含背部，並且與在任何其他人看起來相比，鼻子（假如透過閉上一隻眼睛使其顯現出來）在他本人看起來更大且更怪異。我們因而能定義兩個類：一個類是由身體呈現給其所有者的視覺現象所組成的，另一個類是由透視法則將其與當我「看見你」時我之所見關聯起來的那些視覺現象組成的。（我自始至終都在假定物理學。）這兩個類僅僅擁有一個共同的分子，即你的身體呈現給你的現象。如果我們把這稱為「$y$」，那麼「你」就可以定義為「$y$ 的意識家族」。

因而，假如 $y$ 就是那種視覺現象，並且(1)透視法則使該現象與當我「看見你」時我之所見相關聯，(2)該現象擁有用來定義其所有者所看到的一個身體的那種特徵，那麼「你熱」意指「你是 $y$ 的意識家族，並且熱與 $y$ 是共現的」。

當然，假如你看不到東西，或者你處於黑暗中，或者你的眼睛閉上了，那麼這個定義將需要修改。但是，這種必要的修改並不帶來原則性的困難，而且因此也是不能使人產生興趣的。

我一直假定著在第四章中討論專名時所確立的性質理論；根據這種理論，不存在熱（或者，無論如何，一種給定程度的熱）的「實例」，只存在熱作為其中一種成分的複合物。按照這種觀點，時空依賴於經驗上獨特的性質，比如用於定義緯度和經度的那些性質；並且，這種複合物即「與

某某性質或性質的集合共現的熱」取代了「處於某某地點的熱」。在給出這些定義之後，這幾乎沒有產生什麼影響。

我們現在來看看「太陽熱」。這可以透過兩種方式得到解釋。它可能僅僅意指「看見太陽通常與感到熱共現」；這是一個來自經驗的概括。或者，像在物理學中那樣，它可能意指「被稱為感覺的某種類型的經驗擁有一些不在經驗者身上的原因；熱的經驗擁有一些原因，這些原因全都具有某種被稱為熱量的特徵；這些因果鏈條最初是從被稱為看見太陽的那些經驗開始的，它們在某個區域相遇，並且在此區域在著熱量」。我們不想在這兩種解釋之間作出選擇，而只想考慮它們。

至於那些在我看來取代了熱的「實例」的複合物，我應該使用「共現」這種關係。這種關係存在於我同時經驗到的任何兩種事物之間，例如：在鋼琴的聲音和鋼琴彈奏者的視覺之間。但是我設想，在時空中重疊的任何兩個物理事件之間，這種關係也成立。我現在形成了一組事件，它們相互之間全都是共現的，並且與該組之外的任何事物都不是共現的；我把這稱為時空中的一個「位置」（或者，也許是一個「點」）。我假定了關於位置的通常規則，例如：任何位置都不先於自身，或者任何位置都不在自身的左邊……等等。但是，我只把這些規則當成經驗的概括。因此，「熱」的一個實例是熱作為其中一個分子的任何位置。

從「這」出發，我們可以定義「我」、「這裡」和「現在」等等。在論述自我中心殊相詞的那一章中，這些工

作已經做過了。

現在讓我們回到關於「證實者」的問題。假如我說「我熱」，那麼證實者是我所意識到的一個事件，即此時此地的熱。但是，假如我說「你熱」，證實者是我沒有意識到232 的此時彼地的熱。這個證實者不可能是我相信你熱的理由的任何一部分；這些理由一定起源於我的經驗與先入之見（先入之見 ＝先天綜合）。事實上，我的理由一定來自我。

以物理學的方式加以解釋，當我說出「太陽熱」時，我遠非是從我的經驗出發的，因為「熱」現在並不意味著我所經驗到的作為性質的「熱」，而意味著我所沒有經驗到的「熱的原因」。「太陽熱」的證實者不僅是未知的，就像「你熱」的證實者一樣，而且它是無法想像的。因而，我相信「太陽熱」（以物理學的方式加以解釋）的理由甚至是更遠離證實者的。

「證實者」被定義為我的斷言因之為真（或假）的那種現象。

從形式上說，每當一個斷言超越我的經驗時，面臨的情況就會是這樣的：推論導致我作出「有一個 $x$，並且 $\phi x$」；而且，如果這是真的，那麼它之所以為真，是因為由「$\phi a$」所斷言的一種現象。但是，我並不知道這樣的現象。

當我說「我熱」時，我意識到了證實者，它就是我的熱。當我說「你熱」或者「太陽熱」時，我沒有意識到證實者。

　　在關於「我熱」的情況下，在該陳述和證實者之間有一種簡單的符合。在這種情況下，真理的符合論是絕對成立的。這種情況涵蓋了經驗知識的所有事實前提。它不涵蓋用在推論——比如說歸納——中的那些前提。

　　在類似「你熱」這樣的所有其他的經驗斷言中，真理所依賴的那種符合是更複雜的。這個斷言具有「有一個 $x$，並且 $\phi x$」這樣的形式，並且相關的那個「事實」就是對於一個適當的 $a$ 而言由「$\phi a$」所斷言的事實。但是我們不能作出「$\phi a$」這個斷言，因為我們沒有意識到 $a$。

　　大量的形上學都包含這樣的信念，即我能作出類似「你熱」這種超越我的經驗的斷言。我無法想像某種方式，去發現所說的這些形上學是真的還是假的；但是我認為，陳述所牽涉的這些假定是值得的。

　　我們說過，這些假定是「因果的」，但是沒有考察這個 233 詞的意義是什麼。我確信，這個詞在其各種意義上具有一種重要的差別。讓我們考慮各種情形。

　　首先，A 和 B 經常在經驗中連結起來，因此當我看見 A 時我期待著 B。這產生了歸納問題，但是並非我們目前的問題。我們的問題是關於超越我的經驗的問題。

　　其次，考慮一下什麼東西使我認為你擁有我所沒有的經驗。這個論證顯然是類推論證，但難以加以精確地陳述。設想，比如說，你說「我熱」，並且我推斷你熱。當我熱時，我說「我熱」，並且聽到了某些（由我自己發出的）聲

音。當我沒有說話並且也沒有感到熱時，我聽到一些類似的聲音。我推斷，它們擁有一種原因或居先的事物，而這種原因或居先的事物類似於當我發出它們時它們所擁有的那種東西。

從形式上看，這種論證有如下述。在一大類的情形中，我知道 A 類事件先於 B 類事件；在另一大類的情形中，我並不知道情況是否如此。在缺乏相反證據的情況下，我假定情況就是如此。這依然是歸納，但它不同於先前的那種歸納；而這種不同是因為如下的這個事實：該論證不可能有任何支持或反對它的證據——除了這樣的間接證據，即作為一種科學假說被接受，它沒有導致事與願違的結果。

以上所述是關於他人「心靈」的存在的論證。還有待考察關於物理世界的論證。

對物理世界之論證的最簡單的形式是這樣的：當我沒有看見它們時，或者為了避免貝克萊的論證而說得確切一些，當沒有人看見它們時，「事物」也存在著。假設，比如說，我把我的支票簿放在一個抽屜裡，以致它不影響任何人的感官——除非這個抽屜是開著的。為什麼當抽屜關閉時，甚至當無人看見抽屜時，我相信它還在那兒？

有些哲學家也許會主張：當我說「這本書在抽屜中」時，我只意味著「假如有人打開了抽屜，他就將看到它」，234　並且這裡的「打開抽屜」必須解釋為一種經驗，而不能解釋為對一個持久的抽屜所做的某種事情。這種觀點，對也罷，

錯也罷，是一種只有哲學家才會想到的觀點，而不是我想去討論的觀點。我希望討論的是這種觀點，即可以被稱作這本書的某種事物在無人看到它時也存在著。我不想討論這種觀點是否是真的，而只想討論當我們假定它是真的時將會產生何種影響。

天真的常識設想，這本書，就像當它被看見時所顯現的那樣，一直都在那兒。我們知道這是錯誤的。在無人看見時也能存在的這本書，假如存在的話，一定就是物理學認為其所是的那種事物；它完全不同於我們所看到的東西。我們或多或少知道的東西是，假如我們使某些條件得到滿足，我們將會看到這本書。我們相信，這種經驗的原因只是部分地存在於我們自身內；外在於我們自身的那些原因就是導致我們相信這本書的東西。這需要我們相信一種完全且必然地超越於經驗的原因。贊同這種原因的論證是什麼呢？

我認為，我們由之出發非常自然地到達物質的那種信念是這樣的信念，即我們在感覺中是被動的。一般說來，我們是以一種非自願的方式經驗到情景與聲音的。現在，「原因」概念是從「意志」概念中獲得的，不管我們多麼不願意承認這個事實。由於我們不能選擇我們所看到和聽到的東西，所以人們以為，我們所看到和聽到的東西的原因一定是外在於我們的。這是一個只是為了拒絕它才不得不加以陳述的論證。存在某種更好的關於物理世界的論證嗎？

就我所知，剩下的唯一論證是，關於物理世界的假定簡化了關於因果律的陳述；這不僅包含那些不能證實的因果

律，而且還包含那些能夠證實的因果律。當然，不可能存在否定物理世界的論證，因為無論它是否存在，經驗都將是同樣的。因此，作為一個作業假設，它是正當的。但是，在這之外的東西，不可能根據簡單性而加以承認。

這就結束了關於一個單個信念與它由之為真（或為假）的事實之間的關係的討論。人們將會看到，這個事實離我們持有信念的理由時常是相當遙遠的，而且甚至當事實完全不可知時，這個信念也可以是知識（在某種意義上）。

在涉及像「所有的人都是有死的」這樣的一般信念的情形中，信念與事實之間的關係甚至是更遙遠的。在這裡，不是存在一個單個的證實者，而是存在許多不明確的證實者，儘管可以存在一個單個的「否證者」。我們還未考慮像「所有的人都是有死的」這樣的信念所表達的東西；但是，顯而易見，在其所表達的東西與眾多的證實者之間只能有一種非常遙遠的符合。現在，我不想討論這個問題。我之所以提到它，僅僅是為了指出還剩下多少問題有待討論。

# 眞理與經驗

　　在本章中，我的目的是考慮真理與經驗之間的關係，或者某種同樣的東西，即真理與知識之間的關係。在這方面，最重要的問題是，「真」是不是一個比「知識」更寬廣的概念，而且一個在理論上不能透過我們的經驗使其得到證實或否證或者說使其成為可能或不可能的命題，是否仍然是真的或假的。但是，在我們能夠討論這個問題以前，必需要做大量的預備性工作。

　　我們承認，「真」主要是信念的特性，在派生的意義上也是句子的特性。某些信念能夠透過不包含變項的句子——比如「我熱」——加以「表達」。超越信念持有者的經驗的信念，例如：「你熱」，在其表達中總是包含著變項。但是，某些在其表達中包含著變項的信念並不超越經驗，而且在這些信念中有一些是基本信念。在涉及記憶的情況下，這是極為明顯的；例如：「那本書在我的書架上的某個地方」。經過尋找，這種信念可以替換為「那本書在這兒」；但是在像「你熱」這樣的情況下，這是不可能的。假如我相信「某個事物擁有特性 $f$」，但是並不知道任何一個「$a$ 擁有特性 $f$」這樣的命題，那麼我自然地設想，給定了我所沒有的某種經驗，就會有描述這種經驗的後一類命題。這裡似乎有一種無意識的假定：經驗純粹是沉默的，因而對於一個我所沒有經驗到的事件，假使我曾經驗到它，它也不會改變。

　　關於超越經驗的真理的問題可以表述如下：設想 $a_1$，237　$a_2$，$a_3$，……$a_n$ 是我的詞彙中的所有名稱，並且我命名了我

能命名的一切事物。設想 $fa_1$，$fa_2$，$fa_3$，……$fa_n$ 全都是假的，那麼「有一個 $x$，並且 $fx$」仍然有可能是真的嗎？或者換一種說法，我能夠推出「無論 $x$ 可能是什麼，$fx$ 是假的」嗎？

只有首先確定了「有一個 $x$，並且 $fx$」的「真」意指什麼，我們才能討論這個問題。這樣的一個命題被稱為「存在命題」。

除了根據基本存在命題，不可能定義存在命題的「真」。任何其他的定義都將使用存在命題。例如：在上例中，「考慮有一個不同於我自己的人，他的詞彙包含著我的詞彙並不包含的名稱 $b$，並且對於他來說，$fb$ 是一個知覺判斷」。這只不過是一個新的並且更加複雜的存在命題，即使我們像貝克萊一樣，用上帝代替這個假想的人。

因而，我們好像必須列舉基本存在命題，並把「真的」存在命題定義為可以從這些命題中演繹出來的命題。但是，這留下了這樣的問題：「基本命題在什麼意義上是真的？」我們似乎將不得不說它們是被「經驗」到的。例如：當有人敲門並且你說「誰在那兒？」時，你知道「有人在那兒」，並且你希望知道一個「$a$ 在那兒」這種形式的一個命題。

設想，當對於我們知道的每一個名稱，「$fa$」都是假的時，我們斷言「有一個 $x$，並且 $fx$」。在這種情況下，我們不可能獲得一個不帶變項的語言學陳述。我們不能說：「有一個名稱『$a$』，並且『$fa$』是真的」，因為這只不過是用

這個名稱取代了變項,而且與原先的陳述相比,它更不可能是眞的。假如我相信(例如)在物理世界中有一些無人感知的現象,那麼這些現象一定是沒有名稱的;因此,代之以一個假想的名稱的翻譯將是錯誤的,即便原先的信念是眞的。

顯然,除非我們的知識與似乎有某種理由去設想的東西相比受到了更多的限制,一定會有基本存在命題,而且對於238 某些這樣的基本命題,我們所能給出的每一例「$fa$」都是假的。最簡單的例子是「存在一些我沒有感知到的現象」。如果不引入變項,我就不能用語言表達使這樣的陳述為眞的東西;作為證實者的那個「事實」是無法提及的。

不過,假如「有一個 $x$,並且 $fx$」是眞的,那麼它之所以為眞,是因為有了某種現象,儘管在所設想的這種情形中我們不能經驗到這種現象。這種現象仍然可以被稱作「證實者」。沒有理由設想,當證實者沒有被經驗到時,「有一個 $x$,並且 $fx$」與證實者之間的關係不同於當證實者被經驗到時的情況。[1]當證實者被經驗到時,知識的過程是不同的,但這是另外一碼事。當我經驗到一種現象時,它能使我知道一個或多個「$fa$」這種形式的句子,並且從這些句子中我能演繹出「有一個 $x$,並且 $fx$」。與「$fa$」相比,這個新的句子與這種現象之間具有一種不同的關係;只有當 $a$ 被經驗到時,「$fa$」與這種現象之間的關係才是可能的。但是,這是一個語言學的事實。與「$fa$」和這種現象之間的關係不

---

1 這個問題在本章結束時將得到更進一步的考慮。

同，「有一個 $x$ ，並且 $fx$ 」和它之間的關係並不要求該證實者被經驗到，而且當證實者未被經驗到時，這種關係與當它被經驗到時是完全一樣的。

假如有人問我「什麼現象使得『有一個 $x$ ，並且 $fx$ 』是真的？」那麼我可以透過一個包含存在命題的描述加以回答，而不能透過指出這種現象來回答。當我能夠指出這樣的一種現象時，對於「有一個 $x$ ，並且 $fx$ 」的真而言，我就做了多餘的事情，因為其他許多不明確的現象同樣是合適的。假如我說「在洛杉磯至少有一個人」，那麼洛杉磯的任何人都將同樣可以作為證實者。但是，當我說「月球的表面有不可見的部分」時，我並未親知到任何證實者。

我們似乎被迫承認，假如存在著基本存在命題，那麼它們與知覺之間的關係一定非常不同於知覺判斷與知覺之間的關係。在像「那本書在我的書架上的某個地方」這樣的記憶情況下，曾經有過一個知覺判斷。這樣的做法即證明我在知覺時刻推論出這個存在命題而且現在記住了它將是可能的，儘管我並不認為這樣做會是正確的。這會使得存在命題不是基本的。但是，還有其他更加難以處理的例子。

舉無人感知到的事件為例。我不想肯定地斷言我們知道這樣的事件，而想探究，當設想我們知道它們時，這種設想包含了哪些東西。為了讓問題具體化，讓我們想像，我正在屋外緊挨著屋子躑步，突然一塊瓦片擊中我的頭部。我抬頭向上看，並且看到了它顯然由之從屋頂落下的那個地方。我完全相信，它在擊中我以前就存在著。在這種信念中包含著

什麼呢？

　　人們習慣上訴諸因果關係，並說我是從被感知到的事實推論出未被感知到的事實的。顯然，正是有了被感知到的事實，我才相信未被感知到的事實。但是，我不認為這是一種推論。在我們看見這個瓦片之前，我們說「某種東西擊中了我」，並且這個判斷恰好和知覺判斷一樣，是當下直接產生的。因而，用許多基本的存在命題代替一個一般的因果推論的原則將是可能的；在這裡，每個基本的存在命題都與知覺命題一樣，是當下直接產生的。從這些命題中，因果關係將會透過歸納的方式獲得。

　　這一點並不非常重要。按照通常的觀點，我們知道一個知覺判斷 $p$，並且也知道「$p$ 蘊含著：有一個 $x$ 並且 $fx$」；按照我提出的觀點，當我們知道 $p$ 時，我們知道：有一個 $x$，並且 $fx$。這兩種觀點之間的差別是可以忽略的。

　　沒有理由認為基本的經驗命題不應該是「有一個 $x$，並且 $fx$」這種形式的。當知道這一點時所知道的東西，比當知道「$fa$」時所知道的東西更少。假如 $a$ 具有特性 $f$，那麼，在無須使得我知道「$fa$」的情況下，這可以使得我知道「有一個 $x$，並且 $fx$」。在「你熱」中，$f$ 是已知的；因此，這就證明了上面所說的話。在像「聲音是電波組成的」這樣的純粹物理陳述中，所包含的 $f$ 並不是非常明顯的。為了解釋這樣的陳述，我們必須在其（當前）最先進的形式上利用理論物理學。這在什麼地方觸及經驗了呢？

　　(1)物理事件擁有一種與知覺對象的時空秩序相關聯（不是非常嚴格地）的時空秩序。(2)某些物理事件的系列就是某些知覺對象的因果關係的前項。因此，我們可以斷定：(a)時間在物理世界中與在心理世界中是相同的；(b)共現（我們知道這種共現是存在於一種經驗的任何兩個部分之間的關係）也存在於物理世界中；(c)假如我擁有兩種在性質上不同的經驗，那麼它們的原因具有在某個方面相對應的某些差別。這提供了物理命題中被經驗到的成分。

　　在任何有含意的句子中，常項一定全都獲自經驗。例如：物理學中的時空秩序獲自知覺對象中的時空秩序。假如我們看到兩顆恆星緊挨在一起，並且，以我們自己為原點，這兩顆恆星在物理空間中的極座標是$(\gamma, \theta, \phi)$、$(\gamma', \theta', \phi')$，那麼$\theta$和$\theta'$、$\phi$和$\phi'$將分別是幾近相等的，並且它們在量值上將幾近等同於位於我們視覺空間中的視覺恆星的角座標。（我之所以說「幾近」，是因為光線並不嚴格地以直線方式運行。）

　　在純粹邏輯中，有一些不包含常項的句子。這些句子，如果是真的，那麼是在與經驗毫不相干的情況下為真的。但是，這樣的句子，如果是可知的，那麼就是重言式，而且應用於重言式的「真」的意義不同於當它應用於經驗語句時的意義。我不關心屬於重言式的這類真理，而且關於這個主題我將因此不再多說。

　　迄今為止，我們一直在考慮「有一個$x$，並且$fx$」所指示的東西。現在，讓我們考慮它所表達的東西。

我們承認過，「p 或者 q」表達了一種含有猶豫的狀態。有時，「有一個 x，並且 fx」也是這樣的，但是（我認為）並非總是如此。如果你發現一個人死於槍傷，那麼你斷定某人開槍打死了他，並且如果你是一個好的公民，你想用一個常項來代替這個變項。既然這樣，就像在關於「p 或者 q」的情形中一樣，存在著一種不確定。但是，有時你會完全滿足於「有一個 x，並且 fx」，而且並不希望用「fa」來代替它。查看一下叢林中的腳印，你可能會說「一隻老虎經過這兒」；既然這樣，除非你從事於獵虎，你就不會希望用一個被感知到的常項來取代這個變項。或者，設想我說「倫敦有7,000,000位居民」，我當然不希望代之以「倫敦的居民是 A、B 和 C……」，直到第7,000,000個項。有趣的問題是：在這樣的情況下，變項出現於其中的那個句子表達了什麼？

設想某人對我說「我在街上看到了一隻狐狸」，並且設想我相信他的話。就我的心靈狀態而言，這種情況包含了什麼呢？我可能擁有或多或少具有模糊性的關於一隻狐狸的意象，並且我可能認為「他看到了那種東西」。這假定了這種意象是作為代表性的東西出現的，因為我並不認為他看到了我的意象。事實上，正像語詞一樣，意象充當符號。意象通常是十分模糊的，以至於能夠「意指」一個由諸多可能的或實際的知覺對象所構成的相當模糊的類中的任何分子。我個人能夠形成的這樣一種關於狐狸的意象，符合於任何一隻普通的狐狸。因此，它幾乎服務於與「狐狸」這個詞完全

同樣的目的。那麼，讓我們設想，在沒有意象作為媒介的情況下，我聽到的這些詞就對我產生了影響。當我聽到「我看到一隻狐狸」時，可能產生某些類型的行為；這些行為是什麼將依賴於我是否從事捕獵狐狸。但是，一般說來，我們可以說，不同的狐狸要求作出幾近相同的行為。因此，所聽到的這些語詞，即「我看到了一隻狐狸」，從因果關係的角度看是充分的。我們可以把這個問題陳述如下：令 $F_1$、$F_2$、$F_3$……是不同的狐狸，並且設想看到 $F_1$ 要求作出行為$A_1$，看到 $F_2$ 要求作出行為$A_2$，如此等等。$A_1$、$A_2$ 等等全都是複雜的行為，並且可以有一個它們全都共同擁有的部分 A。這個共同的部分（具有明顯的限定）可以由「狐狸」這個詞所引出。當我聽到「有一隻狐狸」這些詞時，假如它們引起了反應 A，那麼我就理解了它們（這是經過過分簡化了的，但並非是在與我們的問題相關的那些方面被簡化的）。

這使得下述這一點變得清楚了：就所表達的東西來說，變項的功能恰好就是一般語詞的功能。如果我們接受一種關於「意義」的實用主義的觀點，並且透過它所產生的行為（或者說初始的行為）來定義它，那麼「有一個 $x$，並且 $fx$」就表達了「$fa$」、「$fb$」、「$fc$」等共同擁有的那種不完全的行為。因此，「有一個 $x$，並且 $fx$」所表達的東西是某種比「$fa$」所表達的東西更少且更簡單的東西，而且它是「$fa$」所表達的東西的一部分，以致任何相信「$fa$」的人事實上也都相信「有一個 $x$，並且 $fx$」。

（當一個人擁有文字性的知識，並且他不知道如何將這

種知識譯為知覺術語時，這種情況就相對有點複雜了。絕大多數人都知道響尾蛇是危險的，即便當看見這種蛇時他們不能認出來。若是那樣，一個事實上就是關於響尾蛇的知覺對象，將不會產生適當的反應，直到有人說出「那是一條響尾蛇」。在這樣的情況下，一般語詞比它應用於其上的那些具體場合更有力。然而，這僅僅意味著，在所設想的這種情況下，一個人的文字性經驗已經超過了關於文字所意指的那些事物的經驗。）

上述理論與關於分析推理的理論有一種關聯。當結論是前提的一部分時，一個推理被定義為分析的。根據我們一直所說的，對結論的相信也是對前提的相信的一部分：任何相信「$fa$」的人也相信「有一個 $x$，並且 $fx$」。我們的信念理論並不要求一個信念要用語詞表達出來；因此，假如當一個人擁有一種他用語詞表達的信念時，他也擁有一些邏輯上與其相關聯的其他信念，並且他可能不用語詞去表達這些信念，甚至可能不知道他擁有這些信念，那麼這種情況並不令人吃驚。

關於在證實者未被經驗到時信念與其證實者之間的關係問題，我們現在必須努力達到更精確的結論。我們在上面說過，沒有理由設想，當證實者未被經驗到時，「有一個 $x$，並且 $fx$」與其證實者之間的關係不同於當證實者被經驗到時的情況。現在，我們必須檢查並進一步闡發這種說法。

243　　首先，一個存在命題一般說來擁有很多而非僅僅一個證實者：假如 $fa$，$fb$，$fc$……是真的，那麼它們是一些透過不

同的證實者而為眞的陳述，而且每個陳述都是「有一個 $x$，並且 $fx$」的一個證實者。

其次，當沒有證實者被經驗到時，就不存在一個符合於證實了「有一個 $x$，並且 $fx$」的現象的語句「$fa$」；這僅僅是因為：據推測，不存在像 $a$ 這樣的一個名稱。當「$fa$」表達一個知覺判斷時，我們能夠區分出兩個步驟：首先，從知覺對象到句子「$fa$」；其次，從句子「$fa$」到句子「有一個 $x$，並且 $fx$」。在所設想的這種情況下，不存在這樣的兩個步驟。也許，「有一個 $x$，並且 $fx$」是一個基本命題；也許，它是一個眞的但卻無法被知道的命題。這些情況必須分別加以論述。

首先，以「有一個 $x$，並且 $fx$」在其中是一個基本命題的情況為例。有某種理由表明這個命題自身不應該就像「$fa$」那樣表達一個經驗事實嗎？「經驗」這個詞在某種程度上是模糊的，也許它只能透過基本命題得到定義。死因裁判庭可能確定 A 是被 B 殺害的，或者他是某個或某些未知的人殺害的。後面的結論以許多命題作基礎；這些命題或者是在法庭上被證實的，或者是通常為人所接受的。從邏輯上說，在這些命題中，必然至少有一個存在命題。在實踐中，這個過程大約如下所述：我們擁有一些知覺判斷，即「這是一顆子彈」、「這在頭腦中」，以及一個一般命題，即「頭腦中的子彈意味著開槍」。最後這個命題並不是基本命題，而是一個歸納概括。一個歸納概括具有這樣的形式：「不論 $x$ 可能是什麼，$fx$ 都蘊含著，有一個 $y$ 並且 $gy$。」這個

歸納所擁有的被觀察到的前提是這種形式的：$fa \cdot ga'$，$fb \cdot gb'$，$fc \cdot gc'$……等等；在這裡，$a$ 和 $a'$、$b$ 和 $b'$、$c$ 和 $c'$ 分別是同時出現的。在一種新的情況下，我們發現 $fd$，但是我們沒有發現任何 $d'$ 以及 $gd'$；然而，我們會推斷「有一個同時出現的 $y$，並且 $gy$」。

244　這裡，在邏輯的歸納推理與作為動物習慣的歸納推理之間有一種區別。在邏輯中，我們從 $fa \cdot ga'$，$fb \cdot gb'$，$fc \cdot gc'$ 等等出發，經由歸納原理，推論出「不論 $x$ 可能是什麼，$fx$ 都蘊含著，有一個同時出現的 $y$ 並且 $gy$」。然後，我們把被觀察到的前提 $fd$ 加入其中，並斷定，在這種情況下，有一個 $y$ 並且 $gy$。但是，作為動物習慣的歸納是以完全不同的方式進行的。動物經驗到 $fa \cdot ga'$，$fb \cdot gb'$，$fc \cdot gc'$……以及 $fd$。由於經驗到 $fd$，他相信「現在有一個 $y$，並且 $gy$」，但是他沒有意識到他的信念的原因。當他在進化過程中成長為一個歸納邏輯學家時，他注意到了這些原因，並說它們是根據。由於它們不是根據，他倒不如合理地把「現在有一個 $y$，並且 $gy$」作為基本命題接受下來；它比歸納原理更簡單，而且也更有可能是真的。因此，在這方面，與邏輯學家相比，動物的做法是更可取的。這就是休謨的證明手段。

我認為，無論如何，我們都必須承認有基本的存在命題。它們與事實之間有一種符合，儘管這種符合與在不包含變項的命題的情況下的符合不屬於完全相同的類型。假如「$fa$」是一個基本命題，那麼與之符合的事實就是它的

原因。現在，當「$fa$」這個信念存在時，「有一個 $x$，並且 $fx$」這一信念是「$fa$」這個信念的一部分；當它不存在時，該事實僅僅擁有需要用來產生信念「$fa$」的那種效果的一部分，即產生「有一個 $x$，並且 $fx$」這個信念的那個部分。理由可能僅僅在於，與當該事實導致了信念「$fa$」時相比，從事實到信念的因果鏈條更長。

在這裡，真理與事實之間的符合依然是因果的，並且屬於與「意義」或者「含意」相關的那種類型。

現在，我們必須問我們自己：是否存在著某種意義，並且在這種意義上，一個命題儘管不能被人知道，但卻可以是真的？比如說，「在月球的不可見部分有一座山，其高度在 6,000 與 7,000 公尺之間」。常識會毫不猶豫地說，這個命題要麼為真，要麼為假；但是，許多哲學家都提出了一些使這種說法變得令人懷疑的真理理論。

讓我們把我們的命題稱作 S。問題是：什麼東西——假 245 如有某種東西——是「S 是真的」這個語句所能意指的？

我們可以說 S 是可能的，因為在我們能夠見到的月球的這一部分有這樣的一些山。但是，可能性是一個與真不同的概念；而且，我看不出為什麼可能的東西應該要麼為真，要麼為假，除非我們能夠獨立於可能性來定義真。

我們不能說 S 是無含意的，因為它是從我們知道其意義的詞項中正確地構造出來的。這一點是顯然的，因為如果我們用「可見的」代替「不可見的」，這個句子就變成了一

個由天文學家所斷言的句子；並且「不可見的」意味著「並
非可見的」，而沒有哪個句子因插入「並非」一詞而被剝奪
了含意。

　　常識想像繞月旅行（這只不過在技術上是不可能
的），並且認為，如果我們當真這麼做了，那麼我們或者將
會看到或者將不會看到所說的這些山。正是因為想像自己是
一個旁觀者，它才如此確信 S 是有含意的。天文學家可能
會說：在月球的另一面上的山會有一些引力效果，並且它們
因此也許能透過可構想的方式推論出來。在這兩種情況下，
我們都是在對當我們的經驗中未被證實的一個假設為真時將
會發生的事情進行論證。在每一種情況下，所包含的原則都
是：「在缺乏相反證據的情況下，我們將假定，宇宙的未被
觀察到的部分與被觀察到的部分遵守同一些法則。」但是，
除非就未被觀察到的東西而言我們具有一種獨立的關於真的
定義，這個原則將僅僅是一種規定，並且對於「未被觀察到
的部分」而言，只要它們還未被觀察到，那麼它們將只是一
種技術上的設計。假如它意味著「我將觀察到的東西將會被
發現是類似於我已經觀察到的東西的」，或者換一種非此即
彼的說法，假如我能夠獨立於觀察來定義「真」，那麼這個
原則僅僅說出了某種大體的東西。

　　根據可以稱之為實在論的真理觀的東西，存在著「事
實」，而且也存在著與這些事實相關的句子。這種相關體現
在一些使得這些句子為真或為假的方面，而這些方面則完全
246　獨立於任何一種決定句子之真或假的方式。假如這種觀點被

接受的話，那麼困難在於去定義構成了真理的那種關係。這個問題是重要的，因為我們已經看到，不僅像月球的另一面這樣的事物是未被觀察到的，而且狗、貓以及我們自己之外的其他人也是這樣的。

　　一個由於未被觀察到的事實而為真的句子一定至少包含一個變項。「塞米帕拉汀斯科[2]有人」這個句子由於某些特殊的事實而為真。但是，由於我不知道那個地區的任何居民的名字，所以我不可能舉出這些事實中的任何一個。然而，這些事實中的每一個都與我的句子具有一種明確的關係，而且每一個都與它有相同的關係。我認為不存在任何真正的困難；而表面的困難起因於一種微不足道的情況，即沒有名字的東西無法被提及。因此，我斷定，包含變項的句子可以因為與一個或多個未被觀察到的事實之間的關係而成為真的，並且這種關係與當類似的句子——例如：「洛杉磯有人」——涉及被觀察到的事實時使它們為真的那種關係是一樣的。未被觀察到的事實可以透過一般詞項來提及，但是不可以透過在涉及被觀察到的事實的地方成其為可能的那種特殊性來提及。而且沒有理由表明，「真」不應該是一個「知識」更寬廣的概念。

---

2　塞米帕拉汀斯科是哈薩克東部城市。——譯注

**18.**

一般信念

　　到目前為止，我們一直關心的是關於特殊事實的信念，當這些信念盡可能直接地產生於知覺時。我們已經考慮過在其文字表達式中出現「有的」這個詞的信念，儘管那種考慮不太充分；而且我們發現這類信念是重要的，尤其是在記憶方面。我們現在必須考慮在其語詞表達式中要麼出現「所有」（all）一詞要麼出現「沒有東西」（none）一詞的信念。就像迄今為止我們所做的那樣，我將把自己限定於超越邏輯的信念上。

　　在所有這樣的探究中，都有一種邏輯學與心理學的結合。邏輯學向我們顯示了我們必須達到的目標，但是心理學必須告訴我們如何達到目標。我們的信念心理學，儘管在其結論上必須包含邏輯學家所擁有的那種精練的抽象，但是必須在開始時就能應用於動物與年幼的兒童身上，並且必須表明邏輯的範疇是從動物的習慣中自然發展起來的。在這方面，我們非常多地受益於我們的結論，即信念本質上是前語言的，並且當我們用語詞表達信念時，我們就已經實施了從動物到邏輯學家的那些步驟中最困難的一步。

　　本章將要提供的心理學，像在前面諸章中那樣，或多或少是綱要性的，並且我不斷言它在細節上是正確的。所斷言的東西是，為了從動物習慣過渡到邏輯學所需要的那些東西，我在這裡所提出的某種一般類型的事物是必要的。細節上的精確性是心理學家的事情，而且必須依賴於多少有點遠離了知識論的研究。就心理學而言，如果我能夠讓心理

學家相信我所指出的這些問題的性質與重要性，那麼我就滿足了。

在某種類型的習慣中，一般信念具有其前知識的起源；這裡，我用一般信念意指在其語詞表達式中包含了「所有」或者「沒有東西」或者某種意義相同的詞的信念。在擁有語言的那些人身上，這樣的習慣可以純粹是文字的。「報春花」這個詞可能使人想起「黃的」這個詞，「使徒」這個詞可能使人想起「十二」這個詞。學校教育產生了大量的這類知識，它們可能與被使用的句子所意味的東西幾乎完全沒有關係。然而，我們是在尋找某種前語言的東西，因此我們首先必須忽視與語詞相關的習慣。

考慮一條狗的行為。當牠看見牠的主人戴著一頂帽子時，牠就期待著被帶出去散步，並透過跳躍和發出叫聲來表明牠的期待。某種氣味使牠想起兔子；一個兔穴或者在牠經常發現兔子的任何地方也會使牠想起兔子。在發情期聞到一隻雌狗的味道將會刺激牠作出令人無法置信的動作。有人告訴我，馬會被熊的皮毛的味道嚇住，即使牠們從未看到過熊。上述的這些類型的行為部分說來是本能的，部分說來是經驗的結果。一隻兔子或一隻雌狗的味道擁有一種本能的效果，但是主人的帽子擁有一種由先前的現象所產生的效果。在這兩種情況下，都會出現類似的現象：假如這條狗奇蹟般地被賦予語言和哲學家的精神習慣，那麼牠會說出一個一般命題。牠會說「無論何處，只要出現這種氣味，就有某種可吃的東西」和「我的主人戴上帽子是他出門的一個不變的前

兆」。如果你問牠是怎麼知道這種情況的，牠會說，在後一種情況下，牠觀察到了這一點，而在前一種情況下，那是一種先天綜合的直覺。牠沒有這麼說，是因為牠不會說話；但是在非常類似的情況下，我們說出了非常類似的某種東西。

　　讓我們考慮某些相對容易的一般命題，例如：「任何有某種氣味的附近的地方也有燻豬肉」。令「$fx$」意味著「附近的地方 $x$ 有某種氣味」，並且令「$gx$」意味著「附近的地方 $x$ 有燻豬肉」。每當我們吃燻豬肉時，我們既經驗到 $fx$，也經驗到 $gx$，而且當我們只經驗到 $fx$ 時，我們通常發現，經過適當的努力，我們最終也能經驗到 $gx$。這種事態及時產生了一種習慣，即每當我們相信 $fx$ 時我們就相信 $gx$。然而，迄今為止，我們並不是在相信任何一般命題。對我們進行觀察的心理學家能夠做出一個一般命題：「每當某某先生相信 $fx$ 時，他也相信 $gx$。」但是，這並不是我們想要的那個一般命題，即「每當 $fx$ 是真的時，$gx$ 也是真的」。然而，對於某某先生來說，這後一個一般命題是從他的觀察中產生的，這完全就像心理學命題產生於心理學家的觀察一樣。為了贊成或反對其中一個命題而要說的任何話，也將同樣被用於對另一個一般命題的贊成或反對。

　　讓我們試圖更細緻地考慮「每當有 $fx$，就有 $gx$」這個命題。首先考慮函項 $f$ 的各種不同的值，比如說 $fa$，$fb$，$fc$……這些值中的每一個都是可以讓人相信的命題：比如說，$fa$ 說的是「附近的地方 $a$ 有一種味道（燻豬肉的味道）」。這種味道嚴格說來是一個味道的類，因為任何兩塊

249

燻豬肉聞起來都不完全一樣。讓我們把所說的味道的類稱
作 $\sigma$，並把由每塊燻豬肉所組成的類稱作 $\beta$。或者，為了避
免物理主義的假定，假設 $\beta$ 是由被稱之為「看見燻豬肉」的
視知覺所組成的類。我們可以在某種程度上改變我們的原始
命題，以便簡化我們的討論：我們可以認為它說的是「每當
我聞到燻豬肉時，我當時或者很快就看到了它」。為了使這
更精確，讓我們選定一個我們認為短暫的時間間隔 $t$，比如
說五分鐘。那麼，我們的陳述變成了「每當類 $\sigma$ 的一個分子
出現時，很快就會有一個類 $\beta$ 的分子，並且從 $\sigma$ 到 $\beta$ 的時間
間隔少於 $t$」，這裡的 $t$ 是一個特定的恆定的時間間隔。這
種情況相當複雜。讓我們看一看是否可能有某種更簡單的
東西。

當我開始反思時，我發現，在某些特殊的場合，我經驗
到 $fa$ 並且期待著 $ga$，經驗到 $fb$ 並且期待著 $gb$……等等。
我也發現，我的期待一直沒有落空。出現於我們的先前的陳
述中的時間 $t$，現在代之以被認為是一種期待落空的時間。
這當然是隨著期待的特點而變化的，而且在我們的例子中，
它是隨著味道的強度而變化的。要記住，與回憶一樣，我們 250
是把期待作為一類信念而挑選出來的：例如：「在時間 $t$ 有
一聲巨大的爆炸」這個命題可以在時間 $t$ 之前被期待，在
時間 $t$ 時以知覺的方式被判斷，在 $t$ 之後被回憶。動詞的時
態——「將有」、「有」和「過去有」——表達了信念持有
者身體狀態的不同，而這種不同取決於他是在期待、感知，
還是在回憶。時態主要只用於我的知覺經驗內的事情，並且

表達著所涉及的信念的種類，而非關於該信念所「指示」的東西的一種特徵。如果我們想以一種斯賓諾莎主義的無時間的方式說「凱撒是在古羅馬曆的三月十五日被謀殺的」，那麼我們必須發明一種特殊的語言，並在一種不同於其通常所具有的意義上來使用「是」。

現在讓我們回到我們的燻豬肉例子上來。每當經驗到 $\sigma$ 的一個分子就期待著 $\beta$ 的一個分子的人或動物，並非開始就相信一個一般命題，儘管在 $\sigma$ 的一個分子出現時，他的、她的或它的行為就是當他、她或它相信一個一般命題時的那種行為。當 $\sigma$ 的分子沒有出現時，在上述情況和關於一般命題的信念之間的行為差別就出現了。假如我相信「哪裡有一個 $\sigma$，哪裡就有一個 $\beta$」，並且假如我願望一個 $\sigma$，那麼，我可能就會尋找一個 $\beta$。一個指望找到黃金的地質學家就代表了這種情況：他只在具有某些明顯的關於黃金之可能性的指示物之處去尋找。這位地質學家需要明確的一般命題作為行動的嚮導。在本章中，正是這種明確的一般命題才是與我們有關的東西。但是，我們將透過考慮其動物式的起源而更好地理解它。

當我相信一個關於未來的物理命題時，它可能包含或者可能不包含被稱作「期待」的生理狀態，這正像關於過去的信念可能包含或者可能不包含回憶一樣。假如我認為「太陽將會在某天變冷」，那麼我沒有任何期待的狀態；假如我在看到閃電時會認為「將有雷聲」，那麼我就有了一種期待的狀態。作為一種生理狀態，期待只是對於即將到來的未來經

251　驗而言才是可能的。在下文中，我把「期待」當作與記憶類似的東西來使用，並且不用它來涵蓋關於未來的任何信念。

　　動物的歸納在各個方面都不同於科學歸納。這些方面之一在於，前者而非後者包含著期待。當在動物的經驗中，一個 A 類事件很快被一個 B 類事件所跟隨時，假如 B 在情感上是有趣的，那麼每當 A 出現時這個動物就開始期待 B 的出現。至於說需要多少次經驗，這要依賴於由 B 所引起的情感的程度：假如 B 是非常令人愉悅的或者非常令人痛苦的，那麼一次經驗就足夠了。一旦動物獲得了當看見 A 時就會期待 B 這樣的習慣，那麼，當 A 出現時，它就像一個相信一般命題「A 總是為 B 所跟隨」的人那樣去行動。但是，動物在任何時候都不會相信只能透過提及 A 和 B 而用語詞去表達的某種事物。它看見 A，並且它期待著 B。這兩個事物，儘管我們發現它們是因果地連結在一起的，但在動物身上是兩個分離的信念。當反思我們自己的動物行為時，我們可以看到 A 迄今為止總是為 B 所跟隨，或者說我們可以看到兩條法則即「A 引起了對 B 的期待」和「對 B 的期待為 B 所跟隨」。這兩條法則將在我們首次經驗了 A 為 B 所跟隨這一法則並稍過一段時間後開始是真的，因為關於這一條法則的一定數量的經驗，對於導致 A 引起了對 B 的期待這條法則的一些實例是必要的。這三條法則中的任何一條都可以在任何時候失效，但我正在考慮在其中不會出現這種情況的情形。

　　以上所述的重要性在於，它表明了動物歸納的侷限

性。它絕沒有導致對於「A為B所跟隨」這個一般命題的信念，而只是在 A 出現時導致對「B 將會出現」的期待。與當刺激物 A 出現時可以稱作「歸納行為」的東西所需的知識相比，對於一般法則的信念需要一種更高級的知識發展階段，儘管它是歸納的，並且是錯誤的。從實用的角度說，存在著本質的差別：與動物的習慣相反，對於一般法則的信念能夠在刺激物 A 不出現時影響行為。

252 　　在上述所限定的那種意義上的期待並不包含在科學歸納中。舉這類歸納中最早的一個為例：埃及人對日食的週期性的發現。這裡，被預言的事件因為過分遙遠而無法在生理的意義上被期待。在科學歸納中，兩個事件 A 和 B 被觀察到是一起出現的或者是在間隔很短的時間序列中出現的，但是並沒有產生生理的期待，或者假如產生了這樣的期待，它會被認為是不相干的。A 總是為B 所伴隨或跟隨的假設，先於情況就是如此這一信念，而且這個信念絕未獲得動物期待所具有的那種武斷性和直接性。然而，我禁不住認為，我們對於歸納所具有的頑固的信念和動物的期待之間具有某種連繫。但是，這純粹是一個心理學的問題，並且對我們的探究而言沒有任何本質的意義。

　　現在，我們必須試圖分析由「A 總是為B 所跟隨」這些語詞所「表達」的東西。所表達的東西不可能僅僅是當我經驗到 A 時我期待著 B，因為這是另外一個一般法則，必須以類似方式對它加以分析，而我們則因此就被帶入一種無窮後退的境地。所表達的東西一定是一種既涉及 A 也涉及 B

的信念，而非僅僅是一種在一個只涉及 A 的信念和另一個只涉及 B 的信念之間的因果關係。

設想我相信所有的人都是有死的，那麼在我身上一定會發生哪一類事情呢？我認為，這種類型的一個信念有時是肯定的，有時是否定的——當這些詞項將從心理學上得到解釋時。當所考慮的東西被接受時，一個信念是肯定的；當所考慮的東西被拒絕時，它是否定的。因而，當「所有人都是有死的」是肯定的時，它將包含著述詞「人」和「有死的」之間的某種連繫；但是當它是否定的時，它可以由跟隨著「沒有」這一回答的問題即「有不死的人？」來代表。在這兩種情況下，心理學在某種程度上是不同的。讓我們首先以肯定的情況為例。

也許有人認為，在主觀方面，「任何是人的東西都是有死的」僅能解釋為「人的」和「有死的」這兩個述詞之間的一種關係。我們或許會說：「A 是人的」、「B 是人的」等等信念全都被看作發生在信念持有者身上的事件，並且 253 擁有某種共同的東西；這某種東西就是述詞「人的」所表達的東西。類似地，存在某種由述詞「有死的」所「表達」的東西。我們或許想說這兩個述詞中的一個蘊含著另一個，並且把它用作對「所有的人都是有死的」所表達的東西的一種分析。

然而，這種亞里斯多德式的解釋忽視了這個事實，即這種連繫並非存在於就其本身而論的那些述詞之間，而僅僅是在斷言了一個主詞的那些述詞之間。「A 是人的」包含著

「A 是有死的」，但是不包含「B 是有死的」。因此，在解釋「所有人都是有死的」時，我們不能消除那個假想的主詞和那個假想的命題形式。

　　假如我是一個邏輯學家，那麼當我相信「所有人都是有死的」時，我就相信「對於 $x$ 的所有可能的值來說，假如 $x$ 是人的，那麼 $x$ 是有死的」。這並不意味著這樣的情況：對於 $x$ 的所有可能的值來說，我相信，假如 $x$ 是人的，那麼 $x$ 是有死的。因為假如真是這樣，那麼我應該擁有與 $x$ 的可能的值一樣多的信念，並且假如 $a$ 是 $x$ 的一個可能的值，那麼我應該相信「假如 $a$ 是人的，那麼 $a$ 是有死的」。但是，我可能從未聽說過 $a$，並且因此不可能擁有這種信念。因而，所有人都是有死的這個信念是一個信念，並且這種一般性是該信念的一部分。另外，在我能夠擁有這種信念卻無須知道所有存在著的人這一意義上，它是內涵的。一旦我理解了「人的」和「有死的」這些詞、主—述形式和「如果—那麼」形式，那麼，除了一般性以外，我就具有了理解「所有人都是有死的」所需的一切事物。

　　我們已經看到，一般命題不可能解釋為習慣，儘管它們在起源上是與習慣相連繫著的。因為三個理由，這一點是顯而易見的：首先，為了陳述一個特定的人具有一種特定的習慣，人們才需要一個一般命題；我們必須能說「A 先生總是透過行為 B 對刺激 A 作出反應」。因此，假如我們試圖使用習慣來解釋一般命題，我們將陷入無窮的倒退。其次，一般命題不僅能夠被理解，而且在與其連繫的習慣缺乏刺激物

的情況下也能影響我們的行為。假設我相信「所有野長頸鹿都生活在非洲」，那麼，這並不僅僅意味著每當我看到一隻野長頸鹿時我就認為「我一定在非洲」，而且也意味著，當我想到要進行一次以大獵物為目標的狩獵時，我就認為「假如我要捕獵長頸鹿，我必須去非洲」。第三，當我透過科學方法發現一個一般命題時，我所獲得的知識在日期上是先於與其相關聯的任何習慣的。金屬可以導電這個信念可以產生一種習慣，但它並不是由一種習慣產生的。

在對一般命題所「表達」的東西進行分析時，為了取得任何進一步的進展，我認為我們必須採納上面所提到的另一種可供選擇的解釋：這種解釋認為這種命題否定了一個存在命題。「沒有 A 是 B」否定了「有的 A 是 B」；「所有 A 是 B」否定了「有的 A 不是 B」。因而，從這種觀點來看，「沒有 A 是 B」比「所有 A 是 B」更簡單。我們因此將首先考慮它。

在事實前提方面，我們曾考慮過那個被問之以「你聽到某種東西了嗎」並回答說「沒有，我什麼也沒聽到」的人。我們說過，這個人作出了驚人的歸納：「宇宙中的任何事物都不是我現在所聽到的聲音。」儘管就其所「指示」的東西來說這可能是真的，但是要相信它對其所「表達」的東西而言也是真的是不可能的。讓我們來看看，我們能否對所「表達」的東西作出一種比較合理的解釋。

考慮一系列知覺判斷：「我聽到 A」、「我聽到 B」、「我聽到 C」……等等。這些全都擁有某種共同的東西，即

聽覺神經中樞的刺激和某種類型的感覺。它們共同擁有的東西就是由「聽到」這個詞所意指的東西。這由「我聽到某種事物」所表達，並且在表達方面，「我聽到某種事物」比「我聽到 A」更簡單。

我們在靠前面的一章中曾發現有兩種類型的肯定：一種屬於知覺判斷，僅僅出現於對象語言中，並且沒有與其相關聯的否定；另一種只能出現於高階語言中，並且當一個命題首先被考慮然後被接受時它就出現了。當在考慮之後該命題被拒絕時，這第二種類型擁有一種相關的否定。從心理學上說，拒絕一個命題就是抑制對這個命題的信念將會產生的那些衝動；因此，它總是包含著某種緊張狀態，因為與信念相關的那些衝動並未消失，但是它們為一種相反的力量所抵消。

讓我們把這應用於對這個問題——即他是否聽到了某種事物——給予否定回答的那個人。我們已經看到「我聽到某種事物」表達了什麼。這個問題使得那個人考慮這個命題，而且他在考慮它之後拒絕了它；他是用「我什麼也沒有聽到」這些詞來表達他的拒絕的。這似乎就是對於在此情況下所發生的事情的一種可理解的並且在心理學上可信的描述。

就一個肯定的一般命題「所有 A 都是 B」而言，存在一種特別的複雜情況，但是並無新的原則性困難。讓我們再次以「所有人都是有死的」為例。這將被解釋為「有的人是不死的嗎？沒有」。這個過程可以詳述如下。當我們判斷「A 是一個人但並非有死的」時，我們接受了「A 是一個

人」，但是拒絕了「A 是有死的」。當用 B、C 等等代替 A
之後，各式各樣的此類行為全都擁有某種共同的東西：它們
共同擁有的東西是一種由「有的人是不死的」這些詞所表達
的信念。當我們拒絕這個信念時，我們就處於一種由「所有
人都是有死的」這些詞所表達的狀態之中。因而，這些詞表
達了一種雙重的否定，或者從心理學上說，對一種抑制的抑
制。據我的記憶，巴夫洛夫在狗身上研究過這種心理活動的
前語詞形式。

　　現在，我們必須探究一個一般命題所「指示」的東
西，以及我們是如何能夠知道一個一般命題是真的──假如
我們確實能夠知道的話。

　　關於一個一般命題所「指示」的東西，我們必須記
住，就像我們在靠前的一章中所發現的那樣，世界在理論上
可以不使用任何邏輯語詞而得到完全的描述。「假如我們的
世界夠大，時間夠多」，我們可以不用一般命題。我們能
說「蘇格拉底是有死的」、「柏拉圖是有死的」等等，以
此來代替「所有人都是有死的」。然而，這事實上會變得太
長，而且我們的名稱詞彙也是不充足的。因此，我們必須使
用一般命題。但是，邏輯語詞的主觀特徵在此出現了，因為
使得一個一般命題為真的世界之狀態只能透過一個一般命題
加以指示。假如「所有人都是有死的」要成為真的，那麼一
定有一種現象，即 A 的死，還有另一種現象，即 B 的死，
直至提到了所有的人。世界上不存在「所有人的死」這樣的
事物；因此對於「所有人都是有死的」，也不存在一個證
實者。

256

　　根據現代邏輯，「所有人都是有死的」是一個關於所有事物而非關於所有人的陳述。這確實是一種可能的解釋，而且對於邏輯學來說確實是最合適的。但是，要做到這一點，即不相信這個陳述能夠解釋為僅僅是與人有關的，是困難的。讓我們對這個問題進行考察。

　　假如我希望使得「所有人都是有死的」成為一個僅僅是關於人的陳述，那麼我首先必須有一個關於人的外延的定義。設想我說「A、B、C……Z是一張完整的人的名單」。那麼，為了證明所有人都有某個述詞，我只需要發現這個述詞屬於 A 和 B 和 C……和 Z；宇宙的其餘部分都是不相關的。這倒還都好，假如人是一個通常的集合體。但是，假如「人」被定義為那些擁有某個述詞的對象，那麼我將如何知道我的這張名單 A、B、C……Z 是完全的呢？事實上，就人而言，任何一張可以構想出來的名單都不是完全的。可能有人會說，這僅僅是因為人的缺陷所致；一個全知的神可以確信這張名單是完全的。是這樣！但是，他只是透過關於一切事物的知識才能做這一點：就這張名單之外的每個事物而言，他都將知道它不是人，而且這種知識將是必不可少的。

　　然而，這似乎並無相當的說服力。不考慮我們是如何知道的，讓我們假設 A、B、C……Z 事實上就是所有存在著的人，並且讓我們假設有一些現象，這些現象可以被正確地描述為A 的死、B 的死、C 的死，……以及 Z 的死。那麼，所有人都是有死的其實就是真的。因而，需要用來保證「所有人都是有死的」之真理性的那些現象的數目與人的數目是

相同的，並且不再需要更多的。為了使我們可以知道我們的
名單是完全的，而非為了使它可能是完全的，其他的一些現
象是必要的。因此，我們可以斷定，需要用來使得一個關於
所有人的陳述為真的那些現象在數量上是與人一樣多的，但
是不需要比人更多。總體地看，這些現象就是所說的那個陳
述的證實者。

讓我們考慮某種這樣的情況，在這種情況下我們似乎更
確信我們的一般命題是真的；比如說，「所有渡渡鳥[1]都是
有死的」就是這樣。可以說，我們知道這一點，是因為所有
渡渡鳥都已經死了。或許有人會反對說，在其他星球上可能
存在著渡渡鳥；或者說，曾經創造出渡渡鳥的進化可能將它
們再次創造出來，而且下一次可能會使它們像傳說中的永生
鳥那樣成為不死的。因此，我們將修正我們的一般命題，並
且僅僅說「1940年以前所有生活於地球表面的渡渡鳥都已
經死了」。這似乎是完全不可懷疑的。

嚴格說來，我們現在所作出的命題，類似於我們在早先
階段曾經考慮過的「櫥櫃中沒有乳酪」那個命題。為了證明
它，需要對地球表面作一番考察。這種考察將使我們獲得一
組「這不是活著的渡渡鳥」這種形式的否定命題，並且這些
命題被應用於大到足以可能成為一隻渡渡鳥的地球上的每個
時空區域。我們曾經看到，這些否定的命題依賴於像「這不
是藍的」這樣的否定命題。這種一般性嚴格說來是列舉的，

---

1 渡渡鳥，產於模里西斯，現已絕種。——譯注

並且由於這個事實即我們的描述述詞包含一種時空的限定而成為可能的。這種述詞的特殊性在於：在一種適宜的情況下，它們可以從經驗上被表明為等同於一張名單。但是，這在經驗上是可能的本身就是一個與時空的特性相連繫的經驗事實；關於時空的特性，我們曾認為它與專名有關聯。

根據以上所述，一個「所有 A 都是 B」這種形式的一般陳述所「指示」的東西是一個由諸現象所組成的集合體，並且相應於每一個 A，都有一種現象。這個集合體就是該一般陳述的證實者：當這個集合體的每個分子都出現時，這個陳述是真的；當其中的任何一個分子不出現時，這個陳述是假的。

258　　　我們現在來看這個問題：我們是如何能夠知道——假如我們確實知道的話——一般經驗命題的？我們已經看到，在這樣的陳述中，有些是可以透過調查的方法被我們知道的。當所涉及的對象透過定義被限定在我們附近的時空區域並且該區域絲毫沒有出現在未來時，這種情況就發生了。但是，這是一種例外的情況，而且當對我們的時空知識加以充分分析時，它很可能被發現最終並不是真正的例外。在所有其他情況下，我們確實不可能知道我們已經作出一種完全的調查，而且我們關於一般命題的知識因此必定是透過其他方法獲得的——假如存在著這樣的知識。

我認為，如果要承認我們知道來自調查以外的任何一種經驗概括，那麼就不得不以一種比迄今為止更加隨意的方式使用「知道」一詞。我們能夠說我們「知道」一個命題，假

如它事實上是真的；並且我們是根據可以獲得的最好的證據而相信它的。但是，假如這個證據並非決定性的，那麼我們絕不會知道這個命題是否事實上是真的，而且因此也絕不會知道我們是否知道它。人們希望，歸納證據可以使得一個經驗概括成為可能的。然而，這就把我們帶入了我們目前的研究工作之外的領域。因此，我對這個問題將不再多說。

# 19.
## 外延性與原子性

　　對像「A 相信 $p$」、「A 懷疑 $p$」之類的命題的分析，
產生了邏輯上極其重要的兩個問題。總體說來，在這些章
中，我對邏輯論題保持了沉默；但是在目前的這方面，它們
是不可避免的。因此，在我們能夠回到我們的主題以前，進
入邏輯領域進行一次短暫的遠足是必要的。

　　這兩個邏輯問題是與命題態度相連繫而產生的，它們是
外延性問題與原子性問題。在這些問題中，前一個問題近來
的邏輯學家已經作過很多的討論，而後一個問題幾乎完全被
忽略了。

　　在陳述「外延性論題」——卡納普就是如此稱呼該論題
的——以前，有必要說說眞值函項理論和類的理論。[1]眞值
函項理論是數理邏輯中最基本的部分；它涉及我們能夠透過
「或者」和「並非」去談論的關於命題的一切東西。因而，
「$p$ 並且 $q$」是「並非 $p$ 或者並非 $q$」的否定。在 $p$ 和 $q$ 之
間，允許我們在給定 $p$ 的情況下去推斷 $q$ 的那種最一般關係
是「並非 $p$ 或者 $q$」。或者，假設你所想要的是在給定了 $p$
和 $q$ 的情況下能使你推斷出 $r$ 的最一般關係，那麼這種關
係將是「並非 $p$ 或者並非 $q$ 或者 $r$」。排中律是「$p$ 或者並
非 $p$」；矛盾律是「$p$ 並且並非 $p$」的否定。兩個命題被說
成是「等值的」，當它們都是眞的或者都是假的時，也就是
說，當我們擁有「或者 $p$ 並且 $q$，或者並非 $p$ 並且並非 $q$」

---

[1]　在下文中，我將以一種在某種程度上更加基本的形式重複第十三章第
　　三節已經說過的某些事情。

時。兩個等值的命題被說成擁有相同的「真值」。

　　如果不從「並非 $p$」和「$p$ 或者 $q$」開始，那麼我們可以從一個單個的未加定義的函項「$p$ 和 $q$ 並非都真」開始。我們用「$p \mid q$」來指稱這個函項，並且稱其為析舍函項。顯然，「$p \mid p$」等值於「並非 $p$」，這是因為，假如 $p$ 和 $p$ 並非都真，那麼 $p$ 不是真的，並且反過來也是這樣。還有：「$p$ 或者 $q$」等值於「並非 $p$ 並且並非 $q$ 並非都真」，即等值於「$p \mid p$ 並且 $q \mid q$ 並非都真」，或者說等值於「$(p \mid p) \mid (q \mid q)$」。因而，「或者」和「並非」能夠透過析舍函項來定義。因此，可以透過「或者」和「並非」加以定義的一切事物，都能透過析舍函項加以定義。

　　顯而易見，並且容易證明，給定了任何一個透過析舍從其他命題中逐步構造出來的命題，其真值僅僅依賴於成分命題的真值。這個結論來自於如下事實：如果 $p$ 是假的，並且如果 $q$ 也是假的，那麼「$p$ 和 $q$ 並非都真」是真的；如果 $p$ 和 $q$ 都真，那麼它是假的。只要 $p$ 和 $q$ 的真值沒有改變，它們可能是什麼樣的命題是不相關的。具有這種特點的函項被稱為「真值函項」。在演繹理論中所需要的所有函項都是真值函項。

　　外延性原則的第一部分說的是：所有命題函項都是真值函項，也就是說，如果任意給定一個陳述，並且它包含一個命題 $p$ 作為自身的一部分，那麼，若我們用與 $p$ 有相同真值的任何其他命題 $q$ 來代替 $p$ 的話，則該陳述的真值並不改變。我們將會考察外延性原則第一部分的真或假。

　　現在我來討論「命題函項」。一個「命題函項」就是一個表達式，它包含一個或多個未確定的成分 $x$，$y$，……，並且假如我們確定這些成分是什麼，那麼其結果就是一個命題。因而，「$x$ 是一個人」是一個命題函項，因為假如你選定了 $x$ 的一個值，那麼其結果就是一個命題：假如你規定 $x$ 是蘇格拉底或者柏拉圖，它就是一個真的命題；而假如你規定 $x$ 是刻耳柏洛斯[2]或者珀加索斯[3]，它就是一個假的命題。使它為真的那些值構成了關於人的類。每個命題函項都決定了一個類，也就是使其為真的變項的那些值所組成的類。

　　兩個命題函項被說成是「形式上等值的」，假如對於變項的每一個可能的值來說，作為結果的命題都是等值的。因而，「$x$ 是一個人」與「$x$ 是一個無毛兩足動物」是形式上等值的；「$x$ 是一個偶素數」與「$x$ 是8的一個實立方根」也是這樣。當兩個命題函項在形式上等值時，它們就決定了同一個類。

　　述詞等同於帶有一個變項的命題函項，二元關係等同於帶有兩個變項的命題函項，三元關係等同於帶有三個變項的命題函項……等等。當我說「人是有死的」時，那意味著「對於 $x$ 的所有可能的值來說，假如 $x$ 是人，那麼 $x$ 是有死的」。顯然，假如人是有死的，那麼無毛兩足動物也是這

261

2　刻耳柏洛斯是希臘神話中的一隻猛犬，守衛著冥府入口處，有三個頭。——譯注
3　珀加索斯是希臘神話中的長有雙翼的飛馬。——譯注

樣；同樣顯然的是，假如有 $n$ 個人，那麼就有 $n$ 個無毛兩足動物。這些命題說明了這個事實，即假如兩個命題函項是形式上等值的，那麼就有許許多多的陳述，當它們對於其中一個函項是真的時，它們對於另一個也是真的。外延性原則的第二部分說，情況總是如此，也就是說，在關於一個命題函項的任何陳述中，任何形式上等值的命題函項都可以取代該命題函項，同時卻不改變那個陳述的真值。

卡納普以一種或多或少弱化了的形式陳述「外延性原則」。這種弱化了的形式，經過稍微的簡化之後，可以闡述如下：有可能構造一種語言，任何語言中的任何陳述都可以翻譯成這種語言，並且它具有下述兩種特性：(1)假如一個命題 $p$ 是一個較大的命題 $q$ 的一部分，那麼當我們用具有相同真值的任何命題替換 $p$ 時，$q$ 的真值不會改變；(2)假如一個命題函項出現在一個命題中，那麼當代之以任何形式上等值的命題函項（即一個對於變項的同樣的值來說為真的命題函項）時，該命題的真值不會改變。

卡納普的改進並非是把這個原則陳述為在任何語言中都必定為真的一個原則，而是把它陳述為在某種可能的語言中為真的原則，並且其他語言中的所有陳述都可以翻譯成這種可能的語言。

這個原則所斷言的兩種特性中的第一種意味著：（例如）任何一個「蘇格拉底是有死的」作為其一部分的真的陳述將依然是真的，假如我們代之以「安格爾西是一個島

262 嶼」；並且，任何一個「荷馬[4]是愛爾蘭人」作為其一部分
的真的命題（例如「假如荷馬是愛爾蘭人，那麼我將吃掉
我的帽子」）將依然是真的，假如我們代之以「布萊恩‧
博魯[5]是希臘人」。第二種特性意味著：假定由人所構成的
類事實上等同於由無毛兩足動物所構成的類，那麼不管語
詞「人」出現在什麼地方，我們都能代之以「無毛兩足動
物」，同時卻不會影響所說的東西的真或假。

顯而易見，外延性論題並不適用於斷言命題態度的命
題。假如 A 相信 $p$，並且 $p$ 是真的，那麼並不能得出 A 相
信所有真的命題；假如 $p$ 是假的，也不能得出 A 相信所有
假的命題。還有，A 可能相信存在著不是人的無毛兩足動
物，同時卻不會相信存在著不是人的人。因此，堅持外延性
論題的那些人必須找到處理命題態度的某種方式。因為幾種
理由，人們努力堅持這個論題：從技術上說，它在數理邏輯
中是非常方便的；它顯然適用於數學家們想要作出的那類陳
述；同時，對於堅持既是形上學體系，而且甚至也是在卡納
普所接受的語言學的意義上的物理主義和行為主義來說，它
也是必要的。然而，在這些理由中，沒有一種理由提供了某
種根據以假定該論題是真的。已經提出的用以假定該論題為
真的根據不久將得到考察。

原子性論題由維根斯坦陳述如下（《邏輯哲學論》，

---

4　荷馬是古希臘吟游盲詩人。——譯注
5　布萊恩‧博魯是歷史上的愛爾蘭國王。——譯注

2.0201）：「每一個關於複合物的陳述，都可以分析為一個關於它們的諸構成部分的陳述，而且可以分析為完全描述了這些複合物的那些命題。」這個論題對於命題態度之分析的相關性是顯而易見的。因為在「A 相信 $p$」中，$p$ 是複合的；因此，假如維根斯坦的原則是真的，那麼似乎作為關於複合物 $p$ 的一個陳述「A 相信 $p$」，必須分析為關於 $p$ 的那些部分的一個陳述和描述 $p$ 的諸命題。以一種不太精確的方式來表述，這意味著作為單一體的 $p$ 並未進入「A 相信 $p$」，而僅僅是其各個組成部分進入了這個命題。

　　原子性論題有一種技術的形式，而且對於邏輯學而言，知道它在這種形式中是否為真是重要的。在我們能夠陳述這種技術的原則以前，某些初步的解釋是必要的。 263

　　我們看到，對象語言包含某些專名、述詞、二元關係、三元關係⋯⋯等等。任何一種 $n$ 元關係都可以和任何 $n$ 個專名（它們無須都是不同的）相結合，以形成一個命題。假設 $n_1$，$n_2$，$n_3$，⋯⋯是專名，$P_1$，$P_2$，$P_3$，⋯⋯是述詞，$R_1$，$R_2$，$R_3$，⋯⋯是二元關係，$S_1$，$S_2$，$S_3$，⋯⋯是三元關係等等。那麼 $P_1(n_1)$ 代表「$n_1$ 擁有述詞 $P_1$」；$R_1(n_1, n_2)$ 代表「$n_1$ 與 $n_2$ 擁有關係 $R_1$」；$S_1(n_1, n_2, n_3)$ 代表「$n_1$，$n_2$，$n_3$（按照此順序）處於關係 $S_1$ 之中」，如此等等。以這種方式獲得的所有命題都被稱為「原子命題」。

　　現在，讓我們取任何兩個原子命題 $p$ 和 $q$，並且透過析舍把它們合併起來，以得到 $p \mid q$。如此獲得的這個命題，與原子命題一起，為我們提供了一個擴大了的命題的全體。

假如我們透過析舍把這種擴大了的全體中的任何兩個結合起來，那麼我們又將得到一個更大的全體。讓我們以這種方式無限地進行下去。我們稱如此獲得的這整組命題為「分子命題」，因為這或多或少是透過原子結合為分子的那種方式將原子命題結合為分子命題的。

　　由於現在只是透過析舍運算獲得分子命題集，我們引入一種新的構造命題的運算；這種新的運算被稱為「概括」。以任意一個包含某種成分 a 的原子命題或分子命題為例，並讓我們將其稱為 $\phi a$。用 b 來替換 a 所得到的同一個命題將被稱為 $\phi b$，並且假如 a 被替換為 c，它將被稱為 $\phi c$。讓我們不用一個確定的項而用一個變項 x 來替換 a，那麼我們將因而獲得一個命題函項 $\phi x$。可能會出現這樣的情況，即這對 x 的所有可能的值來說都是真的；還有可能會出現這樣的情況，即這對 x 的至少一個值來說是真的。斷言這兩種情況為真的命題是兩個新的命題。假如它們包含一個作為常項的成分 b，那麼我們能夠把概括方法再轉而應用於 b，並如此進行下去，直到沒有任何常項被保留下來。比如說，以「假如蘇格拉底是人，並且所有人都是有死的，那麼蘇格拉底是有死的」為例。這不是一個邏輯命題，因為它提到了蘇格拉底、人和有死的，而邏輯命題是不提及任何具體事物的。它也不是一個分子命題，因為它包含了語詞「所有」。它處於從分子命題向邏輯命題的過渡之中。後者是：「不管 x，$\alpha$ 和 $\beta$ 可能是什麼，假如 x 擁有述詞 $\alpha$，並且每一個擁有述詞 $\alpha$ 的事物都擁有述詞 $\beta$，那麼 x 擁有述詞 $\beta$。」

　　為了更詳細地說明所涉及的概括過程，讓我們考慮下述陳述：「或者蘇格拉底是人但並非有死的，或者蘇格拉底不是人，或者蘇格拉底是有死的。」這是一個邏輯上必然的分子命題。現在，當一個命題對於蘇格拉底是真的時，它對於某個人也是真的。因此，假如在「蘇格拉底」首次出現時，我們用「某個人」代替「蘇格拉底」，那麼上述陳述依然是真的。（我們可以對「蘇格拉底」其餘兩次出現中的每一次進行替換，對它的任何兩次出現進行替換，或者對它的所有這三次出現進行替換；但是，唯有第一次出現才適合於我們當前的目的。）我們因而作出下述命題：「有某個人，並且他具有這樣的特性：或者他是人但並非有死的，或者蘇格拉底不是人，或者蘇格拉底是有死的。」（我們碰巧知道所說的這個人是蘇格拉底，但是我們忽略這一點。）現在，我們以一種稍微不同的方式來劃分這個命題，並說「某個人是人但並非有死的，或者蘇格拉底不是人，或者蘇格拉底是有死的」。這裡，我們有了三種選擇；因此，第一種將是假的，其餘兩種中的一種一定是真的。現在假如「某個人是人但並非有死的」是假的，那麼「所有人都是有死的」是真的。因而，我們作出了「假如所有人都是有死的，那麼或者蘇格拉底不是人，或者蘇格拉底是有死的」，並且它等值於「假如所有人都是有死的，那麼若蘇格拉底是人則蘇格拉底是有死的」。我們是從我們的原來的分子命題出發，並透過使用一次這樣的步驟即用「某個人」來代替「蘇格拉底」而達到這一點的；這裡所說的步驟是邏輯的過程，而且透過這 265

種步驟，只要 $a$ 具有某種特性 $\alpha$，我們就推斷「某物擁有特性 $\alpha$」。

迄今為止，我們構造的新的命題是先前那些命題的邏輯結果。然而，從這點出發，我們關心的是構造另外一類命題的過程，而這類另外的命題並非是它們獲自其中的那些命題的邏輯結果。我們最後的陳述仍然包含三個「常項」，即「蘇格拉底」、「人」和「有死的」。透過用 $x$ 替換蘇格拉底，用 $\alpha$ 替換人，用 $\beta$ 替換有死的，並斷言就變項的所有的值而言的結果，我們把這種概括過程應用於這三個常項中的每一個。我們因而獲得了「對於 $x$，$\alpha$ 和 $\beta$ 的所有的值來說，假如所有的 $\alpha$ 都是 $\beta$，並且 $x$ 是一個 $\alpha$，那麼 $x$ 是一個 $\beta$」。這是一個邏輯命題，而我們原來的命題是它的一個實例。但是，現在令我感興趣的地方並非在於我們已經作出了一個真的命題，而只是我們已經作出了一個命題。

從分子命題中構造不同程度的一般性的命題所依據的原則有如下述：

設 $\phi$（$a_1$，$a_2$，$a_3$……$P_1$，$P_2$，$P_3$……$R_1$，$R_2$，$R_3$……）是一個分子命題，並且它包含專名 $a_1$，$a_2$，$a_3$……，述詞 $P_1$，$P_2$，$P_3$……，二元關係 $R_1$，$R_2$，$R_3$……，如此等等。所有這些都被稱為所說的這個命題的「成分」。這些成分中的任意一個或多個都可以用一個變項來替換，並且所斷言的結果就是關於該變項的某個值或所有值的。這為我們提供了一個由全都是從原來的分子命題中構造出來（不是從它演繹出來）的一般命題所組成的大的集合。可以拿「蘇格拉底是聰

明的」當作一個非常簡單的例子。根據上述的過程，這將導
致下述十個命題：

> 某個事物是聰明的；
> 每個事物都是聰明的；
> 蘇格拉底擁有某個述詞；
> 蘇格拉底擁有所有述詞；
> 某個事物擁有某個述詞；
> 一切事物擁有某個述詞；
> 存在著一切事物都擁有的某個述詞；
> 某個事物擁有所有述詞；
> 每個述詞都屬於某個事物；
> 每個事物都擁有一切述詞。

266

這種或者代以一個變項的某個值或者代以一個變項的所有值
的過程被稱為「概括」。將這個術語限定於關於所有值的情
況並不是合適的。

　　我以前說過，原子性原則的這種技術形式斷言：所有命
題要麼是原子的，要麼是分子的，要麼是分子命題的概括；
或者，至少人們能夠構造出一種具有這種特點的語言，並且
任何一個陳述都可以翻譯成該語言。假如維根斯坦的原子性
原則是真的，這必定也是真的；但是，反過來並不成立。我
很快就要解釋，該原則的一種不太全面並且容易辯護的形式
同樣會導致這種技術形式。正是在其技術形式上，這個原則

在邏輯中才是重要的。我想，維根斯坦自己現在會接受所說的這種修改，因為我知道他不再相信原子命題。我們在以前的一章中看到，邏輯上有用的東西是原子形式，並且被修改過的原則允許用它們來代替原來的原子命題——在這些命題中，每個詞都代表某種沒有複雜性的事物被認為是必要的。

對維根斯坦的論題進行弱化會使其看起來更合理。這種弱化如下所述。一個名稱 N 可能事實上就是一個複合物的名稱，但是其自身不可能擁有任何邏輯的複雜性，即擁有某些作為符號的部分。所有實際出現的名稱都是這樣的。凱撒是複雜的；但是「凱撒」在邏輯上是簡單的，也就是說，其任何部分都不是符號。我們或許認為，維根斯坦的論題不會
267　應用於一切事實上是複雜的事物，而只能應用於被複合名稱所命名了的事物。例如：儘管「凱撒」是簡單的，但是「凱撒之死」是複雜的。我們將用「每一個使其所描述的複合物的複雜性顯而易見的陳述」來代替出現於維根斯坦的闡述的開端處的短語「每一個關於複合物的陳述」。如果不進行這樣的弱化，那麼每當我們提及事實上是複雜的某種事物，但是我們又並不知道它是複雜的，或者說無論如何我們不知道如何對其進行分析時，就會出現麻煩。這種弱化就對付了這種麻煩。

甚至在這種弱化的形式中，這個原則也禁止 p 作為一個單一體出現在「A 相信 p」中，因為一個命題一定具有顯而易見的複雜性，除了在那些異常的情況即在其中有像笨人難

過的橋[6]這類專名的情況下；而且即便那樣，當我們用這個命題替換其名稱時，我們也只作出了在「A 相信 $p$」中被斷言的東西。

　　假如或者堅持外延性原則或者堅持原子性原則，那麼有必要在「A 相信 $p$」中的「$p$」和一個諸如「$p$ 或者 $q$」這類普通的真值函項中的「$p$」之間作出區分。假如這兩者是等同的，那麼就不可能構造一種純粹外延的邏輯，並且也許不可能堅持卡納普所說的物理主義。維根斯坦首次嘗試了對這兩個 $p$ 進行區分（《邏輯哲學論》，5.54以下）。他說：

　　「在一般的命題形式中，命題只是作為諸真值運算的基礎才出現在一個命題中。

　　「乍一看，一個命題好像也可以透過不同的方式出現在另一個命題中。

　　「在某些心理學的命題形式中，情況尤其是這樣。比如，『A 認為 $p$ 是實際情況』，或者『A 認為 $p$』……等等。

　　「這裡，從表面上看，似乎命題 $p$ 與對象 A 處於某種關係之中。

　　「（並且在現代認識論［羅素、莫爾等等］中，這些命題都是這樣被設想的。）

---

6　「笨人難過的橋」（pons asironum），是指歐基里德《幾何原本》第一卷中的第五命題：「等腰三角形底角相等。」這是初學者或者說「笨人」一時難以理解的定理，又稱「驢橋」。──譯注

「但是，很清楚，『A 相信 $p$』、『A 認為 $p$』、『A 說 $p$』，都是『「$p$」說 $p$』這樣的形式：在這裡，我們並不擁有一個事實與一個對象之間的配置，而是經由其諸對象的配置而來的諸事實之間的一種配置。

268　　「這表明，不存在現代膚淺的心理學所構想的靈魂——主體等等——這樣的事物。」

在《數學原理》第二版（第 I 卷附錄 C）中，我接受了維根斯坦的觀點。卡納普在《世界的邏輯構造》中也接受了他的觀點。在《語言的邏輯句法》中[7]，卡納普作了輕微的改變：他說，內涵的語言與外延的語言都是可能的，並且我們必須只說一種內涵的語言中的每一個陳述都能翻譯成一種外延的語言。甚至這一點，他也不認為是確定的，儘管他認為這是可能的。然而，關於命題態度這個問題，他重複了維根斯坦所說的話。他說，照此情況，「查理說（或者認為）A」是內涵的，但是能夠翻譯成「查理說（或者認為）『A』」。這裡，我們被告知：「假設『A』成為某個句子的縮寫（而非名稱）。」我們也被告知，句子的名稱是透過加引號形成的。所有這一切並沒有為出現在《邏輯哲學論》中的東西增添了什麼內容。

我懷疑，這種觀點能否——即便它是真的——依據維根斯坦的理由而得到主張。因此，我打算辯論性地考察維根斯坦的論證。

---

[7]　第 67 節第 245 頁以下。

剛才引自維根斯坦的這段文字的要旨是：「『A 相信 $p$』、『A 認為 $p$』、『A 說 $p$』，屬於『「$p$」說 $p$』這種形式。」讓我們試圖清晰地陳述這種觀點。

一般說來，當一個詞出現在一個句子中時，我們並不是在說這個詞，而是在說它所意指的東西；當我們希望說這個詞的時候，我們把它放在引號裡。因而，「『蘇格拉底』是蘇格拉底的名稱」這個句子並不是重言式；當你被介紹給你從未聽說過的一個人時，你就知道了這種類型的一個命題。當「蘇格拉底」這個詞未被放在引號中時，你是在說這個人，而非在說這個詞。現在，同樣地，當我們斷言一個命題時，我們就認為，我們並未說出關於這些詞的某種東西，而是說出了關於這些語詞之所指的某種東西；而且，假如我們要說出任何關於這些詞的某種東西，我們必須將它們置於引號中。但是，在命題和單個的語詞之間有一種差別。單個的語詞，至少像對象詞這樣的語詞，擁有一種外在於語言的意義；但是命題，由於可以是假的，一定與對象之間具有某種不太直接的關係，除了當它們表達知覺時。因而，「$p$」和 $p$ 之間的區別並非像「蘇格拉底」和蘇格拉底之間的區別那樣簡單。

在這種討論中，重要的區別並不在於「$p$」和 $p$ 之間，而在於 $p$ 所表達的東西與 $p$ 所指示的東西之間的區別。這種區別並不限於命題；就對象詞的情況而言，也存在這種區別。假如我驚呼「火！」那麼我就表達了自己的狀態，並指示了一種不同於我的狀態的現象。單個的語詞是一個完整的

句子。這是對象詞的特權,而其他語詞只能成為句子的一部分。我認為,用作完整的感嘆句是對象詞的主要用途,而將其用作一個更大的句子的一部分只是從這種用法中派生的。正是作為句子,對象詞才擁有表達與指示這兩個方面。

有含意的與無意義的語詞串之間的區別,迫使我們認識到一個有含意的句子擁有一種非語言的特性,即「含意」。這種特性是更加主觀的東西,它與真或假沒有關係。我們可以把一個句子的含意等同於它所表達的東西,即說話者的一種狀態。這樣的一種狀態可以稱為一種「相信」行為,假如這個句子是陳述性的。能用同一個句子加以表達的兩種相信行為,被說成是同一個信念的實例。

因而,從剛才所說的話中可以斷定,一個句子有三種而非兩種出現方式。

首先,我們可能關心實際的語詞;這指的是那種使用了引號的適當的場合。例如:我們可以斷言凱撒說過「jacta est alea」[8]「一個不懂拉丁語的人可以知道凱撒說過這樣的話;他並不必然知道凱撒所意指的東西。因而,「jacta est alea」這些詞在這裡只是作為語詞而出現的,並不擁有意義。

---

[8] 「jacta est alea」是拉丁文,意思是「木已成舟」。這是古羅馬政治家、軍事家凱撒在越過羅賓肯河時所說的一句話。羅賓肯河是古義大利與凱撒的高盧行省之間的邊界。凱撒說這句話意在表達這樣的事實:他已越過此河開始進軍羅馬,並陷入帝王爭霸,再也沒有回頭的可能了。──譯注。

其次，我們可能關心句子所表達的，而不關心它所指示 270
的東西。假如我們斷言凱撒說過木已成舟，那麼這種情況就
出現了。這裡，「木已成舟」這些詞出現時是有含意的。凱
撒沒有使用這些詞，而是使用了表達同一種狀態的拉丁詞。
假如我們斷言凱撒說過「the die is cast」[9]，那麼我們的斷言
就是假的，因為這意味著他說過英語。因而，當我們說「凱
撒說過木已成舟」時，「木已成舟」這些詞的含意而非所指
才是相關的，因為事實上是否木已成舟完全是不相關的。

再次，我們可能不僅關心一個語句所表達的東西，而
且關心它所指示的東西。我可能會說：「凱撒確實說過，木
已成舟。」這裡，當我說「木已成舟」時，我作出了一個
斷言。並且，假如這個句子指示了某種東西，這個斷言就是
真的；假如它什麼也沒有指示，它就是假的。在每一個完整
的陳述句中，被指示的東西是相關的；但是在從句中，可能
只有被表達的東西才是相關的。這尤其出現在關於「A 相信
p」的情況中。

我們現在能夠確定我們將如何看待維根斯坦的觀點，
即「A 相信 p」屬於「『p』說 p」這樣的形式；或者不如
說，我們能夠確定我們應該說「A 相信 p」還是說「A 相信
『p』」。讓我們用「B 熱」這個句子來替換「p」。當我們
說 A 相信 B 熱時，我們是在說（大體說來）A 處於一種狀
態之中，並且該狀態將導致他說出 —— 假如他說的話 ——

---

[9] 「The die is cast」為英文，意思是「木已成舟」。——譯注

「B 熱」或者某種具有同樣含意的東西。我們並不是在說這些詞在 A 的心靈中。他可能是一個法國人；這個人會說「B a chaud」[10]，假如他說的話。事實上，關於「B 熱」這些詞，我們什麼也沒有說，而只是在說它們所意指的東西。因此，不應該有引號，並且我們應該說「A 相信 $p$」。

我們應該說「$p$ 是真的」還是「『$p$』是真的」呢？

通常假定我們應該說後者，但是我認為這種假定是錯誤的。

考慮一下「B 熱是真的」。

271　　這斷言了一種由相信行為所組成的類與一個事件之間的一種複雜的關係。它意味著：任何處於某類狀態〔即由「B 熱」這些詞所表達的那些狀態〕之一的人都與某個事件之間〔即視情況而定的 B 熱或者 B 不熱〕具有某種關係。

這裡，「B 熱」這些詞只進入了並非作為語詞的這個短句的含意。因此，我們應該說「$p$ 是真的」。

我再說一次，這個問題的困難來自於這個事實，即句子以及某些詞具有兩種非文字的用途：(a)用來指示對象；(b)用來表達心靈狀態。當不作為指示而出現時，語詞可以不作為語詞並透過其意義而出現：當它們僅僅作為表達而出現時，這種情況就發生了。不同於對象詞的單個語詞僅僅表達而不指示。這就是它們不同於對象詞並且也不可能是完整的句子的原因。

---

[10]「B a chaud」為法文，意思是「B 熱」。——譯注

以上所述清楚地表明，「$p$」可以透過兩種不同的非文字的方式出現：(a)透過指示和表達都與之相關的方式；(b)透過只有表達才與之相關的方式。當這個句子獨自地作為一個斷言出現時，我們擁有(a)；當我們說「A 相信 $p$」時，我們擁有(b)，因為我們正在斷言的現象可以在不提及 $p$ 的真或假的情況下得到完全的描述。但是，當我們斷言「$p$ 或者 $q$」或者任何其他的真值函項時，我們擁有(a)。

假如上述分析是正確的，那麼外延性原則適用於所有的 $p$ 的指示與之相關的 $p$ 的出現，但是不適用於那些唯有表達才與之相關的 $p$ 的出現；也就是說，它適用於(a)，而不適用於(b)。我認為，這個說法是一種同義反覆。假如我沒有弄錯的話，那麼在其一般形式上外延性原則必須被拋棄。

N.道爾凱先生告訴我，在「A 相信 B 熱」（A believe that B is hot）中，語詞「B 熱〔這個事實〕」（that B is hot），當作為一個完整的句子時，描述了「B 熱」（B is hot）所表達的東西。這種看法是具有吸引力的，並且可能是正確的。根據這種觀點，語詞「B 熱〔這個事實〕」事實上並不適用於 B，而是描述 A 的狀態。這種情況類似於在其中我說「A 聞到了玫瑰花的味道」的情況。這裡，玫瑰花僅僅起到了描述 A 的狀態的作用；我可以給這種味道一個名稱，比如說 S，並說「A 聞到了 S」。類似地，我可以（在理論上）用描述正在相信 B 熱的那些人的身心狀態的語詞來代替「B 熱〔這個事實〕」。這種觀點使得在「$p$」和「$p$〔這個事實〕」（that $p$）之間作出鮮明的區分成為必

要的。每當事實上是 $p$ 出現時，我們可以保留外延性原則；但是，當確實是「$p$〔這個事實〕」出現時，這個原則之所以不適用，是因為「$p$」事實上並未出現。

現在我們必須考慮原子性原則。現在，我將不是一般地對其加以考慮，而僅僅連繫像「A 相信 $p$」這樣的句子來考慮。在其一般形式上，它需要對分析方法加以考慮，並需要考慮這樣的問題，即代表複合物的專名在理論上是否可以省略；我打算把這些留到以後再作考慮。目前，我只希望考慮，在一種適當的語言中，像「A 相信 $p$」這樣的句子能否在原子的、分子的以及本章前面所解釋的概括的語句層內得到表達。

這個問題就是：我們能夠對「A 相信 $p$」作出解釋，以便 $p$ 並不作為一個從屬的複合物出現嗎？

讓我們再次用「B 熱」代表「$p$」。在靠近前面的一章中，我們承認，說 A 相信這一點就等於說他處於許多可描述的狀態之一，並且所有那些狀態都有某種共同的東西。這樣的狀態之一，就是 A 在其中說出「B 熱」的狀態。但是，沒有理由設想，當 A 相信 B 熱時，必然會有某些語詞呈現於 A。

說「A 說出『B 熱！』」就是斷言出現在 A 的言語器官中的一系列運動。這純粹是一種物理的現象，它可以在不引進任何從屬的複合物的情況下得到完全的描述。看來，作為相信 B 熱的 A 的每一種其他狀態，也可以透過類似的方

式得到描述。然而，依然存在這樣的問題：所有這些狀態擁
有什麼共同的東西呢？

　　我認為，它們共同擁有的東西僅僅是因果的。然而，
這是一個困難的問題，並且我認為這是一個我們無須加以精 273
確回答的問題。依我看，任何一種確實可能正確的回答都不
會與這樣的結論相牴觸：「A 相信 p」能夠——至少當 p 是
一個像「B 熱」這樣的簡單句時——在不引入一個從屬的複
合物的情況下加以分析。假如 p 是一個像「所有人都是有死
的」這樣的一般語句，這個問題會更加困難。因此，我現在
滿足於這一結論：迄今為止，我們沒有發現有效的反對原子
性原則的論證。

　　因此，我們得到了這些結論：(1)當加以嚴格解釋時，
對像「A 相信 p」這樣的句子的分析並未表明外延性原則是
假的；(2)同樣的分析並未證明原子性原則是假的，但是也
沒有充分證明它是真的。

# 20.

## 排中律

　　一般說來，我在本書中避免討論邏輯問題。但在本章中，就像在上一章中一樣，我將關心一個邏輯的題目，即排中律。眾所周知，布勞威爾已經向這個定律提出了挑戰，並且他的挑戰是以認識論為根據的。他與許多其他人一道認為，「眞」只能透過「可證實性」來定義，而後者顯然是一個知識論的概念。假如他是正確的，那麼排中律，以及還有矛盾律，都屬於認識論，並且必須根據認識論所允許的任何一種關於眞和假的定義加以重新考慮。在第十六章中，我們以初步的方式考慮了眞與假，並討論了從認識論上對其加以定義的那種企圖。相當明顯的是，假如要堅持一種認識論的定義，那麼在其通常形式上，排中律不可能是眞的，儘管矛盾律可以是眞的。在本章中以及下一章中，我們必須考慮是犧牲排中律，還是嘗試著作出一種獨立於知識的眞理的定義。[1]

　　這兩種觀點的困難都是驚人的。假如我們連繫知識來定義眞理，那麼邏輯就崩潰了。迄今所接受的許多推理，包括絕大部分的數學，都必須作為無效的東西加以拒絕。但是，假如我們堅持排中律，我們將發現我們自己就承諾了一種實在論的形上學，而且從實質上而非字面上看，這種形上學似乎可能與經驗論不相容。這個問題是根本的，並且是極其重要的。

---

1　本章所說的話意在澄清這個問題。只是在下一章中，我們才作出一種嚴肅的嘗試，以達到一種決斷。

在嘗試著解決這個問題以前，讓我們詳盡闡述這兩種可 275
供選擇的觀點。

布勞威爾並不關心像「四重性飲用耽擱」這類句法上無
意義的句子。他關心語法上以及邏輯上正確，但從認識論上
無法證實或否證的句子。在我們開始討論它以前，我們必須
弄清爭論點。

布勞威爾主張，「真的」是一個無用的概念，除非我們
有辦法發現一個命題是真的還是假的。因此，他用「可證實
的」代替「真的」，並且他不說一個命題是假的，除非其反
命題是可以證實的。因而，還有一個由處於中間地帶的命題
所構成的類。這個中間的類在句法上是正確的，但既不是可
證實的，也不是與可證實的命題相矛盾的命題。對於這個中
間的命題的類，布勞威爾拒絕稱其為真的或者假的，並且對
於它們來說，他認為排中律是錯誤的。

尚未有人極端地把「真理」定義為「被知道的東西」；
「真理」的認識論的定義是「能夠被知道的東西」。「可證
實的」這個詞是以通常的方式被使用的，並且假如一個命題
能夠被證實，那麼這個命題就是可證實的。這立即又產生
了一些困難，因為可能性是一個難以解釋的概念。假如這個
定義是明確的，那麼所要的這種特殊類型的可能性將不得不
加以闡明。在數學中，布勞威爾和他的學派已經做了這項工
作，並在很大程度上取得了成功。但是，據我所知，他們幾
乎沒有思考更通常的命題，比如在兩方面都沒有證據的歷史
假設。許多東西都要從卡納普的《語言的邏輯句法》中去了

解，但主要是透過聯想。他認為，像「所有的人都是有死的」這樣的一般命題，由於本質上不可能被完全證實，將（暫時地）被當作真的，假如它之為真的許多場合是為人所知的，並且它之為假的任何場合都不為人所知。

要把「真理」定義為「能夠被知道的東西」，必須從基本命題開始，一步一步地前進。與第十一章所說的相一致，我將假定我當前的事實前提是由以下四類東西構成的：(1) 數量很少的斷言當前知覺對象的命題；(2)數量巨大的否定命題。這些否定的命題，就像當我們看到一株毛茛屬植物時我們作出「這並非紅的」那樣，都獲自當前的知覺對象；(3)記憶——就不存在任何可以導致對其產生懷疑的理由而言；(4)矛盾律，但不是排中律。首先，排中律將適用於某類命題，即那些面對知覺對象的命題。假如你要在十一月五日放爆竹，並說「小心！將有一陣爆炸聲」，那麼，或者有爆炸聲，或者爆竹溼了並且沒有爆炸聲。在這樣的情況下，你的陳述是真的或者假的。還有某些產生於這類情形的其他情形，排中律也適用於它們；對於這類情形的定義，在很大程度上與「真理」的認識論的定義屬於同一種問題。

要看到，當排中律失效時，雙重否定律也就失效了。假如 $p$ 既不是真的也不是假的，那麼 $p$ 是假的是假的。假如雙重否定律成立，那麼這蘊含著 $p$ 是真的；然而，根據假設，$p$ 既不是真的也不是假的。因此，在這種邏輯中，「$p$ 是假的是假的」並不等值於「$p$ 是真的」。

為了給我們自己提供一種機會，我們至少將在開始時承

認來自基本命題的歸納概括。假如出現了一個否定的命題，那麼這些歸納概括可以被證明是錯誤的。在發生那種情況以前，我們將與卡納普一樣，暫時將其作為真的接受下來。在兩種情況下，我們都將認為它們受排中律的支配。我們也將承認他人的證據，這類證據服從某些常識的規定。現在，我們能夠逐步建立科學；而且由於接受了歸納概括，我們將承認它們的結論中那些無法被否證的部分是真的。例如：我們會說，就像天文學引導我們假定的那樣，史前時期曾出現過日食。但是，我們是帶著猶豫的成分這麼說的，而這種猶豫的成分是與構成天文學規律的歸納概括相吻合的。

因而，我們能夠斷言或否定我們（像經驗論者那樣）發現有理由去斷言或否定的全部命題。困難出現(a)在邏輯與數學中，以及(b)在兩方面都不存在證據的超越邏輯的命 277 題上。

讓我們考慮一個明確的並且不存在證據的超越邏輯的命題。以「西元1年1月1日曼哈頓島下雪了」為例。讓我們把這個命題稱作「P」。關於 P，我們知道什麼呢？由於接受了歸納概括，歷史告訴我們有一個西元1年，並且地質學讓我們確信曼哈頓島那時存在著。我們知道，那裡的冬天時常下雪。因而，我們理解 P，並不妨認為它似乎與一場有歷史記載的降雪相連繫。在理論上，一台拉普拉斯計算器能夠推斷以前時代的氣候，這正像天文學家推斷日食一樣。然而在實踐中，這種推斷是不可能的，這不僅因為計算會極其困難，而且因為這需要比終究所能獲得的更多的材料。因此，

我們必須承認，我們對於 P 是真的或假的沒有任何證據；
而且據我們所能發現的而言，我們絕不可能擁有任何證據。
假如「真理」要從認識論上得到定義，那麼我們必須斷定 P
既不是真的也不是假的。

　　我們不情願接受這個結論，因為我們頑固地相信有一
個獨立於我們的觀察的「實在的」世界。我們認為，我們本
來可以待在那兒的；而且假使那樣的話，我們就會看到天是
否在下雪，而且我們觀看下雪這個事實對於這場雪沒有任何
影響。我們十分樂意地承認，正像冷的感覺與我們的溫度神
經有關聯一樣，雪的現象所具有的白的性質與我們的眼睛有
關。但是，我們設想這些感覺有一個外部的原因，即物理學
所討論的雪；而且我們相信，除了在涉及某些非常細微的量
子觀察的地方，無論我們是否了解它，這都不受影響。

　　但是，當我們接受歸納概括，並允許自己相信曼哈頓島
在所提到的那個日期很可能存在時，所有這一切都已得到了
278 承認。假如我們要承認這類歸納，那麼似乎沒有理由拒絕將
排中律推廣到每個擁有某種有利的或不利的證據的命題，不
管那種證據怎樣薄弱。現在，可能很容易有證據表明曼哈頓
島的氣候在最近的兩千年中沒有發生很大的改變；而既然那
樣，氣候記錄就提供了在那一年任何特定的一天中出現降雪
的可能性。因而，我們會說 P 要麼是真的要麼是假的，因
為儘管我們不能斷定這個問題，但是我們對每種選擇的可能
性都有某種程度的了解。

　　仍然有一些不擁有任何證據的命題，例如：「有一個與

我們生活於其中的這個宇宙沒有時空關係的宇宙。」這樣的宇宙可以由科幻作者加以想像；但是，正是因為這種假設的性質，所以不存在或者有利於它或者不利於它的歸納論證。當我們認為一定有或者沒有這樣的宇宙時，我認為我們想像了一個注視著他所創造的所有星球的造物主，而且我們由此偷偷摸摸地恢復了我們用語詞所否定了的它與我們自己的星球之間的連繫。[2] 假如我們嚴格地排除這種想法，並排除我們自己的知覺能力有一種神奇的提升這樣的想法，那麼，設想我們的假設沒有意義也許是可能的。既然那樣，它既不是真的也不是假的；但是它並不是一個命題，因而並未表明存在一些不遵守排中律的命題。

我們必須面對這個問題：在什麼情況 —— 如果存在這樣的情況 —— 下，一個句法上正確的句子不擁有意義？我們剛才說，「某種事物與我當前的知覺對象沒有時空關係」也許是沒有意義的，因為那相當於在拒絕那個想像出來的宇宙。似乎因此可以說，上述那個句子的對立面即「每個事物都與我當前的知覺對象具有某種時空關係」也是缺乏意義的；但是這一點好像是極無道理的。假如它是沒有意義的，那麼這一定是因為「每個事物」這個詞。可以說，「每個事物」這個詞意味著整個的宇宙可以陳列出來以供檢驗，儘管事實上新的知覺對象不停地產生，並且所有的全體都是虛幻的 —— 279 除了一組被列舉出來的對象所構成的全體以外。

---

2　參閱奧拉夫斯・特普爾頓的《星辰締造者》。

　　這個關於全體的問題是非常重要的。就像我們定義人的類或自然數的類那樣,我們能從概念上定義一個全體嗎?有些人認為,我們能夠做到這一點,假如這個類是有窮的;但是,如果它不是有窮的,我們就無法做得到。然而,我看不出這是一種相關的考慮,除非當一個一般語詞只是關於「這個特定集合中的這些對象」的縮寫時。既然那樣,這個一般語詞是不必要的。每當就像在關於人的情況下那樣,實際的列舉是不可能的時,這個集合是有窮的還是無窮的這個問題似乎是沒有意義的。在這方面,「所有人都是有死的」產生了與「所有整數都是奇數或偶數」相同的問題。

　　當我們說「所有人都是有死的」時,我們是在說某種東西嗎,或者說,我們是在發出沒有意義的聲音嗎?我並不是在問這個句子是不是真的,而是問它是不是有含意的。讓我們首先排除某些站不住腳的觀點。(1)我們不能試圖將這個命題還原為一種規定,即「假如我看見一個人,我將判斷他是有死的」。這是因為,我將看到一個人的那些場合就像人一樣是不可能列舉出來的。我也許會在臨終時說「我遇到的所有人都是有死的」,因為那時他們能被列舉出來,但是直到那時這個集合才從概念上得到了定義。(2)我們不能說:「關於一個集合的陳述是合法的,當有一個會涵蓋這個全體集合的可能的經驗的類時;否則,它就不是合法的。」這是因為,假如我們試圖定義「可能的經驗」,那麼我們將會發現,我們恰好是被帶入了一個我們希望逃離的假設的概念領域。我們將如何知道一種經驗是「可能的」?顯然,這

需要超越實際的經驗的知識。(3)我們不可以把「所有人都是有死的」限定於過去的經驗，因為在那種情況下它將不得不意味著一種同義反覆，即「迄今為止所有已死的人都是有死的」。(4)把一般陳述──尤其是歸納概括──解釋為實用性的建議有時被認為是可能的。因而，「所有人都是有死的」將意味著「當你下一次遇到一個人時，我建議你在行為 280 上把他當成是有死的人對待，因為假如你將他的頭劈成兩半並想著他不會死去，那麼你將會被處以絞刑」。但是，因為這個人是有死的，這個建議才是合理的。假如你嚴肅地懷疑是否所有人都是有死的，那麼你最好去做一些關於這個問題的實驗。事實上，這種實用性的解釋只是一種逃避。

假如我們排除了「所有人都是有死的」這類處理從概念上被定義的集合的句子，那麼一般命題將被限定於歷史，或者不如說，由目前存在的或者已經存在的對象所組成的集合。我們能夠說「這個房間裡的所有人都將死去」，但不能說「這個房間裡的這些人的所有孩子都將死去」。這一點確實是荒唐的。

在我看來，當我們理解「人」和「有死的」這些詞時，我們就能理解「所有人都是有死的」，而無須親知每一個作為個體的人；而且同樣地，我應該說，我們能夠理解「所有整數都是奇數與偶數」。但是，假如要堅持這種觀點，那麼一定存在著一種諸如理解「所有性」（all-ness）這樣的事物，並且它不依賴於列舉。這其實就是理解關於什麼是假設的東西的問題。對一般命題的分析是非常困難的，

因為似乎相當明顯的是，我們能夠知道關於一個集合中所有分子的命題，卻並不知道它的各個個別的分子。我們說「我什麼也沒有聽到」可以是一個基本命題；然而對於邏輯來說，它是一個關於宇宙中一切事物的陳述。我們在第十八章中已經看到了如何去避免這種困難。

當我們在討論西元1年的雪時，我們允許自己接受歸納概括。可以提出疑問的是，當我們懷疑排中律時，除了至多透過推斷知覺對象的方式以外，我們是否有權利這麼做。物理科學中的歸納總是透過實在論的詞項來表述的，也就是說，你所觀察到的東西可以在你不觀察的情況下發生，並且確實會在適當的條件下發生。假如我們達到了一個無人居住的島嶼，並且發現那裡有茂盛的蔬菜，那麼我們將推斷那裡281 下過雨，儘管沒有人看到這些雨。現在，顯而易見的是，從歸納證實的立場來看，兩個僅僅在未被觀察到的現象方面有所不同的假設完全處於同一個層次。因而，從認識論的立場來看，我們可以假定不存在未被觀察到的事實，或者假定有少量的未被觀察到的事實，或者假定有很多的未被觀察到的事實；像物理學家所做的那樣，我們可以插入任意數量和任何種類的未被觀察到的現象，只要它們能使那些表述已被觀察到的現象的規律成為最容易的。它們服務於一次在以實數開始和結束的計算中複數可以為之服務的同一種目的。

在詢問這些未被觀察到的現象是否實在地發生時，存在著某種意義嗎？據卡納普說，只存在一種語言學的問題：「實在」是一個沒有任何合法用途的形上學術語。那好，讓

我們保持前後一致。我自己並未觀察我從證據或從歷史中所
了解的東西；我只觀察到了出現在我自己的經驗範圍之內的
東西。因此，按照所說的這種觀點，這些假設，即證據不僅
僅是聲音與形狀，以及世界在我最早能夠記憶事物以前就存
在著，都只是語言上的便利手段。

　　這是一種事實上無人接受的觀點。假如一個醫生對你說
「你的妻子患了癌症」，那麼你不會懷疑你所聽到的東西表
達了一種思想；你也不會懷疑，假如這位醫生是對的，那麼
你的妻子正在經歷並將繼續經歷一些與你的經驗有所不同的
痛苦經驗。假如你當真認為整個事情只是一種描述你自己的
某些經驗的語言縮寫，那麼你的情感完全是另外一個樣子。
這一點當然是不容爭論的。但是我注意到，採取我正在反對
的這種觀點的那些人，總是避免把它應用於有關他人的情
況，並且滿足於把它應用於像冰河時代這樣的幾乎毫無情感
內容的事物。這樣做是悖理的。假如冰河時代只是語言上的
便利，那麼你的父母、你的孩子、你的朋友以及你的同事都
是如此。當然，接受證據仍然是可能的。你可以說：「據我
所知，A 先生是一系列聲音與形狀。但是我已發現，假如我
把這些聲音解釋成我用之表達某些思想和知覺對象的那類聲
音，那麼它們經常被證明是真的，儘管這種發現可能顯得奇 282
怪。因此，我已決定，我在行為中把 A 先生當作一個有靈
性的存在物去對待。」但是，你的情感並非當你相信他「確
實」擁有靈性時你所擁有的情感。

　　當我們問：「某些未被我觀察到的現象確實出現嗎？」

我們是在問一個至少對於他人來說擁有非常重要的情感內容的問題，而且這個問題看來幾乎不可能完全沒有含意。我們對他人的愛與恨、苦與樂感興趣，因為我們堅定地相信它們與我們自己同樣地「實在」。當我們這麼說的時候，我們意指某種東西。一個小說中的人展現他自己，但那是欺騙性的：他所表達的那些情感並未實際地被感覺到。「實在的」人是不同的。但是，如何不同呢？

現在，我並不想證明發生未被觀察到的事件；我只想證明，它們發生與否不只是一個語言問題。首先，我認為這個問題與他人的知覺對象、思想及感覺相連繫，因為既然那樣，我們所推斷的東西十分類似於我們從自己的經驗中所知道的東西。就未被觀察到的事物而言，不僅存在著這個事實，即它未被觀察到，而且還存在著這樣的事實，即它一定非常不同於我們對其擁有經驗的任何東西，因為它不可能擁有某些可感的性質。透過考慮他人的經驗，這個額外的問題被避免了。假如我們看到一個人明顯是在遭受痛苦，那麼他是在遭受痛苦這個假設增加了某種東西，而不只是對一種不同於唯我論的語言習慣的接受。

說「但這並未把你帶到經驗之外；它只是把你帶到了你的經驗之外」，是沒有用處的。你並不知道這是真的，除非你知道另外那個人擁有經驗並且知道他並不僅僅是你所感知的東西；但這正是我們要對其加以正當性證明的那個知識。認識論不可能從接受他人的證據開始，因為他人證據的正確性確實屬於基本命題。

於是，我斷定，在發生我沒有經驗到的某種事物這個假設中，有一種實質性的意義；至少當這是類似於我的經驗的 283 某種事物——例如：我將其歸屬於他人的那些經驗——時，情況是這樣的。

然而，這並未解決這個問題，即在關於無人觀察到的物理現象的假設中是否存在著某種意義。我們現在就必須考慮這個問題。

這裡，需要作出某些區分。我們依據經驗認為，除了在有眼睛、神經以及頭腦的地方，不可能有視覺對象存在；但是，假設這樣的對象存在於其他地方並無邏輯的困難。事實上，每一個在哲學和科學上天真的人都相信，當我們看某種事物時我們所看到的東西，當我們不再看它時依然在那裡。這就是所謂的天真實在論；它是一種在事實上必須被認為是假的，但又並非是邏輯上不可能的學說。與物理學相關的問題是：由於承認在不存在具有感覺能力的人的地方，就不可能存在某種擁有我們從經驗中所知道的那些可感性質的事物，那麼存在著某種事物這個假設擁有某種意義嗎？事實上，有兩個問題：首先，某種未被經驗到的事物存在著這個假設有含意嗎？其次，如果我們在不存在擁有感知能力的人的地方，必須假定現象不同於知覺對象，那麼當我們假設存在著也在同樣意義上不同於知覺對象的某種事物時，這種假設有含意嗎？

關於第一個問題，我沒有發現什麼困難。我們經驗到一種現象這個事實並非我們對這種現象的理解的一個必要部

分，而只是導致我們知道這種現象出現了的一個原因，並且對於這個假設，即這種現象可以在無人感知時也存在著，不存在邏輯的障礙。事實上，我們全都以為，我們擁有我們沒有注意到的許多感覺，並且嚴格說來，這些東西並未被經驗到。

關於第二個問題，存在著較多的困難。它是這樣的問題：如果當它們既非視覺的，也非聽覺的，也非屬於任何其他常見類型的時，物理現象必將不同於我們的知覺對象，那麼關於在這種意義上不同於我們的知覺對象的物理對象的假設具有某種含意嗎？這個問題完全不是關於處在時間之外的康德的物自體的問題。我們的探究所涉及的這種類型的現象無疑是處於時間中的，而且它們處於一種類型的空間中，儘管這種空間的類型完全不是我們在知覺對象中所習慣的那一類。物理的空間即物理學空間並非直接可感知的，但是可以透過與可感空間的關係來定義。因此，一個涉及純粹物理現象的命題看來能夠透過從經驗中知道的詞項加以定義。假如這樣的話，這個命題在某種意義上確實是有含意的，即便我們並不知道如何發現它是真的或假的。假如這樣的說法，即「每個存在的事物都是可感的」，是有含意的，那麼，與此矛盾的說法，即「某個非可感的事物存在著」，一定也是有含意的。假如堅持認為「可感的」沒有意義，那麼我們能夠代之以「視覺的或者聽覺的，或者其他等等的」。因而，我們似乎不能否認，關於那些不具有我們認為在原因上依賴於感官系統的性質的假設是有含意的。

　　尚待探究在什麼意義——假如有這樣的意義——上，這樣的一個假設可以被認為或者是眞的或者是假的。

　　這把我們帶到了關於作為使命題為眞的東西的「事實」的問題。塔爾斯基指出，根據眞理的符合論，假如天在下雪，那麼「天在下雪」這個命題是眞的。顯而易見，這與知識毫無關係。假如你沒有意識到天在下雪，那麼這並未使「天在下雪」這個命題少了一些眞實性。當你最後確實探頭往外看時，你可能發現地面上有幾英寸厚的雪，並說「雪一定已經下了好幾個小時」。假如你後來沒有往外看，那麼雪確實會依舊在下著嗎？在你沒有探頭往外看的所有時間中，「天在下雪」這個命題都是眞的，儘管你並不知道它是眞的。這是實在論的和常識的觀點，而且正是這種觀點使得排中律似乎成為不言自明的。

　　讓我們以一種避免所有可避免的困難的方式著手陳述這種觀點。首先，關於「事實」：它們將不被構想為「草是綠的〔這個事實〕」（that grass is green）或者「所有人是有死的〔這個事實〕」（that all men are mortal）；它們將被構想為現象。我們將說，所有知覺對象都是事實；但是根據實在論的觀點，它們僅僅是事實中的一部分。它們可以被定義為某人無須推論就知道的事實；但是，根據實在論的假設，存在著只能透過推論才能被知道的其他事實，並且很可能還存在著其他一些根本不能被知道的事實。

　　按照這種觀點，知覺對象可以定義為與擁有適當器官的一具活的身體具有某種類型的時空關係的事件。例如：設想

你在測量音速，並且為了這種目的，你偶爾開槍，而一英里之外的一個人一旦聽到槍聲就會揮舞一面旗幟。假如我們相信物理學家的話，那麼在穿越介於中間位置的空間的全過程中都存在著一些事件，即電波。當這串事件到達耳朵時它就經歷了各種各樣的改變，這很像當太陽開始在植物上面製造葉綠素時也經歷了各種各樣的改變一樣。只要耳朵是與正常的腦連在一起的，聲波對耳朵的衝擊所產生的事件之一就是所謂的「聽到」這種聲音。在這個事件之後，因果鏈條就走出腦進入手臂，並且導致那面旗幟的舞動。與腦和感覺有關的奇怪之處，是在鏈條的這個點上起作用的因果律的特徵：它們包含習慣以及「記憶的」因果關係。說我們「知道」一個知覺對象，就等於說它已經在腦中建立了某種習慣。只有腦中的事件才能在腦中建立起習慣。因此，只有腦中的事件才能透過我們憑之知道知覺對象的那種方式而被知道。

物理學和生理學從技術上假定了某種像上述這樣的觀點。我並不是說物理學家和生理學家必然要從理論上為它辯護，或者說他們的結論與其他觀點不相容。我只意味著他們以自然的方式加以使用的語言是一種蘊含著某種這樣的看法的語言。

我不知道是否有任何論證可以表明這種觀點是假的。各式各樣的唯心論哲學都試圖證明它是站不住腳的；但是，就它們訴諸邏輯而言，我認為它們沒有達到目的是理所當然286 的。來自認識論的論證並不試圖表明所提到的這種觀點是錯誤的；它只試圖表明，就其因為假定存在著不必要的實體而

違背了奧康剃刀原則而言，它是不必要的；與來自邏輯的論證不同，這種論證和它以往同樣地有力。認識論的論證指出，我們所知道的東西是知覺對象。聲波、腦等等都只是在知覺對象的相互連繫方面所作出的方便的假設。當我既已開槍時，它們能使我算出在我擁有我稱之為旗幟的舞動這個知覺對象之前將有多長時間（根據我稱之為「看碼錶」的那種視知覺）。但是，就像沒有必要設想平行線「確實」會在一個無窮遠的地點相交一樣，也沒有必要設想這些假設擁有某種「實在性」；這裡所說的無窮遠的地點，對於某些目的而言，也只是一種便利的說話方式。

　　認識論的懷疑論擁有一種邏輯的基礎；該基礎指的是這個原則：絕不可能從其他某種事物的存在中演繹出某種事物的存在。這個原則必須加以更清晰地陳述，並且在陳述中不使用「存在」這個詞。我們舉例說明。你往窗外看，並且發現你能看到三座房屋。你轉身回到屋裡，並說「三座房屋都可以從窗子裡看得到」。我所想到的這種類型的懷疑論將會說：「你的意思是指這三座房屋都曾是可見的。」你會回答說：「但是它們不可能在這麼短的時間裡就已消失了。」你也許又看了一下，並說：「確實，它們還在那兒。」懷疑論者會反駁說：「我承認在你又一次往外看時它們又一次曾經在那兒；但是，什麼東西使你認為在你兩次往外看的時間間隔中它們還是在那兒？」你只能說：「因為每當我看的時候，我都看見了它們。」懷疑論者會說：「那麼你應該推斷，它們是由你的看的行為導致的。」你絕不可能成功地獲

得任何反對這種觀點的證據，因為你不能發現當無人看它們時這些房屋會是什麼樣子。

287　我們的邏輯原則可以陳述如下：「任何關於在時空的一個部分所發生的事情的命題在邏輯上都不蘊含著任何關於在時空的另一個部分所發生的事情的命題。」如果認為提到時空就不適當地暗示了物理主義，那麼可以輕易地將其消除。我們可以說：「可以從一個被感知的事件中獲得的命題，在邏輯上絕不蘊含著任何關於任何其他事件的命題。」我認為，任何一個理解真值函項邏輯的人都不可能對此表示懷疑。

在純粹數學之外，重要的推論並不是邏輯的；它們是類比的和歸納的。現在，我們所想到的這種偏頗的懷疑論者承認這樣的一些推論，因為每當物理主義能使我們預言我們自己未來的知覺對象時，他就接受物理主義。他將允許測量音速的那個人說「在五秒之內，我將看到那面旗幟舞動」；他只是不允許那個人說「在五秒之內，那面旗幟將會舞動」。然而，在歸納與類比方面，這兩個推論完全處於同一個層次；而沒有歸納與類比，科學，無論得到怎樣的解釋，都是不可能的。我們的邏輯基礎因而變得不重要了，並且我們必須考慮，歸納與類比是否在任何時候都能使得存在未被感知到的事件這點成為可能。

在這點上，存在一種謬誤推論的危險。這種推論非常簡單，以至於它應該易於避免，但它仍然不是始終可以避免的。一個人可以說：「我感知過的每個事物都曾被感知了；

因此，可以歸納地證明每個事物都將被感知」；而假如我說
「我知道的每個事物都是已知的；因此，很可能每個事物都
是已知的」，論證方式將是一樣的。

於是，我們就有了一個實質性的問題：假定歸納與類比
是合法的，那麼它們為未被感知到的事物提供證據了嗎？這
是一個困難的但絕非不可解決的問題。然而，我現在不會討
論它，因為它假定了公認的並且目前對我們來說作為必要之
點的東西，即在承認未被感知到的事件的理論與不承認未被
感知到的事件的理論之間的區別，不必僅僅是語言上的。

儘管上述討論迄今為止是很不令人信服的，但在這種
討論結束時，我發現自己相信真理與知識是不同的，並且我
相信一個命題可以是真的，儘管不存在任何方法可以發現它
是真的。既然那樣，我們可以接受排中律。我們將參照「事
件」來定義「真理」（我是在說非邏輯的真理），並且將
透過與「知覺對象」的關係來定義知識。因而，「真理」將
是一個比知識更寬廣的概念；要不是因為這個事實，即知識
擁有一些非常模糊的邊界，它在實踐上就會是一個無用的概
念。當我們進行一項研究時，我們假定我們正在研究的那些
命題或者是真的或者是假的；我們可能發現證據，也可能發
現不了證據。在發明分光鏡以前，確定星體的化學構成顯然
始終是不可能的；但是，堅持認為它們既非包含也非不包含
我們所知道的元素就是錯誤的。現在，我們並不知道在宇宙
的其他地方是否存在著生命，但是我們有權利確信，在那裡
或者存在著生命，或者不存在著生命。因而，我們既需要

「眞理」，也需要「知識」，因為知識的邊界是不確定的，並且因為如果沒有排中律，我們就不能提出導致諸多發現的問題。

在下一章中，我將繼續討論我們剛才一直在討論的那些問題。但是，這種討論將是細緻的和分析的，而非論證性的。在繼續進行縝密的分析以前，我希望使在一般趣味方面有待解決的問題的意義變得清晰。這個過程將包含某種不可避免的重複。為此，我必須請求讀者諒解。

# 21.
## 眞理與證實

　　在近來的哲學中，我們可以區分四種主要類型的關於「眞理」或者關於某種被認為是更好的並作為其替代物的概念的理論。這四種理論是：

　　I. 用「有保證的可斷言性」代替「眞理」的理論。這種理論為杜威博士及其學派所主張。

　　II. 用「可能性」代替「眞理」的理論。這種理論為賴欣巴赫教授所主張。

　　III. 把「眞理」定義為「融貫」的理論。這種理論為黑格爾派以及某些邏輯實證主義者所主張。

　　IV. 眞理的符合論。根據這種理論，基本命題的眞依賴於它們與某種現象之間的關係，而其他命題的眞則依賴於它們與基本命題之間的句法關係。

　　就我而言，我堅定地堅持最後這種理論。然而，它有兩種形式，並且在這兩種形式之間作出決斷是不容易的。在一種形式中，基本命題必須是獲自經驗的，而且不能適當地與經驗相關聯的命題因此既不是眞的也不是假的。在另一種形式中，基本命題無須與經驗相關聯，而只與「事實」相關聯，儘管假如它們不與經驗相關聯，它們就不能被知道。因此，就「眞理」與「知識」的關係而言，符合論的兩種形式是不同的。

　　在上述四種理論中，我已在第十章中討論了第三種。我將在以後的一章中討論第一種和第二種，這兩種理論具有某種親緣性。當前，我將假定「眞理」將通過符合而得到定

義，並且我將依據是「經驗」還是「事實」被當作眞理必須與之相符的東西，來考察這種理論的兩種形式。我將分別把 290 這兩種理論稱作「認識論的」和「邏輯的」理論。我並不是想暗示「邏輯的」理論比另一種理論更邏輯，而僅僅是想指出，它是那種從技術上為邏輯所假定的理論，並且假如它被拒絕，這種理論就將被牽扯到某些困難之中。

在這個領域的大部分範圍內，這兩種理論是相同的。根據認識論的理論為眞的一切東西，根據邏輯的理論也是眞的，儘管反過來不是這樣。在認識論的理論中的所有基本命題在邏輯的理論中也是基本的，儘管反過來也不是這樣。在這兩種理論中，基本命題與其他眞命題之間的句法關係是相同的。能夠從經驗中被知道的命題在這兩種理論中也是相同的。然而，在邏輯方面有一些差別：在邏輯的理論中，所有命題或者為眞或者為假；而在認識論的理論中，一個命題既不為眞也不為假，假如不存在對其有利或不利的證據。換句話說，在邏輯的理論中，排中律是適用的；但在認識論的理論中，排中律是不適用的。這是它們之間最重要的差別。

我們將會看到，在這兩種理論中，用於定義「眞理」的符合都只會在涉及基本命題的情況中被發現。如果假定像「所有人都是有死的」這樣的命題是眞的，那麼它是從「A 是有死的」、「B 是有死的」等等之類的命題中獲得它的眞的，並且這些命題中的每一個都是從像「A 死了」、「B 死了」等等之類的命題中獲得它的眞的。對於 A 和 B 的某些值來說，這些命題可以從觀察中獲得；它們在這兩種理論

中都是基本命題。在邏輯的理論中，甚至當它們未被觀察到
時，它們也將（假如是真的）是基本命題。邏輯的理論將會
認為：存在一個會使「A 死了」這個陳述為真的「事實」，
即使沒有人意識到這個事實；或者說，存在一個相反的事
實，或者更確切地說，一組相反的事實，而從這些事實中可
以斷定 A 是不死的。

291 　　在認識論的理論中，基本命題就是像在第十章中所定
義的那樣。在邏輯的理論中，它們必須擁有一種不參照我們
的知識的定義。但是，根據這種新的邏輯的定義，「被經驗
到的基本命題」就是認識論的理論中的「基本命題」。這種
邏輯的定義將透過觀察認識論上的基本命題的邏輯形式而獲
得，並且忽略它們必須被經驗到這個條件，儘管保留了它們
一定是真的這個條件（在邏輯的理論的意義上）。

　　在認識論的理論中，我們說，一個「基本」語句是一
個「符合」於一種「經驗」或者「表達」一種經驗的句子。
「符合」和「表達」的定義主要是行為主義的。「經驗」可
以被考察，但是按照我們當前的觀點，它幾乎不能被定義。
根據另一種「邏輯的」觀點，「經驗」可以定義為「事實」
的某個子類。

　　表達經驗的句子具有某些邏輯形式。當它們表達提供
了物理學的材料的經驗時，它們總是原子的。就心理學的材
料而言，如果認為情況也是如此，那麼就會有一些困難。但
是，我們已經發現，有理由認為這些困難並非不可克服的。
存在某些涉及像「或者」和「有的」這樣的邏輯語詞的回

憶;更通常地,存在某些「命題態度」,比如相信、懷疑和
願望等等。命題態度的問題是複雜的,並且需要進行大量的
討論。但是,我們對於信念的分析意在表明,與它們有關的
基本命題本質上並非不同於物理學所需的那些命題。

假定認識論的基本命題的邏輯形式已經確定,我們就可
以繼續考慮關於基本句子的邏輯理論。但是必須指出,我們
現在將要考慮的這種觀點是可商榷的。它的主要優點在於允
許我們相信排中律。

如果假定了排中律,那麼,任何一個認識論上基本的句
子,若其中的任何語詞都被替換為與自己屬於相同邏輯類型
的另一個語詞,則將依然是真的─或者─假的。但是,當一
個句子在認識論上是基本的時,它與之相符並且因此為真的 292
那個事實是被經驗到的。當這個句子中的一個或多個語詞被
變換時,可能不存在某種由新的句子所表達的經驗;在這個
新的句子與任何一個認識論上基本的語句之間,也可能不存
在這個新的句子由之獲得間接的真或假的句法關係。因此,
我們必須或者放棄排中律,或者擴展我們的真理定義。

假如在回到認識論的理論時,我們放棄排中律,那麼
我們可以根據「可證實性」來定義間接的真理:一個句子是
「可證實的」,當它與一個或多個認識論上基本的語句之間
具有某些指派的句法關係中的一種時。沒有這樣的句法關係
的句子將既不是真的,也不是假的。(與基本句子之間的某
些句法關係使得一個句子是「可能的」;既然如此,按照我

們當前的打算，我們也將被迫否認這個句子是真的─或者─
假的。）

　　另一方面，我們可以堅持排中律，並且對於「基本語
句」，我們可以尋求一種與認識論的定義相對的邏輯的定
義。這種做法首先需要對「有含意的」句子作出定義。為了
達到這個目的，我們確立下列定義：

　　一個句子是「可證實的」，當它或者(a)在認識論上是
基本的，或者(b)與一個或多個認識論上基本的命題之間具
有某些句法關係時。

　　一個句子是「有含意的」，當它是透過用與自己屬於相
同邏輯類型的其他語詞代替一個可證實語句 S 中的一個或
多個語詞而產生的時。

　　然後，排中律將被斷言適用於每一個有含意的句子。

　　但是，這將需要對「真理」作出一種新的定義。

　　在認識論的理論中，我們說過，一個「基本」句子的真
是透過與一種「經驗」之間的符合而得到定義的。然而，我
們可以用「事實」代替「經驗」；假如這樣，一個不可證實
的句子可以因為與一個「事實」相符合而成為「真的」。既
然這樣，假如排中律被保留，那麼我們不得不說：每當有一
293 個包含某個語詞「$a$」的可證實語句「$f(a)$」，並且該語句被
關於 $a$ 的適當事實所證實時，如果「$b$」是一個與「$a$」屬於
相同邏輯類型的語詞，那麼就有一個由語句「$f(b)$」所指示
的事實，或者有一個由語句「並非 $f(b)$」所指示的事實。

因而，排中律將把我們捲入很多困難的形上學之中。

假如排中律被保留，那麼我們將不得不按照下述方式進行：

(1) 事實是不加定義的；

(2) 某些事實被「經驗到」；

(3) 某些被經驗到的事實既被語句所「表達」，也被語句所「指示」；

(4) 假如「$a$」和「$b$」是屬於同一邏輯類型的語詞，並且「$f(a)$」是表達一個被經驗到的事實的句子，那麼或者「$f(b)$」指示了一個事實，或者「並非$f(b)$」指示了一個事實；

(5) 「材料」是表達並指示被經驗到的事實的句子；

(6) 「可證實的」句子就是那些與材料之間具有某些句法關係的句子，並且這些句法關係可以使它們從材料中演繹出來——或者我們可以補充說，使它們與材料相比或多或少是可能的；

(7) 「真的」句子就是那些或者指示事實或者與指示事實的句子之間具有某種句法關係的句子，而且這裡的句法關係就是可證實的句子與材料之間所具有的那種關係。

按照這種觀點，可證實的句子是真的句子的一個子類。

　　似乎相當清楚的是，在沒有上述的形上學原則(4)的情況下，排中律是無法保留的。

　　在這兩種眞理理論中，都存在著困難。認識論的眞理理論，由於是以前後一貫的方式提出的，從而對知識作出了過分的限制，而這種結果並非是其擁護者想要的。邏輯的理論把我們捲入形上學，並且在定義符合時存在著一些困難（並不是不可克服的），而這種符合是關於「眞理」的定義所需要的。

　　我認為，無論我們接受哪一種理論，都應該承認意義限定於經驗，而含意則不然。

294　　關於意義：依通常的理由，我們可以忽略擁有詞典定義的語詞，並把我們自己限定於擁有實指定義的語詞。現在，顯而易見，實指定義必須依賴於經驗；休謨的原理，即「印象先於觀念」，確實適用於關於對象詞的意義的學習。假如我們先前的討論是正確的，那麼它也適用於邏輯語詞：「並非」一定是從拒絕的經驗中獲得其意義的，而「或者」一定是從猶豫的經驗中獲得其意義的。在我們的詞彙中，任何必要的語詞都不可能擁有獨立於經驗的意義。確實，**我**能理解的任何語詞都擁有一種獲自我的經驗的意義。

　　關於含意：每當我接受知識時，這就超越了我的個人經驗。在小說作品中，它超越了全人類的經驗。我們經驗「哈姆雷特」，而非哈姆雷特。但是，在閱讀這個戲劇時我們

的情感與哈姆雷特而非「哈姆雷特」有關。「哈姆雷特」[1]
是一個擁有六個字母的單詞;它是否應該如此是一個無足輕
重的問題,而且它確實不能用一把出鞘的匕首結束自己的生
命。因而,戲劇「哈姆雷特」全都是由假的命題構成的;這
些命題超越了經驗,但確實是有含意的,因為它們能夠喚起
情感。當我說我們的情感是關於哈姆雷特而非「哈姆雷特」
的時,我必須對這個陳述作出限制:它們確實不是關於任何
事物的,但是我們認為它們是關於名叫「哈姆雷特」的那個
人的。戲劇中的命題都是假的,因為不存在這樣的一個人;
它們是有含意的,因為我們從經驗中知道「哈姆雷特」這種
聲音、「名字」的意義以及「人」的意義。在這個戲劇中,
基本的虛假在於這個命題:「哈姆雷特」這種聲音是一個名
字。(假設無人作出下述這樣的不相關陳述:也許曾經有一
位名叫「哈姆雷特」的丹麥王子。)

我們關於哈姆雷特的情感並不包含信念。但是,為信念
所伴隨的情感可以在非常類似的情況下出現。聖維羅尼卡[2]
應當把其假想的存在歸因於語詞的誤解,但是她還是能夠成
為一個偶像;同樣地,古羅馬人崇拜羅穆盧斯[3],中國人崇

---

1 「哈姆雷特」的英文是「Hamlet」,因此包含六個字母。——譯注
2 維羅妮卡係基督教傳說中的聖女。相傳在耶穌背負十字架去往法場
的途中,她曾以面巾為耶穌拭去臉上的汗水,耶穌面像即留於面巾
上。——譯注
3 羅穆盧斯係羅馬神話中的人物,為戰神(Mars)之子,羅馬城的創建
者,「王政時代」的第一個國王。——譯注

拜堯和舜,而英國人崇拜亞瑟國王[4],儘管所有這些傑出的人物都只是文字上的虛構。

我們在第十四章中看到,像「你熱」這樣的一個陳述在其完全的表達中包含了一個變項。我們能說我所擁有的超出我個人經驗的每一個信念都至少包含一個變項嗎?讓我們舉一個盡可能不利於這個假設的例子。設想我正和一位朋友站在一起觀看一群人。我的朋友說:「瓊斯在那兒。」我相信他,但是我看不到瓊斯;而對於瓊斯,我假設她既為我也為我的朋友所認識。我將假定,我的朋友和我把同一種意義歸於「瓊斯」這個詞;好在就當前的這個方面而言,不必討論這種意義是什麼。就我們的目的來說,「那兒」這個詞是關鍵的;當被我的朋友加以使用時,它是某個視覺方向的專名。(「那兒」是一個自我中心殊相詞,我們在第七章中已經討論了它在其中被看作專名的那種意義。)我的朋友可以透過手的指向解釋「那兒」這個詞;這能使我大約知道他是把哪個方向稱作「那兒」的。但是,無論他可能做什麼或者說什麼,「那兒」這個詞對我來說都不是一個專名,而只是一個或多或少具有模糊性的摹狀詞。假如我看到了瓊斯,那麼我可以說:「噢,是的,他是在那兒。」於是,我就說出了我的朋友的陳述所未傳達給我的一個命題。對我來說,我所聽到的被我的朋友所使用的語詞「那兒」,僅僅意味著「某個特定區域內的某個地方」,因而它包含了一個變項。

---

4　亞瑟係中世紀傳奇故事中的不列顛國王,圓桌騎士的首領。——譯注

　　讓我們試圖來定義時常以非常模糊的方式加以使用的「經驗」一詞。它在不同的方面擁有不同的意義，儘管這些意義之間是有連繫的。讓我們從一種語言學的定義開始。

　　從語言學上說，一個詞擁有一種處於「經驗」範圍之內的意義，假如它擁有一個實指定義的話。「哈姆雷特」這個詞並不擁有一種經驗範圍之內的意義，因為我無法用手指著哈姆雷特。但是，「『哈姆雷特』」這個詞確實擁有一種處於經驗範圍之內的意義，因為它意指「哈姆雷特」這個詞，並且我能夠指著該詞。當一個詞擁有一種實指定義時，我們將稱之為一個「經驗語詞」。所有真正的專名、所有沒有詞典定義的述詞或關係詞的裝置，還有某些少量的表達拒絕或者猶豫這類心靈狀態的邏輯語詞，都屬於這樣的語詞。

296

　　當我們關心語言時，上述定義是恰當的，但是在其他方面是很有侷限的。透過實指定義理解一個詞只是一種習慣，並且在其某些用法中，「經驗」可以等同於「習慣」；或者為了表達得更精確一些，我們可以說，在一個「被經驗到」的事件與一個僅僅存在著的事件之間的差別，在於前者而非後者導致了一種習慣。

　　上述定義既有優點，也有缺點。在考慮這些優缺點是什麼時，我們必須記住，我們關心的主要問題是，我們是否對未被經驗到的東西擁有某種知識；還必須記住，正是為了使這個問題更精確，我們才去尋求「經驗」的定義。現在，每個人都會同意，「經驗」被限定於動物身上，並且很可能還包括植物，但肯定不能在無生命的物質中發現。對於大多

數人，如果要他們說出人與石頭之間的差別，那麼他們很可能會回答說：人，而非石頭，是「有意識的」。他們很可能會承認，一條狗是「有意識的」；但是對於牡蠣，他們就會猶豫不定。如果問他們「意識」意指什麼，他們就會躊躇，並且最終也許會說，它們意指「意識到正在發生的關於我們的事情」。這將導致我們討論知覺及其與知識之間的關係。人們不說溫度計「意識到」溫度，或者電流計「意識到」電流。因而我們發現，「意識」，當該術語以通常的方式被使用時，包含著某種或多或少帶有記憶性質的東西，並且我們可以將這種東西等同於習慣。不管怎樣，習慣都是主要區分動物行為與無生命事物的行為的東西。

重新回到我們的「經驗」的定義上來，我們可以發現，被說成是我們所「經驗到」的一個事件在其停止之後一定會繼續產生某些效果，而僅僅存在著的一個事件在其發生時就已將其效果全部發揮至盡。然而，照這個樣子，這種說法是不精確的。每個事件都永遠擁有一些間接的效果，並且除了在當時，任何事件都不擁有直接的效果。「習慣」是一個處於完全的無知與完全的知識中間的概念。我們將設想，假如我們的知識真的是充分的，那麼生命體的行為能夠還原到物理學，而習慣將會還原到可以比作水道的對腦所產生的效果。流向山腳的水所選擇的路線，不同於當假若那裡以前不曾有過降雨時所選擇的路線；在這種意義上，可以認為每條河流都體現了一種習慣。不過，由於在挖掘一條較深的運河時我們能夠理解每次降雨的效果，我們在這方面沒有理

由使用習慣這個概念。假如我們擁有同等數量的關於腦的知識，那麼我們將設想，在解釋動物行為時我們同樣可以不需要習慣。但是，這只是在萬有引力定律能使我們不需要克卜勒定律這種意義上來說的：習慣將會被推論出來，而非被假定的，並且在被推論時，將會表明它並不是一個完全精確的定律。克卜勒不能解釋為什麼行星軌道不是精確的橢圓，而關於以習慣法則開始的動物行為的理論也有類似的侷限。

然而，在我們的知識的當前狀態中，我們無法避免使用習慣概念。我們能做到的最好的事情是記住，「習慣」以及所有起源於它的概念，都擁有某種暫時性和近似性的特徵。這尤其適用於記憶。就像牛頓推論克卜勒定律一樣，一種充分的生理學與心理學會把記憶作為某種近似真的，但又具有某些可估算和可說明的不精確性的東西推論出來。真實且令人誤導的記憶將受制於相同的規律。但是，這是一種長遠的目標，而且我們當前必須充分利用某些被我們看作暫時性的而且並非相當精確的概念。

我認為，有了這些限制性條件，我們可以接受這種觀點：當一個事件或者它作為其中之一的一系列類似事件導致了一種習慣時，我們就說該事件「被經驗到」了。我們將會看到，根據這個定義，被記住的每個事件都是被經驗到的。然而，一個事件可能在未被記住的情況下被經驗到。我也許 298 透過經驗知道火會灼傷人，而不能回憶起我被火灼傷的任何具體場合。既然那樣，我在其中被灼傷的那些場合就已經被經驗到了，但是沒有被記住。

現在，讓我們試圖首先明確地陳述作為先前那些討論之結果的經驗知識與經驗之間的關係。當這項工作既已完成時，我們就能開始為我們的觀點進行辯護，並反駁某些其他哲學家的觀點。

就所有那些在其語詞運算式中沒有變項，即沒有「所有」或者「有的」這類語詞的信念而言，對我的經驗的依賴是完全的。這樣的信念一定表達了我的知覺經驗，唯一的擴展在於這種經驗可以被回憶。所涉及的這種經驗一定是我的，而非任何其他人的。我們在討論那個說「瓊斯在那兒」的人時看到，我從他人那裡所了解的一切東西都包含著變項。在這樣的情況下，被傳達給聽者的信念絕不是由說者所表達的信念，儘管在適宜的情況下它可以邏輯地從中演繹出來。當一個人在我聽的過程中作出了一個陳述「$fa$」，並且這裡的「$a$」是我沒有經驗到的某個事物的名稱時，假如我相信他，那麼我所相信的不是「$fa$」（因為對我來說，「$a$」不是名稱），而是「有一個 $x$，並且 $fx$」。這樣的一個信念，儘管超越了我的經驗，但是並未被任何希望用「經驗」來定義「真理」的哲學家所排除。

也許有人會說：當一個人驚呼「瓊斯在那兒」，並且我相信他時，我的信念的原因是他的驚呼，而他的驚呼的原因是他的知覺；因此，我的信念仍然是基於知覺的，儘管是間接的。我不想否認這一點，但我想問它是如何被知道的。為了使有待解決的核心問題明晰化，我將假定下述陳述是真的：我的朋友說「瓊斯在那兒」，因為他看到了瓊斯；而

且我也相信瓊斯在那兒，因為我聽到了我的朋友是這麼說的。但是，除非我和我的朋友都是哲學家，這個陳述中的兩個「因為」一定都是因果的，而非邏輯的。在獲得瓊斯在那兒這個信念時，我並未經歷一個推理過程；有了刺激物，這個信念就自動產生了。在從知覺對象過渡到說出「瓊斯在那兒」時，我的朋友也沒有經歷一個推理過程；這也是自發的。這個因果的鏈條因而是清晰的：由於反射了太陽的光線，瓊斯在我的朋友身上導致了一個知覺對象；這個知覺對象導致了「瓊斯在那兒」的說出，這種說出導致了在我身上的一個聽覺的知覺對象，並且這個聽覺的知覺對象在我心裡導致了「瓊斯在附近的某個地方」這個信念。但是，我們不得不問的問題是：為了使作為反思的哲學家的我可以知道這個因果鏈條為我的信念提供了一種根據，我必須知道什麼？

　　我現在並不關心導致懷疑的常識性理由，比如鏡子的反射、聽覺幻覺……等等。我願意設想，每個事物都是如同我們自然地認為的那樣發生的，而且甚至為了避免不相關的東西，我願意設想，它們在所有類似情況下也是這樣發生的。既然如此，我所擁有的關於我的這個信念——即瓊斯在附近——的因果關係之前項的那些信念就是真的。但是，真的信念與知識並非一物。假如我即將成為一名父親，那麼我可以根據占星術認為這個孩子將是男孩。到時候，它最終可能就是男孩；但是，不能說我已經知道它將會是男孩。問題是：在上述因果鏈條中的真的信念比基於占星術的真的信念更合理一些嗎？

　　有一個明顯的區別。基於上述因果鏈條的預言，當能夠被檢驗時，最終證明就是真的，而關於孩子性別的占星術預言在一連串的情況下將會真假參半。但是，如果我們假設來自瓊斯的光波、關於我的朋友的知覺對象和他說出那句話的行為，以及從他出發並到達我的聲波，都只是我的知覺對象之間的因果連繫的一些輔助虛構，那麼這種假設與實在論的假設擁有同樣的結果，並且當我的知覺對象是我的經驗知識的唯一根據時，它將因而同樣是站得住腳的。

　　然而，這並不是主要的反對理由。主要的反對理由在於，假如設想存在未被經驗到的事件是沒有意義的，那麼在實在論的假設中所包含的光波和聲波也是沒有意義的。除非我們假定一個充滿萊布尼茲的單子的空間，人與人之間的所有因果連繫都不得不是傳心式的：我的朋友經驗到他自己說「瓊斯在那兒」；過了一段時間，而且在這段時間內沒有任何相關的事情發生，我就聽到了他所說的話。這個假設看來是荒謬的，而且假如我們否認可能存在著關於未被經驗到的事件的真理，那麼我們將被迫接受它。因而，假如我們斷言，這樣的說法，即存在一些無人經驗到的事件，是無意義的，那麼我們就不能避免與科學的常識發生極端的衝突——事實上，恰恰就像我們當真作為唯我論者時那樣的極端。

　　不過，就像唯我論的假設一樣，只有被經驗到的事件才會發生這個假設在邏輯上是不可反駁的。我們只需假定：在物理學中，所有未被經驗到的事件都只是邏輯的虛構，而它們之被引入是為了方便地將被經驗到的事件相互連繫起來。

在這個假設中，我們接受了他人的經驗，並且我們因而承認他人的證據，但我們並未承認未被觀察到的事件。讓我們考慮，從關於「真理」的意義的立場來看，是否將會說出有利於這個假設的某種東西。

　　主要的論證將來自於當我們定義在不涉及知覺對象的情形中構成基本真理的符合時所出現的困難。在某個知覺對象與說出「瓊斯在那兒」之間，有一種我們或多或少理解了的因果連繫。這種連繫構成了說出「瓊斯在那兒」的行為由之為「真」的符合。但是，只要不涉及知覺對象，任何這類簡單的符合都是不可能的。

　　然而要記住，超出說話者的經驗的命題總是包含著變項，並且這樣的命題必然從一種不同於不含變項的命題所包含的符合中獲得它的真（當它們是真的時）。「洛杉磯有人」這個陳述，被大量事實中的任何一個所證實；這些事實指的是 A 在那兒並且是一個人，B 在那兒並且是一個人……等等。在這些事實中，沒有一個理應成為此陳述的這個（the）證實者。因此，依據純粹邏輯的理由，關於未被感知到的事件，我們不應該期待與關於被感知到的事件具有 301 同一種符合，或者說同一種「類型」的真理。

　　讓我們以在第十五章和第十六章中所考慮的陳述「你熱」為例。我們曾斷定，為了解釋這種情況，我們必須能夠描述某個作為你的而非作為其他人的當前自身經歷之一部分的現象 x，然後加上「熱與 x 共現」。為了設法確保 x 不屬於其他人的自身經歷，我們必須使用在定義時空位置時所使

用的那種類型的某種性質。我們提出了你所擁有的關於你的身體的知覺對象，但是你所擁有的關於我的身體的知覺對象是同樣有用的。透過透視法則以及我所擁有的關於你的身體的知覺對象相對於我所擁有的其他知覺對象的位置，我能近似地推論出你所擁有的關於你的身體的視知覺對象的特徵。假如 R 是我在這個推論中使用的一種透視關係，而 $a$ 是我所擁有的關於你的身體的視知覺對象，並且 C 是共現關係，那麼「你熱」意指「有一個 $x$，它對 $a$ 擁有關係 R，並且對熱擁有關係 C」。這裡，所有常項，即除了 $x$ 以外的所有項，都是取自經驗的。與事實之間的這種符合（假定該命題是真的）是存在命題可能擁有的唯一類型的符合。從「我熱」，我能推斷「某個人熱」；它和事實之間，與按照以上所解釋的「你熱」和事實之間，擁有同一類型的符合。差別不在於符合的類型，而在於這一點：在一種情形中用來證實的事實是關於我自己的一個知覺對象，而在另在一種情形中則不是。

現在，讓我們以一個關於像聲波或者光波這樣的無人經驗到的某種事物的陳述為例。我將不去證明這樣的陳述可以被知道是真的，我只想賦予它們一種含意。假設我和你在某條測量過的道路上相互間隔很遠的一段距離。你放了槍，並且我先是看見了煙霧，然後聽到了槍聲。你沿著這條道路移動，而我站立不動；經過實驗，我發現，在我看到火光閃亮與聽到槍聲之間的時間是與你距我的遠近成比例的。至此，我沒有引入任何超越我的經驗的事物。你的移動可以看成我

所擁有的關於你的知覺對象的移動，你在這條路上的位置可
以看成我所擁有的關於你的知覺對象在我所擁有的關於這條
道路的知覺對象中的位置，並且你和我之間的距離可以看成
處在我所擁有的關於我的身體的知覺對象和我所擁有的關於
你的身體的知覺對象之間的關於測量桿的知覺對象的數目。
前後相鄰的測量桿之間在距離上的相等可以輕易地從主觀
上得到解釋，因為所涉及的空間可以看成我的知覺對象的空
間，而非物理的空間。

　　所涉及的必要的過渡是從知覺的到物理的空間的過
渡。為了消除在當前的這個方面並非必要的他人證據，我將
不再假定你開了槍，而是假定我在各個測量桿旁邊放置了一
系列定時炸彈，並且假定我測量在看到和聽到各次爆炸之間
的時間間隔。從這些主觀經驗到物理空間的推論的性質是什
麼呢？

　　必須明白，我並不是在討論由常識所完成的任何推
論。常識信奉天真實在論，並且在物理的和知覺的空間之間
不作區分。許多哲學家，儘管認識到了天真實在論是站不住
腳的，卻仍然保留某些邏輯上與其相關的意見，更具體地
說，是在關於不同種類的空間的問題上。我正在討論的這
個問題是這樣的：由於認識到了反對天真實在論的理由中所
蘊含的一切，我們能夠解釋存在著物理空間這個假設嗎？並
且，哪一種原理會使我們相信這個假設的行為是正當的（假
如它是真的）？

　　至少，所涉及的這個假設的一部分是：一種原因和它的

結果，如果被一有限的時間間隔所分離，那麼必須用一個連續的作為媒介的因果鏈條將它們連結起來。在看到和聽到爆炸之間顯然有一種因果關係。當我在現場的時候，它們是同時的；我們因此假定，當它們不是同時的時，就存在著一系列的中間現象，然而這些中間現象沒有被感知到，並且因此不在知覺空間中。由於發現光與聲一樣都是按照有限的速度運行的，這種觀點得到了強化。

303

因此，我們可以把以下所述看作一條適於當前討論之目的的原理：假如在我的經驗中，一個 A 類事件總是在一個有限的時間間隔之後為一個 B 類事件所跟隨，那麼就存在一些將它們相互連繫起來的事件。科學步驟中確實包含著某個這樣的原理；就我們的目的而言，其精確的形式是不重要的。

這是一個更一般的問題的實例：給定一個我沒有經驗到其某個證實者的存在命題，包含在這個假定即我能知道這個命題中的東西是什麼呢？部分說來，就「空氣中有聲波」和「塞米帕拉汀斯科有人」而言，這個問題並無本質的不同。就後者而言，它是真的，因為我能透過一次旅行經驗到證實者；而就前者而言，我不能做到這一點。但是，只要我並未實際地去旅行，這種差別就不是決定性的。每一個命題之被相信，並不是單單根據可感證據，而是根據可感證據與某個非證明形式的推論之間的結合。

也許所有非證明性推論都可以還原為歸納嗎？這個論證如下：我推論塞米帕拉汀斯科有人，並在隨後證實了我的推

論。許多這類證實的例子使得我相信一些類似的推論——甚至當它們未被證實時。但是，一個歸納推論是否有可能不僅是未被證實的，而且也是不可證實的？這就是關於聲波的情況，因為聲波是絕不能被感知到的。這些情況需要某種不同於歸納的其他原理嗎？

也許有人會說：關於聲波的假設能使我們預言可證實的現象，並且因而接受間接的歸納證實。這依賴於這樣的一般的假定：通常，不真實的假設擁有某些可以被經驗證明為假的推論。

在這點上，關於可經驗之物的假設與關於不可經驗之物的假設之間有一種實質性的差別。如果每當我看到了一次爆炸我就將很快聽到一種聲音這個假設是假的，那麼它或遲或早會被我的經驗證明為假的。但是，這個假設，即聲音透過聲波到達我，可以是假的，並且在任何時候都不會導致經驗將會證明其為假的某種推論。我們可以設想，聲波是一種方便的虛構，並且當我所聽到的聲音出現時，它就好像是由聲波產生的，而事實上並沒有某種非可感的東西在它之前出現。這個假設不可能以歸納為由被拒絕；假如要拒絕它，必須依據某種其他類型的理由，例如：依據上面所提及的連續性原理。

我們可以區分四種事件的集合：(1)我所經驗到的那些事件；(2)我依據他人的證據所相信的那些事件；(3)在任何時候為人們所經驗到的所有事件；(4)物理學中所假定的那些事件。在這些事件的集合中，我是從經驗上知道第(1)個

集合中我現在感知到或記得的那個部分的；在假定了歸納的情況下，從這些事件出發，我就能獲得我的未來的經驗或者被遺忘了的經驗。如果我假定我所聽到或看到的言語或書面文字「指的是」當我說出或寫下它們時它們所是的東西，那麼我能夠用類比的方法獲得(2)。有了這個假定，我就能透過歸納獲得(3)。但是，關於(4)又如何呢？

可以說，我之所以相信(4)，是因為它導致了一種在所有重要方面都與(1)、(2)和(3)相一致的協調的理論體系，並且對於那些支配著(1)、(2)和(3)中的現象的規律，提供了一種比用其他方法所能獲得的更簡單的陳述。然而關於這一點，應該說，僅僅透過設想被排除的其餘三組事件都是方便的虛構，單獨(1)，或者單獨(2)，或者單獨(3)都允許有一種同樣協調的理論。這四個假設，即單獨(1)、單獨(2)、單獨(3)，或者(4)，在經驗上是不可區分的；並且，如果我們要接受除單獨(1)以外的任何一個假設，那麼我們必須依據某種非證明的推論原理來做到這一點，而任何經驗的證據都不可能使該非證明原理成為可能的或者不可能的。由於沒有人單獨接受(1)，因此我斷定不存在真正的經驗論者，而且儘管經驗論並非邏輯上可反駁的，但事實上沒有人相信它。

305　　　一個不可證實的存在命題——例如：物理學中的那些存在命題——是沒有意義的這個論點必須被拋棄。這樣的命題中的每個常項都擁有一種獲自經驗的意義。許多這樣的命題——例如：「好人死後將會去天堂」——對於情感和行為都擁有一種強有力的效果。當它們是真的時，它們之於事實

的關係恰恰與可證實的存在命題或者一般命題之於事實的關係屬於同一種類型。我斷定：在含意的分析中沒有理由拋棄它們，並且經驗論僅僅提供了反對(4)且可以同樣用於反對(2)和(3)的理由。因此，我將無條件地接受排中律。

　　總結一下這個長篇的討論的結果：我們所謂的認識論的真理理論，如果加以認真地對待，會把「真理」限定於斷言我現在所感知或記得的東西的命題。由於沒有人願意接受如此狹隘的理論，我們被迫提出邏輯的真理理論；這種理論包含著無人經驗到的事件的可能性，以及那些雖絕不可能存在任何有利於它們的證據然而卻又具有真實性的命題的可能性。事實比（至少是可能地）經驗的範圍更廣。一個「可證實的」命題就是一個與經驗之間具有某種類型的符合的命題；一個「真的」命題就是一個與事實之間正好具有同一種類型的符合的命題——只不過出現在知覺判斷中的那種最簡單類型的符合在所有其他判斷中是不可能的，因為這些其他判斷包含著變項。由於經驗就是事實，所以可證實的命題是真的；但是，沒有理由設想所有真的命題都是可證實的。然而，假如我們明確地斷言有並非可證實的真的命題，那麼我們就放棄了純粹經驗論。純粹經驗論到頭來是無人相信的，並且假如我們必須保留我們全都認為有效的信念，那麼我們必須承認某些既非證明性的也非獲自經驗的推論原理。

# 22.

意義與證實

　　在第二十一章中，我考慮了可以被認作一種拙劣的經驗
論的東西，並決定反對它。我並非要決定反對經驗論的所有
可能的形式，而只是想弄清通常作為科學知識被接受的東西
的某些含意；在我看來，絕大多數近現代經驗論者都不充分
地認識到了這些含意。把那種經驗論與我極其贊成的那些意
見相比較，將有助於使我所斷言的東西變得精確。為了這個
目的，我在本章中將詳盡地考察卡納普《可檢驗性與意義》
一文中的某些部分。[1]這是一種重要而又謹慎的分析；尤其
是他對「還原」與「定義」的區分使人們在很大程度上了解
了科學方法論。只要我與卡納普的觀點有任何不一致之處，
這幾乎都完全產生於我的這種信念：他的分析起步太晚，並
且本書主要致力於去解決的某些居先的問題比他所願意承認
的更重要。我將開始以爭論的方式為這種看法進行辯護。

　　卡納普首先討論「意義」、「真理」和「可證實性」
這三個概念之間的關係。（他稱為「意義」的東西就是我
所謂的「含意」，也就是說，它是句子的一種特性。）
他說：

　　「知識論的兩個主要問題是意義問題與證實問題。第
一個問題是問，在什麼條件下一個句子擁有意義，即認識的
與事實的方面的意義。第二個問題是問，我們如何得以知道
307 某種事物，我們如何能夠發現一個給定的句子是真的或者假

---

1　《科學哲學》（*Philosophy of science*），第Ⅲ卷及第Ⅳ卷，1936 年與
　　1937 年。

的。第二個問題預設了第一個問題。顯然，在我們能夠試圖發現它是不是真的之前，我們必須理解一個句子，即我們必須知道其意義。但是，從經驗論的觀點來看，在這兩個問題之間還存在一種更密切的連繫。在某種意義上，這兩個問題只有一個答案。假如我知道什麼叫一個給定的句子被發現是真的，那麼我們就知道它的意義是什麼。而且假如對於兩個句子來說，當我們必須把它們看成是真的時它們所依賴的條件是相同的，那麼它們擁有同一種意義。因而，一個句子的意義在某種意義上等同於我們確定其真或假的方式，而且僅當這樣的一種確定是可能的時，一個句子才擁有意義。」

卡納普認為這個論題，即「一個句子是有意義的，當且僅當它是可證實的；並且它的意義就是它的證實方法」，被過分簡單化了。他說，這種表述「導致了一種對科學語言的過分狹窄的限制；它不僅排除了形上學語句，而且還排除了某些擁有事實意義的科學語句。我們當前的任務因而能夠表述為對可證實性要求的一種修改。它是一個修改的問題，而不是一個完全拒絕那種要求的問題。」

例如：這種粗糙的觀點由石里克[2]所陳述：「陳述一個句子的意義等於陳述這個句子據以被使用的規則，並且這就等於問它可以根據哪種方式被證實（或者被證偽）。*一個命題的意義就是它的證實方法*〔斜體是我標記的〕。如果最終不參照實指定義，就無法理解任何意義，而且在一種明顯的

---

2 「意義與證實」，《哲學評論》，第 45 卷，1936 年 7 月。

意義上，這意味著參照『經驗』或者『證實的可能性』。」

　　在這段文字中，石里克由於沒有在詞和句子之間作出區分，因而陷入一種謬誤。我們已經看到，所有必要的語詞都擁有實指定義，並因而依賴經驗獲得它們的意義。但是，對於語言的使用而言，至關重要的是，我們可以正確地理解一個由我們理解的語詞所組成的句子——即使我們從未擁有任何一種符合於作為整體的該語句的經驗。小說、歷史以及所有提供資訊的東西都依賴於語言的這種特性。可以加以形式化地陳述：有了理解名稱 $a$ 和述詞 P 所必需的經驗，我們就能理解語句「$a$ 具有述詞 P」，而無須任何符合於該語句的經驗；而且當我說我們能夠理解這個句子時，我並不意味著我們知道如何發現它是否是真的。假如你說「火星上有與我們這個星球上一樣瘋狂而邪惡的居民」，那麼我能夠理解你，但不知道如何發現你所說的話是否是真的。

　　還有，當有人說「一個命題的意義就是它的證實方法」時，這忽略了那些極其確定的命題，即知覺判斷。對於這些命題而言，不存在「證實的方法」，因為正是它們構成了在某種程度上能夠被知道的所有其他的經驗命題的證實。假如石里克是對的，那麼我們就會陷入一種無窮的倒退，因為某些命題是透過另外的某些命題被證實的，而這些另外的命題反過來必定又是從它們被再另外的某些命題所證實的方式獲得其意義的，如此直至無窮。所有那些使「證實」成為根本方法的人，都忽視了這個實實在在的問題，即知覺判斷中語詞與非語言現象之間的關係。

　　證實過程絕不可能被那些使其成為根本方法的人加以充分的檢驗。在其最簡單的形式中，當我首先期待一個事件，然後又感知到它時，證實的過程就發生了。但是，假如一個事件在我沒有首先期待它的情況下就發生了，那麼我就只能感知它，並形成一個知覺判斷。然而，既然這樣，那麼就不存在證實的過程。證實是透過不太可疑的東西確證比較可疑的東西，而且因此必然不可應用於最不可疑的東西，即知覺判斷。

　　讓我們回到卡納普。他說：「假如我們知道一個給定的語句被發現是真的是怎麼回事，那麼我們就會知道它的 309 意義是什麼。」這裡，依據我先前給出的理由，我們必須把包含變項的句子從只包含常項的句子中區分開來。讓我們首先以在其中只有常項的情況為例；比如說，考慮某個主述語句「P(*a*)」；這裡的述詞「P」和名稱「*a*」都具有實指定義。這意味著我擁有了由語句「P(*b*)」、「P(*c*)」、「P(*d*)」……所表達的某些經驗；並且透過這些句子，我獲得了把「P」與 P 連繫起來的習慣。它也意味著我擁有了由語句「Q(*a*)」、「R(*a*)」、「S(*a*)」……所表達的某些經驗；並且透過這些句子，我獲得了將「*a*」與 *a* 連繫起來的習慣。但是，這裡假定了我從未擁有一種我用語句「P(*a*)」來表達的經驗。然而，我被假定「知道這個句子被發現是真的是怎麼回事」。除了我們能夠想像將會使我們說出作為一個知覺判斷的句子「P(*a*)」的知覺對象，我看不到這能意味著什麼。這對理解這個句子來說當然是一個充分的條件，

但是我不能肯定它是一個必要的條件。例如：假如我們聽到
「P($a$)」被斷言了，那麼當在聽和行動之間沒有任何媒介物
的情況下，我們就能以適當的方式做出行動，而且因此必須
說我們理解了這個句子。

　　現在，讓我們以在其中所涉及的句子只包含一個變項的
那種極其平常的情況為例。根據前面幾章中所說的話，一個
並非知覺判斷的命題能否在任何時候都不包含變項是難以決
定的。因此，上一段中所討論的那種情況可能從未出現過。
無論如何，當它似乎出現時，所涉及的句子通常——假如不
是總是——將會被發現是一個存在句，即「有一個 $x$，並且
（such that）……」

　　就「有一個 $x$，並且……」這種形式的句子而言，要說
明「這個句子被發現是真的是怎麼回事」並不容易，而且
涉及另外一個相同形式的句子。以關於一次謀殺的情況為
例。根據死因裁判庭的結論，這次謀殺是由某個或者某些
未知的人實施的。（為了簡單起見，我們將不考慮「或者某
些」。）在什麼意義上我們知道「這個句子被發現是真的是
310 怎麼回事」？最簡單的假設是，某個新的證人走上前來，並
說他看到了 A 先生實施的這次謀殺。我將忽略做偽證的可
能性。因而，當我們在考慮一個新的證人的可能性的時候，
我們就擁有了一個整體的系列的假設性知覺對象：B 或者 C
或者 D……或者 Z 看到 A 做出了謀殺行為，A 或者 C 或者
D……或者 Z 看到 B 做出了謀殺行為，A 或者 B 或者 D 或
者……Z 看到 C 做出了謀殺行為，如此等等；這裡的 A、

B、C……Z 是所有存在的人。因而,知道這個句子被發現是真的是怎麼回事,就等於知道某個人看到某個其他的人實施了謀殺行為是怎麼回事,即知道另外一個相同形式的句子意指什麼。

一般說來,當「$fa$」、「$fb$」、「$fc$」或者其他等等的句子表達一個知覺判斷時,「有一個 $x$,並且 $fx$」這個句子可以被發現是真的。這個句子擁有大量可能的證實者,因而,除非透過另外一個存在語句,我們不能事先描述它的證實者。

然而,在這方面,有必要回憶一下我們就記憶所說過的話。其大意是,我們可以透過過去的知覺知道一個存在命題,而無須知道存在於導致了我們當前模糊回憶的那種場合的那個確定的知覺命題。假如記憶作為一種獨立的知識來源(它們在邏輯上而非因果上是獨立的,因為所有記憶都因果地依賴於先前的知覺對象)被接受了(我認為必須接受它),那麼,若一個句子表達了或者來自當前的一種回憶,則它必須被認為是被證實了的。假如那樣的話,那麼就會有一種證實,這種證實本質上是獲得一個表達記憶信念的存在命題。然而,鑑於記憶的可錯性,這種類型的證實次於經由知覺而來的證實,而且就我們所能做到的而言,我們將總是努力透過知覺的證實對它加以擴展。

目前,我忽略像「所有人都是有死的」這樣的全稱命題的情況。我當前只想表明,對「一個句子被發現是真的是怎麼回事」這個短句的解釋遠非是簡單的。

　　我在知識論中為之辯護的那種方法和卡納普（與許多其 311
他哲學家一起）為之辯護的那種方法之間，有一種起點上的
差別。這種差別是非常重要的，並且（我認為）對它的認識
不太充分。我是從像「這是紅的」、「那是明亮的」、「現
在的我感覺熱」這樣的關於特殊現象的句子開始的。支持
這樣的句子的證據並非別的句子，而是一種非語言的現象。
這個證據的全體包含在一個單個的這樣的現象中，而且在任
何其他時間或地點發生的任何事情都不能證實或駁倒這個證
據。先前的現象因果地參與了我對語言的使用：我說「紅」
的，是因為有過去的經驗所產生的習慣。但是，習慣形成的
方式與「紅的」這個詞的意義是不相關的；這種意義只依賴
於習慣是什麼，而不依賴於它是如何形成的。

　　每一個上述類型的句子都各別地或者總體地在邏輯上
獨立於所有其他語句。因此，每當一個這樣的句子被說成是
增加或減少了另一個這樣的句子的可能性時，這一定是透過
某種相互連繫的原理。關於這樣的原理，假如人們相信它的
話，那麼一定是根據知覺以外的證據而相信它的。關於這樣
的原理的最明顯的例子是歸納。

　　考慮到他所說的話，卡納普所想到的句子一定屬於不同
的類型。某些引述將有助於使這明晰化。

　　「我們把語句的檢驗從語句的證實中區分出來，藉此
領會一種步驟，例如：某些實驗的進行。這種步驟在某種程
度上導致了對這個句子自身的證實，或者對它的否定句的證
實。我們會稱一個句子是可檢驗的，假如我們知道這樣的一

種檢驗它的方法；並且我們會稱它是可證實的，假如我們知道這個句子在什麼條件下會被證實。」（第420頁）

「語言 L 中的一個述詞『P』對一個有機體（比如說一個人）N 來說被稱為可觀察的，假如對於適當的自變量，比如說『b』，N 在適當的條件下藉助於很少的幾次觀察就能決斷一個完全的句子，比如說『P(b)』，也就是說，在很大程度上達到對『P(b)』或者『並非 P(b)』的證實，以至於他將或者接受『P(b)』或者拒絕『P(b)』。」（第454頁）

這些段落顯然表明，卡納普想到的是那些具有某種程 312 度的一般性的語句，因為各種不同的現象都可能與它們的真或假具有一種關聯。在第一段中，他提到了在某種程度上證實那個語句或者其否定句的實驗。他沒有說我們每一次從實驗中學到的是什麼。然而，除非每一次實驗都教給了我們某種東西，我們難以發現它能夠與原來那個語句的真或假之間具有某種關聯。還有，原來的那個句子必須與在各種不同時間中所發生的事件之間已經具有一種關聯，因為要不然，在不同時間所發生的實驗就不能增加或減少它之為真的可能性。因此，這個句子，與體現了幾次實驗之結果的那些句子相比，一定具有更高程度的一般性。後來的那些句子在邏輯上因而一定比它們所證實或否定的這個句子具有更簡單的形式，而且我們的知識論應該從它們開始，而不是從它們要去證明或否證的句子開始。

一些非常類似的評論也適用於第二段引文。卡納普提到，「很少的幾次觀察」對於決定「P(b)」的真是必要的。

現在，假如可能有不止一次的觀察，$b$ 必須能夠不止一次地出現，因而不能是一個事件，而必須具有一個共相的特徵。我確信，這個結果不是卡納普想要的，但是我看不出它如何能夠被避免，或許除非透過第六章中所主張的專名理論。考慮到他賦予時空的那種重要性，卡納普被迫拒絕了那種理論。

即使我們採納了第六章中關於專名的理論，我們確實也未逃脫由重複所帶來的困難。設想我在兩個不同的場合看到了一種特定的色度 C。我的知覺對象在每一種情況下都是一個複合物，而 C 必須透過分析而從中分離出來。假如我要使用兩個場合來為我提供關於 C 的知識，我將需要一個同一性判斷：「我所看到的這種色度就是我記得我曾經看過的某種色度。」這樣的判斷把我帶離了任何一種當前的知覺，並且不能擁有某種很高程度的確定性。因而，根據任何一種理論，卡納普所假定的這種重複的可能性都包含著他似乎沒有認識到的某些困難，並且表明了他所考慮的那種類型的句子並非是與經驗證據有關的討論應該由之開始的那類句子，因為與另一類型的句子相比，它既更少具有簡單性，也更少具有確定性。這另一類型的句子的存在蘊含於卡納普的討論中，儘管他似乎沒有意識到這種蘊含。

事實上，對語言的所有使用都包含著某種普遍性，但在知識中並非必然如此。例如：考慮一下「述詞」的定義。一個述詞就是一個由與某種習慣相連繫的相似聲音所組成的類。我們可以說：「假定 P 是一個由相似聲音所組成的

類，那麼對於一個給定的有機體 N 來說，若存在一個由相
似事件所組成的類 E，並且類 E 中任何一個分子的出現都
在 N 身上引發一種要發出類 P 中的一種聲音的衝動，則 P
是一個『述詞』[3]。」由聲音所組成的類 P 將僅僅對於 N 來
說才擁有這種特性，假如 N 頻繁經驗到 E 和 P 的分子連結
在一起。重複和普遍性對於這個問題來說其實是必不可少
的，因為語言是由習慣組成的，習慣包含著重複，而重複只
能是關於共相的重複。但是，在知識中，這一切都不是必要
的，因為我們使用語言，並能正確地使用它，而沒有意識到
我們由之習得它的過程。

　　來討論另外一點：卡納普定義一個可觀察的述詞所意指
的東西，而沒有 —— 一般說來 —— 定義其真能夠透過觀察而
得以檢驗的一個句子將會意指的東西。對於他來說，一個述
詞「P」是可觀察的，假如存在一個能夠透過觀察而得到檢
驗的句子「P($b$)」。但是，這無助於我們知道「P($c$)」是否
能夠透過觀察得到檢驗。我想說，除非有許多已經透過觀察
得到了檢驗的「P($b$)」形式的句子，「P」這個詞是沒有意
義的，因為構成意義的那種習慣尚未形成。我想說，與觀察 314
相適的東西與其說是一個詞，還不如說是一個句子：「P」
和「$c$」可能都會擁有一種一定來自經驗的意義，但是可能
不存在對「P($c$)」這個句子的真或假有影響的觀察。在我看
來，重要的問題在於情況是否真的如此，而且我想補充說，

---

[3]　或者更精確地說，一個擁有實指定義的述詞。

在對於經驗材料而言是基本的那類語句中，僅僅一個單個的現象就能給出足夠的證據來斷言或者否定「P(*c*)」。一旦重複是可能的，我們就已超出了基本的東西。

「可觀察的」這個詞，像所有包含可能性的詞一樣，是危險的。照其本然，卡納普的定義說，若某些觀察能夠發生，則「P」是可觀察的。但是，在開始的時候，我們無法知道什麼樣的觀察是可能的，因為它們事實上沒有發生。因此，似乎有必要用「已觀察到的」代替「可觀察的」，並說述詞「P」是已觀察到的，假如對於某個 *b* 來說，某些有助於判定「P(*b*)」的觀察實際發生了。

還有，卡納普的定義，照其本然，純粹是因果的：觀察引起觀察者相信 P(*b*)或者並非 P(*b*)。他沒有說出任何東西，用以表明存在著某種無論什麼樣的原因（相對於引起），使得這些觀察導致這個信念，而且從他的觀點中，我看不出他能夠說出任何這樣的東西。

因而，一個「可觀察的」述詞「P」的定義，似乎將會歸結為：「如果存在一個『*b*』，並且環境導致 A 斷言『P(*b*)』或者『並非 P(*b*)』，那麼 A 觀察到了『P』」。換句話說，由於 A 的所有斷言都一定是環境的結果，所以，「如果 A 斷言『P(*b*)』或者『並非 P(*b*)』，那麼 A 觀察到了『P』。」這使得整個理論到頭來空洞無物。

在上述討論的自始至終，我都未聲稱卡納普的話是錯誤的，而只是主張有某些居先的問題要加以考慮，並且只要它

們被忽視了，經驗知識與非語言現象之間的關係就不能得到
真正的理解。我和邏輯實證主義者的不同，主要就在於認為
這些居先的問題是重要的。

　　在這些居先的問題中，最重要的是：從單個經驗中能 315
夠學到某種東西嗎？並且，如果能學到，那麼能學到什麼東
西？卡納普以及他所屬的整個學派都把知識看作科學知識，
並且認為知識是從像「金屬導電」這樣的命題開始的。這樣
的命題顯然需要許多觀察。但是，除非每一單次的觀察都
產生某種知識，一系列的觀察如何能夠產生知識呢？每個歸
納都是以大量的比這個結論更特殊的前提為基礎的：「銅導
電」比「金屬導電」更特殊，並且自身就是一個歸納，它來
自「這是銅，並且導電」，「那是銅，並且導電」……等
等。在這些當中，每一個命題自身也是一個歸納；它們最終
都建立在一系列單次觀察的基礎上。每一單次的觀察都告訴
觀察者某種東西。用語詞精確地表達從一次觀察中所能學到
的東西可能是困難的，但並非不可能；我和邏輯實證主義者
一致拒絕關於無法表達的知識的觀念。我看不出如何能夠否
認，我們關於事實的知識是從形成於單次觀察的前提中透過
推論而建立起來的。

　　正是由於我認為一些單次的觀察為我們提供了事實的前
提，所以在關於這些前提的陳述中，我不能承認「事物」的
觀念；這種觀念包含了某種程度的持存性，因而只能從多次
觀察中形成。卡納普的觀點承認存在於關於事實前提的陳述
中的「事物」概念。在我看來，即使不說赫拉克利特，他的

觀點似乎也忽視了貝克萊和休謨。你不能兩次踏進同一條河流，因為新的河水連續不停地從你身上流過。但是，一條河流與一張桌子的差別僅僅是一個程度的問題。卡納普也許承認一條河流不是一個「事物」；相同的論證也應該使他相信一張桌子不是一個「事物」。

卡納普提出了一種論證，以圖證明「一個一般的句子與一個特殊的句子之間在可證實性方面不存在根本的差別，而只有一種程度上的差別」。在這方面，這個論證必須加以檢查。他的論證是這樣的：

316　　　「比如說，以下面這個句子為例：『在這張桌子上有一張白紙。』為了弄清這個事物是不是紙，我們進行一組簡單的觀察；然後，假如還存在某種疑問，那麼我們可以進行某些物理的和化學的試驗。在這裡，與在關於一般規律的情形中一樣，我們試圖考察我們從所說的這個句子中推論出來的句子。這些推論出來的句子是關於未來觀察的預言。我們能夠從給定的這個句子中獲得的這些預言的數目是無限的，並且這個句子因而絕不可能被完全證實。」

關於確定性或者完全證實的問題並非一個我希望討論的問題。在我所了解的所有關於這個主題的論證中，除了賴欣巴赫的以外，一個命題是不是確定的這個問題與它是不是一個事實前提這個問題攪混在一起了。我準備承認，我們當作知覺判斷的東西，像回憶一樣，是不可靠的（儘管在一種較低的程度上）。然而，這與下面這個問題並不相關：「我們應該給予我們認作事實前提的那些命題什麼樣的形式？」

　　顯然，假如從一次觀察中不能學到某種東西，那麼從多次觀察中也不能學到某種東西。因此，我們的第一個問題必定是：「從一次觀察中能夠學到的東西是什麼？」從一次觀察中可以學到的東西不可能包含可以應用於事物的類的語詞，比如「紙」和「桌子」。我們在前面的一章中發現，「有一條狗」不可能是一個事實前提，但是「有一塊犬科動物的色片」可以是一個事實前提。[4]一個事實前提必須不包含諸如「狗」、「紙」、「桌子」這樣的被壓縮了的歸納。

　　上面所引述的卡納普的論證，確實包含對我認為是必要的那些事實前提的訴求，但是他是順便作出這種訴求的，並且好像它是不重要的。「為了弄清這個事物是不是紙，我們進行一組簡單的觀察。」從這些觀察的任何一次中，我們學到了什麼？在這一點上，卡納普沉默了。他又說：「我們試圖檢查我們從所說的那個句子中推論出來的句子。這些推論出來的句子是關於未來觀察的預言。」這就承認了那些陳述我們將從一次觀察中所學到的東西的句子是可能的，並且使得下述這一點成為顯而易見的：這些句子給出了我們從中推論出「這是紙」的那些事實前提。 317

　　關於事實前提的「確定性」，要說的話如下：

　　第一，我們賦予我們的事實前提一種形式，使得它們當中的任何兩組都不可能是互不相容的，並且也使得任何數目的其他命題都不可能在任何程度上導致任何一個這樣的前提

---

4　假定「犬科動物」是用來定義「狗」的，而不是相反。

成為可能或不可能的。透過相互關聯，事實前提相互證實或者否證。這種相互關聯依賴於推論原理，尤其是歸納原理。這些原理絕非證明性的；它們僅僅產生可能性，而且當它們所表明為可能的東西並未發生時，它們因此也沒有被證明為假的。

第二，相信一個事實前提的全部理由，就該前提作為一個前提而言，是它所指稱的事件。也就是說，其證據是一個獨特的現象，而非一個句子或者命題或者信念；這個證據在該現象發生的時刻是完全的，在此前是不存在的，並且在以後不可能為任何其他證據所強化。

第三，假如我們像許多哲學家那樣，認為一個事實前提可以在後來的證據的基礎上被拒絕，那麼這一定是因為：我們接受了先天的非證明形式的推論，而且經驗既不能證實也不能反駁這類形式的推論，但是在某些情況下，我們認為它們比感官的證據更確定。

最後，事實的前提可能不是確定的，但是不存在某種更確定的東西可以表明它們是錯誤的。

**23.**

有保證的可斷言性

　　我們將會記住，在第二十一章的開頭，有四種眞理理論被加以區分。在這些理論中，我主張第四種，即符合論。第三種理論，即融貫論，在第十章中得到了討論並被拋棄。第二種理論，即用「可能性」代替「眞理」的理論，有兩種形式：在一種形式中，我可以接受它，而在另一種形式中，我必須視其為錯誤的理論。在它只說我們絕不能完全肯定一個特定的用語詞表達的命題是眞命題的那種形式中，我接受它；但是，在它主張「眞理」概念是一個不必要的概念的那種形式中，我拋棄它。依我看，「『p』是可能的」嚴格等同於「『p是眞的』是可能的」，而且當我們說「『p』是可能的」時，我們需要某種可能性，即這個陳述是眞的。我看不出一個主張所有可以實際獲得的那類可能性的人有理由拋棄出現在上述陳述中的「眞理」。因此，我將不反駁賴欣巴赫教授的觀點，因為我認為，透過作出輕微的改動，能夠使它們與我自己的觀點相一致。

　　與此相反，在我們的四種理論中，第一種與我主張的那種理論有根本的不同，因此必須加以討論。這是杜威博士提出的理論；根據這種理論，「有保證的可斷言性」應該取代「眞理」。我已經在《約翰・杜威的哲學》中討論了這種理論；該書是「在世哲學家叢書」的第一卷。若要了解詳細情況，而且更重要的是，若要了解杜威博士對我的反對意見的答覆，請讀者查閱該書。在本章中，我希望把自己限定於一般原則，並想以一種非爭論性的方式考慮它。這種方式與我提出拋棄它的理由是一致的。

　　從杜威博士在上面提及的那本書中所作的答覆來看，似 319
乎我無意地誤解並模仿地嘲弄了他的看法。我特別渴望避免
這樣做，假如我可能會做到這一點的話；當我確信在他的觀
點和我的觀點之間有一種重要的差別，並且除非我們能夠相
互理解，這種差別將不會被引導出來時，我更是渴望如此。
正是因為這種差別太大了，所以難以發現雙方都能接受的文
字作為對這個問題的一種公正的陳述。然而，這是我必須試
圖做到的事情。

　　就我對杜威博士所能理解的而言，他的理論大體上如
下所述。在人類所能從事的各種各樣的活動中，有一種活動
被稱之為「探究」；像許多其他類型的活動的目的一樣，
這種活動的目的在於增強人與環境之間的相互適應。探究使
用「斷言」作為它的工具；而就它們能夠產生想望的結果而
言，斷言是「有保證的」。但是在探究中，就像在其他任何
實際活動中一樣，更好的工具可以不時地發明出來，而舊的
工具然後就被拋棄了。事實上就像機器可以使我們有能力製
造更好的機器一樣，一種探究的臨時結果因此可能正是導致
更好結果的工具。在這個過程中，並不存在終極性的定論；
因此，任何斷言都不是永遠有保證的，而僅在一個特定的
探究階段上才是有保證的。因此，作為一個靜態概念的「真
理」應該被拋棄。

　　在杜威博士給我的答覆中，下面這段話（在上述那本書
的第573頁上）可以用來闡明他的觀點：

　　「羅素先生假定命題是探究的主題。這是一種如此不知

不覺地被假定了的觀點，以至於人們想當然地認為我和皮爾士也同樣假定了它。羅素對對話的獨特奉獻就表現在他的這個假定之中。但是，根據我們的觀點，並根據任何一個澈底的經驗論者的觀點，事物和事件是探究的題材與對象，命題則是探究的手段；而當作為一種特定的探究的結果時，命題因此又成了繼續進行進一步探究的手段。像其他手段一樣，它們在使用的過程中得到修正與改進。假定了這樣的兩個信
320 念，即(1)命題自始就是探究的對象，和(2)所有命題要麼擁有真要麼擁有假作為它們的固有屬性，然後(3)再從否認這兩個假定的理論——類似皮爾士的和我的理論——中推出這兩個假定，於是結果恰恰就是羅素在我們所說過的話中發現的那種理論上的混亂。」

首先，說幾句作為我的個人辯白的話。我希望，本書的任何一位讀者都會相信，我沒有使命題成為探究的終極主題，因為我的問題自始至終就是事件與它們促使人們去斷言的命題之間的關係。的確，我並未把事物看作探究的對象，因為我認為它們是一種形上學的幻覺；但就事件而言，我在這點上與杜威博士並無二致。還有，關於像量子理論或者萬有引力之類的科學假說，我願意接受（帶有某些限制）他的觀點。但是，我認為所有這樣的假說都是奠基於更簡單且不太可疑的信念之上的一種不穩定的上層建築；而在杜威的著作中，我沒有發現在我看來作為對這種基礎的充分討論的東西。

在真和假方面，我應當解釋與探究和在某種不同程度

上變化著的假設有關的那些事實。我應當說：探究通常起始
於一個模糊而又複雜的斷言，但是當它有能力時，會用許多
單獨的斷言來代替該斷言，並且相對於原來的斷言來說，這
些斷言中的每一個都較少具有模糊性，也較少具有複雜性。
一個複雜的斷言可以分解為若干斷言，其中的某些是真的，
某些是假的；一個模糊的斷言可以是真的或者假的，但是它
時常既不是真的也不是假的。「一頭大象比一隻老鼠小」是
模糊的，然而它一定是假的；但是，「一隻野兔比一隻家
鼠小」一定不是非真即假的，因為某些幼兔比某些老的家鼠
小。當牛頓的萬有引力理論被愛因斯坦的理論代替時，牛頓
的加速度概念中的某種模糊性被去除了，但是牛頓理論所蘊
含的幾乎所有斷言都仍然是真的。我應該說，這就以實例說
明了當一種舊的理論讓位於一種更好的理論時總會發生的
事情：以往的斷言並非一定是真的或假的，這既是因為它們 321
是模糊的，也是因為它們當中的許多斷言都偽裝成了一個斷
言，而這許多斷言中有些是真的，有些則是假的。但是，除
了按照精確與真這兩種理想的目標，我並未發現如何陳述這
種斷言的改進。

　　依我之見，在杜威博士的理論中，有一個困難是由這個
問題引起的：探究的目標是什麼？對他來說，這個目標並不
在於獲得真理，而很可能是在探究者與他的環境之間的某種
一致。我以前（在上面提及的那本書中）提出過這個問題，
但是沒有發現這個問題的任何答案。其他的活動，比如說建
造房屋或者印刷報紙或者製造炸彈，都有某些可以識別的目

的。就它們來說，好的工具與壞的工具之間的區別是顯而易見的：一種好的工具可以把包含在達到這種目的中的勞動降到最低限度。但是，作為處於不同目標之間的東西，探究是中立的：不管我們想做什麼，作為一種預備步驟，某種程度的探究是必要的。假如我希望給一個朋友打電話，我必須在電話號碼簿中探究他的號碼，並小心地使用最新的號碼，因為他的號碼的真實性並不是永久性的；假如我希望統治這個國家，我必須探究在先前不熟悉的這個領域中如何成為一個政治領袖；假如我希望建造輪船，那麼，或者我，或者我所僱用的某個人，必須探究流體靜力學；假如我希望摧毀民主，我必須探究民眾心理學；如此等等。問題在於：探究結束時會有什麼發生？杜威博士拒絕傳統的答案：我知道了某種東西，並且作為我的知識的一種結果，我的行為是更為成功的。他消除了中間的「認識」步驟，並說成功的探究的唯一必要的結果就是成功的行為。

如果在科學的意義上來理解人，而不是把他看作一個笛卡兒式的懷疑論者，那麼這裡有兩個問題需要討論：首先，哪一種類型的心理現象將被描述為一種「相信」的行為？其次，在一種「相信」的行為與允許我們稱這種行為是「真的」的環境之間存在某種關係嗎？對於這些問題中的每一個，我都在前面諸章中試圖給出了一個答案。假如存在著像「相信」行為這類似乎不可否認的現象，那麼問題在於：它們能夠分為兩類即「真的」行為和「假的」行為嗎？或者，假如不是這樣，它們能夠被加以分析，以致它們的構成

成分可以區分為這兩類嗎？假如這兩個問題中的任何一個得到了肯定的回答，那麼「眞的」與「假的」之間的區分將會在相信行為之結果的成功或者失敗中被發現嗎，或者說，它將會在它們與相關現象之間可能具有的某種其他關係中被發現嗎？

我準備承認：一個作為整體的信念可能不是「眞的」或「假的」，因為它是由幾個信念組成的，而在這幾個信念中，有些是眞的，有些是假的。我也準備承認：有些信念，由於帶有模糊性，不是非眞即假的，儘管其他的信念，雖然帶有模糊性，卻仍然是非眞即假的。超出這一點，我就不能贊同杜威博士了。

按照杜威的看法，一個信念是「有保證的」，假如它作為一種工具在某種活動中是有用的，也就是說，假如它是願望的滿足的一種原因。至少在我看來，這就是他的意見。但是他指出（在上述那本書的第571頁），結果將僅僅作為有效性之檢驗被接受，「*只要這些結果是在行動中被確立起來的，並且可以解決引起行動的這個特定問題*」〔斜體是他自己標記的〕。這個限制性條件的第二部分在其意義上是清晰的。假如我去一個地方，是由於我錯誤地相信我的長期失蹤的叔叔居住在那裡，但是在途中我遇到了我的長期失蹤的嬸子，結果她把自己的大筆財產留給了我，這並未證明「我的長期失蹤的叔叔居住在那裡」具有「有保證的可斷言性」。但是，這個限制性條件的前半部分認為這些結果必須是「在行動中確立起來的」，它的意義對我來說在某種程度上仍

然是模糊的。在杜威博士的《邏輯》（序言，第4頁）一書中，這個句子出現於其中的那段話並未對此作出闡明。但是，在他給我的答覆（在上述那本書的第571頁）中，有一段話好像是專門寫來消除我在解釋上的錯誤的。這段話我將加以完全引用：

323　「關於作為有效性的檢驗而起作用的那種結果的限制性條件，之所以被加進來，恰恰是為了防止羅素先生對於我對結果的使用所給出的這種解釋，因為它清楚地說明了這一點是必要的：在經過調查研究之後，它們將會解決這個特定的問題。羅素先生對於結果所給出的解釋使它們與個人的願望關聯起來了。關於一般的妄想的最終結果，作為真理的定義，被加之於我。首先，羅素先生把一種不確定的境況轉變成一種個人的疑惑，儘管我再三指出這兩種事物之間的差別。我甚至已經再三表明，個人的疑惑是病態的，除非它反映了一種不確定的境況。然後，透過把疑惑變為個人的不安，真理就被等同於這種不安的去除。按照我的看法，進入其中的唯一的願望，就是盡可能誠實和客觀地解決包含在這種境況中的問題的願望。『滿足』是對於問題所限定的那些條件的滿足。當任何一種工作按照其自身的需要被出色地完成時，個人的滿足可能隨著它的產生而進入其中。但是，它並未以任何方式進入有效性的決定之中，因為，恰恰相反，它是由那種有效性所決定的。」

我發現這段文字很令人不解。杜威博士似乎在說，一種不確定的境況好像在沒有一個作為個人的懷疑者的情況下

能夠存在。我認為，他不可能意指這一點；例如：他不可能
想說，在生命出現以前的天文學和地質學時期，曾經存在著
一些不確定的境況。我可以對他的話進行解釋的唯一方式在
於設想：對他來說，一種「不確定的境況」是一種產生疑惑
的境況，它不僅在某一個個體身上產生，而且在任何一個正
常的人或者任何一個急於取得某種結果的人或者任何一個從
事這種境況的調查並在科學上受過訓練的觀察者身上產生。
某種意圖，即某種願望，包含在關於一種不確定的境況的觀
念中。假如我的汽車不走了，那麼如果我想要它走的話，那
就產生了一種不確定的境況；但是如果我想讓它原地不動，
那就沒有產生這種境況。消除所有對實際願望的提及的唯一
方式，是使這種願望成為純粹假設性的：一種境況相對於一
個給定的願望來說是「不確定的」，假如在那種境況下人們
不知道必須做什麼來滿足那個願望。當我說「人們不知道」
時，為了避免杜威博士所反對的那種類型的主觀性，我必須 324
意味著經歷過相關訓練的那些人不知道。因而，設想我自己
處於一種境況 S 中，而我願望著一種境況 S'，並且我認為
（正確地或者錯誤地）存在某種我能夠做到的可以把 S 轉
變為 S' 的事情，但是專家不可能告訴我做什麼，那麼相對
於我的願望而言，S 是一種「不確定的」境況。

　　消除了所有對個人的疑惑和願望的提及之後，我們現
在可以說：S 相對於 S' 來說是「不確定的」，假如人類不
知道任何一種將把 S 轉變為 S' 的人的行為 A，而且也不知道
任何這樣的行為都是不可能的。探究的過程將在於完成一系

列的行為A、A'、A"……，以期其中的一種行為將把 S 轉變為S'。當然，這意味著 S 和 S' 都是透過共相而得到描述的，因為若不如此，二者的出現都不會超過一次。A、A'、A"……必須也被如此描述，因為我們希望獲得某種這樣的陳述：「每當你處於境況 S 中，並且希望處於境況 S' 中時，你就能夠透過完成行為A 來實現你的願望」；這裡的 A 必須是一種類型的行為，因為如若不然，它就只能被完成一次。

因此，當我們嚴肅地對待杜威博士對主觀願望的消除時，我們發現他的目標是要發現「C 導致 E」這類古老的因果律，只不過 C 必須是一種境況加上一種行為，並且 E 是另一種境況。這些因果律，若要服務於它們的目的，就必須恰恰在杜威博士所希望廢除的那種意義上是「真的」。

杜威博士主要關心理論與假設，而我則主要關心涉及特殊事實的斷言。由於這個事實，我認為，在我們之間出現了一個重要的差別。如同在前一章中所解釋的那樣，我認為，對於任何經驗的知識理論來說，基本的斷言必須是關於特殊事實的，也就是說，是關於僅僅發生一次的單個事件的。除非存在將會從單個事件中學到的某種東西，任何假設都永遠不可能被證實或駁倒。但是，將會從單個事件中學到的東西，自身一定無法被隨後的經驗證實或駁倒。在我看來，關於我們如何從經驗中學習歷史事實的整個問題，都被杜威以及他作為其領導者的那個學派所忽視了。比如，以「凱撒被暗殺了」這個陳述為例。由於很久以前發生的一個單個事

件，這個陳述是真的；以前發生的或在將來發生的任何事情都不可能在任何方面影響它的真或假。

因為和排中律相關聯曾被加以強調的真理與知識之間的區別，在這一點上是重要的。假如我希望「證實」「凱撒被暗殺了」這個陳述，那麼我只能透過未來的事件——比如說查閱歷史文獻和手稿等等——做到這一點。但是，這些都只是因為提供了不同於它們自身的某種事情的證據才是合適的。當我作出這個陳述時，我並不意味著「無論誰去查閱百科全書，都將在白紙上發現一些黑色的記號」。在每一種場合，當我看到這些黑色的記號時，我之看到它們都是一個獨特的事件；在每一種場合，我都能夠知道我看到了它們；從我的這種所知中，我能夠推論（多少有點可疑地）凱撒被暗殺了。但是，我關於黑色記號的知覺以及我從這種知覺中所作出的推論，都不是使關於凱撒的斷言為真的東西。即便我是毫無根據地作出這個斷言的，它也會是真的。它之所以是真的，是因為很久以前所發生的事情，而不是因為我正在做的或將要做的任何事情。

這個寬泛的問題可以陳述如下。不管我們是接受還是拒絕「真的」和「假的」這些詞，我們全都一致同意斷言可以分為兩類，即好的和壞的。杜威博士認為，好的斷言可以變為壞的斷言，反過來壞的斷言也可以變為好的斷言。但是，在任何給定時刻，他都承認這樣的二分法：好的斷言具備「有保證的可斷言性」，而壞的斷言則不具備。杜威博士認為，這種區分將根據斷言的結果而得到定義；而我則認為，

326 至少就經驗的斷言來說，它將由它們的原因所導致。一個能夠被知道為眞的經驗斷言，在其或近或遠的原因中，擁有一些或一個知覺對象。但是，這僅僅適用於知識。就眞理的定義而言，只是在賦予語詞以意義時，因果關係才是相關的。

上述討論主要是想澄清這個問題。我自己的看法的根據，多半都已在前面諸章中給出了。

# 24.

## 分析

在本章中，我所關心的是「P 是 W 的一部分」這種形式的命題。我希望探究這些命題是否始終是經驗知識的基本裝置的一部分；或者它們是否始終會從關於整體的 W 的一個定義中演繹出來，而這裡所說的 W，每當「P 是 W 的一部分」是真的時，就會順帶地提及這個部分 P。關於這個主題，在第三章和第八章中已經作過一些說明。但是，我現在希望單獨地對其加以考察。

從對一個整體的 W 的考察中我們由之得出「P 是 W 的一部分」的那種工作，被稱為「分析」。它有兩種形式：邏輯分析與時空部分的分析。要考慮的事情之一，是這兩種形式的分析之間的關係。

從最早的那些時代起，許多哲學家就已反對分析：他們認為，分析是謬誤，一個整體確實不是由經過適當安排的諸部分組成的，並且假如我們單獨地提及某個部分，分離的行為就改變了它，而且我們所提及的東西因此也並不是這個整體的一個有機部分。

我們在前面的一章中曾經考慮過的原子性原理，代表著與一元論者相反的那個極端。原子性原理可以說是禁止綜合的。從語言學上講，它禁止把專名給予複合整體，至少當它們被認識到是複合時。

就我而言，我反對這兩種極端。

否認分析的合法性的那些人，被迫認為存在著無法用語328 詞加以表達的知識。這是因為，難以否認句子是由語詞組成

的，而且因此也難以否認語句的說出可以分析為若干系列的語詞的說出。假如這些被否認了，那麼就必須否認一個句子是由一串片語成的，而既然那樣，它就成了某種不可言喻的東西。

　　另一方面，那些相信分析的人，常常過分盲從語言。我自己就犯有這方面的錯誤。在分析中，語言可以透過兩種方式指導我們：一種是透過把詞和句子認作可感的事實而做到的；另一種是透過考慮不同種類的語詞而做到的，在語法中人們就是這樣做的。我要說，在這兩種方式中，第一種是完全無害的，而第二種，儘管有其用途，也是非常危險的，並且是大量的錯誤的來源。

　　從由可感事實構成的語言開始。句子是由語詞組成的，印刷文字是由字母組成的。印刷書籍的人以某種順序把成堆的分離的字符放在一起；然而，假如他是一個哲學家，他的書可能是在說任何序列的物質對象都不能代表思想。現在，情況也許是這樣的（我希望如此）：這些哲學家在其頭腦中擁有一些比他們成功地寫進其書籍的更好的想法。但是，相當肯定的是，他們的書籍中的想法能夠透過若干序列的物質對象而得以表達，因為假如不是這樣，創作者將會發現他們的任務是不可能完成的。與從二十六種形狀中製造出來的各種可能類型的序列所擁有的相比，思想，就其是可傳達的而言，不可能擁有任何更高程度的複雜性。莎士比亞的頭腦可能是非常奇妙的，但是我們所擁有的關於它的優點的證據全都來自一片白色背景中的黑色形狀。說語詞篡改了可

感事實的那些人，忘記了語詞就是可感的事實，並且也忘記了作為事實的句子和語詞是由分離的部分組成的，而這些分離的部分能夠單獨加以命名，並且被每一個正在學習拼寫的兒童加以如此命名。因此，不可否認，某些可感事實能夠分析成若干部分。

與對絕大多數的可感事實的分析相比，把一個印刷出來的文字分析為字母是比較容易的；印刷的目的就在於使這種分析變得容易。但是，它們的差別僅僅是程度上的，並且正如印刷一樣，某些自然現象也招致了分析。在雪地中的一條黑色的狗、一條彩虹，以及在出現了狂風暴雨的海面上的一隻海鷗，都是非常顯著的。我相信，甚至最極端的一元論哲學家也會注意到一隻老虎，而不會停下來去作這樣的論證：除非相對於其背景，它不可能得到有效的斷定。在存在著諸如一種突然發出的聲音或者一片白色背景中的黑色之類的鮮明對比的地方，對於可感的當前事物的分析幾乎不可避免地會出現；非常顯著的快速的運動也屬於同一種主題。在這類情形中，我們並非只是意識到了一個整體，而是意識到了一個由若干部分構成的複合物。假如不是這樣，我們將絕不可能獲得關於時空順序的概念。

現在，人們習慣於輕蔑地拋棄出現在休謨及其追隨者那裡的關於感覺的原子的觀點。我們被告知：可感的世界是一個連續的流，並且在這個流中，區分是不真實的，心靈的運作純粹是概念式的……等等。這些被說成是某種顯而易見的東西，只有愚笨的人才會需要關於這些說法的證據。現在，

「感覺」或者「可感的」這個詞，就如經常被指出的那樣，代表著某種假設的事物——一般說來，代表著在環境或者感官沒有出現變化的情況下能夠被注意到的東西。非假設的東西是被注意到的東西，而不是能夠被注意到的東西；並且我認為，被注意到的東西具有休謨的批評者所拒絕的那種原子性和分離性。他們沒有——像經驗論者應該做到的那樣——從材料出發，而是從一個世界出發，這個世界則是他們從材料中推論出來的，並且又用來否定可以成為材料的那種事物。在知識論中，基本的東西是注意，而非感覺。

因此，我理所當然地認為，在一個被感知到的整體內，我們能夠感知到相互關聯的各個部分。不必設想這些部分是「簡單的」，並且這種設想將會意味著什麼也是不清楚的。為了達到這個目的即用語詞表達我們在這樣的一種情況下所感知到的東西，被注意到的最小的部分應該被給予專名，然後我們就能夠陳述它們是如何關聯的。

迄今為止我一直在考慮的這種分析是時空的分析。但是，還有另外一種分析，它帶來了更困難的問題。它是從考慮不同類型的語詞開始的，並且探究是否有某種東西對應於非言語的世界。這個問題可以陳述如下：給定一個複合的整體，它不僅有若干部分，而且這些部分是根據一種形式排列起來的。對這個整體的描述將使用某個用來指示這種形式的關係詞。那麼，在非言語的世界中，存在著什麼樣的東西與這個關係詞相對應呢？

詞性之間的區分使人想到了這個問題。但是，對於這種

照其原樣被接受的區分，普通語言並不具有充分的邏輯性。
在我們能夠適當地考察我們的問題之前，我們必須首先構造
一種人工的邏輯語言。

　　各種邏輯語言是由於邏輯的目的而被邏輯學家們發明出
來的。它們無需實際的專名，因為邏輯絕不談論任何具體的
事物。我們的目的稍有不同；但是藉助於邏輯，我們能夠輕
易地構造我們所需要的那類語言。我們現在所需要的是這樣
一種語言，它將盡可能準確並系統地代表著我們的知識中屬
於初階語言的那整個部分，並且當我們構造出了我們的語言
時，我們必須考慮其結構如何顯示了其命題因之為真的知覺
對象的結構。

　　首先，我們的語言必須包含專名，它們用來代表所有
被感知到的對象，並且這些對象是作為單一體被感知到的。
當我們未加分析地感知到一個格式塔時，我們必須能夠命名
它——例如：說「那是一個萬字飾」。但是，當在幾何學
中我們擁有一幅由幾條線組成的圖形，並且每一條都被單
獨注意到時，我們似乎不需要一個專名來代表這個整體的圖
形。不過，假如存在著像分析判斷這樣的事情，並且這種
分析是我們已經考慮過的那種類型，即時空的整體與部分分
析，那麼它需要一個專名來代表這個全體，並且需要其他
331 的專名來代表這些部分。例如：設想在一種特殊的而非一
般的情形中，你想說一張特定的臉是由其兩隻眼睛、其鼻
子和其嘴巴（忽略其他的部分）構成的，那麼你將不得不以
下述方式進行：讓我們把這張臉稱為F，把這兩隻眼睛分別

稱為$E_1$和 $E_2$，把這個鼻子稱為N，並且把這張嘴稱為M。那麼，F是由以下述方式被排列在一起的 $E_1$、$E_2$、N 和 M 組成的：$E_1$和 $E_2$ 是一個水平線上的兩個橢圓，N 是一個從 $E_1$和 $E_2$ 的中間部位垂直落下的狹窄的等腰三角形，M 是一個其中點在 N 正下方的一條橫線。（這並不是對一張臉的非常精確的描述，但是它充分顯示了語言學上那些必不可少的東西。）

我們將會看到，在某種程度上，F 在這裡似乎是多餘的，因為這種事態可以透過 $E_1$、$E_2$、N 和 M 而得到完全的描述。這個問題，即是否在某種意義上需要或者不需要專名「F」，目前我將不作決定。

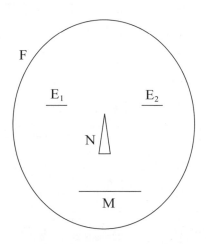

在上述關於一張具體的臉的描述中，除了專名之外，我們不得不使用其他的語詞。我們不得不陳述這些部分之間的空間關係。讓我們透過把眼睛和鼻子都濃縮為直線，來簡化

這個問題。那麼，我們可以說：$E_1$ 和 $E_2$ 是一條橫線上的兩個相等的部分；假如 $E_0$ 是 $E_1$ 和 $E_2$ 的中點，那麼 N 就是從 $E_0$ 向下延伸的那條直線的一部分，M 在這條線上擁有它的中點，並且是位於 N 下方的一條橫線的一部分。這個陳述擁有一種在知覺中所缺乏的幾何學的精確性，但是在目前這並不重要。在這個視野中，我們也許能夠把「橫的」和「直的」當作像「藍的」和「紅的」一樣的述詞。但是，我們需要諸如「$E_1$ 在 $E_2$ 的左邊」、「$E_1$ 在 N 的上方」以及「N 在 M 的上方」之類的陳述。如果不用這類關係陳述，那麼沒有任何可能的辦法來描述我們所看到的東西。

讓我們從一種科學的觀點來考慮這個問題。任何時刻的關於這個視野的完全的知識，都將由陳述其中的每個位置的顏色的命題所組成。這個視野擁有一個絕對的原點，即我們的目光聚集於其上的那個點，以及處於這個範圍中並透過我們可以稱之為 $\theta$ 和 $\phi$ 的兩個角座標而得以定義的絕對位置。[1]因而，假如對於一個可以取所有作為色度的值的變項 $x$ 來說，我們知道對於每一個 $\theta$ 和 $\phi$ 而言滿足

$$x = f(\theta, \phi)$$

的 $x$ 值，這裡的 $f(\theta, \phi)$ 意指「處於位置 $(\theta, \phi)$ 的色度」，那麼這個視野就被完全明確化了。這是 $x$、$\theta$ 和 $\phi$ 之間的

---

1 為簡單起見，我忽略了作為一種視覺性質的深度。

一種三元關係，而且要更簡單地描述這個視野似乎是不可能的。

讓我們考慮下述句子：「當我離開劇院時，我聽到有人喊叫『起火了』，並被一群驚恐萬分的人猛烈地推擠。」這實際上不可能是一個知覺判斷，因為「驚恐萬分的」幾乎不是可知覺的材料的一種性質。但是，為了擁有一個可能的知覺判斷，我們僅需省略「被一群驚恐萬分的人」這些語詞。確切地說，它斷言了什麼？它斷言了下述三種知覺對象的同時性：(1)我的視野是如此這般的（當一個人接近安全出口時該視野事實上所是的那個樣子）；(2)我反覆地聽到「起火了」的聲音；(3)我在黑暗中經驗到了一種強烈的推擠的感覺。我們可以對此進行簡化，並代之以下述知覺對象的同時性：(1)我看到並感覺到我的手碰到了門；(2)我聽到了「起火了」的聲音；(3)我感覺到了一種猛烈的、人們以為來自背部的推擠。這裡，一種視覺的、一種聽覺的和兩種觸覺的材料被說成是同時的。「同時的」這個詞是難以理解的，但是我認為，當我們討論材料時，它意指「一種立體透視式的經驗的某些部分」。而且，當 A、B、C、D 同時發生時，那並不僅僅意味著 A 和 B、B 和 C、C 和 D 是成對地同時發生的，因為任何可知覺的事物都持續有限的一段時間，而且可知覺事物之間的同時性因此是不可傳遞的。因而，在我們的例子中，一定存在著一種經驗，或者說，在某種意義上存在著一種知覺，它包含這種視覺的、這種聽覺的和這兩種觸覺的材料。

也許有人會說，若干事件的同時性可以從它們全都在同一時間發生推論出來。讓我們來考察這一點。一個錶或鐘是（在特別的意義上）一種對若干非常短暫的事件進行命名的裝置。讓我們假定有一個鐘，它不僅指示秒、分和時，而且指示月份中的日期以及年份中的月份。我們甚至可以讓它指示年份。既然如此，這個鐘的如此這般的一種外觀就是一個恰好持續一秒鐘且絕不再次發生的事件。讓我們假定你在感知格式塔方面是一個專家，所以你不必注意那些不同的指針，就能區分這個鐘的任何兩種不同的外觀。那麼，你就能夠把專名「A」給予恰好處於1940年12月1日下午10點45分的這個鐘的外觀。關於事件 B、C、D 和 E，你可以相繼觀察到 B 是與 A 同時發生的，C 也是這樣的，D 也是這樣的，並且 E 也是這樣的。但是，你不能推斷 B、C、D 和 E 相互之間也是同時發生的，因為它們可能全都是非常短暫的；比如，它們也許是可以在一秒鐘之內被輕易地說出的「fly for your lives」這四個單詞。

現在，假如你的鐘在改變其外觀時不再是每秒改變一次，而是與連續的運動保持步調一致，或者不如說與反覆變化的知覺保持步調一致，那麼當其外觀沒有改變時，你將不能作出前後相繼的觀察，而且你因此也不能知道兩個事件都與這個鐘的一種外觀在同一時間發生，除非它們和這種外觀全都是一種經驗的某些部分；而且當我說它們是一種經驗的某些部分時，我的意思是說，在初階語言中存在著一個斷言它們的共同性或者說同時性的知覺命題。因此，這個鐘，

儘管是精巧的，卻不能幫助我們解決問題。我們必須承認，我們能夠感受同時發生的幾個事件，並且對於這類事件的數目，顯然並無任何理論上的限制。

從上述文字中所得出的結論是，在初階語言之內，我們必須承認 $n$ 元關係的可能性，這裡的 $n$ 是任意的有限的數目。換句話說，必須有一些語詞，它們不是專名，而是述詞，或者二元關係，或者三元關係，或者其他等等。

迄今為止，在本章中所說的話，對於下述這個已經被陳述過的主要問題來說是預備性的：當不使用任何一個「P 是 W 的一部分」這種形式的基本命題時，我們能夠陳述我們所知道的所有東西嗎？在問這個問題時，我們假定「P」和「W」是專名。要記住，我們在第三章中斷定：所有知覺判斷都是這種形式的，並且在這樣的命題中，我們自然地稱之為「這」的東西，是一種知覺判斷對其加以不完全分析的複合物。在這樣說時，我們假定：我們能夠經驗到一個整體 W，同時無須知道它的部分是什麼，但是透過注意或者注視，我們能夠逐漸地發現其愈來愈多的部分。我們沒有假定這個過程一定會因為缺乏完全的分析而終止，也未假定它可以推進到這種地步，即已經獲得的那些部分無法加以進一步的分析。但是，我們假定這個整體 W 在整個分析過程中都能保持自己的同一性：例如：在知覺中，我們能夠從「W」開始，並將其當作對象詞的一種感嘆的使用，而且在名稱「W」的指稱沒有任何改變的情況下，我們能夠透過注意作出「P 是 W 的一部分」。

上述解釋暗示著一種具有先後順序的分析過程。對於代表整體的名稱是不可缺少的這種理論來說，這種暗示在邏輯上也許是不必要的。當我們研究首先作為一個模糊的整體出現的知覺材料時，我們可以逐漸地將相互關聯的部分列舉出來。但是，在這樣的情況下，可以說材料是作為注意的結果而發生變化的；例如：對於我們首先粗略地、然後集中注意力地觀察到的一種視覺材料的情形，情況確實是這樣的。在這樣的情形中，注意包含了眼睛的某些變化；這些變化改變了視覺對象。可以說，所有分析都是這種類型的，並且其部分已被認識的整體絕不等同於先前被模糊地感知到的那個整體。我覺得，我們正在考慮的這種理論要去否認這一點，是沒有必要的。我認為，我們能夠把自己限定於分析的成品，並且自問：在不同時提及整體和部分的情況下，這種結果能夠得以表達嗎？

我們的問題是：當我們確實感知到一個整體擁有部分

335　時，我們的材料總是由關於這些部分以及它們之間的關係的命題組成的嗎？或者說，它們有時必須包含這個整體在其中被提及的某些命題嗎？這又是一個有關原子性的問題。考慮（比如說）一個圓以及一條直線 L：我們將這個圓稱為A，並且 L 穿過這個圓。我們可以說「L 將 A 分為兩部分」，但是我們可能對作為一個整體的 A 感興趣，並且也對它被一分為二這個事實感興趣，而對於這些被分離的部分沒有絲毫的興趣。例如：考慮一下將滿月切割為二的一片薄雲。我們依然意識到作為一個整體的月亮，並且這個整體比那些部分要鮮明得多。

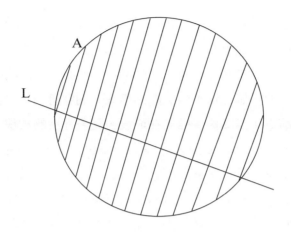

　　或者考慮一個多少有點不同的例子。我們看見遠處的一個物體沿著一條路走了過來。起初，我們僅僅看到作為一個整體的這個對象。但是，我們逐漸清晰地看到了它，並發現它是一條狗。當這種情況發生時，我們的視覺對象當然不是它在此之前所是的那個對象。但是，我們相信它與起初就作為一個整體使我們產生興趣的那同一個物理對象是有連繫的。因此，當我們開始看到這些部分時，我們是把這些部分作為部分看待的，而不是把它們作為以某種形式排列在一起的分離的事項看待的。依我看，在這樣的一種情況下，如果沒有「P 是 W 的一部分」這種形式的命題，這裡的「P」和「W」是代表知覺對象的專名，並且 P 至少是我們的總體知覺對象僅有的一部分，那麼我們所感知的東西就不可能得到準確的表達。

　　再舉另外一個例子：有人用現代方法教一個兒童去

讀「CAT」²這個單詞，他學著前後相繼地發出「k」、
「a」、「t」這些聲音。（我指的是這些字母所代表的聲
336 音，而非這些字母的名稱。）起初，這些聲音之間的間隔太
長，以至於這個兒童不能意識到構成一個整體的、它們之間
的這種前後相繼關係。但是在最後，隨著速度的加快，出現
了一個時刻，即這個兒童意識到他說出了「cat」這個詞的
時刻。那時，該兒童就意識到了這個作為由部分構成的一個
整體的單詞。此前，他沒有意識到這個整體；當他能流利地
讀出來時，他不再意識到那些部分。但是，在首次理解的時
刻，整體和諸部分都同樣地出現在意識中。在沒有諸如「聲
音『k』是聲音『cat』的一部分」這樣的命題的情況下，該
兒童此時所意識到的東西不可能得到表達。

我認為，所有知覺判斷都包含著對一個知覺整體的分
析。被給予的東西是一種形式，並且人們是從分析中意識到
它是由相互關聯的對象組成的。沒有「P 是 W 的一部分」
這種形式的命題，這個過程將是不可言喻的。因此，這樣的
命題看來必須出現在初階語言中。

每個包含不止一個對象詞的知覺判斷，都表達了對一個
被感知到的複合整體的分析。在某種意義上，這個被感知到
的複合整體是透過被感知才被知道的。但是，這種與錯誤相
對的知識需要某種不同於知覺的東西。包含不止一個對象詞
並且用一個與幾個單獨句子不相等值的句子加以表達的知覺

---

2　CAT 是「貓」的英文單詞。──譯注

判斷，必須至少包含一個其意義在於表示關係的語詞。被對象證實的知覺判斷所斷言的知覺對象或者結構的複雜性，在理論上是沒有限度的。正是知覺對象的這種複雜性，才是我們關於空間和時間的知識所依賴的。

可以假定，而且根據以上所述我們似乎必須假定，有一些由相互關聯的部分所組成的整體，並且知覺判斷所表達的知識，為了能夠用語詞描述出來，需要某些表示這類整體的名稱。但是，即便假定了這一點，仍有一個困難的問題，即：在什麼樣的情況下，相互關聯的項形成一個整體，而且為了從文字上表達我們所知道的東西，這個整體需要一個名稱？

這種論證要求，在任何一個時間中我們的經驗的全體都 337 始終是這樣的一個全體，而且這個全體的某些複雜部分也必須是這樣的。這樣的一個全體的各個部分是透過共現關係而被集中在一起的。由於第二十一章所解釋的理由，我們認為共現關係既可能在經驗之外成立，也可以在經驗之內成立。確實，如果存在著物理學所假定的未被經驗到的世界，那麼其時空將依賴於未被經驗到的共現。也許，這類不可缺少的整體總是由共現構成的。讓我們來考察這種可能性。

在以下幾頁中，我將就知覺判斷中的分析性質提出一種可能的觀點。我不想說這種觀點是必要的。

讓我們把名稱「W」給予在某個給定時刻我的全體的知覺範圍。在那個時刻，我能把偽名稱「這」給予 W，也

可以把它給予 W 的某些部分，但不能給予任何在範圍上大於 W 的東西。當 W 存在時，偽名稱「現在的我」適用於整體的 W，但不適用於 W 的任何部分。根據第六章所提出的理論，W 是一束共現的性質。我們可以把名稱給予這些性質。假設 Q 是這些性質之一的名稱。那麼，「現在的我感知到 Q」將被翻譯為「Q 是 W 的一部分」。

假如這是恰當的，那麼在構成 W 的性質中，必然至少有一個沒有再現的性質，或者一個沒有再現的從屬複合物。為了簡單起見，我將假定我始終在觀看一個鐘，而且這個鐘不僅指示分和時，也指示月份中的日期、年份中的月份以及西元的年代。假如我現在把名稱「t」給予作為 W 的一部分的這個鐘的外觀，那麼「t」將稱呼一組與自身之間沒有時間關係，即只能出現一次的性質。這個鐘的任何其他外觀都將或者早於或者晚於 t，並且我們將說，這個其他的外觀作為其一部分的那個全體的知覺領域相應地早於或晚於 W。

根據以上所述，t 的值形成了一個數值上可測量的序列，並且 t 的兩個不同的值不可能共現，除非它們幾近相等，以至於它們能夠成為一個似是而非的當前的某些部分，即一個 W 的某些部分。所有這一切都是經驗的。

我們現在必須考慮，為了表達知覺判斷，W 的什麼樣的部分可以成為需要名稱的整體。這個全體的 W 可以分析為許多性質。但是，依靠其自身，這種分析將不能使我們解釋像「A 在 B 的左邊」這樣的知覺判斷。這些判斷要求把 W 分析為一些我們很想稱之為「實質的」而非「概念的」

部分；換言之，它們要求在一個給定的知覺整體範圍之內進行一種空間分析的研究。

讓我們像在以前的一些場合那樣，再次把自己限定於視野，並且忽視深度。那麼，我們可以用一種無害的簡單的方式說，在視野中有許多不同的上下（up-and-downness）性質，以及許多不同的左右（right-and-leftness）性質。我們用 $\theta$ 來指稱前面那類性質中的任何一種，並且用 $\phi$ 來指稱後面那類性質中的任何一種。除了在視覺的優越性方面存在著某些差別以外，我們可以認為，每一種性質 $\theta$ 和每一種性質 $\phi$ 都存在於每個人的視野中，只要他睜開眼睛並且天色未黑。

我們現在需要一種「重疊」關係。這種關係在知覺空間的構造上起著一種作用，而這種作用類似於共現在私人時間方面所起的那種作用。我沒有定義這種關係，但是我認為，假如 Q 和 Q' 是兩種性質，那麼「Q 和 Q' 重疊」可以是一個知覺判斷。例如：紅的和明亮的這兩種性質能夠重疊，一種特定程度的壓力與我們由之將身體一個部位的觸覺與身體另一個部位的觸覺區分開來的那種性質也能夠重疊。兩種不同的 $\theta$ 性質不能重疊，而兩種不同的 $\phi$ 性質也不能重疊。兩種不同的顏色不能重疊，而屬於身體不同部位的兩種不同的觸覺性質也不能重疊。任何一種視覺性質都能和任意的 $\theta$ 重疊，而且也能和任意的 $\phi$ 重疊。

$\theta$ 的兩個不同的值相互之間具有一種非對稱的空間關係，即在上面或者在下面這樣的關係；$\phi$ 的兩個不同的值也

具有一種非對稱的空間關係，即在右邊或者在左邊這樣的關係。一個特定的 $\theta$ 的值與自身之間將會具有一種在右邊或在左邊的關係，而不具有一種在上面或在下面的關係；而且 339 一個特定的 $\phi$ 的值與自身之間將會具有一種在上面或在下面的關係，而不具有一種在右邊或在左邊的關係。一個複合物 $(\theta, \phi)$ 將不會與自身之間具有任何空間關係。這個事實就是當我們說它在一個特定的視野中僅能出現一次時我們試圖去表達的東西。

現在，假如一種特定的性質，比如說一種色度 C，存在於視野中某個區域的全部範圍，那就意味著它與性質對 $(\theta, \phi)$ 的許多值相重疊。由於 $\theta$ 和 $\phi$ 在數值上是可測量的，我們能夠直接地定義視野中一個「連續的」區域所意指的東西。類似地，我們能夠定義觸覺空間中的區域。我們通常應該看作整體 W 的一個「實質的」部分的東西，是作為 W 的一部分的一個連續的區域。任何一個這樣的區域都可以是一個「這」。

當我們說「A 在 B 的左邊」時，我們可以把「A」視為由特定的 $\theta$ 和 $\phi$ 的值以及所有與二者重疊的性質所共同組成的那個複合物的名稱，而由於 $\theta$ 和 $\phi$ 的另外一組特定的值，B 也得到了類似的定義。假如 $\phi$ 的 A 值是在 B 值的左邊，那麼我們的陳述將是真的。

因而，在「A 在 B 的左邊」中，整體 W 並不需要被提及。但是，假如這個句子表達了一個知覺判斷，那麼一定有一個整體 W，並且 A 和 B 是它的一部分。

　　我們現在得到了一種關於名稱的結論。基本的名稱是那些應用於像 W 這樣的整體的名稱，或者說是那些應用於作為某個 W 的部分的諸連續區域的名稱；其他的名稱是派生的，並且從理論上講是不必要的。

　　假如我們去構造物理學的時空，那麼，弄清已經說過的這些話所適用的範圍可能是有益的。在這種構造中，我們必須假定物理學的真實性。

　　物理學的時空具有複雜的推論性質，並且在很大程度上是透過因果律構造出來的。人們假定，如果存在一種把在時空中處於不同位置的兩個事件連繫起來的因果律，那麼它們是透過由處於中間位置的諸多事件所構成的一個因果鏈條而被連繫起來的。知覺對象的這種物理的和心理的因果連繫，使我們不得不認為它們全都在一個區域內，並且這個區域一定是在知覺者的頭腦中（當然，不是在他或者其他任何人所擁有的關於他的頭腦的知覺對象的內部）。存在於兩個知覺 340 對象之間的共現關係，可以被假定也存在於在時空中重複的任何兩個物理事件之間。時空中的一個「點」可以定義為擁有下述兩種特性的一組事件：(1)這組事件中的任何兩個事件都是共現的；(2)在這組事件的外部，沒有任何事件與它的每一個分子共現。

　　時空中的點的次序的確定，如愛因斯坦已經表明的那樣，絕不是一件簡單的事情。歷史地看，它產生於這種信念：每一個知覺對象都是「關於」某個物理對象的；並且在某種程度上，處於物理空間中的物理對象的次序，大約與處

於知覺空間中的相應的知覺對象的次序相關聯。物理空間中的星球的角座標與它們在視覺空間中的知覺對象的角座標幾乎完全一樣。但是，知覺對象是「關於」物理對象的這種觀念，最終證明是不精確的、因果的，並且是不可靠的。對時空次序的更精確的確定依賴於因果律；例如：木星的距離是從某些觀察中計算出來的；在假定萬有引力定律的情況下，這些觀察能夠使我們計算出光從那兒到達我們這裡使用了多長時間。

沒有必要深究這個問題。對於我們來說，重要之處有兩點：從物理學的立場看，我的知覺的整體 W 處於作為一個物理對象的我的頭腦之中，並且時空的整體與部分，由於是一個過於複雜並且具有推論性質的概念，因而在知識論的基礎中沒有很大的意義。

**25.**

語言與形上學

在本章中，我打算考慮一下，是否可以從語言的結構中推論出關於世界的結構的某種東西，並且如果可以的話，又能從中推論出什麼。有這麼一種傾向，它把語言看作一個獨立於實在的領域，並認為可以不考慮非語言現象而對語言進行研究；這種傾向尤其出現在邏輯實證主義者那裡。在某種程度上，並且在有限的範圍內，語言與其他事實的這種分離是可能的，而且對邏輯句法的單獨的研究無疑已經產生了有價值的結果。但是，我認為，易於誇大由單獨的句法研究所能獲得的結果。我想，在句子的結構和句子所指稱的那些現象的結構之間存在著一種可以被人發現的關係。我認為，非語詞的事實的結構並非完全是不可知的，而且我相信，如果足夠細心的話，語言的特性能夠有助於我們理解世界的結構。

在語詞與非語詞的事實之間的關係問題上，絕大多數哲學家都可以被劃分為三種寬泛的類型：

A.從語言的特性推斷世界的特性的那些哲學家。這些人構成了一個非常著名的群體。他們包括巴門尼德、柏拉圖、斯賓諾莎、萊布尼茲、黑格爾和布拉德雷。

B.認為知識僅僅是關於語詞的知識的那些哲學家。唯名論者和某些邏輯實證主義者就屬於這一類。

C.認為存在著無法用語詞表達的知識，同時卻又用語詞告訴這種知識是什麼的哲學家。這些哲學家包括神秘主義者、柏格森和維根斯坦。在某些方面，黑格爾和布拉德雷也是這樣的哲學家。

　　在這三組哲學家中，第三組因為是自相矛盾的，我們不予考慮。由於一種經驗的事實，第二組哲學家也遭遇了失 <sub>342</sub> 敗；這種經驗事實指的是：我們能夠知道什麼樣的語詞出現在一個句子中，而這卻不是一種語詞的事實，儘管它對於咬文嚼字者是必不可少的。因此，假如我們被限定於以上三種選擇，我們就必須盡力支援第一組哲學家。

　　我們可以把我們的問題分為兩部分：首先，真理符合論——就我們能夠接受這種理論而言——蘊含著什麼？其次，世界上是否存在著某種對應於邏輯語言中不同詞類之劃分的事物？

　　關於「符合」，我們已經得出這樣的信念：當一個命題為真時，它之所以為真，是因為存在著被稱作其「證實者」的一個或多個現象。假如它是一個不包含變項的命題，它不可能擁有多於一個的證實者。我們可以將自己限定於這類情況，因為它包含了我們所關心的問題的全部。因而，我們必須探究：當給定一個句子（假設它是真的）時，我們能否從這個句子的結構中推斷出關於這個證實者的結構的某種東西？在這種探究中，我們應該預設一種邏輯語言。

　　首先考慮一組全都包含某個名稱（或者它的某個同義詞）的句子。這些句子全都擁有某種共同的東西。我們能夠說它們的證實者也擁有某種共同的東西嗎？

　　這裡，我們必須根據所涉及的名稱的類型作出區分。假如 W 是如同我們在上一章中所考慮過的那樣完整的一組

性質，並且我們形成了如同「W是紅的」、「W是圓的」以及「W是明亮的」之類的若干知覺判斷，那麼這些判斷全都擁有一個共同的證實者即W。但是，假如我作出了若干真實的陳述，並且它們都是關於一種特定的色度C的，那麼它們全都擁有不同的證實者。這些證實者全都擁有一個共同的部分C，這就像這些陳述擁有一個共同的部分「C」一樣。我們將會看到，在這裡，就像在上一章中一樣，我們得出一種觀點，這種觀點在句法上與主述式觀點幾乎無法區

343　分，其不同之處僅在於它把「主詞」看作一束共同出現的性質。我們可以把剛才所說的話陳述如下：當給定一組像「這是紅的」這樣的表達知覺判斷的主謂式句子時，假如它們全都擁有同一個主詞，那麼它們全都擁有同一個證實者，即這個主詞所稱呼的東西；假如它們全都擁有同一個述詞，那麼這些證實者全都擁有一個共同的部分，即這個述詞所稱呼的東西。

　　這種理論無法應用到諸如「A在B的左邊」這樣的一個句子，這裡的「A」和「B」是我的視野中的兩個部分的名稱。就「A」和「B」而言，我們在上一章中曾充分思考了這個句子。我現在希望考察的是這個問題：對於若干不同的「A在B的左邊」這種形式的句子，假如它們的證實者擁有某種共同的東西，那麼這種共同的東西是什麼？

　　所涉及的這個問題是那個古老的關於「共相」的問題。我們可能已經結合述詞──比如說「紅的是一種顏色」或者「高調的C是一種聲音」──研究過了這個問題。

但是，由於我們已經把更多的表面看來顯然是主述式的句子——例如：「這是紅的」——解釋為並非真正的主述式句子，我們將會看到，連繫關係來討論「共相」是比較方便的。

除了以感嘆的方式被使用的對象詞以外，句子需要一些不同於名稱的語詞。一般說來，我們把這樣的語詞稱為「關係詞」；它們包括代表一元關係的詞，即述詞。如同在第六章中所解釋的那樣，這個定義是句法的定義：一個「名稱」是一個能夠有意義地出現在任何形式的原子語句中的詞；一個「關係詞」是一個能夠出現在某些原子語句中，但卻只是出現在包含適當數目的名稱的原子語句中的詞。

通常認為，語言需要關係詞；所要解決的問題是：「就語句的證實者而言，這種情況意味著什麼？」一個「共相」可以定義為「一個關係詞的意義（假如存在著某種意義的話）」。孤立地來看，像「如果」和「或者」這樣的語詞並無意義，而且同樣的說法可能適用於關繫詞。

也許有人會提議（就像我所認為並將試圖證明的那樣，這種提議是錯誤的）說：為了發出一組類似的聲音中的 344 一種，我們無需假定共相，而僅需假定一組刺激物。然而，問題並非如此簡單。一個共相的捍衛者，如果受到攻擊的話，也許會以這樣的方式開始辯護：「你說兩隻貓，由於牠們是類似的，刺激了兩種類似的聲音的說出，並且這兩種類似的聲音都是語詞『貓』的實例。但是，這些貓必須確實是相互類似的，而且這兩種聲音也必須如此。而假如它們確實

是類似的，那麼『類似性』將不可能僅僅是一個詞。它是在某些時刻即當有類似性時你所說出的一個詞。」他將會說：「你的技藝和策略也許好像把其他的共相都清除了，但你僅僅是透過把所有問題都推給了這一個依然保留下來的共相即類似性而做到的。你不能擺脫那個共相，因此你倒還不如承認所有其餘的共相。」

共相問題不僅是難以解決的，而且也是難以表述的。讓我們考慮「A 在 B 的左邊」。就像我們已經看到的那樣，當下視野中的位置是絕對的，而且是根據它與視覺範圍的中心的關係而得到定義的。它們可以根據上下和左右兩種關係來定義；無論如何，這些關係對於拓撲學的目的而言是足夠的。為了研究當下視覺空間中的位置，有必要讓眼睛保持不動，並把注意力集中於處在視覺範圍中心和周邊的事物。假如我們不是故意保持眼睛不動，我們將會直接去看我們注意到的任何事物；考察一系列位置的自然而然的方式是依次地看它們。但是，假如我們想要研究我們在一個時刻能夠看到的東西，這種方法將不會管用，因為一個特定的物理對象，作為一種視覺材料，當被直接看見時與當遠離視覺中心時，是不一樣的。然而，這事實上幾乎沒有什麼兩樣。我們不能擺脫這個事實，即視覺的位置形成了一個二維的序列，並且這樣的序列需要二元的非對稱關係。在這方面，我們關於顏色所採取的觀點也沒有什麼兩樣。

似乎不能不承認，關係是世界的非語言的成分中的某些部分；類似性，或許還有非對稱關係，不可能像「或者」

和「並非」那樣，僅僅被當作言語，並透過解釋而被消除。諸如「在……之前」和「在……之上」這樣的語詞，完全就像專名一樣，「意指」某種出現在知覺對象中的東西。因此，存在一種有效的分析形式，它不是那種整體與部分的分析形式。我們能夠把 A—在—B—之—前作為一個整體來感知。但是，假如我們僅僅把它作為一個整體來感知，那麼我們不應該知道我們是看到了 A—在—B—之—前，還是看到了 B—在—A—之—前。對 A—在—B—之—前這種材料進行整體—部分式的分析，只能產生 A 和 B，而且遺漏了「在……之前」。因此，在一種邏輯語言中，將存在某些詞類上的區分，它們對應於客觀的區分。

讓我們再次考察這個問題，即非對稱關係是否與類似性一樣也是必需的；並且為了這個目的，讓我們以「A在 B 之上」為例，這裡的「A」和「B」是事件的專名。我們將假定，我們感知到 A 在 B 之上。我們從一個無關緊要之處開始：現在，毫無疑問，我們無須既擁有語詞「在……下面」，又擁有語詞「在……之上」；只要擁有其中的任何一個就足夠了。因此，我將假定，我們的語言不包含語詞「在……下面」。整體的知覺對象，即 A—在—B—之—上，以某種方式相似於其他的知覺對象，即 C—在—D—之—上、E—在—F—之—上等等；此種方式使我們把它們稱為所有關於垂直的順序的事實。到此為止，我們無需概念「在……之上」；我們可能僅僅擁有一組類似的現象，即所有被稱為「垂直的順序」的事物，也就是，所有導致了類

似於「在……之上」的聲音的事物。至此,我們僅僅需要類似性。

但是,我們現在必須考慮非對稱性。當你說「A 在 B 之上」時,你的聽眾是如何知道你並非是說「B 在 A 之上」的呢?他是以和你知道 A 在 B 之上完全相同的方式知道這一點的:他感知到聲音「A」先於聲音「B」。

因此,至關重要的問題是在先有 A 後有 B 和先有 B 後有 A —— 或者用書面的寫法,AB 和 BA —— 之間作出區分。那麼,考慮下述兩種排列:AB 和 BA。我要明確的是:我只是在談及這些排列,而未談及與其相似的其他排列。假設 $S_1$ 是第一種排列的專名,$S_2$ 是第二種排列的專名,並假設 $A_1$、$A_2$ 是兩個 A 的專名,$B_1$、$B_2$ 是兩個 B 的專名,那麼,$S_1$、$S_2$ 都是由兩個部分組成的,並且 $S_1$ 的一個部分極其類似於 $S_2$ 的一個部分,而另一個部分也極其類似於另一個部分。還有,在兩種情況下,順序安排的關係也是相同的。不過,兩個整體是很不類似的。也許,非對稱性能夠透過這種方式得到解釋:給定若干 A 和若干 B,並對它們進行成對地排列,那麼所得到的整體分為兩類,並且同一個類中的分子相互之間是極其類似的,而不同類中的分子相互之間是很不類似的。假如我們把專名 $S_3$、$S_4$ 給予下述兩種排列:AB 和 BA;那麼顯而易見,$S_1$ 和 $S_3$ 是非常類似的,並且 $S_2$ 和 $S_4$ 也是非常類似的,但是 $S_1$ 和 $S_3$ 並不非常類似於 $S_2$ 和 $S_4$。(注意:在描述 $S_1$ 和 $S_2$ 時,我們將不得不說:$S_1$ 是由 $A_1$ 在 $B_1$ 之前構成的,$S_2$ 是由 $B_2$ 在 $A_2$ 之前構成

的。）也許按照這種方式，透過類似性來解釋非對稱性就是可能的，儘管這種解釋並非很令人滿意。

當假定我們能夠透過上述方式或者以某種其他方式取消除了類似性以外的所有共相時，我們依然還要考慮類似性自身是否能夠透過解釋而被清除。

我們將在最簡單的可能的情形中考慮這種情況。兩塊紅的色片（並非必須具有完全相同的色度）是類似的，並且「紅的」這個詞的兩個實例也是類似的。讓我們假定，一組有色的圓盤被展示給我們看，並要求我們說出它們的顏色的名稱——比如說在一次色盲的檢測中。有兩個紅色圓盤相繼被展示給我們，並且每一次我們都說「紅的」。我們一直在說，在初階語言中，類似的刺激產生類似的反應；我們的意義理論就是以此為基礎的。在我們的這種情形中，這兩個圓盤是類似的，並且「紅的」這個詞的兩次說出也是類似的。當我們說這兩個圓盤是類似時，和當我們說這個詞的兩次說出是類似時，我們是在說關於這些圓盤和關於這些說出行為的同一件事情嗎？或者，我們僅僅是在說類似的事情嗎？在前一種情況下，類似性是一個真正的共相；在後一種情況下則不是。在後一種情況下，困難在於無窮的倒退；但是，我們能夠確信這種困難是不可克服的嗎？我們將會這麼說，假如我們接受這樣的解決辦法：假如 A 和 B 被感知到是類似的，並且 C 和 D 也被感知到是類似的，那就意味著 AB 是某種類型的一個整體，並且 CD 也是同一種類型的一個整體；也就是說，由於我們不想透過一個共相來定義這個類 347

型，所以 AB 和 CD 是類似的整體。我看不出，假如我們試圖用這種方式解釋類似性，我們將如何避免一種無窮的惡性倒退。

因此，儘管帶著猶豫的心理，我還是要斷定：存在著共相，而非僅僅存在著一般語詞。至少，類似性必須被承認，而且既然如此，為了排除其他的共相而接受某些複雜的技巧幾乎是不值得的。

應該看到，上述論證僅僅證明了「類似的」一詞的必要性，而非「類似性」一詞的必要性。

某些包含「類似性」這個詞的命題可以被替換為包含「類似的」這個詞的等值命題，而另外的一些命題則不能。後一類的這些命題我們無須加以承認。比如，假設我說「類似性存在」。如果「存在」意味著當我說「美國總統存在」時它所意指的東西，那麼我的陳述是無意義的。首先，我所能意指的東西可以用這個陳述來表達：「存在某些現象，對它們進行文字的描述需要『$a$ 和 $b$ 是類似的』這種形式的句子。」但是，這個語言學的事實似乎蘊含著一個關於被描述的這些現象的事實，即當我說「$a$ 和 $b$ 是類似的」時被斷言的那類事實。當我說「類似性存在」時，正是關於世界的這個事實，而非一個關於語言的事實，才是我要斷言的。「黃的」這個詞是必要的，因為存在著黃色的事物；「類似的」這個詞是必要的，因為存在著成對的類似的事物。兩種事物之間的類似性，確實與一個事物具有黃的顏色一樣，是一種非語言的事實。

　　在本章中，我們已經獲得了一種結果。在某種意義上，這種結果就是我們的全部討論的目標。我心裡所想到的這個結果是這樣的：完全的形上學不可知論與對語言學命題的主張是不相容的。某些現代哲學家認為，我們知道許多關於語言的東西，但是對於其他任何事物則毫無所知。這種觀點忘記了：語言就像另一種現象一樣，也是經驗的事物；並且它也忘記了：當一個形上學不可知論者使用語詞時，他必須否認自己知道這一點。就我來說，我認為，部分地透過對句法進行研究，我們能夠獲得大量的關於世界的結構的知識。

索引

（本索引中的數字是英文原文頁碼，即本書邊碼）

羅素　年表

Russell, Bertrand, 1872 〜 1970

| 年　代 | 生　平　記　事 |
|---|---|
| 1872年 | 5月18日生於英國南威爾斯蒙默思郡（Monmouthshire）的拉文斯克羅夫特（Ravenscroft）。 |
| 1883年 | 從其兄弗蘭克學習歐基里德幾何學。 |
| 1884年 | 開始進行哲學思考，並懷疑宗教。 |
| 1890年 | 入劍橋大學三一學院學習哲學、邏輯學和數學。 |
| 1894年 | 大學畢業。寫論文〈幾何學基礎〉。任英國駐巴黎大使館隨員，與愛麗斯·史密斯結婚；參加費邊社活動。 |
| 1895年 | 訪問德國，在柏林大學研究社會主義，回英後向倫敦經濟學院發表「德國社會民主主義」的報告。任三一學院研究員。 |
| 1896年 | 與愛麗斯同訪美國，在約翰·霍普金斯大學及布利馬爾學院講學。 |
| 1898年 | 在劍橋講萊布尼茲哲學。與英國哲學家喬治·摩爾共同掀起批判康德與黑格爾的運動。 |
| 1900年 | 出席在巴黎舉行的國際哲學會議，在會議中，遇到義大利卓越的數學家皮亞諾、法國哲學家亨利·柏格森等人。 |
| 1905年 | 創立「描述論」，為他的邏輯原子論哲學奠定基礎。 |
| 1908年 | 成為英國皇家學會會員。 |
| 1910年 | 與懷德海合著《數學原論》第一卷出版。在劍橋三一學院講授數理邏輯。 |
| 1911年 | 當選倫敦亞里斯多德學會會長。 |
| 1913年 | 在亞里斯多德學會講「數理邏輯在哲學中的重要性」，並在三一學院開設「柏格森哲學講座」。 |
| 1914年 | 在牛津大學開設「斯賓塞哲學講座」。完成《哲學中的科學方法》。在哈佛大學開設「羅威爾講座」，題目是「我們對外在世界的認識」。開始為反對第一次世界大戰開展社會活動並撰寫一系列反戰小冊子。 |
| 1915年 | 在曼徹斯特哲學會發表《物質的最後結構及其成分》。 |

| 年　代 | 生　平　記　事 |
|---|---|
| 1918年 | 在倫敦發表關於邏輯原子論的八次演講，承認他的學生維根斯坦對他的影響。因反戰坐牢六個月，並在獄中完成《數理哲學導論》。 |
| 1921年 | 與第一位夫人愛麗斯・史密斯離婚，與陶拉・柏萊克結婚。與陶拉共訪中國和日本，在中國北京大學講學。第一個兒子約翰出世。 |
| 1923年 | 競選國會議員，又失敗。生女凱蒂。 |
| 1924年 | 在美國作旅行演講，在紐約青年聯合會講「如何獲得自由和快樂」。 |
| 1925年 | 在三一學院的泰納講座講「物的分析」。 |
| 1927年 | 再次赴美講學。開設畢肯山小學。在巴特西市政廳發表《我為什麼不是基督徒》。 |
| 1929年 | 赴美講學，在西北大學的「現代思潮講座」發表《解決世界問題的三個方法》。 |
| 1935年 | 與第二任夫人陶拉離婚。 |
| 1936年 | 在荷蘭阿姆斯特丹大學開「格雷伯爵紀念講座」，講「宿命論與物理學」。第三次結婚，夫人是海倫・帕特里西亞・斯賓塞。 |
| 1938年 | 在牛津大學講授「語言與事實」。到美國定居六年才返國，在芝加哥大學任教。 |
| 1939年 | 在加利福尼亞大學任教。 |
| 1940年 | 在哈佛大學開設「威廉・詹姆斯講座」，題目是「意義與真理探究」。在紐約市立大學引起了一場風波，發生「羅素案件」。 |
| 1941年 | 在賓夕法尼亞州巴恩斯基金會開設「西方哲學史」講座。在哥倫比亞廣告公司所屬電臺講黑格爾歷史哲學。 |
| 1942年 | 繼續在哥倫比亞廣播公司電臺開哲學講座，講笛卡兒方法論，斯賓諾莎倫理學。 |
| 1944年 | 返英。第二次成為三一學院的研究員，講授「非論證性推理」。 |

| 年　代 | 生　平　記　事 |
|---|---|
| 1947年 | 向全國書籍協會發表《論哲學與政治》。 |
| 1948年 | 赴挪威演講，海上遇難，被救起後在當地大學講「如何防止戰爭」。在英國廣播公司參加萊斯講座，講題是「權威與個人」。 |
| 1949年 | 由英王喬治六世頒發英國最高「榮譽勳章」，在威斯敏斯特學校發表《原子能與歐洲問題》。 |
| 1950年 | 獲得諾貝爾文學獎。赴澳洲講學。 |
| 1951年 | 應紐約哥倫比亞大學「馬特切基金會」之邀，前赴發表《科學對社會的影響》。在英國廣播公司發表三大演說：「美國對歐洲政治與文化的影響」、「科學方法的本質與來源」、「懷疑主義與容忍」。 |
| 1952年 | 與第三位夫人帕特里西亞·斯賓塞離婚，與美國傳記作家艾迪思·芬琪結婚。 |
| 1955年 | 因保衛和平活動獲「銀梨獎」。與愛因斯坦等人聯合發出反對使用核武器的聲明。 |
| 1957年 | 獲聯合國教科文組織的卡林加獎金，發起和組織布格華許和平會議。 |
| 1959年 | 出版《常識與核戰爭》、《我的哲學的發展》。 |
| 1963年 | 成立羅素和平基金會。 |
| 1966年 | 向美國士兵發出結束越南戰爭的呼籲書；成立國際戰犯審判法庭。 |
| 1967年 | 出版《越南戰犯》。 |
| 1970年 | 2月2日逝世，享年97歲。 |

經典名著文庫 166

# 意義與眞理的探究
## An Inquiry into Meaning and Truth

作　　　者 —— 伯特蘭・羅素（Bertrand Russell）

譯　　　者 —— 賈可春

發　行　人 —— 楊榮川

總　經　理 —— 楊士清

總　編　輯 —— 楊秀麗

文 庫 策 劃 —— 楊榮川

副 總 編 輯 —— 蘇美嬌

特 約 編 輯 —— 謝芳澤

封 面 設 計 —— 姚孝慈

著 者 繪 像 —— 莊河源

出　版　者 —— 五南圖書出版股份有限公司

地　　　址 —— 台北市大安區 106 和平東路二段 339 號 4 樓

電　　　話 —— 02-27055066（代表號）

傳　　　眞 —— 02-27066100

劃撥帳號 —— 01068953

戶　　　名 —— 五南圖書出版股份有限公司

網　　　址 —— https://www.wunan.com.tw

電子郵件 —— wunan@wunan.com.tw

法 律 顧 問 —— 林勝安律師事務所　林勝安律師

出 版 日 期 —— 2022 年 8 月初版一刷

定　　　價 —— 620 元

**國家圖書館出版品預行編目資料**

意義與真理的探究 / 伯特蘭・羅素 (Bertrand Russell) 著；賈可春譯 . -- 初版 -- 臺北市：五南圖書出版股份有限公司，2022.08
　　面；公分 . -- ( 經典名著文庫 166 )
　　譯自：An inquiry into meaning and truth.
　　ISBN 978-626-317-891-5( 平裝 )

1.CST: 羅素 (Russell, Bertrand, 1872-1970)　2.CST: 學術思想　3.CST: 哲學

144.71　　　　　　　　　　　　　　　　111008067